utb 5830

Eine Arbeitsgemeinschaft der Verlage

Brill | Schöningh – Fink · Paderborn
Brill | Vandenhoeck & Ruprecht · Göttingen – Böhlau · Wien · Köln
Verlag Barbara Budrich · Opladen · Toronto
facultas · Wien
Haupt Verlag · Bern
Verlag Julius Klinkhardt · Bad Heilbrunn
Mohr Siebeck · Tübingen
Narr Francke Attempto Verlag – expert verlag · Tübingen
Psychiatrie Verlag · Köln
Ernst Reinhardt Verlag · München
transcript Verlag · Bielefeld
Verlag Eugen Ulmer · Stuttgart
UVK Verlag · München
Waxmann · Münster · New York
wbv Publikation · Bielefeld
Wochenschau Verlag · Frankfurt am Main

Peter V. Zima

Diskurs und Macht

Einführung in die herrschaftskritische Erzähltheorie

Verlag Barbara Budrich
Opladen & Toronto 2022

Der Autor:
Peter V. Zima ist em. Professor für Allgemeine und Vergleichende Literaturwissenschaft der Alpen-Adria Universität Klagenfurt.

Bibliografische Information der Deutschen Nationalbibliothek
Die Deutsche Nationalbibliothek verzeichnet diese Publikation in der Deutschen Nationalbibliografie; detaillierte bibliografische Daten sind im Internet über https://portal.dnb.de abrufbar.

Gedruckt auf säurefreiem und alterungsbeständigem Papier.

utb-Bandnr. **5830**
utb-ISBN **978-3-8252-5830-6**
utb-e-ISBN **978-3-8385-5830-1**

Online-Angebote oder elektronische Ausgaben sind erhältlich unter www.utb-shop.de.

Satz: Anja Borkam, Jena – kontakt@lektorat-borkam.de
Umschlaggestaltung: Atelier Reichert, Stuttgart
Druck und Bindung: Elanders GmbH, Waiblingen
Printed in Germany

Inhalt

Zweiter Teil: Praxis

Vorwort

Angesichts der zahlreichen Bücher, die in der heutigen Zeit täglich veröffentlicht werden und auch die Diskursforschung von Jahr zu Jahr anwachsen lassen, drängt sich die Frage auf, welche Funktion ein weiteres Buch mit dem Wort „Diskurs" im Titel noch erfüllen kann. Auf diese Frage soll hier im Vorfeld geantwortet werden.

Zunächst geht es um die *Klärung des Diskursbegriffs* selbst, der anscheinend nicht konsensfähig ist, weil er mindestens zwei verschiedene Bedeutungen angenommen hat. Er bedeutet sowohl „Rede" als auch „Gespräch". Davon zeugen die folgenden Definitionen im *Großen Duden*: „methodisch aufgebaute Abhandlung über ein bestimmtes (wissenschaftliches) Thema" und „Gedankenaustausch, Unterhaltung". Während die erste Definition auf Descartes' *Discours de la méthode* (1637) und auf Machiavellis *Discorsi* (1531) (vgl. weiter unten) anwendbar ist und in den romanischen Ländern Geltung hat, ist die zweite Definition im deutschen Sprachraum dominant, weil in Habermas' wirkmächtiger Theorie des kommunikativen Handelns „Diskurs" als „Gedankenaustausch" oder „klärendes Gespräch", das Geltungsansprüche begründen und Störungen in der Kommunikation beheben soll, aufgefasst wird.

Das terminologische Problem besteht darin, dass im deutschen und englischen Sprachraum nicht nur Habermas', sondern auch Foucaults (sehr rudimentärer) Diskursbegriff – *Diskurs* als „Ensemble von Aussagen" („ensemble d'énoncés") – auf die Diskursforschung eingewirkt hat, so dass es immer wieder zu begrifflichen Kontaminationen kommt, die bis heute nicht beseitigt wurden. Vor allem im dritten Kapitel wird sich hier zeigen, dass der britische Linguist Norman Fairclough „Diskurs" im doppelten Sinne des Begriffs verwendet, ohne auf den Unterschied der beiden Bedeutungen einzugehen. Im Folgenden wird *Diskurs* im Sinne der Strukturalen Semiotik (Greimas et al.) verwendet: *als „Rede mit Erzählstruktur"* (vgl. Kap. IV).

Anders als in Greimas' Strukturaler Semiotik wird hier eine Unterscheidung von *Diskurs* und *Text* vorgeschlagen. Während Greimas und Courtés in ihrem Nachschlagewerk *Sémiotique.*

Dictionnaire raisonné de la théorie du lange (Paris, Hachette, 1979, S. 102) *Text* und *Diskurs* als Synonyme behandeln, wird hier „Text" als *der allgemeinere Begriff* aufgefasst. Alle Diskurse sind Texte, aber nicht alle Texte sind argumentierende oder erzählende Diskurse: Straßennamen, Telefonverzeichnisse und dadaistische Gedichte sind Texte, aber keine Diskurse, da in ihnen weder zusammenhängend argumentiert noch erzählt wird.

Die meisten philosophischen, soziologischen und historischen Diskurse sind Erzählungen: über die Entwicklung des Mensch-Natur-Verhältnisses, der Gesellschaft oder der Menschheit. Das veranschaulicht besonders deutlich einer von Machiavellis *Discorsi*, dessen Titel eine *Erzählung* in nuce enthält: „Che la disunione della plebe e del senato romano fece libera e potente quella repubblica" („Dass die Zwietracht des Volkes und des römischen Senats die Freiheit und Macht dieser Republik festigte"). Es fällt auf, dass hier, wie auch in anderen Fällen, *die Erzählung zugleich eine Form der Erklärung bietet* – für die Freiheit und Macht der römischen Republik. (Freilich gibt es auch nicht-narrative Diskurse: etwa Gebete, Gebrauchsanweisungen oder Landschaftsbeschreibungen. Sie sind nicht unwichtig, sollen hier aber keine Rolle spielen, weil sie sich zumeist außerhalb der Machtproblematik befinden.)

Das zentrale Thema des Buches, das in der Einleitung näher betrachtet wird, ist das *Verhältnis von Diskurs und Macht*. Es wurde bisher ohne einen klaren Diskursbegriff behandelt (vgl. Kap. I, II, IV). Im vorliegenden Band soll gezeigt werden, dass schon die semantische Basis des Diskurses aus Machtentscheidungen hervorgeht: aus Entscheidungen für bestimmte Relevanzen, Selektionen, Klassifikationen und Definitionen. Erkläre ich den semantischen Gegensatz *männlich/weiblich* oder *Natur/Kultur* für relevant – und nicht die Gegensätze *Arbeit/Kapital* (Marx) oder *System/Umwelt* (Luhmann), übe ich Macht aus, weil meine Diskurssemantik über den *narrativen Ablauf des Diskurses* entscheidet: ihm seine *Zielsetzung* vorgibt, die bestimmte (ideologische) Interessen artikuliert. Darüber hinaus ist sie eine *Konstruktion der Wirklichkeit* als Frauenemanzipation, Kulturentwicklung, Klassenkampf (Marx) oder Systemdifferenzierung (Luhmann), die andere Konstruktionen implizit oder explizit ausschließt.

Im letzten Kapitel wird sich zeigen, dass diese Machtausübung, die sich stets um die Frage dreht „wer wen erzählt“ (semantisch, terminologisch umfasst), wissenschaftliche Diskussionen verzerrt und den (Sozial-)Wissenschaften erheblichen Schaden zufügt. Daher mündet das letzte Kapitel in die Frage, wie der psychisch, gesellschaftlich und ideologisch bedingte Machtanspruch aus dem kultur- und sozialwissenschaftlichen Bereich verdrängt werden könnte. Der Autor macht einen Vorschlag, der – hoffentlich unter neuen Bedingungen – diskutiert werden könnte.

Einleitung: Sprache und Macht

1. Problemaufriss: Vom Wort zur Erzählstruktur

Die Beziehungen zwischen Sprache und Macht sind vielfältig und können im einfachsten Fall schon auf der Wortebene beobachtet werden. Wenn beispielsweise der Held von Pirandellos Roman *Einer, keiner, hunderttausend* (1926) in seinem sozialen Umfeld als „Wucherer" („usuraio") bezeichnet wird, so lastet diese Definition auf ihm wie das Trauma auf einem psychisch Kranken oder die Behinderung auf einem Invaliden. Wird jemand nach einer Reihe von Diebstählen öffentlich als „kleptomanisch" eingestuft, so haftet ihm bald ein Handikap an, das seinen sozialen Status mindert und seine beruflichen Aufstiegschancen in der Gesellschaft schwinden lässt.

Amerikanische Politiker bezeichnen einen Rivalen gern als „Marxisten", um ihn zu diskreditieren. In der Sowjetunion und der DDR erfüllte das negativ konnotierte Adjektiv „bürgerlich" eine ähnliche Funktion. Über positive und negative Konnotationen oder Nebenbedeutungen entscheidet stets *die soziale und sprachliche Situation* (vgl. Kap. IV.6). Verbalinjurien in sozialen Konflikten sind Versuche, den Gegner zu erniedrigen und sozial zu diskreditieren. Sie sind Gewaltanwendungen auf der Wortebene, die bisweilen in Handgreiflichkeiten übergehen.

Im vorliegenden Buch wird die Wortebene oder lexikalische Ebene zwar immer wieder zum Ausgangspunkt der Argumentationen, diese gehen aber weit über den lexikalischen Bereich hinaus. Sie sind Versuche, das Lexikalische mit dem Semantischen und dieses mit der Syntax sowie der Erzählstruktur des Diskurses (der narrativen Syntax) zu verknüpfen. Dass es Verbindungen zwischen diesen Ebenen gibt, lässt ein Beispiel erkennen, das Norman Fairclough in seinem Buch *Language and Power* (1989) anführt. In einem Kommentar zum Thema „Arbeitskonflikt" bemerkt er, dass dort, wo Konflikte im Wirtschaftssystem – etwa Streiks – in den Medien als „trouble" oder „disruptions" bezeichnet werden, die Berichterstatter die Perspektive der Arbeitnehmer einnehmen und dadurch nicht unwesentlich zur Festigung einer Klassenstruktur beitragen, die auf Herrschaft und Machtausübung gründet.[1]

In dem hier konstruierten Kontext ist nicht nur diese Einsicht von Bedeutung, sondern auch der Umstand, dass die für diese „Störungen" („disruptions") verantwortlich gemachten Akteure ausschließlich dem Bereich der Arbeitnehmer angehören. Sie werden mit *negativen Konnotationen* befrachtet, die in den Wörtern „trouble" und „disruption" enthalten sind. Durch diesen Wortgebrauch im Zeitungsbericht wird das *semantische Feld* implizit oder explizit in zwei Sphären eingeteilt, von denen die eine negativ, die andere positiv konnotiert ist. Gehören die Arbeitnehmer (-gruppen) der negativ konnotierten Sphäre an, so erscheinen die Arbeitgeber als positiv konnotiert, auch wenn sie nicht genannt werden.

Zugleich werden die *handelnden Instanzen* implizit oder explizit den beiden Sphären zugerechnet, so dass in den Augen der Leserschaft bald feststeht, wer die „Helden" und die „Antihelden", die „Guten" und die „Bösen" des Diskurses als Erzählung sind (vgl. Kap. IV.3). Wer diese Erzählung liest, soll auch motiviert werden, einen Sieg der Helden (der Arbeitgeber) über die Antihelden (die Arbeitnehmer) herbeizuwünschen und die Erzählung im Sinne der in der Zeitung dominierenden Ideologie einem *happy end* zuzuführen. (Hier geht es nicht darum, für Arbeitnehmer oder Arbeitgeber Partei zu ergreifen, sondern der Frage nachzugehen, wie in theoretischen Diskursen dualistische Schemata und die sie verstärkenden negativen Konnotationen in Semantik und Syntax vermieden werden können, damit eine vielseitige, dialogisches Annäherung an die soziale Welt ermöglicht und nicht ideologisch blockiert wird: vgl. Kap. VIII.4.)

Dass dualistische Einteilungen des semantischen Feldes auch im politischen Bereich eine wichtige Rolle spielen, zeigen einige Bemerkungen Niklas Luhmanns in *Soziale Systeme*: „Heute sollte man eher erschrecken, wenn man im Wahlkampfstab einer politischen Partei die Äußerung hört: ‚Die Leute wol-

1 Vgl. N. Fairclough, *Language and Power*, London-New York, Routledge, 2015 (3. Aufl.), S. 79.

len doch nur wissen, wer die Guten und wer die Bösen sind, und *das* sagen *wir* ihnen'."[2]

Man braucht nicht zu erschrecken, wenn man weiß, dass die semantische Einteilung des politischen Spektrums in Gut und Böse *die Vorbedingung für die Erzählung des politischen Programms einer Partei* ist. In ihm geht es um Absicht, Kompetenz und Glaubwürdigkeit. In ihm als *Zukunftserzählung* soll die Wählerschaft überzeugt werden, dass die Partei der Guten die Absicht und die Fähigkeit hat, die Gesellschaft aus der Krise hinauszuführen: in Frieden, Sicherheit und Wohlstand. Der Partei der Bösen ist die Verwirklichung dieses Programms nicht zuzutrauen, weil ihr die Absicht (der gute Wille) und die Kompetenz fehlen: Sie soll als unglaubwürdig dargestellt werden. Dass eine Gegendarstellung seitens der konkurrierenden Partei nicht auf sich warten lässt, ist bekannt (vgl. Kap. VII).

Hier geht es vor allem um die Feststellung, dass die Einteilung des semantischen Feldes in *gut/böse, kompetent/inkompetent, glaubwürdig/unglaubwürdig* die Grundlage einer Erzählung bildet, die der Öffentlichkeit als Parteiprogramm oder Regierungsprogramm vorgestellt wird. In dieser Erzählung kommt es primär darauf an, die Programme oder Erzählungen der anderen Parteien der eigenen Semantik und Erzählstruktur zu *unterwerfen*: sie in Übereinstimmung mit den eigenen Kriterien *umzuerzählen*. Die Frage „Wer erzählt wen?" beherrscht alle diskursiven Auseinandersetzungen von der Politik bis zur Wissenschaft (vgl. Kap. VII-VIII).

2. Aufbau des Buches: Von der Theorie zur Praxis, vom Allgemeinem zum Besonderen

Der Aufbau des Buches entspricht weitgehend der Struktur und dem Argumentationsmuster des Problemaufrisses. Im *Ersten Teil* geht es primär um die Darstellung der wichtigsten Diskurstheorien, in denen der Nexus von Sprache und Macht analysiert wird. Im *Zweiten Teil* wird versucht, die Erkenntnisse aus den theoretischen Kapiteln für die Analyse konkreter Diskurse und

---

2 N. Luhmann, *Soziale Systeme. Grundriß einer allgemeinen Theorie*, Frankfurt, Suhrkamp, (1984), 1987, S. 325.

ihrer Machtverhältnisse fruchtbar zu machen. Diese Bewegung von der Theorie zur Praxis ist zugleich eine Bewegung vom Allgemeinen zum Besonderem.

Auf allgemeinster, jedoch nicht abstraktester Ebene wird hier im *ersten Kapitel* Michel Foucaults *Episteme* als Denksystem und diskursive Formation kommentiert. Es soll gezeigt werden, wie in Foucaults Werk dieses Denksystem das Kommunizieren, Denken und Reden von Einzelpersonen und Gruppen überdeterminiert und darüber entscheidet, *was gedacht und gesagt werden kann.* Foucaults Argumentationsmuster werden zu denen der Philosophen Georges Canguilhem, Louis Althusser und Michel Pêcheux in Beziehung gesetzt. Schließlich soll deutlich werden, dass Foucault, der weder Soziologe noch Linguist ist, sondern Philosoph, einen sehr rudimentären Diskursbegriff hat, der kaum anwendbar ist. Daher soll hier mit Hilfe von Bourdieu, Fairclough und vor allem Greimas ein konkreterer Diskursbegriff im soziosemiotischen (textsoziologischen) Sinn ausgearbeitet werden.

Seine Ausarbeitung geht im *zweiten Kapitel* von Pierre Bourdieus soziologischem und institutionellem Ansatz aus, in dem nicht die Struktur des Diskurses (Semantik, narrative Syntax), sondern *die Autorität oder fehlende Autorität der sprechenden Subjekte* (Individuen und Gruppen) im Mittelpunkt der Betrachtungen steht. Bourdieu spricht von der „autorisierten Sprache“ („langage autorisé“) und meint damit eine Rede, die sich oft durchsetzt, weil sie mit sozialem Prestige ausgestattet ist: etwa die Rede eines Politikers, Bürgermeisters oder Wissenschaftlers. Der Erkenntniswert oder Wahrheitsgehalt einer solchen Rede ist oft sekundär oder gar unerheblich.

Als Linguist nimmt Norman Fairclough, dem das *dritte Kapitel* gewidmet ist, sehr wohl *das lexikalische Repertoire und die semantisch-rhetorischen Eigenschaften von Reden und Kommunikationen* (Verhören, Interviews) in den Blick, schlägt jedoch keine Brücken vom einzelnen Wort oder von der Metaphorik einer Rede zu ihrem narrativem Ablauf, ihrer Erzählstruktur, die das eigentlich Diskursive (*discurrere, discurro*: auseinanderlaufen, hin- und herlaufen) ausmacht. Mit Bourdieu verbindet Fairclough sein Interesse für sprachlich artikulierte soziale Machtverhältnisse und Ungleichheiten.

Im Mittelpunkt des *vierten Kapitels* steht zusammen mit der Textsoziologie[3] die Soziosemiotik des litauisch-französischen Linguisten Algirdas Julien Greimas, die aus der Sicht des Autors am ehesten geeignet ist, das Verhältnis von Diskurs und Macht zu konkretisieren. Greimas und seine Mitarbeiter – Jean-Claude Coquet, Joseph Courtés, Erik Landowski u. a. – haben viele verschiedene Textsorten (von einzelnen literarischen Werken über juristische Reden[4] bis hin zu wissenschaftlichen Abhandlungen) auf lexikalischer, semantischer und narrativer Ebene untersucht und waren stets um *eine Zusammenführung von lexikalischen, semantischen und narrativen (makrosyntaktischen) Perspektiven* bemüht.

Diese Zusammenführung der vier theoretischen Perspektiven wird in der zweiten Hälfte des vierten Kapitels, das der Textsoziologie gewidmet ist und den theoretischen Teil abschließt, angestrebt. Dort soll der Ansatz auch um eine soziologische Perspektive erweitert werden, die erkennen lässt, dass schon die Entscheidung für bestimmte Relevanzkriterien, Selektionen und Klassifikationen eine Art von Machtausübung darstellt.

Was ist für eine Betriebsleitung entscheidend: das Auftreten einer Person oder ihre Kenntnisse und Kompetenzen? Die Chancen einer Person, die sich um eine Stelle bewirbt, hängen von den *Relevanzkriterien* der Betriebsleitung ab. Was ist für das Verständnis der gesellschaftlichen Entwicklung relevant: der Gegensatz von Kapital und Arbeit (von Bürgertum und Proletariat), den Marx seiner Erzählung zugrunde legt, oder der Gegensatz *männlich/weiblich*, von dem Feministinnen ausgehen? Die Entscheidung für einen der beiden Gegensätze legt die *Richtung der Erzählung* und die Funktionen der in ihr agierenden Instanzen (der *Aktanten*, Tesnière, Greimas)[5] fest. Eine solche Erzäh-

---

3 Vgl. P. V. Zima, *Textsoziologie. Eine kritische Einführung in die Diskurssemiotik*, Stuttgart, Metzler, 2021 (2., erw. Aufl.).

4 Vgl. A. J. Greimas, *Sémiotique et sciences sociales*, Paris, Seuil, 1976: S. 79-128 : „Analyse sémiotique d'un discours juridique".

5 Vgl. L. Tesnière, *Eléments de syntaxe structurale*, Paris, Klincksieck, 1959. (Tesnière hat den Begriff des *Aktanten* eingeführt, der in der Strukturalen Semiotik alle handelnden Instanzen bezeichnet: Individuen, Kollektive, mythische Wesen und Abstraktionen – etwa die Ge-

lung ist stets im sozialen und linguistischen Kontext zu betrachten: Während Marx die Industrialisierung und die aus ihr hervorgehenden Klassenkämpfe des 19. Jahrhundert beobachtete und seinem Diskurs das Vokabular und die Semantik seiner Zeit zugrunde legte, argumentieren Feministinnen in einer gesellschaftlichen und sprachlichen Situation, in der Frauen eine immer größere Rolle in Produktion und Verwaltung spielen und versuchen, die Sprache diesem gesellschaftlichen Wandel anzupassen. Foucault würde sagen, dass sich seit Marx die *diskursive Formation* gewandelt hat, die auf alle Beteiligten und auf die soziale Kommunikation als ganze einen beträchtlichen Druck ausübt.

Diskurse, die in einer solchen Formation entstehen und wirken, werden hier nicht wie bei Habermas und zum Teil auch bei Fairclough als Gespräche aufgefasst, sondern als Reden: als semantisch-syntaktische und narrative Strukturen, denen bestimmte Handlungsmodelle oder Aktantenmodelle im Sinne von Greimas' Strukturaler Semiotik (Kap. IV.3) zugrunde liegen. Ein Gespräch zwischen Individuen oder Gruppen kann in diesem Kontext als freundliches oder feindseliges, produktives oder destruktives Aufeinandertreffen von Diskursen aufgefasst werden.

Diese Überlegungen führen gleichsam von selbst zum *fünften Kapitel*, das die praxisorientierten Modelle des *Zweiten Teils* einleitet: „Wer erzählt wen? Stigma und narrative Vereinnahmung des Subjekts bei Pirandello und Goffman". In ihm soll deutlich werden, dass es in nahezu allen gesellschaftlich-sprachlichen Situationen oder „diskursiven Formationen" Herrschende und Beherrschte gibt und dass die Beherrschten in der Regel allergrößte Mühe haben, sich der Machtausübung der Herrschenden zu entziehen. Dies gilt sowohl für die vom Utilitarismus beherrschte gesellschaftlich-sprachliche Situation, in der sich Pirandellos Protagonist vergeblich gegen das Etikett „Wucherer" wehrt, als auch für die von Erving Goffman analysierte psychiatrische Klinik, in der Insassen vergeblich gegen ihre Vereinnahmung durch die Diskurse der Anstalt kämpfen.

---

schichte, die richtet, die Wahrheit, die siegt, oder die Erfahrung, die etwas zeigt oder lehrt.)

Auch die Justiz ist eine Macht ausübende Institution, die sowohl in der Literatur als auch in der Wirklichkeit Individuen ihren diskursiven Mechanismen (Relevanzen, Klassifikationen, Definitionen) unterwirft. Im *sechsten Kapitel* wird gezeigt, wie sich Albert Camus' Held Meursault im Roman *Der Fremde* – aus der Sicht des Erzählers – in einen fatalen Ablauf von Handlungen verstrickt, wenn er am Strand einen Araber erschießt, der im Liegen ein Messer zückt. Von der Justiz wird der zufallsbedingte Handlungsablauf als *narratives Programm* (Greimas) eines Bösewichts (Antihelden) konstruiert, das ein Todesurteil rechtfertigt. Alle Aussagen Meursaults und der Zeugen werden vom christlich-humanistischen Diskurs der Justiz vereinnahmt, umerzählt. Diese sprachliche Machtausübung kann auch im Prager Slánský-Prozess der 1950er Jahre beobachtet werden: Alle Aussagen der Angeklagten werden in den stalinistischen (marxistisch-leninistischen) Diskurs integriert und entsprechend umgedeutet, so dass alle Versuche der Angeklagten, ihre Unschuld nachzuweisen, zur Selbstanklage werden.

Im *vierten Abschnitt des sechsten Kapitels* („Wie ging es weiter?") wird gezeigt, wie nach der sowjetischen Invasion im Jahre 1968 die Dissidenten der Charta 77 um Václav Havel als Widersacher des Sozialismus dem Schema des marxistisch-leninistischen Diskurses unterworfen und diskreditiert werden. Dieser Diskurs hat sich seit den 1950er Jahren kaum verändert, nur die Aktantenrollen wurden Ende der 60er Jahre neu besetzt.

Um dem vorschnellen Urteil vorzubeugen, dass Machtansprüche und sprachliche Manipulationen für den realen Sozialismus besonders charakteristisch sind und in einer pluralistischen Demokratie nur noch sporadisch auftreten, werden im *siebenten Kapitel* die Diskurse der Präsidenten Barack Obama, Donald Trump und Joe Biden aus der Sicht der Strukturalen Semiotik und der Textsoziologie analysiert. Die Analysen zeigen, dass es in den drei Reden trotz ihrer Verschiedenheit um *Machtausübung durch Sprache* geht: Während Obama versucht, durch die Hervorhebung der Fähigkeiten oder *Modalitäten* „wollen", „wissen" und „können" das amerikanische Volk zur Bewältigung seiner Zukunft zu ermächtigen, versucht Trump mit allen Mitteln der Rhetorik, Helfer zu mobilisieren, die ihm in letzter Minute den Wahlsieg sichern könnten. Darauf reagiert Biden mit einer kurzen Rede, die Trump dazu bewegen soll, seine Rolle als *Antisubjekt* aufzugeben und sich als scheidender Präsident und *Subjekt* des verfassungsmäßigen Aktantenmodells hinter die Institutionen (Repräsentantenhaus, Senat, Oberstes Gericht) zu stellen, statt sie zu bekämpfen. In allen drei Fällen dient der Diskurs als Erzählung der Machtausübung.

3. Diskurs und Macht in der Wissenschaft

In den Analysen des *achten Kapitels* wird deutlich, dass wissenschaftliche Diskussionen – trotz ihrer Distanz von Alltag und Politik – gegen ideologische, politische und emotionale Interferenzen nicht gefeit sind. Eine genauere, diskurskritische Betrachtung von soziologischen Debatten, die in der Vergangenheit stattgefunden haben, – „Positivismusstreit", Habermas-Luhmann-Debatte – lässt Affinitäten zu den Rhetoriken der politischen Welt und des Alltags erkennen. Immer wieder versuchen die Beteiligten, ihr Vokabular, ihre Relevanzkriterien und ihre Erzählstrukturen den Diskursen der Gegenseite aufzuzwingen. Dabei wird die *Alterität und Besonderheit dieser Diskurse* übersehen. Ihre Erkenntnis und Anerkennung bildet jedoch die *Voraussetzung* dafür, dass ein genuiner Dialog sattfindet, in dessen Verlauf beide Seiten Erfahrungen machen und neue Erkenntnisse gewinnen, mit deren Hilfe sie ihre Theorien weiterentwickeln könnten.

Aus diesen Überlegungen geht die *Schlussbetrachtung des achten Kapitels* (Abschn. 4) hervor. Um dem erkenntnishemmenden Machtanspruch ideologischer Diskurse entgegenzuwirken, wird im Anschluss an *Ideologie und Theorie* (1989), *Was ist Theorie?* (2017, 2. Aufl.) und *Soziologische Theoriebildung* (2020) eine Dialogische Theorie vorgeschlagen, die nach Adornos Motto verfährt „gegen sich selbst denken, ohne sich preiszugeben". Dabei geht es nicht um die Widerlegung oder Falsifizierung einer Theorie im Sinne von Popper, weil Widerlegung ganzer Theorien in den Sozialwissenschaften nahezu unmöglich ist und weil das Wort „Widerlegung" für Zwecke institutioneller Machtausübung missbraucht wurde: etwa von Ulrich Beck in seiner Kritik an Luhmann (vgl. Kap. VIII: Einleitung).

In der von Otto Neurath als Alternative zu Poppers Falsifizierung vorgeschlagenen *Erschütterung*[6], die hier im Sinne einer *dialogischen Konfrontation* gedeutet wird, sollen Theorien auf metadiskursiver Ebene ihre Stärken und Schwächen erkennen lassen. Für alle Beteiligten ist dies eine Gelegenheit, die Theorien der Gegenseite *in ihrer Alterität* besser zu verstehen und die eigenen Theorien durch Vergleich und Kritik zu korrigieren und weiterzuentwickeln.

Es wird wohl nie gelingen, den Machtfaktor in wirtschaftlichen und politischen Debatten zu tilgen, um transparenten und vernünftigen Argumentationen den Weg zu ebnen. Von Wahlkampf zu Wahlkampf werden Worte und die Werte, die sie bezeichnen, entwertet, und künftige Wahlkämpfe oder Debatten verheißen keine Besserung – im Gegenteil. In der Sozialwissenschaft, um die es hier letztlich geht, ist jedoch die Hoffnung berechtigt, dass es mit den Verfahren eines auf Alterität ausgerichteten Dialogs gelingt, den Machtanspruch im Sprachbereich immer weiter zurückzudrängen und so die Entwicklung der Sozialwissenschaften zu fördern. – Dies ist zusammen mit der Diskurskritik das Hauptanliegen dieses Buches.

---

6 Vgl. O. Neurath, „Pseudorationalismus der Falsifikation“ (1935), in: *Gesammelte philosophische und methodologische Schriften*, Bd. II (Hrsg. R. Haller, H. Rutte), Wien, Hölder-Pichler-Tempsky, 1981, S. 638.

Erster Teil: Theorie

I. Wie man gedacht wird: Von Michel Foucault zu Louis Althusser und Michel Pêcheux

In Michel Foucaults Frühwerk steht der Diskursbegriff oft im Mittelpunkt der Betrachtungen; nicht nur in *L'Ordre du discours* (1971, dt. *Die Ordnung des Diskurses*, 1974), sondern auch in den Werken der 1960er Jahre. Auf den ersten Blick mag er als einer von Foucaults Schlüsselbegriffen erscheinen, dessen Bedeutung für seine intensive Rezeption in der Diskursforschung verantwortlich ist.[1]

Wer jedoch in Foucaults Texten nach einer brauchbaren, anwendbaren Definition des Diskursbegriffs sucht, geht leer aus, und man kann Jürgen Spitzmüller und Ingo H. Warnke nur Recht geben, wenn sie in ihrem Buch über Diskurslinguistik das zweite Kapitel mit dem folgenden Satz einleiten: „Wer sich dem umfangreichen Werk Michel Foucaults mit der Erwartung zuwendet, Klarheit über den Diskursbegriff zu erlangen, wird enttäuscht werden."[2] Ähnlich äußert sich Ralf Konersmann in seinem Nachwort zur deutschen Ausgabe von *L'Ordre du discours*. Zu Foucault heißt es dort: „So gibt er in *L'Ordre du discours* eine ganze Reihe von Hinweisen, aber sie sind in erster Linie verneinender Natur."[3] Das heißt im Klartext: Foucault sagt uns

---

1 Vgl. R. Keller, *Diskursforschung. Eine Einführung für SozialwissenschaftlerInnen*, Wiesbaden, VS-Verlag für Sozialwissenschaften, 2011 (4. Aufl.), S. 46. Keller definiert Foucaults Diskursbegriff wie folgt: „Der Begriff ‚Diskurs' bezeichnet – so Foucault – eine Menge von an unterschiedlichen Stellen erscheinenden, verstreuten Aussagen, die nach demselben Muster oder Regelsystem gebildet worden sind, deswegen ein- und demselben Diskurs zugerechnet werden können und ihre Gegenstände konstituieren." Die Lücke in dieser Definition entsteht dadurch, dass nicht gesagt wird, worin das „Muster" oder „Regelsystem" besteht (vgl. Kap. IV und V).

2 J. Spitzmüller, I. H. Warnke, *Diskurslinguistik. Eine Einführung in Theorien und Methoden der transtextuellen Sprachanalyse*, Berlin-Boston, de Gruyter, 2011, S. 65.

3 R. Konersmann, „Der Philosoph mit der Maske. Michel Foucault", in: M. Foucault, *Die Ordnung des Diskurses*, Frankfurt, Fischer (1991), 1997, S. 77.

zwar, was der Diskurs nicht ist, verzichtet aber auf eine positive Begriffsbestimmung.

Das Problem wird konkreter von Jens Maeße dargestellt: „Zwar ist es Foucault gelungen, eine konsistente Theorie von Macht und Wissen vorzulegen, allerdings blieb der Diskursbegriff zum Teil unvermittelt neben der Macht-Wissenstheorie stehen.“[4] Im Folgenden soll versucht werden, eine Vermittlung – soweit es geht – herzustellen.

In Konersmanns Kommentar stößt man etwas später auf einen Hinweis, der in die Richtung weist, die man einschlagen sollte, wenn man erfahren möchte, weshalb sich eine Auseinandersetzung mit Foucaults Auffassung des Diskurses lohnt: „Der Diskurs bezeichnet genau das, was im Selbstbegründungsverfahren des Cogito ausgeblendet ist.“[5]

Was aber blendet Descartes' Cogito aus? Es blendet die soziale Umwelt aus, in der ich bin und denke. Denn Descartes beschließt gleich zu Beginn seines *Discours de la méthode* (1637), „kein anderes Wissen zu suchen, als was ich in mir selbst oder im großen Buche der Welt würde finden können“ („de ne chercher plus d'autre science que celle qui se pourrait trouver en moi-même, ou bien dans le grand livre du monde“).[6]

Das Problem besteht jedoch darin, dass sich Descartes implizit und explizit auf zahlreiche Vorgänger in der Antike, im Mittelalter und im 17. Jahrhundert bezieht, deren Ansichten er teilt oder ablehnt, und dass er in einer gesellschaftlichen und sprachlichen Situation denkt, die in seinem Werk unreflektiert bleibt.

Die Bedeutung von Foucaults Werk kommt u. a. dadurch zustande, dass Foucault in nahezu allen seinen Schriften versucht, Versäumtes nachzuholen und sowohl die sozialen als auch die sprachlichen Bedingungen, in denen wir denken oder sprechen, zu reflektieren. Im Zuge seiner Ausführungen wird

---

4 J. Maeße, „Diskursanalyse und kritische Theorie nach Foucault und Bourdieu“, in: A. Langer, M. Nonhoff, M. Reisigl (Hrsg.), *Diskursanalyse und Kritik*, Wiesbaden, Springer VS, 2019, S. 298.

5 Ibid., S. 81.

6 R. Descartes, *Discours de la méthode/Von der Methode des richtigen Vernunftgebrauchs* (Französisch-Deutsch), Hamburg, Meiner, 1997 (2. Aufl.), S. 16-17.

deutlich, dass das denkende Subjekt – das Cogito – nicht so frei ist, wie Rationalisten von Descartes bis Sartre dachten, weil ihm Sprach- und Denkstrukturen sowie Machtansprüche von Institutionen und Organisationen innewohnen, die von den im Alltag agierenden Individuen kaum wahrgenommen werden. Als spontane Cartesianer meinen sie, autonom zu denken, zu reden und zu handeln, während ihr Verhalten in Wirklichkeit von nichtreflektierten, aber von Machtapparaten organisierten Wissens- und Sprachregelungen gesteuert wird.

Foucault spricht von der „Vereinnahmung des Lebens durch die Macht“[7] und möchte wissen, „welche Verbindungen, welche Verschränkungen zwischen Zwangsmechanismen und Erkenntniselementen aufgefunden werden können“.[8] Ihm erscheinen Erkenntnisse und ihre sprachlichen Ausdrucksformen nicht als freischwebende, rein geistige Produkte, sondern als in historisch und gesellschaftlich bedingte Entwicklungen eingebettete Ereignisse, die bisher nicht als solche erkannt wurden.

Diese Entwicklungen und Ereignisse werden in vielen Fällen von verschiedenen Arten der Machtausübung gelenkt. Dazu heißt es in einem Vortrag, der unter dem Titel „Was ist Kritik?“ erschien: „Und zweitens wird der Begriff *Macht* gebraucht, der viele einzelne, definierbare und definierte Mechanismen abdeckt, die in der Lage scheinen, Verhalten oder Diskurse zu induzieren.“[9] Dies bedeutet, dass Wissen, Sprechen und Verhalten weder spontan noch frei, sondern durch soziale (institutionelle) Machtstrukturen vermittelt sind. Diese gilt es zu reflektieren. In einer seiner Vorlesungen schließt sich Foucault jenen Philosophien an – „von Hegel bis zur Frankfurter Schule über Nietzsche, Max Weber usw.“[10] –, die Reflexion historischer und gesellschaftlicher Kontexte zu einem ihrer Hauptanliegen gemacht haben.

---

7 M. Foucault, *Kritik des Regierens. Schriften zur Politik*, Berlin, Suhrkamp, 2017 (3. Aufl.), S. 63.

8 Ibid., S. 251.

9 Ibid., S. 252.

10 M. Foucault, *Die Regierung des Selbst und der anderen. Vorlesungen am Collège de France 1982/83*, Frankfurt, Suhrkamp (2009), 2019, S. 40.

Im Folgenden soll gezeigt werden, wie Foucault im Anschluss an Gaston Bachelard und Georges Canguilhem die machtvermittelten Denk- und Sprachsysteme reflektiert, wie er die *Episteme* als Denk- oder Wissenssystem und als Ineinander von Diskursen analysiert und das historische Nacheinander der Systeme beschreibt. Dabei wird die Unterwerfung individueller Subjekte unter partikulare Sprachstrukturen im Mittelpunkt der Betrachtungen stehen. Diese Unterwerfung wird in ihren verschiedenen Formen in Anlehnung an Foucault und Althusser auch von Michel Pêcheux untersucht, der in *Les Vérités de La Palice* (1975) den Begriff *Interdiskurs* als Schlüsselbegriff eingeführt hat.

Im vorletzten Abschnitt soll deutlich werden, dass es Foucault nicht gelingt, zwischen sozialem Determinismus und individueller Freiheit in Gesellschaft und Sprache zu vermitteln, weil die Diskursanalyse in seinem Werk lückenhaft ist oder gar fehlt. Im letzten Abschnitt wird das Problem „Sprache und Freiheit heute" im Zusammenhang mit Foucaults Vorschlägen zur Reflexion des sozialen und sprachlichen Umfeldes und der in ihm wirkenden Machtstrukturen angeschnitten.

1. Von Gaston Bachelard und Georges Canguilhem zu Michel Foucault: Die Macht der Denk- und Sprachsysteme

Bachelard und Canguilhem wenden sich gegen eine dialektisch-hermeneutische Auffassung der wissenschaftlichen Entwicklung, wie sie etwa Hegel vertritt, wenn er davon ausgeht, dass ein neues Wissen im alten Wissensstadium keimt, dieses schließlich aufhebt und in sich aufbewahrt, wobei im Rückblick eine kumulative Kontinuität zu beobachten ist. Im Gegensatz dazu geht Bachelard von einem doppelten Bruch aus: Die Wissenschaft in allen ihren Formen bricht mit dem Alltagsverstand, dem *common sense*. Komplementär dazu bricht die einzelne Wissenschaft, während sie sich als Wissenschaft konstituiert, mit ihrer Vorgängerin, deren Prämissen, Denkweisen und Terminologien sie desavouiert und durch neue ersetzt. Bachelard spricht von *epistemologischen Brüchen* oder *Einschnitten* (*coupures épistémologiques*).

Zum ersten Bruch bemerkt er: „Der wissenschaftliche Geist kann sich nur bilden, indem er den nichtwissenschaftlichen zerstört."[11] Veranschaulicht wird diese Denkweise durch den Bruch der modernen Astronomie mit den Intuitionen des Alltags, die die Sonne aufgehen oder untergehen lassen und dabei die Rotationsbewegungen der Erde nicht wahrnehmen.

Zum zweiten Bruch bemerkt Bachelard: „Es gibt nur ein Mittel, den Fortschritt der Wissenschaft zu sichern: nämlich der schon konstituierten Wissenschaft Unrecht geben, d. h. ihre Konstitution ändern."[12] Abermals kann die Entwicklung der Astronomie veranschaulichen, was gemeint ist: Die moderne Astronomie im Sinne von Kopernikus und Galilei ging nicht aus dem geozentrischen ptolemäischen Weltbild hervor, sondern aus einem radikalen Bruch mit ihm, der eine völlig neue Denkweise mitsamt ihrer Begrifflichkeit ermöglichte. Dies gilt auch für die Chemie, die nicht aus der Alchemie hervorging, sondern durch eine radikale Abkehr von ihr und ihrer Begrifflichkeit ermöglicht wurde.

Im Anschluss an Bachelard spricht Georges Canguilhem, den Dominique Lecourt zu Recht als „Bachelards Erben"[13] bezeichnet, von einer „Epistemologie der Brüche"[14] und ergänzt Bachelards Überlegungen, wenn er zur Pseudowissenschaft bemerkt: „Das Eigentümliche einer falschen Wissenschaft besteht darin, dass sie nie das Falsche entdeckt, dass sie nie etwas aufgeben und nie ihre Sprache ändern muss."[15] Da die falsche Wissenschaft in ihren Irrtümern verharrt, statt mit ihnen ein für allemal zu brechen, braucht sie auch keine neue Terminologie einzuführen, um neuen Sachverhalten Rechnung zu tragen.

Diese Auffassung der Wissens- und Wissenschaftsentwicklung als Aufeinanderfolge von Brüchen oder „epistemologi-

11 G. Bachelard, *La Philosophie du non*, Paris, PUF (1940), 1983, S. 8.

12 Ibid., S. 32.

13 D. Lecourt, *Pour une critique de l'épistémologie*, Paris, Maspero, 1972, S. 69.

14 G. Canguilhem, *Idéologie et rationalité dans l'histoire des sciences de la vie*, Paris, Vrin, 1988 (2. Aufl.), S. 26.

15 Ibid., S. 39.

schen Einschnitten“ bringt einige Probleme mit sich, die Michel Foucault von Bachelard und Canguilhem erbt, indem er an ihre Gedankengänge anknüpft, wie Hans-Herbert Kögler richtig bemerkt.[16]

Das erste Problem betrifft die *Wahrheit*, die im deutschen Idealismus – von Kant bis Hegel – einen universellen Charakter hat, bei Foucault jedoch von epistemischen Einschnitten zerstückelt wird. Diese Einschnitte lassen Wahrheitssysteme entstehen, in denen *grundverschiedene Wahrheiten* gelten, die nicht auf einen Nenner zu bringen sind.

Es kommt hinzu, dass diese Denk- oder Wissenssysteme (anders als bei Bachelard und Canguilhem) durch *Machtverhältnisse* vermittelt sind, so dass nach jedem historischen Machtwechsel auch ein Wahrheitswechsel stattfindet. Foucault fasst dieses Problem prägnant zusammen, wenn er in *Überwachen und Strafen* lapidar feststellt: „Andere Macht, anderes Wissen.“ („Autre pouvoir, autre savoir.“)[17]

Diese drastische *Partikularisierung von Erkenntnis und Wahrheit* lässt das *individuelle Subjekt* nicht unberührt: Es kann sich in seinem Streben nach Autonomie und Mündigkeit nicht auf die Allgemeingültigkeit der Universalvernunft berufen, sondern hat zur Kenntnis zu nehmen, dass sich Vernunft und Wahrheit von Epoche zu Epoche, von Denksystem zu Denksystem ändern, weil sie den Peripetien der Macht folgen.

In diesem Zusammenhang fragt Hans-Herbert Kögler, wie denn bei Foucault „Wahrheit und Macht unterschieden werden [können][18], um die Analyse ihrer Beziehung in nicht-reduktiver Weise zu ermöglichen“.[19] Habermas’ Antwort auf diese Frage ist nicht von der Hand zu weisen, denn sein Argument lautet, dass bei Foucault, Erkenntnis und Wahrheit nur in Denksystemen vorstellbar sind, die stets aus Machtverhältnissen hervorge-

16 Vgl. H.-H. Kögler, *Michel Foucault*, Stuttgart, Metzler, 2004 (2., erw. Aufl.), S. 27.

17 M. Foucault, *Überwachen und Strafen. Die Geburt des Gefängnisses*, Frankfurt, Suhrkamp (1976), 1994, S. 290. (*Surveiller et punir*, Paris, Gallimard, 1975, S. 263.)

18 N. B.: Alle Einschübe in viereckigen Klammern stammen vom Autor.

19 H.-H. Kögler, *Michel Foucault*, op. cit., S. 188.

hen, „die doch erst festlegen, was *innerhalb* eines Diskurses jeweils als wahr und falsch zu gelten hat".[20]

Wie sehr Foucault Bachelards und Canguilhems Denken in epistemischen Brüchen übernimmt, lässt die folgende Passage aus seinem Vortrag „Was ist Kritik?" erkennen, in der es um seine *strukturale Auffassung der Geschichte* geht, die er immer wieder der hegelianischen und marxistischen entgegensetzt: „Wenn es [das historisch-philosophische Vorgehen] weder in eine Geschichtsphilosophie noch in eine historische Analyse umkippen will, muss es sich im Immanenzfeld der reinen Singularitäten halten. Also Bruch, Diskontinuität, Singularität, reine Beschreibung, unbewegliches Tableau, keine Erklärung, kein Übergang."[21]

Während bei Hegel und Marx – trotz aller Unterschiede zwischen Idealismus und Materialismus – die historische Vernunft in ihrer Entwicklung zu stets höheren gesellschaftlichen Stadien allmählich zu sich selbst als Universalvernunft fand, wird sie bei Foucault in Diskontinuitäten und Singularitäten fragmentiert und ihres Universalanspruchs beraubt. In jeder von besonderen Machtverhältnissen geprägten Episteme als Denksystem gilt eine andere Wahrheit, und die Erkenntnis folgt in jedem System anderen Regeln. Analog zur Maxime „cuius regio eius religio" gilt hier der Grundsatz „cuius imperium eius ratio".

Was bedeutet diese Partikularisierung des Denkens und der Vernunft, die für die gesamte Postmoderne charakteristisch ist, für das individuelle Subjekt? Sie bedeutet, dass das Subjekt als vernunftbegabtes Wesen nicht länger autonom zwischen Vernunft und Unvernunft, Wahr und Falsch oder Gut und Böse zu unterscheiden vermag, weil es einer besonderen Macht als *Wissensregime* und Maßstab für alle Wahrheit *untersteht.*

Dies ist eine Umkehrung der von Descartes bis Kant herrschenden idealistischen Auffassungen, die trotz aller Divergenzen in einem Punkt konvergieren: in der These, dass Vernunft jedem einzelnen Subjekt innewohnt und dass dieses Subjekt sich als autonome Instanz nach ihren (d. h. seinen eigenen) Gesetzen richtet und nicht nach ihm äußerlichen Instanzen. Dazu heißt es

---

20 J. Habermas, *Der philosophische Diskurs der Moderne. Zwölf Vorlesungen*, Frankfurt, Suhrkamp, 1985 (2. Aufl.), S. 291.

21 M. Foucault, *Kritik des Regierens*, op. cit., S. 254.

bei Descartes: „(...) Denn was die Vernunft betrifft – oder den Verstand – so möchte ich, zumal sie ja das einzige ist, was uns zu Menschen macht und von den Tieren unterscheidet, glauben, daß jeder sie ganz besitzt (...).“[22]

Diese Auffassung wird von Kant im Hinblick auf die äußeren Instanzen ergänzt: „Wir werden, so weit praktische Vernunft uns zu führen das Recht hat, Handlungen nicht darum für verbindlich halten, weil sie Gebote Gottes sind, sondern sie *darum* als göttliche Gebote ansehen, weil wir dazu innerlich verbindlich *sind*.“[23]

Descartes und Kant sind sich darin einig, dass Vernunft als Universalvernunft einheitlich ist, dass sie einem jeden Menschen innewohnt und dass sie sein Denken und Handeln unabhängig von der Einwirkung äußerer Instanzen steuert. Daraus folgt, dass der Einzelne autonom ist, weil er sich ausschließlich nach den *ihm innewohnenden* Vernunftgesetzen richtet.

Diese idealistischen Gedankengänge stellt Foucault grundsätzlich in Frage, indem er die historische, gesellschaftliche und geografische *Bedingtheit des Denkens und Sprechens* analysiert. Ihm erscheinen *Wahrheitsregime als Produkte kontingenter Machtkonstellationen*, deren Universalansprüche sich in ihrem historischen Nacheinander, das sie relativiert, als Trug erweisen.

Sein Denken ist insofern für das 20. Jahrhundert prägend, als es sich in umfangreichen Analysen der Disziplinarmacht, der Überwachung und der Bio-Politik (vgl. Abschn. 2) direkt und indirekt auf Europas Erfahrungen mit Faschismus, Nationalsozialismus und Stalinismus bezieht.

Im *siebenten Kapitel*, das u. a. die Prager Slánský-Prozesse der 50er Jahre zum Gegenstand hat, soll deutlich werden, wie sehr Wahrheit im Totalitarismus manipuliert und dadurch *partikularisiert* wird. Sie wird zum *Wissensregime* im Sinne von Foucault: zur Wahrheit der Machthaber. Doch Artur London, eines der Opfer dieser kontingenten Macht-Wahrheit im Stalinismus, ist zuversichtlich, dass *die Wahrheit* siegen wird: jene andere Wahrheit, die sich durch alle totalitären Wahrheitsregime

---

22 R. Descartes, *Discours de la méthode/Von der Methode des richtigen Vernunftgebrauchs*, op. cit., S. 5.

23 I. Kant, *Kritik der reinen Vernunft*, Hamburg, Meiner, 1998, S. 849-850.

hindurch behauptet und ihnen schließlich ein Ende bereitet – die Wahrheit von Descartes und Kant, die Wahrheit des autonomen Subjekts. Dennoch hat Foucault Recht, wenn er – gegen Descartes und Kant – nachweist, wie sehr menschliches Denken und Sprechen historisch und gesellschaftlich bedingt sind: in aufeinanderfolgenden Wissenssystemen, die von der jeweiligen Machtausübung nicht zu trennen sind.

2. Episteme: Das historische Nacheinander der Denksysteme und die Unterwerfung der Subjekte unter partikulare Sprachstrukturen

Es ist zwar richtig, dass Foucault im Übergang von *Les Mots et les choses* (1966) zu *L'Archéologie du savoir* (1969) den Episteme-Begriff aufgibt, wie Dominique Lecourt bemerkt.[24] Aber dies bedeutet keineswegs, dass er seine strukturale, diskontinuierliche Denkweise, die Jacques Revel als „résolument structuraliste"[25] bezeichnet, desavouiert. Nicht zufällig beruft er sich gleich am Anfang der *Archäologie des Wissens* auf Bachelard und Canguilhem[26] und distanziert sich im vierten Teil dieses Werks von einer Ideengeschichte, die dort Kontinuitäten oder unterschwellige Verbindungen und Übergänge nachzuweisen sucht, wo er selbst Einschnitte und Mutationen beobachtet.

In dieser Hinsicht setzt er seine Gedankengänge aus *Les Mots et les choses* fort und konkretisiert sie in späteren Werken wie *Histoire de la folie à l'âge classique* (1972, dt. 1973), wo er den ersten Einschnitt in der von ihm untersuchten Entwicklung des Wissens und der Machtausübung aufzeigt: Während die Renaissance den Wahnsinn als andersartigen Erkenntnismodus duldete, schloss ihn das vom Rationalismus dominierte „klassische Zeitalter" („l'âge classique") aus und brachte die Wahnsin-

24 D. Lecourt, *Pour une critique de l'épistémologie*, op. cit., S. 100-101.
25 J. Revel, „Le moment historiographique", in: L. Giard (Hrsg.), *Michel Foucault. Lire l'œuvre*, Grenoble, Jérôme Millon, 1992, S. 94.
26 Vgl. M. Foucault, *Archäologie des Wissens*, Frankfurt, Suhrkamp, 2020 (19. Aufl.), S. 11.

nigen zusammen mit Verbrechern und Prostituierten in geschlossenen Anstalten unter.[27]

Foucault betrachtet diese Entwicklung, in der Denken und Machtausübung ineinandergreifen, im Zusammenhang mit einer epistemischen Mutation des gesellschaftlichen Erkenntnissystems. Während in der Episteme des 16. Jahrhunderts *Ähnlichkeiten* und *Assoziationen* das Denken beherrschten, war in der „klassischen Episteme“ („épistémè classique“)[28] der Aufklärung die *Darstellung als Klassifikation oder Taxonomie*, in der sich Wörter und andere Zeichen auf Gegenstände beziehen, zentral. Im Übergang vom 18. zum 19. Jahrhundert entdeckten die Wissenschaften (Anthropologie, Soziologie, Psychologie) den Menschen.

Foucault erklärt: „Der ‚Humanismus‘ der Renaissance, der ‚Rationalismus‘ der klassischen Epoche haben dem Menschen in der Ordnung der Welt wohl einen privilegierten Platz geben können, sie haben jedoch den Menschen nicht denken können.“[29] Die Reihenfolge der drei epistemischen Systeme fasst José-Guilherme Merquior zusammen: „Ähnlichkeit, Darstellung (représentation) und ‚Anthropologismus‘.“[30]

Aber was bedeutet genau der Ausdruck „den Menschen denken“? Hat Hobbes in *Leviathan* (1651) nicht einen Teil dieses Buches – „Of Man“ – dem Menschen und seiner Psychologie gewidmet? Foucault kann man nur beipflichten, sofern man davon ausgeht, dass der Mensch erst in den sich arbeitsteilig spezialisierenden Humanwissenschaften zum Gegenstand des Wissens wird. Aber das sagt Foucault nicht. Er stellt zwar die Aufeinanderfolge der Denk- oder Wissenssysteme dar, kann sie aber nicht immer plausibel machen; vor allem vermag er die *Entstehung* eines neuen Systems nicht zu erklären. Zur Aufeinanderfolge bemerkt Jean Piaget, der selbst eine genetische Psycholo-

---

27 Vgl. M. Foucault, *Wahnsinn und Gesellschaft. Eine Geschichte des Wahns im Zeitalter der Vernunft*, Frankfurt, Suhrkamp, 1981 (4. Aufl.), S. 68.

28 M. Foucault, *Les Mots et les choses*, Paris, Gallimard, 1966, S. 86.

29 M. Foucault, *Die Ordnung der Dinge. Eine Archäologie der Humanwissenschaften*, Frankfurt, Suhrkamp, 1993 (12. Aufl.), S. 384.

30 J.-G. Merquior, *Foucault ou le nihilisme de la chair*, Paris, PUF, 1986, S. 147.

gie entwickelt hat, sie sei „völlig unverständlich", so dass sich die „Vernunft ohne Grund verändert". („La raison se transforme sans raison.")[31]

Das Problem der Partikularisierung von Vernunft und Wahrheit wird hier durch deren historische Kontingenz potenziert: Die Vernunft, die angesichts ihrer Abhängigkeit von der Macht als partikular erscheint, erweist sich zugleich als historisch kontingent – im Gegensatz zur historischen Vernunft bei Hegel oder Marx, die immer höhere Stadien bis zu ihrer Vervollkommnung als Universalvernunft erreicht. Anders als bei den Dialektikern Hegel und Marx, in deren Werken überindividuelle Subjekte (der Weltgeist bei Hegel, die soziale Klasse bei Marx) für den Fortgang der Geschichte verantwortlich sind, entfällt bei Foucault das *Subjekt* als treibende Kraft des Denkens und der gesellschaftlichen Entwicklung. Zur Vorgehensweise des Autors heißt es unmissverständlich in der *Archäologie des Wissens*: „Die Instanz des schöpferischen Subjekts als *raison d'être* eines Werkes und Prinzip seiner Einheit ist ihr fremd."[32] Was für das individuelle Subjekt als Autor gilt, gilt in gleichem Maße für das Subjekt der Geschichte, das Foucault ersatzlos streicht.

Bei ihm kommt es insofern zu einer Umkehrung der hegelianisch-marxistischen Perspektive, als Individuen oder Gruppen stets machtvermittelten, partikularen Wissens- und Sprachregimen unterworfen sind und auf keinerlei Erkenntnisfortschritt hoffen können. Aus dem aktiven und schöpferischen Subjekt der Dialektiker wird ein unterworfenes Subjekt, das die einander ablösenden Macht- und Erkenntnisregime erleidet: als Souveränität des Herrschers, als Disziplinarmacht der anbrechenden bürgerlichen Ära, als Bio-Politik und Gouvernementalität heute.

Foucault beschreibt ausführlich den Übergang von der feudal-absolutistischen Souveränität, „die weit stärker über die Erde und die Produkte der Erde als über die Körper und das, was sie tun, ausgeübt wird"[33], zur bürgerlich-kapitalistischen Disziplinarmacht: „Diese neue Art Macht, die sich ganz und gar nicht in die Form der Souveränität umschreiben lässt, ist, glaube ich,

31 J. Piaget, *Le Structuralisme*, Paris, PUF (1968), 1974 (6. Aufl.), S. 114.
32 M. Foucault, *Archäologie des Wissens*, op. cit., S. 199.
33 M. Foucault, *Analytik der Macht* (Hrsg. D. Defert, F. Ewald), Frankfurt, Suhrkamp (2005), 2017 (7. Aufl.), S. 121.

eine der großen Erfindungen der bürgerlichen Gesellschaft; sie ist eines der grundlegenden Instrumente für den Aufbau des industriellen Kapitalismus und des ihm entsprechenden Gesellschaftstyps gewesen. Diese nicht souveräne, folglich der Form der Souveränität fremde Macht ist die Disziplinarmacht, die sich in der Begrifflichkeit der Theorie der Souveränität nicht beschreiben und nicht begründen lässt (...).“[34]

Der letzte Satz dieser Passage lässt zwei für Foucaults Denken charakteristische Züge erkennen: die Annahme, dass Gesellschaftsgeschichte von Diskontinuitäten oder Einschnitten geprägt ist, und die komplementäre Annahme, dass jeder Einschnitt eine neue Sprache oder „Begrifflichkeit“ mit sich bringt. Um den Nexus von Machtausübung und Sprache oder „Begrifflichkeit“ geht es im Folgenden.

In einer Disziplinargesellschaft geht es – anders als in der Ära der Souveränität – um die *Überwachung und die Kontrolle menschlicher Körper*. In Gefängnissen entsteht das von Jeremy Bentham (1748-1832) entworfene Panoptikum, das es einem einzelnen Wächter gestattet, in alle Zellen zu blicken und die Gefangenen zu überwachen, ohne selbst gesehen zu werden. Foucault führt als komplementäres Beispiel die sich ändernde Unterrichtssituation in den Schulen an: „Der Lehrer stand einer Gruppe gegenüber. Heute sitzen die Schüler in Reihen, und der Lehrer kann sie individuell ins Auge fassen, kann sie einzeln aufrufen, um ihre Anwesenheit zu prüfen, kann sehen, was sie tun, ob sie träumen oder gähnen...“[35] Es will durchaus einleuchten, dass sich in dieser neuen Situation mit dem Diskurs des Lehrers die gesamte Kommunikationssituation ändert: Sie wird durch die Möglichkeiten der Überwachung und Disziplinierung didaktisiert und hierarchisiert. Dabei wird die Machtausübung systematisch erleichtert.

Panoptikum, Sitzordnung und andere Maßnahmen, die Überwachung ermöglichen oder erleichtern, bezeichnet Foucault als *Dispositive*. Eine brauchbare Definition des Dispositivs findet sich bei Achim Landwehr, der der (bei Foucault üblichen) Vieldeutigkeit des Begriffs Rechung trägt: „Ein Dispositiv ist ein Komplex aus unterschiedlichen Elementen (Diskurse, Insti-

34 Ibid., S. 121-122.
35 Ibid., S. 230.

tutionen, Normen, Maßnahmen, Aussagen, Gebäude, Geräte etc.), die Macht-Wissens-Formen strukturieren."[36] Auch das beim Militär übliche In-Reih-und-Glied-Stehen, Flughafenkontrollen und Prüfungsordnungen aller Art könnten als Dispositive bezeichnet werden.

In Foucaults Darstellung wird der „Diskurs der Disziplin"[37] im Übergang vom 18. zum 19. Jahrhundert vom *Diskurs der Bio-Politik* abgelöst, der es nicht länger „mit dem Individuum und seinem Körper"[38] zu tun hat, sondern mit der Bevölkerung als ganzer: „Es geht um das Konzept der ‚Bevölkerung'. Die Bio-Politik hat es mit der Bevölkerung, mit der Bevölkerung als politischem Problem, als zugleich wissenschaftlichem und politischem Problem, als biologischem und Machtproblem zu tun (...)."[39] Abermals ändert sich die Sprache der neuen Machtkonstellation: Sie ist nicht mehr auf Disziplinierung oder unmittelbare Kontrolle, sondern auf kollektive Verwaltung mit Hilfe medizinischer, psychologischer und allgemein therapeutischer Diskurse aus.

Foucault spricht von „einer vollständig medizinisierten Gesellschaft"[40] und bezieht sich auf die zahlreichen Statistiken, die Krankheiten wie Übergewicht, Diabetes, Burnouts und Depressionen erfassen sollen. Neuerdings könnte man die staatliche Verwaltung von Epidemien und Pandemien wie BSE und „Corona" hinzufügen. Zugleich meint Foucault mit Bio-Politik die unzähligen Therapie-Angebote sowie die Eingriffe der Staatsverwaltung in das Leben der Individuen und ihrer Familien: Versuche, die demographische Entwicklung der Gesellschaft mit Hilfe von Wohngeld, Kindergeld und Familienberatung zu steuern. In diesem Zusammenhang wären auch Bestrebungen einiger Länder wie Südkorea zu erwähnen, die Abtreibung zu erschweren, um den demografischen Niedergang aufzuhalten.

---

36 A. Landwehr, *Historische Diskursanalyse*, Frankfurt-New York, Campus, 2018 (2. Aufl.), S. 77.

37 M. Foucault, *Kritik des Regierens*, op. cit., S. 42.

38 Ibid., S. 69.

39 Ibid.

40 M. Foucault, *Analytik der Macht*, op. cit., S. 142.

Diesen Sachverhalt veranschaulicht Jacques Donzelots Buch *La Police des familles* (1977, *Die Familienpolizei*), das im Anschluss an Foucaults Forschungen entstanden ist und das zeigt, wie die Bio-Politik staatlich organisiert wird, wie sie in die zerfallenden Familien eindringt und diese beherrscht. Donzelot spricht von einer „staatlichen Intervention“, die „korrigiert und rettet, aber um den Preis einer nahezu völligen Enteignung der privaten Rechte“.[41] Zugleich beschreibt er das Eindringen psychiatrischer, psychoanalytischer und anderer therapeutischer Diskurse in den Familienbereich, in dem die Sprachen des biopolitischen Regimes die neue Normativität bestimmen.

Foucault führt schließlich den *Begriff Gouvernementalität* ein, in dem Souveränität, Disziplinierung und Bio-Politik zusammengeführt werden. Er definiert ihn in drei Schritten: 1. Es ist die „recht spezifische und doch komplexe Form der Macht (...), die als Hauptzielscheibe die Bevölkerung, als Hauptwissensform die politische Ökonomie und als wesentliches technisches Instrument die Sicherheitsdispositive hat“. 2. Es ist ferner der Machttypus, „den man als ‚Regierung‘ bezeichnen kann, gegenüber allen anderen – Souveränität, Disziplin – [und der] die Entwicklung einer ganzen Reihe spezifischer Regierungsapparate einerseits und einer ganzen Reihe von Wissensformen andererseits zur Folge gehabt hat“. 3. Letztlich ist es der Vorgang, „durch den der Gerechtigkeitsstaat des Mittelalters, der im 15. und 16. Jahrhundert zum Verwaltungsstaat geworden ist, sich Schritt für Schritt ‚gouvernementalisiert‘ hat“.[42] Insgesamt könnte „Gouvernementalität“ – trotz der Vagheit, die dem Begriff bei Foucault anhaftet, – als eine Art Synthese und Aktualisierung der älteren Machtformationen betrachtet werden.

In allen diesen Formationen ist Machtausübung durch Sprache vermittelt. Um diese Vermittlung zu veranschaulichen, bedient sich Foucault immer wieder des *Diskursbegriffs*, dessen sporadisch auftretende Teildefinitionen einander jedoch selten ergänzen, so dass eine umfassende und brauchbare Definition des Begriffs fehlt. Im Folgenden soll er näher betrachtet und anhand von Kommentaren aus der Sekundärliteratur konkretisiert werden.

---

41 J. Donzelot, *La Police des familles*, Paris, Minuit, 1977, S. 88.

42 M. Foucault, *Analytik der Macht*, op. cit., S. 171-172.

3. Diskurs als Ensemble von Aussagen und Subjektivierung

Obwohl Foucault in *L'Archéologie du savoir* (1969) und seinen späteren Arbeiten den Episteme-Begriff nicht verwendet, könnte man vorschlagen, die *Episteme* als Wissenssystem und umfassende Struktur den Diskursen und ihren Beziehungen in Diskursformationen überzuordnen. Aus dieser Sicht erschiene der Diskurs als eine sprachliche Ausfüllung oder Konkretisierung der Episteme.

Heinrich Fink-Eitel sieht es anders, wenn er Foucaults Denken in Brüchen berücksichtigt und vorschlägt, „Diskurs" als einen *Ersatz* für „Episteme" aufzufassen: „Foucaults Zauberwort zur Lösung der genannten Probleme heißt ‚Diskurs' bzw. ‚diskursives Ereignis' (...). Indem es im Zentrum der Theorie an die Stelle des wahnsinnigen Schweigens bzw. der Episteme tritt, soll es das zuvor Auseinanderfallende in sich miteinander verbinden. Diskurse sind selbst Praktiken."[43] Doch diese Praktiken hängen zusammen und bilden einen Kontext, der als Wissenssystem oder Episteme aufgefasst werden könnte. In Übereinstimmung mit den Wissenssystemen der Renaissance, der Klassik (Aufklärung) und der Moderne bilden auch Diskurse als Diskursformationen Ganzheiten, die in besonderen historischen Zeitabschnitten aus konkreten Machtkonstellationen hervorgehen.

Der Gedanke, dass das Ineinander von Diskursen ein Wissens- und Wahrheitssystem im Sinne einer Episteme bildet, geht recht eindeutig aus einem Artikel Foucaults über „Die politische Funktion der Intellektuellen" (1976) hervor. Dort heißt es: „Jede Gesellschaft hat ihre Wahrheitsordnung, ihre ‚allgemeine Politik' der Wahrheit: das heißt Diskursarten, die sie annimmt und als wahr fungieren lässt (...)."[44] Dies bedeutet, dass die Wahrheit – wie bereits erwähnt – stark partikularisiert wird, weil sie von der jeweiligen sozio-historischen Machtausübung abhängt, und dass ihr Zwangscharakter als Wahrheitsordnung sprachlich oder diskursiv vermittelt ist. Innerhalb von dieser Ordnung ha-

43 H. Fink-Eitel, *Foucault. Eine Einführung*, Hamburg, Junius, 1992 (2. Aufl.), S. 57.

44 M. Foucault, *Kritik des Regierens*, op. cit., S. 305.

ben bestimmte Aussagen als wahr, andere als unwahr zu gelten. Aber was ist ein Diskurs?

In der *Archäologie des Wissens* werden Diskurse als *Gruppierungen von Aussagen* aufgefasst: als „eine (…) Menge von Aussagen“, „ensembles d’énoncés“[45]: „Diskurs wird man eine Menge von Aussagen nennen, insoweit sie zur selben diskursiven Formation gehören.“ („On appellera discours un ensemble d’énoncés en tant qu’ils relèvent de la même formation discursive […].“)[46] (Foucault hat die irritierende Neigung, in seine Definitionen den zu definierenden Begriff aufzunehmen und eine Tautologie zu riskieren – in diesem Fall: „discours“ – „discursive“, im Falle von „Gouvernementalität“ – „gouvernementalisiert“.) Es handelt sich bei ihm stets um thematisch verwandte Aussagen, und er spricht an verschiedenen Stellen seines Werks vom „wissenschaftlichen Diskurs“[47], vom „medizinischen Diskurs“[48], vom „klinischen Diskurs“[49], aber auch vom „revolutionären Diskurs in Europa“.[50]

Insofern ist Achim Landwehr beizupflichten, wenn er den Diskurs und dessen Kohärenz auf *thematischer Ebene* definiert: „Aussagen, die sich hinsichtlich eines bestimmten Themas systematisch organisieren und durch eine gleichförmige (nicht identische) Wiederholung auszeichnen, formieren einen Diskurs.“[51] Dass innerhalb der Wissens- und Wahrheitssysteme Diskurse und Diskursformationen die eigentliche sprachliche Macht ausüben, verdeutlicht Christian Barthel, den Landwehr zitiert, um die Zunahme medizinischer Macht im 18. Jahrhundert zu veranschaulichen: „Die Medizin avanciert dergestalt zu einer Deutungsmacht (…), die definitiv verbindliche Aussagen zur Lebensführung, Körperökonomie und zum ‚normalen‘

45 M. Foucault, *Archäologie des Wissens*, op. cit., S. 50. (*L’Archéologie du savoir*, Paris, Gallimard, 1969, S. 46.)
46 Ibid., S. 170 (S. 153).
47 M. Foucault, *Analytik der Macht*, op. cit., S. 44.
48 Ibid., S. 45.
49 Ibid., S. 43.
50 Ibid., S. 42.
51 A. Landwehr, *Historische Diskursanalyse*, op. cit., S. 90.

menschlichen Verhalten macht. Sie formuliert und verwaltet die Norm des Lebens."[52]

Im Anschluss an Foucault versucht Jürgen Link zu zeigen, wie sich durch die Interaktion verschiedener Diskurse in der Gesellschaft eine *Normalisierung der Individuen* durchsetzt. In diesem Prozess der Normalisierung findet in Europa ein Übergang vom *Protonormalismus*, der weitgehend mit den rigiden ideologischen Normierungen in Faschismus, Nationalsozialismus und Stalinismus übereinstimmt, zum *flexiblen Normalismus* statt, in dem nicht so sehr Vorschriften, Gebote und Verbote das Denken und Handeln von Individuen und Gruppen regeln, sondern medizinische, psychologische oder soziologische Diskurse über Normen und Normalitäten.

Wirtschaftswissenschaftliche, psychologische und medizinische Untersuchungen bewirken, dass sich Einzelpersonen und Gruppen an dem von zahlreichen in Medien veröffentlichten Statistiken als normal definierten Verhalten orientieren und dadurch zu normalen oder normierten Subjekten werden. Dazu bemerkt Link: „Dabei ist es eigentlich die Selbst-Adjustierung der Subjekte in Richtung des symbolisch markierten Durchschnitts, die schließlich (...) Normalverteilung aller erst schafft."[53] Foucault selbst spricht von „Normalisierungsgesellschaft".[54]

Links Weiterentwicklung von Foucaults Ansatz verdeutlicht einen wichtigen Aspekt der zeitgenössischen Verhältnisse:

---

52 Ch. Barthel, in: A. Landwehr, *Historische Diskursanalyse*, op. cit., S. 132-133.

53 J. Link, *Versuch über den Normalismus. Wie Normalität produziert wird*, Opladen, Westdeutscher Verlag. 1997, S. 171. Wie Lyotard, der frühe Baudrillard und Castoriadis orientiert sich Link an den Revolten des Jahres 1968, wenn es um die Frage nach einer Überwindung des Normalismus geht. Vgl. J. Link, *Normalismus und Antagonismus in der Postmoderne. Krise, New Normal, Populismus*, Göttingen, Vandenhoeck und Ruprecht, 2018, S. 411: „Die 1968er Bewegung in Frankreich und Italien kam als prototypisches Ereignis eines solchen (subjektiv-)antagonistischen Bruchs mit der normalistischen Hegemonie und also als ein Ereignis mit transnormalistischen und polyeurhythmischen Tendenzen begriffen werden."

54 M. Foucault, *In Verteidigung der Gesellschaft*, Frankfurt, Suhrkamp (1999), 2016 (5. Aufl.), S. 55.

Die Machtausübung kommt nicht so sehr in repressiven Maßnahmen (wie etwa im ideologisch motivierten „Protonormalismus“), sondern in dominanten Diskursen zum Ausdruck, die in vielen Fällen durch Marktgesetz und Werbung vermittelt sind: durch Anzeigen für gesundes Leben, Schlankheitskuren, Lebensstile oder Medikamente. Dabei werden immer wieder Statistiken bemüht, die belegen sollen, wie viele Kunden mit dem angepriesenen Produkt zufrieden sind – und besser leben.

In diesem Zusammenhang ist die Frage entscheidend, welche Aussagen in einer bestimmten gesellschaftlichen und sprachlichen Situation möglich sind und welche nicht. Auf diese Frage antwortet Foucault mit seinem *Archiv-Begriff*, den Jan Blomaert zu Recht für einen Schlüsselbegriff in Foucaults Werk hält. „Der Begriff nimmt in Foucaults *Archäologie des Wissens* eine Schlüsselposition ein (...).“[55] Hier ist Foucaults eigene Definition des Archiv-Begriffs: „Das Archiv ist zunächst das Gesetz dessen, was gesagt werden kann, das System, das das Erscheinen der Aussagen als einzelner Ereignisse beherrscht.“[56] Etwas später beschreibt Foucault das Archiv als *„System ihrer [der Aussage] Aussagbarkeit“* (*„système de son énonçabilité“*).[57]

Diese Definition überschneidet sich mit seiner Auffassung der Episteme als Wissens- und Wahrheitssystem, das über das *Denkbare und Sagbare* entscheidet, ohne dass es den Subjekten bewusst wäre. In beiden Fällen – sowohl in der Episteme als auch im Archiv – sorgt ein Netzwerk von Diskursen für die Eingrenzung und Ermöglichung von Aussagen, die im System der Souveränität anders beschaffen sind als in den Systemen „Disziplinierung“ und „Bio-Politik“. Während in der Ära der Souveränität rechtliche und rechtswissenschaftliche Diskurse und Aussagen und in der Ära der Disziplinierung rechtliche und kriminologische vorherrschen, wird die Ära der Bio-Politik von biologischen, medizinischen und demografischen Sprachregelungen, Diskursen und Aussagen dominiert.

Dieses Wissens- und Sprachregime unterliegt einer Machtform, zu der Foucault bemerkt: „Diese Machtform verwandelt

---

55 J. Blomaert, *Discourse*, Cambridge, Univ. Press (2005), 2007, S. 100.
56 M. Foucault, *Archäologie des Wissens*, op. cit., S. 187.
57 Ibid., S. 188. (*L'Archéologie du savoir*, op. cit., S. 170.)

die Individuen in Subjekte." Er fügt erklärend hinzu: „Das Wort ‚Subjekt' hat zwei Bedeutungen: Es bezeichnet das Subjekt, das der Herrschaft eines anderen unterworfen ist und in seiner Abhängigkeit steht; und es bezeichnet das Subjekt, das durch Bewusstsein und Selbsterkenntnis an seine eigene Identität gebunden ist. In beiden Fällen suggeriert das Wort eine Form von Macht, die unterjocht und unterwirft."[58]

In dieser Darstellung scheint Foucault zu vergessen, dass er selbst immer wieder von Widerständen gegen die Macht spricht und sich vor allem in seinem Spätwerk ein *autonomes Subjekt* vorstellt, das von der „Sorge um sich" und einer „Kultur des Selbst" („culture de soi") erfüllt ist. Foucault sieht sehr wohl, dass sich Gegenmächte regen, wo Macht ausgeübt wird, wenn er die kollektiven Subjekte benennt, von denen er erwartet, dass sie sich der Machtausübung entziehen oder gar entgegenstellen: „Die Frauen, die Gefangenen, die Soldaten, die Kranken in den Spitälern, die Homosexuellen kämpfen nun in jeweils verschiedener Form gegen die jeweiligen Formen von Macht, Zwang und Kontrolle, denen sie ausgeliefert sind."[59]

Diese Passage, in der Subjekte auftreten, die sich gegen diverse Formen der Machtausübung auflehnen, lässt die Frage aufkommen, woher diese Subjekte das Wissen und die Willenskraft nehmen sollen, die sie befähigen, den Wissensregimen und Mächten, *die für ihre Subjektwerdung und ihre Subjektkonstitution („Identität") verantwortlich sind*, zu widersprechen und zu widerstehen. Wie ist es bei Foucault möglich, außerhalb der Wissensregime und Diskursformationen zu denken und entsprechend zu handeln? Wie konnte ein Galileo Galilei *außerhalb* des herrschenden kirchlichen Weltbildes, das ihn laut Foucault zum Subjekt machte, seine These über die Erdrotation *gegen* die Mächte seiner Gesellschaft verteidigen?

Im fünften Abschnitt soll deutlich werden, dass Foucault die bei ihm entstandene Kluft zwischen Determiniertheit und Freiheit (subjektiver Autonomie) nicht zu überbrücken vermag, weil

---

58 M. Foucault, *Analytik der Macht*, op. cit. S. 245.

59 M. Foucault, „Die Intellektuellen und die Macht (Gespräch zwischen Michel Foucault und Gilles Deleuze)", in: W. Seitter (Hrsg.), *Von der Subversion des Wissens*, Frankfurt-Berlin-Wien, Ullstein, 1978, S. 139.

er den dialektischen Nexus von Determiniertheit und Freiheit nicht wahrnimmt. Zugleich wird sich zeigen, dass diese Leerstelle in seinem Denken auch darauf zurückzuführen ist, dass sein Diskursbegriff zu rudimentär ist und deshalb das Freiheitsmoment in der Sprache, im Diskurs als semantisch-syntaktischer und narrativer Struktur, nicht bezeichnen kann.

4. Die Unterwerfung der Subjekte durch Ideologie und Diskurs: Althusser, Pêcheux und der Interdiskurs

Für ein besseres Verständnis von Foucaults Philosophie ist dieser Exkurs zu Louis Althusser (1918-1990) und Michel Pêcheux (1938-1983) deshalb von Bedeutung, weil Foucault an der Ecole Normale Supérieure, wo er Philosophie und Psychologie studierte (und später lehrte), Althussers Marxismus kennen lernte. Dieser ist im Gegensatz zum Hegelianismus und zum hegelianischen Marxismus als ein Denken in Brüchen (Einschnitten) im Sinne von Gaston Bachelard (s. o.) aufzufassen. Althusser vertritt die aus der Sicht des hegelianischen Marxismus im Sinne von Georg Lukács, Henri Lefèbvre und Lucien Goldmann[60] ungewöhnliche Ansicht, dass Marx' Werk keine Einheit bildet, weil die Frühschriften, in denen eine humanistische Ideologie dominiert, durch einen „epistemologischen Bruch“ von der „Geschichtswissenschaft“ oder „wissenschaftlichen Geschichtsauffassung“ getrennt werden, die vor allem in *Das Kapital* zum Ausdruck kommt.[61]

Nicht diese umstrittene und oft kommentierte Deutung des Marxschen Werks ist hier wichtig, sondern Althussers komplementäre *Trennung von Ideologie und Wissenschaft*. Während sich Wissenschaft ohne die Intervention individueller oder kollektiver Subjekte entwickelt, ist Ideologie laut Althusser eine

60 Vgl. Lefèbvres und Goldmanns Kritiken an Althusser: H. Lefèbvre, *L'Idéologie structuraliste*, Paris, Anthropos, 1971 sowie L. Goldmann, „L'Idéologie allemande et les ‚Thèses sur Feuerbach'“, in: ders., *Marxisme et sciences humaines*, Paris, Gallimard, 1970.

61 Vgl. L. Althusser, *Für Marx*, Frankfurt, Suhrkamp, 1974, S. 181-183.

subjektive Kategorie *par excellence*, weil Subjekte und Subjektivitäten von Ideologien konstituiert werden.

Diese Konstitution kommt in „ideologischen Staatsapparaten" wie Armee, Polizei, Kirche und Schule zustande: d. h. in Bereichen der Sozialisation, in denen die ideologisch vermittelten Werte und Normen unbewusst bleiben. Nach Althusser ist die Ideologie zeitlos wie Freuds Unbewusstes und hat keine Geschichte. Dies bedeutet, *dass Individuen von Ideologien zu Subjekten gemacht werden, ohne sich dessen bewusst zu sein.* In diesem Kontext ist Althussers Kernthese über die Ideologie und ihre Funktion zu lesen: *„Die Ideologie ruft die Individuen als Subjekte an."*[62]

An dieser Stelle drängen sich kritische Zwischenbemerkungen geradezu auf: Nicht nur Individuen, sondern auch Gruppen und ganze Bewegungen werden von der (sozialistischen, feministischen oder „grünen") Ideologie angerufen und zu Subjekten gemacht. Das heißt auch, dass die Ideologie ihre Handlungsfähigkeit ermöglicht.[63] Die zweite Bemerkung bezieht sich auf die Wissenschaft: Werden Gruppen und Individuen nicht auch von der Wissenschaft zu Subjekten gemacht, wenn sie sich die Denkgewohnheiten, die Argumentationsmuster und die Terminologie einer wissenschaftlichen Theorie (etwa des Marxismus, des Kritischen Rationalismus, des Funktionalismus oder der Systemtheorie) aneignen? Althusser vermag den „epistemolgischen Bruch" zwischen Ideologie und Wissenschaft nicht plausibel zu machen.

Dennoch ist seine These, *dass die Ideologie Individuen als Subjekte konstituiert*, wichtig, weil immer wieder beobachtet werden kann, wie Menschen – in Faschismus, Nationalsozialismus und Marxismus-Leninismus (etwa während der chinesischen Kulturrevolution) – von Ideologien in blindlings agierende Subjekte verwandelt werden. In Anlehnung an Althussers Begriff des *Staatsapparats* „Schule" zeigt etwa Renée Balibar in

---

62 L. Althusser, *Ideologie und ideologische Staatsapparate. Aufsätze zur marxistischen Theorie*, Hamburg-Berlin, VSA, 1977, S. 140.

63 Vgl. I. Mészáros, *The Power of Ideology*, Hemel Hempstead, Harvester-Wheatsheaf, 1989, S. 58, wo von „the positive role of ideology" die Rede ist. Ideologie soll Individuen und Gruppen handlungsfähig machen.

ihrem Buch *Les français fictifs* (1974), wie in den Schulen im Literaturunterricht bestimmte ideologische Normen durch Stilübungen und andere Aufgaben vermittelt werden.[64]

Im Anschluss an Althusser und Foucault analysiert Michel Pêcheux den Nexus von Ideologie und Subjektivität im Zusammenhang mit den Begriffen *Diskurs* und *Interdiskurs*. Zwar fehlt auch in Pêcheux' Studie ein Diskursbegriff im linguistischen oder semiotischen Sinn (Diskurs als semantisch-syntaktische und narrative Struktur: vgl. Kap. IV und V), aber dem Autor gelingt es, eine *unbewusste Identifikation* des Einzelnen mit den ihn beherrschenden sprachlichen Strukturen (Diskursen) nachzuweisen.

Das Individuum, das von der Ideologie als „Subjekt" angerufen wird, ist *vor* der „Anrufung" kein Subjekt: „In Wirklichkeit besagt die These ‚die Ideologie ruft die Individuen als Subjekte an', dass ein ‚Nicht-Subjekt' von der Ideologie angerufenkonstituiert wird."[65] Aus soziologischer Sicht erscheint dieser Satz als fragwürdige Umformulierung oder Ergänzung von Althussers These: denn außer dem *unmündigen Kleinkind* (*infans*), das keiner Ideologie folgen kann, gibt es keine „subjektlosen" Individuen in der Gesellschaft. Nicht erst der erwachsene, schon der junge Mensch steht in einem Sozialisationsprozess, in dessen Verlauf er eine besondere Subjektivität in Familie und Schule entwickelt hat, die ihn für bestimmte Ideologien empfänglicher macht als für andere.

Dies bedeutet, dass in der Regel *nicht subjektlose Individuen, sondern sozialisierte Subjekte von der Ideologie „angerufen" werden.* In Faschismus, Nationalsozialismus und Kommunismus folgten zahlreiche Katholiken der „Anrufung" durch Ideologien, kehrten aber nach dem Zerfall der totalitären Systeme (oder schon vorher) zu ihrem ursprünglichen Glauben zurück, nahmen einen neuen Glauben an – oder verabschiedeten sich als gleichgültige Konsumenten von allen Ideologien. Hier zeigt sich, dass Althusser, Pêcheux und Foucault die Überdeterminierung durch ideologische und andere Diskurse zu einseitig auffassen und den Spielraum individueller Subjekte *zwischen* sich

---

64 Vgl. R. Balibar, *Les francais fictifs*, Paris, Hachette, 1974.
65 M. Pêcheux, *Les Vérités de La Palice*, Paris, Maspero, 1975, S. 139.

verändernden (zerfallenden, sich erneuernden) Staatsapparaten und Ideologien nicht wahrnehmen.

Im Einvernehmen mit Althusser und Pêcheux behauptet Foucault, dass das Individuum von der „Macht" konstituiert wird: „Das Individuum ist also nicht das Gegenüber der Macht; es ist eine ihrer ersten Wirkungen. Das Individuum ist ein Machteffekt (...)."[66] Dies ist eine unzulässige Verallgemeinerung. Wie soll man angesichts solcher Behauptungen den von der Ideologie konstituierten, regimetreuen Parteifunktionär vom verfolgten Dissidenten oder Regimekritiker unterscheiden? Beide agieren in einem und dem selben Gesellschaftssystem. Während der eine aber durchaus als „Machteffekt" zu verstehen ist, stellt der andere sehr wohl ein „Gegenüber der Macht" (und der Ideologie) dar.

Ein ähnliches Problem zeichnet sich im Zusammenhang mit Foucaults Begriff der „diskursiven Formation" ab, der in der *Archäologie des Wissens* recht vage als „Gliederungssystem" umschrieben wird, in dem bestimmte „Aussagetypen", „Begriffe" und „Themen" regelmäßig auftreten. Pêcheux schlägt eine Konkretisierung dieses Begriffs durch „Ideologie" und „Klassenkampf" vor: „Wir bezeichnen von nun an das als *diskursive Formation*, was innerhalb einer bestimmten ideologischen Formation, d. h. ausgehend von einer bestimmten Position, die vom Zustand des Klassenkampfes determiniert wird, darüber entscheidet („détermine"), *‚was gesagt werden kann und gesagt werden soll'*."[67]

Diese Begriffsbestimmung der „diskursiven Formation" ist sicherlich brauchbar, weil nicht nur in totalitären Systemen bestimmte Bezeichnungen und Aussagen verpönt sind, andere hingegen ermutigt werden (in der DDR etwa „unsere DDR" im Gegensatz zu „Ostdeutschland" oder gar „Zone"), sondern weil auch in demokratischen Gesellschaften Sprachregelungen für *political correctness* sorgen sollen, so dass abfällige Äußerungen über „Umwelt", „Gleichberechtigung", „Barrierefreiheit" oder „Inklusion" – zumindest im öffentlichen Bereich – kaum vorstellbar sind. Während aber in Deutschland und Österreich ein *öffentliches* Plädoyer für Kernenergie angesichts dominie-

---

66 M. Foucault, *In Verteidigung der Gesellschaft*, op. cit., S. 45.
67 M. Pêcheux, *Les Vérités de La Palice*, op. cit., S. 144.

render Diskurse kaum noch möglich ist und daher auch nicht für sinnvoll gehalten wird, ist es in umliegenden Ländern wie Frankreich, Belgien, Großbritannien, Tschechien oder Finnland, in denen neue Kernkraftwerke geplant werden, keineswegs tabuisiert.

Somit variiert, „was gesagt werden kann und gesagt werden soll", von Gesellschaft zu Gesellschaft – und dies hat zur Folge, dass die in einem Land herrschende „diskursive Formation" von Einzelpersonen mit Zustimmung oder auch mit ungläubigem Kopfschütteln beobachtet und kommentiert werden kann. Bei der in der heutigen Zeit üblichen internationalen Mobilität kann man kaum davon ausgehen, dass Angehörige einer Gesellschaft der bei ihnen dominierenden „diskursiven Formation" hilflos ausgeliefert sind.

Sie sind durchaus in der Lage, diese Formation mitsamt ihren Ideologien – gleichsam von außen – kritisch zu betrachten, zu reflektieren. Insofern ist Rüdiger Bubner zuzustimmen, der bemerkt: „Reflexion vermag jedem Schicksal die Spitze zu nehmen."[68] Wird das Wort „Schicksal" durch „Überdeterminierung" ersetzt, wird dieser Satz zu einem ernst zu nehmenden Einwand gegen Foucault, Althusser und Pêcheux.

Diese Bedenken gelten auch für Pêcheux' Begriff *Interdiskurs*, den er von Foucault übernimmt[69] und der in Anlehnung an Althussers Vorstellung von einer herrschenden Ideologie und einem von dieser Ideologie unterworfenen Subjekt („*l'assujettissement à l'idéologie dominante*")[70] definiert wird: „Wir wollen diese ‚komplexe Totalität mit einer Dominanten' der diskursiven Formationen Interdiskurs nennen und dabei hervorheben, dass dieser ebenfalls dem Gesetz der Ungleichheit-Widersprüchlichkeit-Subordination gehorcht, von dem wir sagten, dass es auch für den Komplex der ideologischen Formationen charakteristisch ist."[71]

---

68 R. Bubner, „Wie wichtig ist Subjektivität? Über einige Selbstverständlichkeiten und mögliche Mißverständnisse der Gegenwart", in: W. Hogrebe (Hrsg.), *Subjektivität*, München, Fink, 1998, S. 246.

69 M. Foucault, *Analytik der Macht*, op. cit., S. 33.

70 L. Althusser, *Positions*, Paris, Editions Sociales, 1976, S. 86.

71 M. Pêcheux, *Les Vérités de La Palice*, op. cit., S. 146.

Die Kernaussage in dieser Passage lautet, *dass der Interdiskurs als sprachliches Netzwerk die zahlreichen Spezialdiskurse (Wissenschaften, Ideologien, Alltagsreden) miteinander verknüpft und dadurch eine hegemoniale Einheit entstehen lässt, die – wie die einzelnen diskursiven Formationen – Individuen als Subjekte konstituiert.*

Doch wie soll festgestellt werden, welcher Diskurstyp als „Interdiskurs" der herrschende ist? In einer extrem fragmentierten spätmodernen oder postmodernen – etwa der deutschen – Gesellschaft dürfte es schwer fallen, einen „Interdiskurs" auszumachen, der den gemeinsamen Nenner aller Diskurse und Diskursformationen bildet. Nicht einmal der Demokratiebegriff ist konsensfähig, zumal er in verschiedenen Gruppen und Kreisen divergierende Bedeutungen annimmt.

Für den Interdiskurs gilt, was Abercrombie, Hill und Turner zu der Vorstellung von einer herrschenden Ideologie („idéologie dominante", Althusser) bemerken: „We are now in a position to present the historical evidence for the view that in feudalism the dominant ideology integrated the dominant class rather than controlled the subordinate class."[72]

Diese Feststellung ist geradezu als eine Infragestellung von Althussers und Pêcheux' Positionen zu lesen, denen zufolge die beherrschten Individuen und Klassen von der herrschenden Ideologie zu Subjekten gemacht werden: denn Abercrombie u. a. vertreten die Ansicht, dass die „herrschende Ideologie" die Funktion erfüllte, die herrschende Klasse (den Feudaladel) zu solidarisieren und nicht dazu diente, die „subordinate class" zu unterwerfen. Die Angehörigen der unteren Schichten scheinen auf die Anrufung durch die herrschende Ideologie kaum reagiert zu haben. Der zeitgenössische „Populismus" ist ein vergleichbares Phänomen: Die Gruppierungen, die ihn unterstützen, haben mit dem scheinbar herrschenden demokratischen Humanismus wenig im Sinn. Davon zeugt u. a. die Polarisierung der amerikanischen Gesellschaft (vgl. Kap. VII).

---

72 N. Abercrombie, S. Hill, B. S. Turner, *The Dominant Ideology Thesis*, London, Allen and Unwin, 1980, S. 72. (M. Pêcheux und F. Gadet meinen hingegen, dass die „herrschende Ideologie" die Herrschaft über die Unterschichten sichert. Vgl. M. Pêcheux, F. Gadet, *La Langue introuvable*, Paris, Maspero, 1981, S. 35.)

Insgesamt wird deutlich, dass sowohl Althusser als auch Pêcheux eine relativ homogene, von *einer* herrschenden Ideologie zusammengehaltene Gesellschaft vorschwebt, die es möglicherweise – wie Abercrombie u. a. zeigen – nie gegeben hat. Vor diesem Hintergrund nimmt es nicht wunder, dass Pêcheux sich einen genuinen Dissens als Heraustreten aus dem herrschenden Interdiskurs (der herrschenden Ideologie) nicht vorstellen kann.

Er unterscheidet das „gute Subjekt" („bon sujet"), das seine Unterwerfung unter die versprachlichte Macht umstandslos akzeptiert, vom „schlechten Subjekt" („mauvais sujet"), das versucht, dem interdiskursiven, ideologischen Netzwerk zu entkommen, indem es eine Gegenposition einnimmt. Als Beispiel führt Pêcheux den Satz an: „Derjenige, der durch seinen Tod am Kreuz die Welt erlöst hat, hat niemals existiert."[73] Pêcheux mag Recht haben, wenn er kritisch einwendet, dass sich dieses „schlechte Subjekt" mit dem herrschenden Diskurs „gegen-identifiziert": „Kurz, das Subjekt als ‚böses Subjekt', als ‚böser Geist' *gegen-identifiziert sich* (*se contre-identifie*) mit der ihm vom ‚Interdiskurs' auferlegten diskursiven Formation (...)."[74] Auf diese Art verharrt es aber im sprachlichen Bereich des Monotheismus, weil es sich weiterhin auf das Thema „Erlösung" einlässt. Auch der Atheist geht nicht über diesen Bereich hinaus, weil er nach wie vor innerhalb des sozialen Systems „Religion" argumentiert.

Erst jemand, der inmitten von *fortschreitender sozialer Differenzierung* sowohl Religion als auch Politik ignoriert, weder am Spiel „Religion" noch am Spiel „Politik" teilnimmt, seinem Beruf als Gärtner, Schlosser oder Informatiker nachgeht und im Übrigen als wertindifferenter Konsument und Wechselwähler auftritt, lässt die von Althusser und Pêcheux erforschte ideologische Anrufung ungehört verhallen. Möglicherweise steht er für die (künftige) Bevölkerungsmehrheit. Dem ideologischen „Ruf" folgen weiterhin diejenigen, die diese Art von *marktbedingter Indifferenz* nicht ertragen und sich als Aktivisten von dualistisch strukturierten ideologischen Diskursen zu Subjekten machen lassen. Der Wissenschaft fällt in dieser Situation die

73 M. Pêcheux, *Les Vérités de La Palice*, op. cit., S. 198.
74 Ibid.

Aufgabe zu, die *Wechselbeziehung zwischen tauschwertvermittelter Indifferenz und dualistischer Ideologie* zu analysieren.[75]

Sie wird es *nicht* als ihre Aufgabe ansehen, Pêcheux zu folgen und sich auf den „entsubjektivierenden" und „entidentifizierenden" Standpunkt des Proletariats und „seiner Organisationen" zu stellen. Diesen Lösungsvorschlag soll Pêcheux selbst erläutern, der meint, dass „die proletarische Praxis (...) explizit und konsequent *an* der Subjekt-Form arbeitet"[76]: „Die entidentifizierende Arbeit der proletarischen Ideologie, die integraler Bestandteil der proletarischen politischen Praxis ist, entwickelt sich paradoxerweise durch neue Identifikationen, in denen die Anrufung (interpellation) *umgekehrt* (*à l'envers*) funktioniert, d. h. in Bezug auf ‚Nicht-Subjekte' wie Geschichte, die Massen, die Arbeiterklasse und ihre Organisationen."[77]

Wie schon bei Marx und später bei Georg Lukács[78] können nur diejenigen, die den proletarischen Standpunkt einnehmen, hoffen, sich der Einwirkung der herrschenden (bürgerlichen) Ideologie und ihrer Subjektivierung zu entziehen. Dem einzelnen Subjekt können – nach Pêcheux – „Entidentifizierung" oder „Entsubjektivierung" und eine Distanzierung vom Interdiskurs nur dann gelingen, wenn es sich die „subjektlose" Wissenschaft des Marxismus-Leninismus aneignet und der entsubjektivierenden Praxis des Proletariats folgt. Denn, so meint Althusser: „Die marxistisch-leninistische Philosophie oder der dialektische Materialismus repräsentiert den proletarischen Klassenkampf *in der Theorie*."[79] Sein Schüler Dominique Lecourt pflichtet ihm mit

75 Vgl. P. V. Zima, „Indifférence et violence à l'âge postmoderne", in: ders., *Texte et société. Perspectives sociocritiques*, Paris, L'Harmattan, 2011.

76 M. Pêcheux, *Les Vérités de La Palice*, op. cit., S. 200.

77 Ibid., S. 250.

78 Vgl. G. Lukács, *Geschichte und Klassenbewußtsein. Studien über marxistische Dialektik*, Darmstadt-Neuwied, Luchterhand, 1968, S. 288: „D. h. es ist gerade so wenig ein Zufall wie ein rein theoretisch-wissenschaftliches Problem, daß das Bürgertum theoretisch in der Unmittelbarkeit stecken bleibt, während das Proletariat darüber hinausgeht." Wie bei Pêcheux steht hier das Proletariat, das nur als mythischer Aktant existiert, auf einem privilegierten Standpunkt, der für die Wahrheit der marxistischen Wissenschaft bürgen soll.

79 L. Althusser, *Für Marx*, op. cit., S. 211.

der Feststellung bei, eine Theorie sei nur marxistische Theorie „unter der Bedingung, dass sie praktiziert wird, wie es sich gehört: *auf den theoretischen Positionen der proletarischen Klasse*".[80]

Dazu ist zum Abschluss dreierlei zu sagen: 1. Seit Marx und Lukács fungiert das „Proletariat" als mythischer „Aktant" (vgl. Kap. IV.3), der zu keinem historischen Zeitpunkt der empirischen, beobachtbaren Arbeiterklasse entspricht. Die in ihn projizierten Hoffnungen marxistischer Philosophen waren größtenteils unbegründet. 2. Die Proletarisierung der Arbeiterklasse, die Marx im 19. Jahrhundert noch beobachten und in *Das Kapital* empirisch untersuchen konnte, führte nicht zu der von ihm prognostizierten Verelendung der Arbeiter, sondern wurde durch die Integration der unteren Schichten (auch der Bauern) in den kapitalistischen Wohlfahrtsstaat aufgehalten und später rückgängig gemacht. 3. Die unreflektierte Bezugnahme auf die „theoretischen Positionen der proletarischen Klasse" (Lecourt) war in den 1960er und sogar noch Anfang der 80er Jahre möglich, nachdem die Mai-Revolten des Jahres 1968 falsche Hoffnungen geweckt hatten und die von der UdSSR unterstützte Kommunistische Partei (PCF) bei jeder Wahl mit mindestens 20% der Stimmen rechnen konnte (Althusser und seine Schüler gehörten alle dieser Partei an).

Dies alles gehört der Vergangenheit an, ist aber insofern aufschlussreich und aktuell, als die Angehörigen der Althusser-Gruppe die von ihnen beschriebene „Anrufung" durch Ideologien mit ihrem eigenen Verhalten und ihren Theorien noch am besten illustrieren. In der gesellschaftlichen und sprachlichen Situation zwischen 1965 (Althusser, *Pour Marx*) und 1982 (Lecourt, *La Philosophie sans feinte*) ließen sie sich von der marxistisch-leninistischen Ideologie und ihrem Diskurs zu Subjekten machen. Die Tatsache, dass sie diese Ideologie für reine, subjektlose Wissenschaft hielten, die Marx in *Das Kapital* entwickelt haben soll, zeigt nur, wie man selbst in die Falle treten kann, vor der man andere so wortgewandt gewarnt hat. Dennoch hatten sie Recht mit ihrer These, *dass die Unterwerfung unter die Macht der Ideologie und ihren Diskurs stets unbewusst ist* –

80 D. Lecourt, *La Philosophie sans feinte*, Paris, J.-H. Hallier-Albin Michel, 1982, S. 123.

und sie haben diese These durch ihr eigenes Verhalten veranschaulicht.

5. Sprachlicher Determinismus und Freiheit des Subjekts: Sartre vs. Foucault

Zwei Thesen stehen einander gegenüber: Der Einzelne ist frei, ja zur Freiheit verdammt, behauptet Sartre, und: Der Einzelne ist ein Produkt der sprachlich und institutionell vermittelten Machtausübung und folglich determiniert, entgegnet Foucault in den ersten Phasen seines Denkens.

Wer spontan nach der Wahrheit greift und sich unreflektiert für eine der beiden Thesen entscheidet, greift daneben. Denn beide Thesen sind gleich wahr und ergeben nur dann einen Sinn, wenn man sie dialektisch aufeinander bezieht. Die dialektische These, die im Folgenden entwickelt werden soll, kann im Vorfeld knapp zusammengefasst werden: *Das individuelle Subjekt ist nur deshalb frei, weil es im Laufe seiner Sozialisation überdeterminiert wurde.* Diese scheinbar paradoxe Behauptung soll im Folgenden erläutert werden.

Sartre setzt sich über alle sozialen Determinanten hinweg, wenn er in *L'Etre et le néant* (1943) behauptet: „Ich kann mich auf keinen Wert berufen angesichts der Tatsache, dass ich es bin, der für das Dasein der Werte bürgt; nichts kann mich gegen mich selbst absichern, der ich von der Welt und von meinem Wesen durch dieses Nichts abgeschnitten bin, das ich *bin*; ich selbst muss den Sinn der Welt und meines Wesens verwirklichen: *ich* allein entscheide darüber, allein, ohne Rechtfertigung und ohne Entschuldigung.“[81]

Diese Überlegungen kehren in Sartres Aufsatz über die cartesianische Freiheit („La Liberté cartésienne“) aus dem Jahr 1947 wieder. Anders als Descartes, der Denken zwar als Fähigkeit des menschlichen Subjekts zur Negation versteht, zugleich aber dieses Denken als Erkennen der göttlichen Wahrheit auffasst, stellt sich Sartre ein *schöpferisches Denken* vor. Bei Descartes kann der Mensch die göttliche Wahrheit zwar negie-

81 J.-P. Sartre, *L'Etre et le Néant. Essai d'ontologie phénoménologique*, Paris, Gallimard, 1943, S. 75.

ren und gegen das göttliche Subjekt als seinen Auftraggeber aufbegehren, er kann aber nichts Eigenes als Alternative vorschlagen. Sartre erblickt in dieser *Fähigkeit zur Negation* die von Descartes antizipierte Freiheit seines eigenen Existenzialismus. Zugleich deutet er sie um und radikalisiert sie, indem er den Menschen vom göttlichen Auftraggeber unabhängig macht. Descartes wirft er vor, nicht bis ans Ende seiner Argumentation zu gehen: „In einem Wort, er hat nicht vermocht, die Negativität als produktive Kraft aufzufassen“[82] – sondern nur als reine Negation der göttlichen Wahrheit. Bei Sartre kommt diese Produktivität – wie schon in *L'Etre et le néant* – dadurch zustande, dass der Einzelne seine eigene Werteskala erschafft und nach ihr handelt.

Sartre bleibt insofern Cartesianer, als er das Cogito wie Descartes von allen sozialen und psychischen Determinanten ablöst (vgl. Einleitung). Auf dieser Ebene setzt er den Individualismus der Rationalisten und der Aufklärung fort. Wie Bourdieu, der behauptet, „alles [sei] sozial“[83] und Sartres cartesianischen Idealismus kritisiert[84], versteht Foucault das individuelle Subjekt, wie sich gezeigt hat, als ein Produkt herrschender Machtkonstellationen und Diskursformationen. Insofern gründet seine frühe Auffassung von Subjektivität auf einer Antithese zu Sartres cartesianischer Auffassung subjektiver Freiheit.

Von ihr zeugen zahlreiche Passagen in seinem Werk. So ist etwa in einem Aufsatz über „Subjekt und Macht“ von der „Objektivierung des sprechenden Subjekts in der Grammatik, der Philologie und der Sprachwissenschaft“[85] die Rede. Eine ganz andere Unterwerfung des Subjekts kommt durch seine Hervorbringung in Machtkonstellationen zustande: „In Wirklichkeit ist die Macht produktiv; und sie produziert Wirkliches. Sie produziert Gegenstandsbereiche und Wahrheitsrituale: das Indivi-

82 J.-P. Sartre, „La Liberté cartésienne“, in: ders., *Critiques littéraires (Situations I)*, Paris, Gallimard, 1947, S. 400.

83 P. Bourdieu, in: J.-P. Martin (Hrsg.), *Bourdieu et la littérature*, Nantes, Ed. Cécile Defaut, 2010, S. 257.

84 Vgl. P. Bourdieu, *Sozialer Sinn. Kritik der theoretischen Vernunft*, Frankfurt, Suhrkamp, 2014 (8. Aufl.), S. 79.

85 M. Foucault, *Ästhetik der Existenz. Schriften zur Lebenskunst* (Hrsg. D. Defert, F. Ewald), Frankfurt, Suhrkamp, 2017 (6. Aufl.), S. 81.

duum und seine Erkenntnis sind Ergebnisse dieser Produktion."[86] In diesem Zusammenhang spricht Hans-Herbert Kögler zu Recht von Foucaults „These der Subjektkonstitution durch Macht".[87]

Foucaults Denken wird immer wieder in Phasen eingeteilt, die durch Brüche oder Einschnitte voneinander getrennt sind. Der wohl folgenreichste Einschnitt, der Foucaults Spätwerk (vor allem die drei Bände über *Sexualität und Wahrheit*)[88] vom Rest seiner Arbeiten trennt, stellt eine Abkehr vom macht- und sprachvermittelten Determinismus dar. In *Résumé des cours* fasst Foucault die Kernthese seines Spätwerks in zwei Sätzen zusammen: „Jetzt geht es darum, sich um seiner selbst willen um sich selbst zu sorgen. Man muss im Verlauf seiner gesamten Existenz für sich selbst sein eigenes Objekt sein."[89] Und nicht das Objekt von Macht- und Sprachkonstellationen, könnte man kontrastiv hinzufügen.

Verwundert suchen die Kommentatoren nach den Ursachen dieses Bruchs in Foucaults Denken. Heinrich Fink-Eitel etwa fragt: „Was ist geschehen? Was hat Foucault erneut zu diesem radikalen Bruch veranlaßt? Insbesondere vielleicht dies, daß seine vormalige Machttheorie gescheitert ist (und nun ja prompt revidiert wurde)." Etwas weiter bemerkt er zur Machttheorie: „Dann aber hat sie sich ausweglos in eine Sackgasse verrannt, scheint es doch aus dem totalitären Zusammenhang der Biomacht keinen Ausweg mehr zu geben."[90]

Foucaults Machttheorie ist keineswegs gescheitert, denn sein Werk ist eine in jeder Hinsicht plausible Analyse der nichtsprachlichen und sprachlichen Determinanten, die individuelle (und kollektive) Subjekte zu dem machen, was sie sind. Diesem Werk verdanken wir zahlreiche neue Einsichten in die Überde-

---

86 M. Foucault, *Überwachen und Strafen*, op. cit., S. 250.

87 H.-H. Kögler, *Michel Foucault*, op. cit., S. 89.

88 Vgl. M. Foucault, *Der Wille zum Wissen. Sexualität und Wahrheit 1*, Frankfurt, Suhrkamp (1983), 2017 (21. Aufl.); *Der Gebrauch der Lüste. Sexualität und Wahrheit 2*, Frankfurt, Suhrkamp (1986), 1995 (4. Aufl.); *Die Sorge um sich. Sexualität und Wahrheit 3*, Frankfurt, Suhrkamp (1986), 1995 (4. Aufl.).

89 M. Foucault, *Résumé des cours 1970-1982*, Paris, Julliard, 1989, S. 150.

90 H. Fink-Eitel, *Foucault zur Einführung*, op. cit., S. 101-102.

terminiertheit der Subjekte. *Foucaults Problem besteht darin, dass er sowohl auf individueller als auch auf kollektiver Ebene ausschließlich in systemischen Einschnitten denkt und daher Überdetermination und Freiheit in der Entwicklung des Einzelnen nicht miteinander zu vermitteln vermag.*

Schon in einem Text, der 1969 (also im selben Jahr wie *L'Archéologie du savoir*) erschienen ist, widerspricht er recht eindeutig seinem Determinismus der frühen Jahre, wenn er Homer, Aristoteles, Marx und Freud als „Begründer von Diskursarten", als „fondateurs" oder „instaurateurs de discursivité"[91] bezeichnet. Wie kann jemand, der von einem herrschenden Diskurs als Subjekt konstituiert wird, eine ganze Diskursart begründen?

Wenn dies von der griechischen Antike bis zu Freuds Moderne gelten soll, dann kann die Überdetermination der Subjekte durch mächtige Diskurse nicht der Weisheit letzter Schluss sein. Dann stellt sich die Frage nach der Koexistenz und der Wechselbeziehung von Determiniertheit und Freiheit. Diese Frage kann Foucault nicht beantworten, weil er in epistemischen Einschnitten denkt und die *dialektische Vermittlung* von Determiniertheit und Freiheit nicht in den Blick bekommt. Sie soll hier zum Abschluss skizziert werden.

Die These über die dialektische Vermittlung kann in wenigen Worten zusammengefasst werden: Nur weil ich in Familie, Schule, Fachhochschule oder Universität sozialisiert und bestimmten Disziplinen (etwa Sport, Musik, Mathematik oder Latein) unterworfen wurde, habe ich Fähigkeiten (Modalitäten des *Seins, Wissens und Könnens*, würde Greimas sagen: Kap. IV) erworben, die es mir gestatten, mich für eine berufliche Laufbahn zu entscheiden. Meine Entscheidung hängt von meinen Interessen und *Relevanzkriterien* ab, die ich im Rahmen meiner Möglichkeiten frei bestimmen kann. Anders gesagt: Sozialisation und Disziplin eröffnen mir Perspektiven oder Zukunftsaussichten. Sie begründen meine Freiheit: *denn ohne den disziplinierten Erwerb von Wissen und Können hätte ich keine Wahl.*

Der Phänomenologe und Soziologe Alfred Schütz spricht in diesem Zusammenhang von „Motivationsrelevanzen" und er-

---

91 M. Foucault, „Qu'est-ce qu'un auteur?", in: ders., *Dits et écrits*, Bd. I, Paris, Gallimard, 1994, S. 804-805.

klärt, „daß in jedem Augenblick unseres Lebens das Bewußtsein auf einen gewissen Weltausschnitt konzentriert ist, der durch die Gesamtsumme aller Motivationsrelevanzen bestimmt wird“.[92]

Das Subjekt, das sich im Diskurs als semantisch-syntaktischer und narrativer Struktur – also als Lebenserzählung oder Lebensprojekt – konstituiert, ist weitgehend frei. Wer gut in Sport ist, kann sich für eine besondere, als subjektiv relevant erachtete Sportart entscheiden und sie beruflich ausüben. Die Freiheit der Entscheidung manifestiert sich häufig in der *Unentschlossenheit junger Menschen*, die zwischen Sportarten, Fächern oder Musikinstrumenten schwanken. Oft bekommen sie zu hören: Du musst dich für etwas entscheiden. In ihrer Entscheidung sind sie frei, ja zur „Freiheit verdammt“, wie Sartre sagen würde. *Aber ohne Sozialisation, tägliches Üben und Disziplin gäbe es keine Entscheidungsfreiheit.*

Foucault wurde in eine Arztfamilie geboren und sollte – wie sein Bruder – Arzt werden. Er entschied sich gegen den Arztberuf, indem er beschloss, den medizinischen Diskurs als Disziplinarmacht zu analysieren und ihn gleichsam von außen kritisch-reflektierend zu betrachten. Wie wurde er zu seinem Kritiker und zum Begründer einer neuen, wirkmächtigen „Diskursivität“? Indem er sich aufgrund bestimmter Kenntnisse und Fähigkeiten für *neue Relevanzkriterien* entschied, die schon jenseits der Determinanten des Sozialisationsprozesses lagen. Seine Entscheidung wäre aber ohne eine langwierige und mitunter schmerzvolle *Sozialisation* nicht möglich gewesen.

Hätte Foucault den Diskurs nicht schlicht als „Regelsystem von Aussagen“ bestimmt, sondern als *Erzählstruktur mit semantischer Basis*, die jedem Lebensprojekt (als „Autobiografie“) zugrunde liegt, wäre er möglicherweise auf das Problem der *Relevanz* gestoßen, das vom Problem der Freiheit nicht zu trennen ist. Um mich für bestimmte – den biografischen Diskurs begründende – Relevanzen entscheiden zu können, muss ich sozialisiert sein, aber in meiner Entscheidung bin ich „zur Freiheit verdammt“.

---

92 A. Schütz, *Das Problem der Relevanz*, Frankfurt, Suhrkamp (1971), 1982, S. 101.

6. Sprache und Freiheit heute: Die Ökonomie und die „Weltsprache", die Naturwissenschaften und die Technik

Die These, die dieser Schlussbetrachtung zugrunde liegt, lautet: Die Wirtschaft, die durch ihre allgegenwärtige Werbung[93] unsere Gesellschaften beherrscht und ihnen ihre Entwicklung vorgibt, ist unentwirrbar mit den Naturwissenschaften und der Technik verwoben, deren Fortschritte sie finanziert, und das Englische als „Weltsprache" ist das Kommunikationsmittel dieser drei Bereiche, die ein *Syndrom* bilden. Dieses Syndrom übt eine fast unwiderstehliche, totalitär werdende Macht aus. Ihre einzelnen Aspekte und die Art, wie sie Individuen zu Subjekten (Unterworfenen) macht, sollen zum Abschluss skizziert werden. Man mag diesen Epilog als eine *Hommage malgré tout* – trotz aller Kritik – an Foucault lesen.

Die Macht internationaler Konzerne und Trusts, die sich Einzelpersonen, Gruppen und bisweilen sogar kleinere Nationalstaaten gefügig machen, ist bekannt und soll hier nicht zur Sprache kommen, damit nicht Altbekanntes rekapituliert wird. Als Beispiele für die Unterwerfung Einzelner unter den herrschenden ökonomischen Interdiskurs sind Stellenausschreibungen an Universitäten interessanter, die den Erfolg einer Bewerbung u. a. von der Fähigkeit abhängig machen, „Drittmittel einzuwerben". Sie zeugen von der fortschreitenden Kommerzialisierung der Universitäten und der Wissenschaft: „Erwünscht sind Erfahrungen (...) in der Einwerbung von Drittmitteln". In anderen Fällen wird erwartet, dass die Qualifikation „durch Publikationen in internationalen Fachzeitschriften und Drittmitteleinwerbung belegt ist". (An der Universität Oxford sind Spezialisten für das *Fundraising* zuständig – und nicht nur dort.)

Im Anschluss an Foucault fragt Pêcheux, was im Rahmen eines herrschenden Interdiskurses sagbar bzw. nicht sagbar ist, was gesagt werden soll bzw. nicht gesagt werden darf. Vor allem

93 Die Machtmechanismen der Werbung wurden oft diskutiert. Das Thema wird in diesem Buch nicht aufgegriffen, weil es hier um die *Wechselbeziehung* von Soziolekten und Diskursen geht, die in der Werbung kaum vorkommt, weil diese zumeist passiv rezipiert wird. Ihre Opfer haben keine Gelegenheit, auf sie zu reagieren.

im Bereich der Geistes- und Sozialwissenschaften kommt es häufig vor, dass sich jemand um eine Stelle bewirbt, der z. B. als Romanist hochqualifiziert ist, mehrere Bände über die französische und die italienische Renaissance veröffentlicht hat, für Drittmittel aber nicht das geringste Interesse hat. Er darf es nicht sagen. Als Unterworfener des ökonomischen Interdiskurses, der Wirtschaft, Politik, Sport, Medizin und Wissenschaft miteinander verbindet, indem er eine gemeinsame Sprache – die Sprache des „Wieviel?" – parat hält, muss er sich in der geeigneten Rhetorik üben und sie möglichst durch Hinweise auf finanzielle Erfolge in der Vergangenheit glaubwürdig erscheinen lassen.

Während im früheren Ostblock Bewerberinnen und Bewerber in einer Art Ritual dem marxistisch-leninistischen Interdiskurs huldigen mussten und in Berufungsvorträgen (wenigstens pro Forma) Marx und Lenin zitierten, um ihre oft geringen Aussichten auf eine Einstellung nicht vorab zu verderben, sehen sie sich in der freiheitlich-demokratischen Ordnung gezwungen, einen ganz anderen Interdiskurs für den eigenen auszugeben. In beiden Fällen wird die eigene Identität der Fremdbestimmung durch den herrschenden Diskurs geopfert.

In so mancher Ausschreibung von Firmen, Behörden oder Universitäten ist von „Teamfähigkeit" oder „Projektmanagement" die Rede. Wer in solchen Fällen im wissenschaftlichen Bereich aus Naivität oder weil er noch im (vor-)vorigen Jahrhundert lebt, von einem Buchprojekt spricht, das er ohne anfallende Kosten und autonom, aus eigenem Antrieb heraus durchführt, liegt daneben und geht leer aus. Denn das Wort „Management" deutet bereits an, dass mit Projekten finanzierbare und finanzierte Projekte gemeint sind, die wie in den Naturwissenschaften von „Teams" betreut werden.

Team, *Teamwork* und *Management* sind allesamt neuenglische Wörter, die aus Wirtschaft und Naturwissenschaft stammen und allmählich die Geistes- und Sozialwissenschaften kolonisieren. Symptomatisch für diese Entwicklung ist eine Anzeige der Universität Bonn: „W 2 Professorship for European Politics with a special focus on Franco-German Relations"/„W-2 Professur für Politik in Europa unter besonderer Berücksichtigung der Deutsch-Französischen Beziehungen". Wie würde diese Anzeige wohl auf Französisch klingen? In der Anzeige wird verlangt: „Work experience in interdisciplinary academic formats, particularly in French studies, as well as experience with acquiring and executing third-party funded projects are expected.“[94] Statt schlechtes, im utilitaristischen Syndrom verkommenes Englisch[95] hätte man in diesem Fall idiomatisches Französisch erwarten können. Im Extremfall könnte sogar die Vermutung aufkommen, dass aktive Französischkenntnisse gar nicht vorausgesetzt werden (nur eine „reading knowledge of French“ oder Vertrautheit mit Frankreich und den „French Studies“: stets auf Englisch). Jedenfalls wurde die Anzeige nur auf Deutsch und in der Welt-, Wirtschafts- und Naturwissenschaftssprache Englisch (in der *Syndromsprache*) verfasst.

Wie sehr die wirtschaftlich erfolgreichen und für die Wirtschaft unverzichtbaren Naturwissenschaften mit ihren stets marktvermittelten und finanzierten Diskursen in den Bereich der Humanwissenschaften eindringen, lässt das französische CNRS (Centre National de la Recherche Scientifique) erkennen, das nach *Laboratorien* (*laboratoires de recherche*) gegliedert ist. Freilich wird in diesen Einheiten, falls es sich um Geistes- oder Sozialwissenschaften handelt, kaum experimentiert; auch Instrumente stehen selten zur Verfügung. Es gilt jedoch das naturwissenschaftliche Prinzip, wonach zumindest offiziell Forschung in Gruppen als „Teamwork“ bevorzugt wird – nicht das einzelne Buchprojekt.

In Zeiten der Krise und des drohenden Konjunktureinbruchs werden schließlich alle naturwissenschaftlichen und technischen Kräfte mobilisiert, um den wirtschaftlichen Schaden zu begrenzen. Um die Corona-Pandemie möglichst rasch in den Griff zu bekommen und die Wirtschaft wieder in Schwung zu bringen, werden Naturwissenschaft, Technologie und Technik ins Feld geführt.

Virologen stehen an vorderster Front im Kampf gegen das Virus, „Corona-Apps“ in „Smartphones“ sollen zur Kontrolle

---

94 *Forschung und Lehre* 10/20, S. 880.

95 „In interdisziplinärer Arbeit“ hätte mit dem Ausdruck „in interdisciplinary teams“ (statt „formats“), „Erfahrung bei der Einwerbung von Drittmitteln“ mit „experience with initiating and carrying out of third party funded projects“ (statt „acquiring and executing third party funded projects“) übersetzt werden können.

der Pandemie beitragen, Intensivstationen werden bereitgehalten. Vor allem werden aber in vielen Fällen oder Ländern strenge Quarantäne-Maßnahmen ergriffen und oftmals „Tests" verordnet. Individuelle und kollektive Subjektivität wird bisweilen drastisch eingeschränkt: sowohl diskursiv (durch Informationen, Warnungen, Aufforderungen) als auch faktisch: etwa durch „Maskenpflicht", die auf immer größere Bereiche ausgedehnt wird.

Zeichnet sich hier nicht die letzte Phase der Bio-Politik als „Gesundheitsmanagement" ab, vor der Foucault so eindringlich gewarnt hat? Hier ist Foucaults einschlägiger Text: „Schreckliche Ausdehnung der Bio-Macht, die im Gegensatz zu dem, was ich gerade über die Atommacht gesagt habe, die ganze menschliche Souveränität überschwemmen wird."[96] Es geht hier nicht um die (ins Sensationelle führende) Frage, ob die Corona-Pandemie diese „Überschwemmung" schon eingeläutet hat, sondern um die Erkenntnis einer *Tendenz.* Diese Tendenz ist die sich abzeichnende Ausbreitung des hier skizzierten Syndroms aus Wirtschaft, Naturwissenschaft und Technik, welche die individuelle Subjektivität und ihre Autonomie in Frage stellt.

Jürgen Link beschreibt Strategien der Normalisierung und bemerkt zu China, das zweifellos als Extremfall der Normalisierung betrachtet werden könnte: „Dabei ist ihre zweifelsfreie Faszination durch das im China Xi Jin-pings bereits weitgehend realisierte System einer panoptischen digitalen Erfassung der gesamten Bevölkerung symptomatisch."[97] Die Gefahr besteht darin, dass sich viele Menschen nach wirtschaftlicher, sozialer und gesundheitlicher Sicherheit sehnen und dabei eine fatale Neigung entwickeln, ihre Eigenständigkeit oder Autonomie Dispositiven der Überwachung zu opfern. An China ist nicht so sehr seine Wirtschaftsmacht oder seine eher bescheidene Atommacht gefährlich, sondern seine Entwicklung neuer Dispositive (s. o.) und sein Erfolg bei der Bekämpfung des Virus. Dieser Erfolg könnte Nachahmer finden, Schule machen.

96 M. Foucault, *Kritik des Regierens*, op. cit., S. 78.

97 J. Link, „Für welche Krise ist ‚Corona' der Name? ‚Neue Normalität' zwischen dem Traum vom hyperflexiblen Normalismus und massiv protonormalistischen Tendenzen", in*: KultuRRevolution* 79, November 2020, S. 13.

Insgesamt sollte deutlich geworden sein (und Foucault hat diesen Gedanken vorweggenommen), dass die neuesten Technologien und Techniken Leben und Zusammenleben zwar durchaus erleichtern können, zugleich aber, wie „Handy" und „Smartphone" zeigen, die Unterwerfung der Subjekte unter neue Machtdispositive vorantreiben.

Dazu bemerkte vor vielen Jahren Alfred Weber (Max Webers jüngerer Bruder), der wohl als erster das hier skizzierte Syndrom aus Wirtschaft, Wissenschaft und Technik erkannte: „Ein Konflikt steigt gleichfalls auf, falls die kapitalistisch-technisch fundierte Eigenevolution der Wirtschaft den Menschen, der ihr Zweck sein sollte, als eines ihrer Mittel auffrißt."[98] Nicht nur die totalitären Staaten führten und führen diese Umwandlung des Zwecks in ein Mittel den Sehenden vor Augen; auch die freiheitlich-demokratische Ordnung gerät allmählich unter die Herrschaft des Syndroms, das von den meisten zunehmend als normal wahrgenommen wird.

98 A. Weber, *Einführung in die Soziologie*, in: *Alfred-Weber-Gesamtausgabe*, Bd. IV (Hrsg. H. G. Nutzinger), Marburg, Metropolis Verlag, 1997, S. 58.

II. Machtausübung und Ermächtigung durch Sprache: Pierre Bourdieus „autorisierte Sprache" und Jan Blomaerts „voice"

Auf Ähnlichkeiten, die ihn mit Foucault verbinden, und Differenzen, die ihn von ihm trennen, geht Bourdieu in seinem *Soziologischen Selbstversuch* recht ausführlich ein. Er habe mit Foucault, heißt es dort, „alle wesentlichen Eigentümlichkeiten gemein".[1] Damit meint er nicht nur die Tatsache, dass er wie Foucault an der Ecole Normale Supérieure studierte, an der er später auch die Veranstaltungen des jungen Philosophen besuchte, sondern auch und vor allem die „Versöhnung von *scholarship* und *commitment*".[2] Das aus ihr hervorgehende „wissenschaftlich begründete Eingreifen in diese Welt"[3] verband die beiden Intellektuellen.

Während Foucault die von vielen Philosophen tabuisierten Themen „Wahnsinn", „Kriminalität" und „Unterdrückung" in die Philosophie einführt, versucht Bourdieu, die ungleiche Chancenverteilung in der Gesellschaft, die Ungleichbehandlung der Geschlechter und zuletzt *Das Elend der Welt* (Titel eines von ihm edierten Bandes)[4] sichtbar zu machen. So öffnen sich beiden die Tore des Collège de France, das Bourdieu nicht zu Unrecht als „Weihestätte von Häretikern"[5] bezeichnet.

Auf alle diese Themen und Entwicklungen geht er in seinem *Selbstversuch* direkt oder indirekt ein. Das Wichtigste lässt er jedoch aus: den Unterschied zwischen seiner soziologischen und Foucaults philosophischer Betrachtungsweise im theoretischen und terminologischen Bereich. Zwar betont er Foucaults Ver-

1 P. Bourdieu, *Ein soziologischer Selbstversuch*, Frankfurt, Suhrkamp, 2016 (5. Aufl.), S. 90.

2 Ibid., S. 91-92,

3 Ibid., S. 91.

4 Vgl. P. Bourdieu et al., *Das Elend der Welt*, Konstanz, UVK, 2010 (2. Aufl.).

5 P. Bourdieu, *Ein soziologischer Selbstversuch*, op. cit., S. 94.

harren im „philosophischen Feld“[6], geht jedoch nicht auf die sich daraus ergebenden theoretischen Differenzen ein. Wie sehen diese Differenzen konkret aus?

Les Mots et les choses (dt. *Die Ordnung der Dinge*) und *L'Archéologie du savoir* (dt. *Archäologie des Wissens*): Diese beiden Titel aus der zweiten Hälfte der 1960er Jahre lassen eher auf ein philosophisches denn auf ein soziologisches Erkenntnisinteresse schließen – obwohl es stets relativ leicht ist, den verschiedensten Themen eine soziologische Wende zu geben. Beide Titel deuten an, dass Formen des Wissens und ihre Veränderungen (Archäologie) untersucht werden sollen. Tatsächlich ist, wie sich gezeigt hat, in *Die Ordnung der Dinge* von epistemischen Einschnitten und Denk- oder Wissenssystemen die Rede, die einander im Laufe der Zeit ablösen, während in der *Archäologie des Wissens* die „diskursiven Formationen“ (vgl. Kap. I.2) im Vordergrund stehen sowie die in ihnen angelegten „Formationsregeln der Begriffe“.[7]

Diese Begrifflichkeit hat zwar durchaus eine soziologische Relevanz, weil sie die strukturellen Bedingungen sichtbar macht, unter denen individuelle und kollektive Subjekte denken und handeln – oder eben „gedacht“ und „gehandelt“ werden. Sie verdeckt aber *die individuellen und kollektiven Interessen*, die in der Gesellschaft oder in ihren verschiedenen Bereichen aufeinanderprallen und mit der Zeit die strukturellen Bedingungen verändern, in deren Rahmen sich Allianzen bilden und Kontroversen oder Konflikte ausgetragen werden.

Pierre Bourdieus Soziologie schärft den Blick für eben diese Vorgänge, die in allen Bereichen der Gesellschaft – Wirtschaft, Politik, Wissenschaft – zu beobachten sind, in jedem Bereich aber spezifische Formen annehmen. Bourdieu nennt diese Bereiche *Felder* und untersucht ihre sozialen und kulturellen Eigengesetzlichkeiten. Eine seiner Kurzdefinitionen lautet: „Ein Feld ist ein Kräftefeld und ein Kampffeld zur Veränderung der Kräfteverhältnisse.“[8] Cornelia Bohn erweitert und ergänzt diese

---

6 Ibid., S. 92-93.

7 M. Foucault, *Archäologie des Wissens*, Frankfurt, Suhrkamp, 2020 (19. Aufl.), S. 93.

8 P. Bourdieu, *Das politische Feld. Zur Kritik der politischen Vernunft*, Konstanz, UVK, 2001, S. 49.

Definition: „Das Grundparadigma des Sozialen ist für Bourdieu konfliktreiches Marktgeschehen; die sich daraus ergebenden Modi des Sozialen: Tausch, Kampf und Konkurrenz.“[9]

Die Abweichungen von Foucault springen ins Auge, und sie sind soziologischer Art: Anders als Foucault, der aufeinanderfolgende Wissenssysteme oder „Diskursformationen“ beobachtet, beobachtet Bourdieu soziale Bereiche oder „Felder“, in denen individuelle oder kollektive Akteure (Subjekte) um die Vorherrschaft kämpfen. Dabei steht immer auch die Umstrukturierung des Feldes mit Hilfe ungleicher *Ausstattungen mit Kapitalsorten*, *Kompetenzen* und *Strategien* auf dem Spiel. Im Folgenden geht es darum, diese Aspekte des Feldgeschehens näher zu betrachten und dabei vor allem den Nexus von Sprache und Macht im Auge zu behalten.

Im *ersten Abschnitt* wird der *Feldbegriff* in seinen wesentlichen Aspekten dargestellt und anschließend als *linguistisches Feld* näher untersucht. Denn in diesem Feld wird tatsächlich konkurriert, getauscht und gekämpft. Insofern ist es sinnvoll, die sprachlichen Machtverhältnisse punktuell mit den wirtschaftlichen, politischen oder künstlerischen zu vergleichen, zumal in der Literatur der Kampf um die (legitime) Sprache und ihre Erneuerung aus Bourdieus Sicht das Feldgeschehen beherrscht.

Im *zweiten Abschnitt* steht der *Kapitalbegriff* im Mittelpunkt der Betrachtungen, wobei das *linguistische Kapital* in den Vordergrund rückt. Dieses wird jedoch nicht konkret verstanden, solange es nicht in Beziehung zu den anderen Kapitalsorten – zum wirtschaftlichen, sozialen und kulturellen Kapital – gesetzt wurde. Einer der Gründe, warum dieses Beziehungsgeflecht berücksichtigt werden muss, ist die *Konvertierbarkeit* der verschiedenen Kapitalsorten: etwa des wirtschaftlichen Kapitals in kulturelles Kapital, das nur durch mehr oder weniger lange Schulung erworben werden kann, die stets zeitaufwendig und entsprechend teuer ist. (In den USA ist oft die Redewendung zu hören „to buy a good education“.)

Der *dritte Abschnitt* ist in diesem Kapitel zentral: In ihm geht es um das linguistische Kapital und vor allem um die *Verbindung von Sprache und Herrschaft*, die zutage tritt, sooft deut-

---

9 C. Bohn, *Habitus und Kontext. Ein kritischer Beitrag zur Sozialtheorie Bourdieus*, Wiesbaden-Opladen, Westdeutscher Verlag, 1991, S. 96.

lich wird, dass eine hegemoniale Sprache – das Lateinische im Mittelalter, das Angloamerikanische heute – andere Sprachen vom Markt verdrängt und ihre Sprecher benachteiligt.

Von ihrer Benachteiligung soll im *vierten Abschnitt* ausführlicher die Rede sein. Dort wird auch Bourdieus These kritisch analysiert, dass ein *Diskurs als Rede* (Ansprache, Vortrag, Plädoyer) seine Autorität als *autorisierte Sprache* ausschließlich von außen bezieht: d. h. dass *die gesellschaftliche Autorität der Sprechenden* über Erfolg oder Misserfolg des Diskurses und der Vorhaben, die er artikuliert, entscheidet. Die kritische Frage lautet, ob die semantische, syntaktische und narrative Struktur eines Diskurses nicht auch zu seinem sozialen Erfolg oder Misserfolg beiträgt.

Im *fünften Abschnitt* soll schließlich – komplementär zu Bourdieus Begriff der *autorisierten Sprache* – Jan Bolmaerts Begriff *voice* betrachtet werden. Dieser Begriff ergänzt insofern Bourdieus Auffassung, als er den Blick für die Probleme derer schärft, die nicht die offizielle oder hegemoniale Sprache sprechen, über einen nur rudimentären, *restringierten* oder *eingeschränkten Kode* (Basil Bernstein)[10] verfügen, syntaktisch fehlerhafte Sätze bilden und nicht den von der Oberschicht gepflegten und anerkannten Akzent haben. Kurzum, es geht um die Benachteiligung regionaler, ausländischer und sozial marginalisierter Sprachgruppen.

1. Bourdieus soziales Feld als Machtfeld: Feld und Habitus

Ähnlich wie Niklas Luhmann, der die Gesellschaft in Systeme und Subsysteme einteilt und zu zeigen versucht, wie jedes System (Wirtschaft, Politik, Kunst) eigenen Gesetzen gehorcht[11], geht Bourdieu von der Vorstellung einer ausdifferenzierten und sich weiter ausdifferenzierenden Gesellschaft aus, die aus autonomen, eigenen Gesetzen gehorchenden Bereichen besteht. An-

---

10 Vgl. B. Bernstein, *Class, Codes and Control*, Bd. I, *Theoretical Studies towards a Sociology of Language*, St. Albans, Paladin, 1973, S. 174.

11 Vgl. N. Luhmann, *Soziale Systeme. Grundriß einer allgemeinen Theorie*, Frankfurt, Suhrkamp (1984), 1987, S. 60-61.

ders als Luhmann fasst er jeden dieser Bereiche jedoch nicht *nur* als ausdifferenzierte und nach größerer Autonomie strebende Einheit auf, sondern – wie bereits angedeutet – als „ein strukturiertes Kräftefeld und zugleich ein Feld, in dem um die Erhaltung oder Umgestaltung dieses Kräftefeldes gekämpft wird".[12]

Dies hat zur Folge, dass nicht nur (wie bei Luhmann) der Differenzierungsprozess Veränderungen bewirkt, sondern auch der *Kampf um die Macht*, d. h. um die Vorherrschaft im Feld. Zugleich geht es darum, die „Spielregeln", die in einem Feld – in Wirtschaft, Politik oder Kunst – gelten, neu zu definieren.

In dieser Hinsicht unterscheidet sich Bourdieu auch von Foucault, weil bei Foucault die Frage unbeantwortet bleibt, wie es zur Veränderung einer Episteme oder einer Diskursformation kommt. Denn von individuellen oder kollektiven Subjekten und ihren Handlungen spricht Foucault nur, um sie aus seinem Diskurs auszuschließen.[13] Dies hat zur Folge, dass für Handlungen und die aus ihnen hervorgehenden Veränderungen letztlich abstrakte oder mythische Aktanten wie „Kultur" und „Sprache" verantwortlich gemacht werden.

Davon zeugt die folgende Passage aus *Die Ordnung der Dinge*: „Das Diskontinuierliche – die Tatsache, daß eine Kultur mitunter in einigen Jahren aufhört zu denken, wie sie es bis dahin getan hat, und etwas anderes und anders zu denken beginnt – führt wahrscheinlich zu einer Erosion des (sic!) Außen [es muss heißen: „von außen"], zu jenem Raum, der für das Denken auf der anderen Seite liegt, in dem vom Ursprung an zu denken es aber dennoch nicht aufgehört hat."[14]

Zu diesem eher philosophischen als soziologischen Versuch, soziale Veränderungen und Übergänge ohne individuelle oder kollektive Subjekte zu denken, bemerkt nicht zu Unrecht Jean Piaget, der eine genetische Psychologie entwickelt hat, er sei „völlig unverständlich", weil sich die „Vernunft ohne Grund verändert".[15]

---

12 P. Bourdieu, *Science de la science et réflexivité. Cours du Collège de France 2000-2001*, Paris, Raisons d'agir, 2001, S. 69.

13 Vgl. M. Foucault, *Archäologie des Wissens*, op. cit., S. 82.

14 M. Foucault, *Die Ordnung der Dinge. Eine Archäologie der Humanwissenschaften*, Frankfurt, Suhrkamp, 2019 (25. Aufl.), S. 83.

15 J. Piaget, *Le Structuralisme*, Paris, PUF, 1974 (6. Aufl.), S. 114.

Bourdieus Korrektur dieser subjektlosen Auffassung der Geschichte als Wissens- und Wissenschaftsgeschichte besteht darin, dass er den *subjektiven Faktor* in seinen soziologischen Diskurs aufnimmt. Er beobachtet, wie etwa im wissenschaftlichen oder künstlerischen Feld Individuen und Gruppen um die Vorherrschaft kämpfen und wie ihre Kämpfe als Aufeinanderfolgen von Siegen und Niederlagen schließlich das Feld verändern.

So bemerkt beispielsweise Louis Pinto zum literarischen Feldgeschehen: „Eine literarische Schule (...) definiert sich vor allem im Gegensatz zu ihren Rivalinnen (...).“[16] Analog dazu ließe sich im philosophisch-wissenschaftlichen Bereich zeigen, wie Karl R. Poppers Kritik des Wiener Logischen Positivismus wesentlich zur Entstehung des Kritischen Rationalismus beitrug, der sich nicht mehr nach dem Prinzip der Verifizierung von Hypothesen richtete, sondern das neue Prinzip der Falsifizierung oder Widerlegung von Hypothesen einführte. Dieses von den kritischen Rationalisten befürwortete Prinzip wurde bald zur Triebfeder der wissenschaftstheoretischen Erneuerung, die nicht unabhängig von einzelnen kritischen Rationalisten (wie Hans Albert oder Imre Lakatos) und dem Kritischen Rationalismus als Kollektiv zu verstehen ist. Dies bedeutet – aus Bourdieus Sicht – dass nur die Konkurrenz zwischen Individuen und Gruppen die Dynamik des Feldes und der Gesellschaft insgesamt erklären kann.

Diese Dynamik kann auch als ein Prozess von Unterscheidungen und Abweichungen aufgefasst werden, und aus dieser Auffassung geht die komplementäre Definition des Feldes als *eines Systems von Unterschieden* hervor: „Das Feld in seiner Gesamtheit wird definiert als ein System von Abweichungen auf verschiedenen Ebenen, und alles im Bereich der Institutionen oder der Handelnden oder der Diskurse, die sie hervorbringen, hat nur relationalen Sinn im Hinblick auf das Spiel von Gegensätzen und Unterscheidungen.“[17] Dieses Spiel wird von *Akteuren* in Gang gehalten, deren Handeln – anders als bei Foucault

---

16 L. Pinto, *Pierre Bourdieu et la théorie du monde social*, Paris, Albin Michel (1998), 2002, S. 109.

17 P. Bourdieu, *Langage et pouvoir symbolique*, Paris, Seuil, 2001, S. 232-233.

und Luhmann – für die Entwicklung gesellschaftlicher Systeme oder Felder verantwortlich ist.

Mit Foucault und Pêcheux stimmt Bourdieu jedoch weitgehend in der Ansicht überein, dass die in einem Feld oder in der Gesellschaft als ganzer interagierenden Diskurse darüber entscheiden, was gedacht und gesagt werden kann und was schlicht unsagbar ist. Zum politischen Bereich bemerkt Bourdieu, dass er von Diskursen beherrscht wird, „die in ihrer Gesamtheit darüber entscheiden, was politisch gesagt und gedacht werden kann im Gegensatz zu dem, was ins Unsagbare und Undenkbare verbannt wird (…)".[18]

In diesem Fall haben wir es mit einer *anonymen Machtausübung* zu tun, die nur selten als solche wahrgenommen wird, die aber das Denken, Sprechen und Handeln der Akteure steuert, ohne dass diese sich dessen bewusst wären. So mag beispielsweise politische Rhetorik nicht durch begriffliche Genauigkeit oder argumentative Stringenz hervorstechen, sie bewegt sich jedoch in den meisten Fällen im engen Rahmen einer politischen Korrektheit (etwa „Bürgerinnen und Bürger"), deren grobe Missachtung Stimmen kosten könnte. Max Weber redete seine Studenten noch mit „meine Herren" an; eine solche Anrede wäre in der heutigen sprachlichen Situation „unsagbar und undenkbar" – möglicherweise auch, weil sie bei Studierenden in Bermudas für Heiterkeit sorgen würde (selbst wenn Studentinnen ausnahmsweise fehlten).

Das Gefühl für die in einem Feld – etwa im universitären Bereich (*champ universitaire*, Bourdieu) – geltenden Normen, Regeln und Gepflogenheiten bezeichnet Bourdieu als *Habitus*. Dieser könnte in aller Knappheit als *der sozialisierte Körper* oder *das sozialisierte Auftreten* definiert werden. Boike Rehbein schlägt die folgende Begriffsbestimmung vor: „Der Habitus ist die inkorporierte (einverleibte) Tradition einer Gesellschaft, Klasse oder Gruppe."[19] Bourdieu selbst erklärt: „Der Körper ist

18 Ibid., S. 218.

19 B. Rehbein, *Die Soziologie Pierre Bourdieus*, Konstanz, UVK (UTB), 2016 (3. Aufl.), S. 246.

in der sozialen Welt, aber die soziale Welt steckt auch im Körper (...).“[20]

Diese Definitionen deuten bereits auf einen sozialen Determinismus hin, der sich etwa dann bemerkbar macht, wenn ein Lehrer oder Professor die gesellige Plauderei einer Abendgesellschaft dadurch stört, dass er auf das Dozieren nicht verzichten kann, weil es zu seinem Habitus gehört. Im Zusammenhang mit dem Macht-Problem könnte man sein Verhalten auch so auffassen, dass er nicht imstande ist, sich der Macht seines didaktischen oder wissenschaftlichen Feldes zu entziehen, und auch nicht der Versuchung, dozierend Macht auszuüben. Hier stellt sich die Frage nach der Freiheit oder dem Handlungsspielraum von Individuen in Gesellschaft, Feld und Sprache. Es ist eine Frage, die auch in Foucaults Werk zwischen den Zeilen hindurchklingt: Wieviel Denk- und Sprechfreiheit hat der Einzelne innerhalb einer Episteme oder Diskursformation?

Bourdieu vertritt die Meinung, dass der Habitus zwischen Überdeterminiertheit und Freiheit vermittelt: „Die konditionierte und bedingte Freiheit, die er bietet, [steht] der unvorhergesehenen Neuschöpfung ebenso fern wie der simplen mechanischen Reproduktion ursprünglicher Konditionierungen.“[21]

Allerdings drängt sich im Alltag immer wieder der Eindruck auf, dass die „simple mechanische Reproduktion“ eher die Regel, die „unvorhergesehene Neuschöpfung“ hingegen die Ausnahme ist. In den 1960 und 70er Jahren konnte immer wieder behauptet werden, „es gehe um den Realismus“[22], und in der DDR konnten Selektionsverfahren beanstandet, ja denunziert werden, die dem realistischen Kanon und seiner Ästhetik widersprachen.

Wer Gedichte aus Goethes Werk vorlas, die dem Diskurs des von der SED gedeuteten Sozialistischen Realismus nicht entsprachen, wurde gerügt: „Bei den Goethe-Feiern in Weimar

---

20 P. Bourdieu, *Meditationen. Zur Kritik der scholastischen Vernunft*, Frankfurt, Suhrkamp, 2013 (3. Aufl.), S. 194.

21 P. Bourdieu, *Sozialer Sinn. Kritik der theoretischen Vernunft*, Frankfurt, Suhrkamp, 2014 (8. Aufl.), S. 103.

22 Vgl. G. Lukács, „Es geht um den Realismus“, in: H.-J. Schmitt (Hrsg.), *Die Expressionismusdebatte. Materialien zu einer marxistischen Realismuskonzeption*, Frankfurt, Suhrkamp, 1973, S. 192.

brachte es jemand fertig, aus Goethes Werken einzelne von Verfall und Niedergang handelnde, beinahe dekadent zu nennende Gedichte herauszusuchen, und scheute sich nicht, sie vor einem größeren Publikum zu verlesen."[23]

Was damals aufgrund eines bestimmten Habitus, eines verinnerlichten Vokabulars und Sprachduktus, sagbar war, ist es heute nicht mehr. Nach dem „Niedergang und Verfall" des gesamten Ostblocks wird auch das im Nationalsozialismus beliebte Adjektiv „dekadent" („entartet") als inopportun aus der „mechanischen Reproduktion" ausgeschlossen. Neue Floskeln und Stereotypen prägen sich in den diversen Feldern der Gesellschaft dem wendigen Habitus ein, dessen Freiheit stets eine Freiheit im Rahmen des anglo-amerikanisch dominierten Syndroms von „warn-app", „podcast", „„cookie", „show business", „casting show" und „political correctness" ist. (Wer sich mit dem Bedeutungswandel von Ausdrücken im Zuge des „Kulturtransfers" befasst, wird mit Interesse feststellen, dass in der stets flexiblen Volksrepublik China „political correctness" die Übereinstimmung mit den Sprachregelungen der KP bedeutet.)

Das Macht-Problem des Feldhabitus besteht darin, dass man die Sprachregelungen der Vergangenheit (etwa die Routine-Frage nach dem „Arier-Nachweis") kopfschüttelnd zur Kenntnis nimmt, jedoch außerstande ist, sich angesichts neuer Sprachregelungen und der von ihnen transportierten Denkschablonen an den Kopf zu fassen. *La Pensée du dehors, Das Denken von außen*, lautet der Titel, den Foucault einem seiner Bücher gab. Die Freiheit des Einzelsubjekts von Feld, Habitus und eingeschliffenen Redensarten bestünde darin, die Sprachgewohnheiten der eigenen Zeit und Gesellschaft gleichsam „von außen", als fremde Gewohnheiten mit Befremden zu beobachten und in ihre Bestandteile zu zerlegen, statt in einem Habitus zu verharren, der möglicherweise Neuerungen im einzelnen Feld ermöglicht, nicht jedoch jenseits davon.

Sowohl Foucault als auch Bourdieu reizen zum Nachdenken über die Kontexte, in denen wir zu mündigen oder unmündigen Subjekten sozialisiert werden. Während aber Foucault eher die allgemeinen historischen und sprachlichen Bedingungen unter-

23 E. Schubbe (Hrsg.), *Dokumente zur Kunst-, Literatur- und Kulturpolitik der SED*, Stuttgart, Seewald Vlg., 1972, S. 167.

sucht, in denen Individuen und Gruppen gedacht und gesprochen werden, setzt sich Bourdieu auch mit der Frage nach den Macht ausübenden Instanzen auseinander, deren Machtpotenziale sehr ungleich verteilt sind: aus wirtschaftlichen, kulturellen und sprachlichen Gründen. Denn auch die Verteilung von ökonomischen, kulturellen und sprachlichen Ressourcen weist Ungleichheiten auf, für die Bourdieus Soziologie der Felder, Kapitalsorten und Klassenbildungen eher den Blick schärft als Foucaults Beobachtung historischer Formationen aus der Vogelperspektive.

2. Machtgefälle – Sprachgefälle: Wirtschaftliches, soziales, kulturelles und symbolisches Kapital

Um die ungleiche Verteilung sprachlicher Fähigkeiten und Möglichkeiten aus Bourdieus Sicht betrachten und beurteilen zu können, ist es notwendig, etwas weiter auszuholen, um seine Theorie der verschiedenen *Kapitalsorten* kennen zu lernen. Denn diese bilden aufgrund ihrer ungleichen Distribution die Grundlagen gesellschaftlicher Ungleichheiten, die freilich auch mit der sozialen Schichtung zusammenhängen: mit dem Nebeneinander und Übereinander von Klassen und Gruppen.

Der Gedanke, dass Schichtung und Klassenbildung nicht nur ökonomisch bedingt sind und dass Klassenherrschaft nicht auf den Besitz von Produktionsmitteln im Sinne von Marx reduziert werden kann, sondern auch soziale und kulturelle Komponenten aufweist, gehört wohl zu den Hauptmerkmalen und Vorzügen von Bourdieus Soziologie. Vor diesem Hintergrund ist seine Erweiterung und Umdeutung von Marx' Kapitalbegriff zu verstehen: Neben dem *wirtschaftlichen Kapital*, dessen Besitz er keineswegs unterschätzt, unterscheidet Bourdieu *soziales, kulturelles* und *symbolisches Kapital* – wobei letzteres keine eigene Kapitalsorte ist, sondern die Wirkung bezeichnet, die eine Synthese der anderen Kapitalsorten ausübt. Für die Machtausübung sind alle Kapitalsorten von Belang, und Bourdieu zeigt, dass ihre Konzentration beim Wirtschaftsbürgertum (Bankern, Managern, Unternehmern) und bei bürgerlichen Intellektuellen (Journalisten, Wissenschaftlern, Künstlern) am größten ist.

Er unterscheidet drei nach wirtschaftlichen, sozialen und kulturellen Kriterien bestimmbare Klassen. Dazu bemerken Anne Jourdain und Sidonie Naulin: „Nach Pierre Bourdieu ist die Gesellschaft in drei Hauptgruppierungen gegliedert: das Bürgertum [bourgeoisie], die Mittelschicht (oder die ‚Kleinbürger') und die Unterschicht [classes populaires]. Jede dieser Gruppierungen wird durch eine spezifische ‚Klassenstruktur' gekennzeichnet (...)."[24]

Die Klassenstruktur des Bürgertums besteht unter anderem darin, dass sich diese soziale Gruppierung aus zwei miteinander rivalisierenden Lagern zusammensetzt: aus dem *Wirtschaftsbürgertum* und dem *Kulturbürgertum* (den Intellektuellen). Es ist wohl kein Zufall, dass in einer von der globalen Wirtschaft dominierten Gesellschaft das Wirtschaftsbürgertum die herrschende, das Kulturbürgertum die beherrschte Gruppe ist, so dass Bourdieu zu Recht die Meinung vertritt, „dass Reichtum an ökonomischem Kapital und Reichtum an kulturellem Kapital umgekehrt variieren".[25]

Während die finanzkräftigen Wirtschaftsbürger durchaus in der Lage sind, teure Kunstwerke zu erwerben, ohne immer ihren ästhetischen Status und ihre Bedeutung für die Kunstentwicklung einschätzen zu können, vermag so mancher Bildungsbürger, sie ausführlich zu kommentieren, ohne sie sich jemals aneignen zu können. So entwickeln sich verschiedene Arten des Snobismus: Während die kapitalkräftigen Wirtschaftsbürger auf die Intellektuellen hinabblicken, die sich mit Reproduktionen begnügen müssen, weil für sie die Originale unerschwinglich sind, blicken die Intellektuellen auf die Wirtschaftsbürger hinab, die bisweilen nicht ahnen, was sie gekauft und zuhause aufgehängt haben (oder es nur ahnen, aber nicht wissen). Es fällt leicht, sich vorzustellen, wie sich dieser Snobismus sprachlich

---

24 A. Jourdain, S. Naulin, *La Théorie de Pierre Bourdieu et ses usages sociologiques*, Paris, Armand Colin, 2011, S. 67.

25 P. Bourdieu, „Fraktionen der herrschenden Klasse und Aneignungsweisen von Kunst", in: ders., *Kunst und Kultur. Kultur und kulturelle Praxis. Schriften zur Kultursoziologie IV*, Berlin, Suhrkamp, 2015, S. 256.

in Kommentaren und Konversationen, in Andeutungen und Sticheleien artikuliert.

Bourdieu bezeichnet die Kultur des herrschenden (Groß-) Bürgertums als *legitime Kultur*, die von der Mittelschicht der Kleinbürger gern nachgeahmt wird, ohne in diesem neuen Milieu ihr ursprüngliches Niveau zu erreichen. Dem Kleinbürgertum fehlt der Habitus des kulturbeflissenen Groß- oder Bildungsbürgers, der regelmäßig an Auktionen teilnimmt, internationale Ausstellungen, Vernissagen oder Museen besucht und zuhause eine Bibliothek besitzt.

Bourdieu und Darbel zeigen in einer Untersuchung europäischer Museen und ihrer Besucher(zahlen), dass es nicht genügt, Museen zugänglicher oder erschwinglicher zu machen (etwa durch Gratiskarten an Sonntagen), weil vor allem den unteren Schichten die Bildung und der Habitus fehlen, die es ihnen gestatten würden, den Perioden- oder Stilkode zu entziffern, der für das Verständnis der ausgestellten Werke wesentlich ist. Ihnen fehlt „die Beherrschung des Kodes aller Kodearten".[26]

Während sich die Mittelschicht am (Groß-)Bürgertum als *Bezugsgruppe* (*reference group*)[27] orientiert, ist für die Unterschicht (die *classes populaires*, wie Jourdain und Naulin sagen) die Mittelschicht maßgebend, in die Arbeiter, Bauern und Handwerker – zumindest im Bereich des Konsums und Lebensstils – aufsteigen möchten. Bei diesem Aufstieg oder Streben nach Aufstieg spielt nicht nur wirtschaftliches, sondern auch soziales Kapital (gesellschaftliche Beziehungen und Kontakte) eine entscheidende Rolle. Noch wichtiger ist das kulturelle (und sprach-

---

26 P. Bourdieu, A. Darbel, *L'Amour de l'art. Les musées d'art européens et leur public*, Paris, Minuit, 1969, S. 79.

27 Zum Begriff der *Bezugsgruppe* (*reference group*) vgl. R. K. Merton, A. S. Kitt, „Reference Groups", in: L. A. Coser, B. Rosenberg, *Sociological Theory. A Book of Readings*, New York, Macmillan (1957), 1964, S. 277: „For the individual who adopts the values of a group to which he aspires but does not belong, this orientation may serve the twin functions of aiding his rise into that group and of easing his adjustment after he has become part of it." (*Kurzdefinition*: Die Bezugsgruppe ist eine Gruppierung, in die sozial weniger begünstigte Individuen oder Gruppen aufgenommen werden möchten und daher den Lebensstil der Bezugsgruppe nachahmen.)

liche) Kapital, das durch Kontakte, Weiterbildung und autodidaktische Tätigkeiten aller Art erworben wird.

In den Feldern der Gesellschaft bedeuten Aneignung von Kapital und Aufstieg in der sozialen Hierarchie zugleich Machtzuwachs, der neue Perspektiven und Möglichkeiten bietet. Wie sehr bei Bourdieu ein soziales (wirtschaftliches, politisches oder künstlerisches) Feld ein strategischer Bereich ist, in dem Kämpfe um Kapital, Macht und Autorität ausgetragen werden, lässt die folgende Passage aus *Soziologische Fragen* erkennen: „Das Objekt der Kämpfe, die im Feld stattfinden, ist das Monopol auf die für das betreffende Feld charakteristische legitime Gewalt (oder spezifische Autorität), das heißt letzten Endes der Erhalt bzw. die Umwälzung der Verteilungsstruktur des spezifischen Kapitals."[28]

Für das Verhältnis von Macht und Sprache führt Bourdieu als Beispiel das Lateinische und den Lateinunterricht an. Aus seiner Sicht hat das Lateinische, das an den meisten französischen Gymnasien (*lycées*) weiterhin unterreichtet wird, nur aus institutionellen Gründen einen Wert – nur als institutionalisiertes sprachliches Kapital: „Wenn man beispielsweise das Lateinische ganz einfach abschaffen würde – und das ist ein Beispiel, das ich oft verwende – wären die Lateiner ähnlich wie die Besitzer russischer Wertpapiere daran: von heute auf morgen wäre ihr Kapital, d. h. ihre jahrelange Arbeit, entwertet, wertlos."[29]

Diese Auffassung der Sprache als Kapital und Besitz greift gedanklich zu kurz und wird hier im vierten Abschnitt kritisch zerlegt: denn das Lateinische oder Altgriechische ist nicht nur ein von Angebot und Nachfrage abhängiger, verdinglichter Besitz, sondern auch – jenseits von Institutionalisierung und sozialer Anerkennung – eine wesentliche Kompetenz, die es uns nicht nur gestattet, alle romanischen Sprachen besser zu verstehen (auch Bourdieus lange Tacitus-Sätze), sondern uns auch befähigt, philosophische und wissenschaftliche Texte, die nicht übersetzt wurden (etwa Hobbes' „Excerpta de Tractatu Optico"),

---

28 P. Bourdieu, *Soziologische Fragen*, Frankfurt, Suhrkamp, 2014, S. 108.

29 P. Bourdieu, *Sociologie générale. Cours au Collège de France 1983-1986*, Bd. II (Hrsg. P. Champagne, J. Duval), Paris, Seuil (Raisons d'agir), 2016, S. 1047.

zu lesen. Wer meint, diese Argumente nur auf alte Werke beziehen zu können, die im Computer-Zeitalter nicht mehr relevant sind, braucht nur das Hauptwerk des zeitgenössischen Soziologen Niklas Luhmann aufzuschlagen. Dort wird auf der ersten Seite, links vor dem Vorwort, Spinozas *Ethica* zitiert: „Id quod per aliud non potest concipi, per se concipi debet." Für das Verständnis von Luhmanns *Die Gesellschaft der Gesellschaft* ist dieser Satz wesentlich.[30] Fazit: Die Auffassung der Sprache als Besitz und Kapital blendet ihre Bedeutung als Lexikon, Semantik, Syntax – und Diskurs aus.

Als Besitz und Kapital ist sie jedoch für die sozialen Ungleichheiten verantwortlich, wie Bourdieu richtig gesehen hat, und für die ungleiche Machtverteilung in der Gesellschaft. Denn sprachliche Kompetenz, die über die Stellung eines Einzelnen oder einer Gruppe in der Gesellschaft mitentscheidet, hängt eng mit dem Besitz der anderen Kapitalsorten (dem wirtschaftlichen, dem sozialen und dem kulturellen Kapital) zusammen – und vor allem mit deren *Konvertibilität.*

Der finanzielle Ausdruck „Konvertibilität" bedeutet nicht, dass wirtschaftliches Kapital jederzeit in kulturelles oder soziales konvertiert werden kann oder dass für Geld alles zu haben ist, sondern dass wirtschaftliches Kapital den Zugang zum Erziehungs- und Bildungswesen erleichtert (der Kauf von teuren Büchern wäre wohl das einfachste Beispiel) und auch das Knüpfen von sozialen Beziehungen begünstigt. Die Kombination der verschiedenen Kapitalsorten – Reichtum, Beziehungen, Bildung – erhöht das Ansehen eines Menschen. Diese Art von Ansehen oder Prestige nennt Bourdieu *symbolisches Kapital.* Es kommt in Mitgliedschaften, Auszeichnungen oder Titeln zum Ausdruck und steigert die Macht einer Person, die, wie sich im nächsten und übernächsten Absatz zeigen wird, mit Autorität auftreten oder sprechen kann und jederzeit in der Lage ist, sich Gehör zu verschaffen.

In dieser gesellschaftlichen und sprachlichen Situation versteht es sich fast von selbst, dass Angehörige verschiedener so-

---

30 Vgl. N. Luhmann, *Die Gesellschaft der Gesellschaft*, Bd. I, Frankfurt, Suhrkamp, 1997, S. 10 sowie den Kommentar in: P. V. Zima, *Soziologische Theoriebildung. Ein Handbuch auf dialogischer Basis*, Tübingen, Narr-Francke-Attempto (UTB), 2020, S. 556.

zialer Klassen in der Gesellschaft ungleiche Karriere- und Aufstiegschancen haben. Den unteren Schichten fehlt es nicht nur an wirtschaftlichem, sondern auch an sozialem und – wie sich gezeigt hat – an kulturellem (sprachlichem) Kapital.

Diese soziale Schwäche hat zur Folge, dass eine relativ kurze Bildungszeit die Berufswahl einschränkt, so dass nur bestimmte Berufe wie Handwerk, Sekretariat oder Dienstleistungen in Frage kommen. Die engen Grenzen, in denen sich das Berufsleben der Unterschichten abspielt, bewirken, dass Kinder aus Arbeiter- oder Bauernfamilien, die ohne Bibliotheken, Museumsbesuche und längere Bildungswege (Gymnasium, Universität) aufwachsen, geringere Aufstiegschancen haben als Kinder aus der Mittel- oder Oberschicht, die sich die von allen anerkannte „legitime Kultur" angeeignet haben.

Dazu bemerkt Bourdieu: „Während die Kenntnis der Kultur sehr ungleich verteilt ist, ist die Anerkennung der Kultur sehr weit verbreitet und, darüber vermittelt, die Anerkennung all dessen, was die Kultur garantiert: die Überlegenheit der Kultivierten über die Unkultivierten, die Tatsache, daß die Enarchen [Absolventen der Verwaltungshochschule ENA] die Machtpositionen einnehmen usw."[31]

Während Kinder aus der Mittel- und Oberschicht als *Erben* (*héritiers*)[32] der Familienbildung dem Lehrpersonal in den Schulen recht nahestehen, haben Kinder der Unterschicht oft mit Anpassungsschwierigkeiten zu kämpfen, die nicht zuletzt auf ein geringes linguistisches Kapital zurückzuführen sind: Sie sind weniger wortgewandt, haben Probleme mit Syntax, Stil und Aussprache oder sind gar – als Kinder mit Migrationshintergrund – gezwungen, ihre Gedanken und Anliegen in einer Fremdsprache zu artikulieren. Es kommt hinzu (wie sich im fünften Abschnitt zeigen wird), dass ihre Art zu sprechen im hochsprachlichen Kontext eher gering geschätzt wird.

---

31 P. Bourdieu, *Über den Staat. Vorlesungen am Collège de France 1989-1992* (Hrsg. P. Champagne et al.), Frankfurt, Suhrkamp, 2017, S. 282.

32 Vgl. P. Bourdieu, J.-C. Passeron, *Les Héritiers. Les étudiants et la culture*, Paris, Minuit (1964), 1966, S. 111.

3. Aspekte des linguistischen Kapitals

Im Anschluss an das Ende des vorigen Abschnitts mag ein kurzer Exkurs in die Soziolinguistik sinnvoll sein, weil Bourdieu zwar häufig von *linguistischem Kapital* oder *Feld* spricht (*capital linguistique, champ linguistique*), auf eigentlich linguistische Probleme aber nicht eingeht. In Soziosemiotik und Soziolinguistik wurden seine theoretischen Anliegen von Autoren wie M. A. K. Halliday und Basil Bernstein nicht nur diskutiert, sondern auch konkretisiert (wenn auch unabhängig von Bourdieu). Ihre Konkretisationen sind für ein besseres Verständnis von Bourdieus soziologischer Sprachauffassung hilfreich.

Wie Bourdieu ist der britische Semiotiker Michael Halliday der Meinung, dass Ferdinand de Saussure von allen sozialen Komponenten abstrahiert, wenn er zeigt, wie Sprecher anhand ihrer Kenntnisse eines Sprachsystems – der *langue* – mit Hilfe von Vokabular, Semantik und Syntax eine *parole* als Aussage oder Sprachhandlung bilden; „Das Bild der Sprache als einer ‚reinen' Form (langue), die durch den Prozess der Übertragung in gesprochene Rede (parole) kontaminiert wird, hat nur geringen Wert in einem soziologischen Kontext."[33]

Der Soziolinguist Basil Bernstein erklärt warum und geht indirekt auf Bourdieus Problem der ungleichen Kapitalausstattung ein, wenn er einen *restringierten* von einem *elaborierten Kode* (*restricted code, elaborated code*) unterscheidet. Während der *restringierte Kode* für Angehörige der Unterschicht kennzeichnend ist, die oft über einen eingeschränkten Wortschatz, eine rudimentäre Syntax und eine von Dialekt und Argot verzerrte Grammatik (etwa fehlende Deklinationsendungen) verfügen, beherrschen Angehörige der Mittel- und Oberschicht einen für die Hochsprache charakteristischen *elaborierten Kode*, der es ihnen gestattet, sich ungezwungen zwischen sprachlichen Milieus, Registern und Rhetoriken zu bewegen.

Für Bernsteins Theorie der sozialen Kodes ist der Gegensatz *universell/partikular* wesentlich: Der allgemeine Charakter des elaborierten Kodes ermöglicht den Sprechern der Hochsprache,

33 M. A. K. Halliday, *Explorations in the Functions of Language*, London, Edward Arnold, 1974, S. 67.

in allen sprachlichen Situationen – vom Jahrmarkt bis zur Universität – kompetent aufzutreten, während die Kompetenz von Sprechern des restringierten Kodes auf das Umfeld ihrer täglichen Handlungen beschränkt ist. Dazu bemerkt Bernstein, „dass *elaborated codes* ihre Benutzer auf universelle Bedeutungen ausrichten, während *restricted codes* sie für besondere Bedeutungen sensibilisieren".[34]

Diese Überlegungen führen mitten in die Problematik von Bourdieus Theorie des *linguistischen Kapitals*. Wie Bernstein ist Bourdieu der Meinung, dass die offizielle oder legitime Sprache die *von allen anerkannte Universalform* ist; nur verbindet er sie – stärker als Bernstein – mit den *Interessen* der herrschenden Klasse(n) und den anderen Kapitalformen.

Er beschreibt ein hierarchisch gegliedertes Universum, das von der *legitimen Sprache* (und ihrem *elaborierten Kode*, Bernstein) dominiert wird, die ihre Dominanz auch ihrer Seltenheit und „Distinktion"[35] verdankt: „Zu der eigentlichen Wirkung der distinktiven Seltenheit kommt nun aufgrund der Beziehung, die das System der sprachlichen Unterschiede an das System der ökonomischen und sozialen Unterschiede bindet, noch hinzu, daß man es hier nicht mit einem relativistischen Universum zu tun hat, mit Unterschieden also, die einander jeweils relativieren können, sondern mit einem hierarchisch geordneten Universum aus Abweichungen von einer Diskursform, die (fast) allgemein als die legitime anerkannt wird, das heißt als das Maß für den Wert sprachlicher Produkte."[36]

---

34 B. Bernstein, „Social Class, Language and Socialization", in: P. P. Giglioli (Hrsg.), *Language and Social Context*, Harmondsworth, Penguin, 1972, S. 164.

35 Vgl. P. Bourdieu, *Die feinen Unterschiede. Kritik der gesellschaftlichen Urteilskraft*, Frankfurt, Suhrkamp, 1982, S, 104: „Der ästhetische Sinn als Sinn für die Distinktion".

36 P. Bourdieu, *Was heißt sprechen? Die Ökonomie des sprachlichen Tausches*, Wien, Braumüller, 1990, S. 34. (Dieses Buch ist eine Übersetzung von P. Bourdieu, *Ce que parler veut dire*, Paris, Fayard, 1982. Im Jahre 2001 erschien bei Fayard eine stark erweiterte Ausgabe dieses Werks unter dem Titel *Langage et pouvoir symbolique.* Die Texte, die in der deutschen Übersetzung fehlen, werden hier nach dieser erweiterten Ausgabe zitiert und vom Autor übersetzt.)

Kurzum: nicht alle Sprachformen, die in einer soziolinguistischen Situation miteinander konkurrieren und kollidieren, sind gleich viel wert, weil die legitime Sprache des Bürgertums als einzig gültiger Maßstab gilt. Bourdieu weist zu Recht darauf hin, dass nicht nur die Hochsprache universelle Legitimität beanspruchen kann, sondern auch eine natürliche Sprache: etwa das Französische im Algerien der Kolonialzeit.[37]

Diese Situation kann in verschiedenen mehrsprachigen Gesellschaften Europas, von Belgien über Spanien und Italien bis zum zerfallenen Jugoslawien, beobachtet werden. Kämpfe um den *Status von Sprachen* und um ihr symbolisches Kapital sind auf der Tagesordnung. Dabei geht es auch um das symbolische Kapital der Sprechenden und um ihren sozialen Status.

In Belgien dominierte noch in den 1950er Jahren das Französische auf symbolischer Ebene das Niederländische (Flämische), und sogar im niederländischsprachigen Antwerpen galt in manchen Kreisen französische Konversation als vornehm. Die Dominanz des Französischen wurde im Laufe der letzten Jahrzehnte durch das erstarkende flämische Nationalbewusstsein und den Vormarsch des Anglo-Amerikanischen geschwächt und zurückgedrängt. Dennoch erhob noch Ende der 1990er Jahre ein wallonischer Philologe indirekt einen Anspruch auf Dominanz, als er versuchte, das Niederländische als Dialekt abzuqualifizieren. (In diesem Fall könnte das mit dem Altdänischen nah verwandte Norwegische ebenfalls – trotz Ibsen und Hamsun – als Dialekt klassifiziert werden.)

In einer eindeutig schwächeren Position als das Niederländische in Belgien befindet sich das Galizische im Nordwesten Spaniens. Von ihm sagte vor nicht allzu langer Zeit ein Hispanist in Santiago de Compostela, „dass es nur geringes Prestige genießt" („que lleva poco prestigio") – trotz der zweisprachigen Ausgabe der Regionalzeitung *La Voz de Galicia* und des Ansehens, das die galizische Dichterin Rosalía de Castro in ganz Spanien genießt.

Dass ein Schriftsteller, der im Triestiner Dialekt aufgewachsen ist, unter der Dominanz der italienischen (toskanischen) Hochsprache leiden kann, lassen einige Bemerkungen Italo Svevos in seinem Roman *La coscienza di Zeno* (dt. *Zeno Cosini*)

37 Vgl. P. Bourdieu, *Sociologie générale*, Bd. II, op. cit., S. 1047.

zur Gestalt seines fiktiven Psychoanalytikers erkennen: „Er hat nur seine medizinischen Wissenschaften gelernt und weiß daher nicht, was es für uns, die wir Dialekt sprechen, ihn aber nicht schreiben können, bedeutet, reines Italienisch zu Papier zu bringen. Ein geschriebenes Bekenntnis ist immer verlogen. Mit jedem sprachlich reinen Wort lügen wir." („Egli non studiò che la medicina e perciò ignora che cosa significhi scrivere in italiano per noi che parliamo e non sappiamo scrivere il dialetto. Con ogni nostra parola toscana noi mentiamo!")[38] (Es sei angemerkt, dass der letzte Satz recht frei oder ungenau – „Mit jedem sprachlich reinen Wort lügen wir" – übersetzt wurde, so dass der Hinweis auf das *Toskanische* als herrschende und institutionalisierte Variante ausfiel.)

Eine ganz andere Art von sprachlicher Dominanz macht sich beim Aufschlagen des deutsch-serbokroatischen Wörterbuchs aus dem Jahr 1983 (Belgrad, Nolit) bemerkbar. In ihm wird das deutsche Wort „Brot" ausschließlich mit dem serbischen „hleb" wiedergegeben und das Wort „Hose" mit „čakšire" und „pantalone". In Kroatien wird für „Brot" in allen Situationen das Wort „kruh" verwendet und für „Hose" „hlače". Es ist unwahrscheinlich, dass die Autoren die kroatischen Bezeichnungen nicht kannten; offensichtlich lag ihnen viel daran, „Serbokroatisch" mit „Serbisch" zu identifizieren. Gegen diese Dominantsetzung einer Sprache begehrten schließlich zahlreiche Einzelpersonen und Gruppen im kommunistischen Jugoslawien auf. Der Zerfall des Landes führte dazu, dass es die Bezeichnung „Serbokroatisch" nicht mehr gibt, und wer Serbokroatisch gelernt hatte, musste umdenken – aber in welcher Sprache?

Die Beispiele aus verschiedenen europäischen Ländern zeigen: 1. dass das *symbolische Kapital*, mit dem einzelne Sprachen, Sprachvarianten und Dialekte ausgestattet sind, im *sprachlichen Feld* (*champ linguistique*, Bourdieu) und auf dem Sprachenmarkt (*marché linguistique*, Bourdieu) sehr unterschiedlich bewertet wird; 2. dass Hochsprachen mit internationaler und interkultureller Geltung wie das Englische, das Französische oder das Spanische sehr viel mehr Gewicht haben und sowohl auf Individuen als auch auf Gruppen mehr Druck ausü-

---

38 I. Svevo, *Zeno Cosini*, Hamburg, Rowohlt, 1959, S. 419. (*La coscienza di Zeno*, Mailand, Dall'Oglio, 1938, S. 445.)

ben als „kleine“ Sprachen, deren Kenntnis nicht vorausgesetzt werden kann.

Wer Brighton als Brikton ausspricht, verliert im angloamerikanisch dominierten ökonomisch-technischen Syndrom sein Recht aufs Dasein; wer Emile Zola als Emile Tsola ausspricht, gilt immerhin als unkultiviert. Wer hingegen das niederländische Zwolle als Tswolle, das slowakische Zvolen als Tsvolen oder das kroatische Zagreb als Tsagreb (dann lieber gleich Deutsch: Agram) ausspricht, wird schlimmstenfalls diskret korrigiert. 3. Aus Bourdieus Sicht bedeutet dies, dass jemand, der eine international wenig bekannte Sprache oder statt der Hochsprache Dialekt spricht, mit geringerem linguistischen Kapital ausgestattet ist als Sprecher international anerkannter Hochsprachen. Er hat weniger Chancen im Bildungswesen und entsprechend geringere Berufschancen.

Innerhalb der Hochsprachen besetzen diejenigen die günstigsten Ausgangspositionen, die über einen *elaborierten Kode* (*elaborated code*) im Sinne von Bernstein verfügen. Dazu bemerkt Bernstein: „Where children are *limited* to a restricted code, primarily because of the sub-culture and role system of the family, community and work, we can expect a major problem of educability (...).“[39]

Es kommt aber nicht nur auf den Kode als Wortschatz, Grammatik und Syntax, sondern auch auf die richtige Aussprache und den als richtig anerkannten Akzent an. Denn sowohl die korrekte Aussprache als auch der Akzent herrschender Gruppen führen symbolisches Kapital mit sich – und wo sie fehlen, bleibt auch die symbolische Wirkung bei Ansprachen oder in Konversationen aus. Bezeichnungen wie „King’s English“ oder „Oxford English“ zeugen von dieser zugleich gesellschaftlichen und sprachlichen Situation. In den USA, wo seit dem Befreiungskrieg gegen die britische Krone – zumindest offiziell – das Gleichheitsprinzip gilt, das Alexis de Tocqueville ausführlich beschreibt[40], mag der „richtige Akzent“ nicht ausschlaggebend sein; ganz unwichtig ist er aber nicht.

---

39 B. Bernstein, *Class, Codes and Control*, Bd. I, op. cit., S. 174.

40 Vgl. A. de Tocqueville, *De la démocratie en Amérique*, London, Macmillan, 1961, S. 89: „Pourquoi les peuples démocratiques montrent un amour plus ardent et plus durable pour l’égalité que pour la liberté“.

Diese Ausführungen bestätigen zwar Bourdieus Grundthese, *dass Herrschaftsstrukturen und Möglichkeiten der Machtausübung sprachlich bedingt sind*, weil linguistisches (und allgemein: kulturelles) Kapital Türen öffnet und den sozialen Aufstieg erleichtert; sie wecken zugleich aber Zweifel an Bourdieus Behauptung, „daß die Sprache ihre Autorität von außen bekommt".[41] Die hier angeführten Beispiele sollten einerseits die Fruchtbarkeit von Bourdieus Begriff *linguistisches Kapital* veranschaulichen, andererseits aber auch zeigen, dass die Autorität eines gesprochenen Diskurses diesem als Kode, Argumentation, Stringenz, Aussprache und Akzent *auch innewohnt* – und dass Bourdieu dies durchaus erkannt haben mag, aber nicht ausgeführt hat.

4. Die „autorisierte Sprache" als institutionalisierter Diskurs

Bourdieus These, dass ein Diskurs seine Autorität, Macht und Wirkung „von außen" empfängt, so dass nicht behauptet werden kann, ihm wohne seine Autorität inne, steht im Mittelpunkt dieses Abschnitts. In seiner ersten Hälfte wird die Fruchtbarkeit und Berechtigung dieser These veranschaulicht; in der zweiten Hälfte wird gezeigt, dass sie einseitig ist, weil sie die *Diskursstruktur*, das eigentlich linguistische und theoretische Moment, vernachlässigt. Insgesamt soll deutlich werden, dass Bourdieus soziologischer Ansatz vor allem die *institutionellen Aspekte des Diskurses* zutage treten lässt, dabei aber die Wirkung seines Vokabulars, seiner Semantik und seiner (Makro-)Syntax vernachlässigt.

Am Ende des vorigen Abschnitts wurde seine These nur auszugsweise zitiert. Sie soll nun in ihrer Gesamtheit wiedergegeben werden: „Der Versuch, die Macht sprachlicher Äußerungen sprachlich zu begreifen, die Suche nach der Ursache der Logik und der Wirkung der *Sprache der Setzung* [im Original: *langage d'institution*] in der Sprache selber, übersieht, daß die Sprache ihre Autorität von außen bekommt, woran konkret das

41 P. Bourdieu, *Was heißt sprechen?*, op. cit., S. 73.

skeptron erinnert, das bei Homer dem Redner gereicht wird, der das Wort ergreift."[42]

Bourdieu wendet sich in diesem Zusammenhang gegen Sprachtheorien, deren Autoren versuchen, Wert und Wirkung von Diskursen und einzelnen Aussagen in den Sprachstrukturen selbst zu finden. In seiner Kritik bezieht er sich vor allem auf J. L. Austins Theorie der *Sprechakte* (*speech acts*), die diese Spracheinheiten als solche betrachtet, ohne ihren institutionellen Kontext zu berücksichtigen. Mit seiner Kritik meint er, auch Habermas' Theorie des kommunikativen Handelns zu treffen, die auf Austins und Searles Sprechakttheorie aufbaut. In ihr ist u. a. vom „Zwang des besseren Arguments"[43] die Rede. Welche Instanz befindet aber darüber, welches Argument als das bessere gelten soll? Bourdieus Antwort lautet: der institutionelle Kontext.

Die von Bourdieu angeführten Beispiele, die seine These über den institutionellen Charakter von Diskursen untermauern und plausibel machen sollen, sind durchaus einleuchtend. Sie beziehen sich in erster Instanz auf Diskurse (Plädoyers, Ansprachen, Aufrufe), die von einer Institution, Organisation oder Bewegung legitimiert werden. Wenn ein Bürgermeister im Namen der Stadtverwaltung das Wort ergreift und bestimmte Vorschläge macht, findet er beim Publikum eher Gehör als einer der vielen anonymen Anwesenden, der sich möglicherweise vernünftigere, konkretere oder weiterreichende Maßnahmen ausgedacht hat.

Er wird nicht gehört, hat keine Stimme und ist zum Schweigen verurteilt. Dazu bemerkt Bourdieu: „Tatsächlich sehen sich die isolierten, schweigsamen, sprachlosen Individuen, die weder die Möglichkeit noch die Macht haben, Zuhörer zu finden, sich Gehör zu verschaffen, vor die Alternative gestellt zu schweigen oder sich sprechen zu lassen."[44]

Bourdieu geht auch auf das Problem der *Mandatare* ein, die von zahlreichen Mitgliedern einer Organisation (Gewerkschaft oder Partei) beauftragt wurden und sich als Beauftragte darauf

---

42 Ibid., S. 73-75.

43 J. Habermas, *Erläuterungen zur Diskursethik*, Frankfurt, Suhrkamp, 1991, S. 132.

44 P. Bourdieu, *Langage et pouvoir symbolique*, op. cit., S. 263.

verlassen können, dass ihr Diskurs mit der Autorität und Macht des Kollektivs ausgestattet ist, dessen Interessen sie – zumindest offiziell – vertreten. Von linguistischem und diskurskritischem Interesse ist das von Bourdieu analysierte Oszillieren eines Mandatars (etwa eines Gewerkschaftsführers) zwischen dem „Ich" und dem „Wir": „So soll sich das ‚Ich' des Mandatars, sein partikulares Interesse, hinter dem von der Gruppe artikulierten Interesse verbergen, und der Mandatar soll sein ‚partikulares Interesse universalisieren', wie Marx sagte, um es als Gruppeninteresse durchgehen lassen zu können."[45] Diese Art, Gruppeninteressen zu usurpieren und für eigene, persönliche Zwecke einzusetzen, haben lange vor Bourdieu Vilfredo Pareto und Robert Michels im Zusammenhang mit Parteifunktionären und Gewerkschaftsführern untersucht.[46]

Dass Mandatare nicht immer von konkreten Gruppen, Organisationen oder Verbänden beauftragt werden, sondern – stets innerhalb von Institutionen – ihre Auftraggeber selbst konstruieren und in ihrem Namen (im Namen des Volkes, des Gemeinwohls, der Vernunft) sprechen, ist ein weiterer Aspekt dieser Problematik. (Im vierten Kapitel wird sich zeigen, dass der *Auftraggeber* [*destinateur*, Greimas] eine wichtige Instanz im *Aktantenmodell* der Strukturalen Semiotik ist, das die Grundlage ihrer Diskurstheorie als Erzähltheorie bildet.)

Auch bei Bourdieu muss der Mandatar nicht immer im Namen eines konkreten Auftraggebers (einer Partei oder Gewerkschaft) sprechen, sondern kann seinen Auftrag ins Mythische erweitern und im Namen des Volkes oder Gottes das Wort ergreifen. Bourdieu spricht von einem „Orakel-Effekt" („effet d'oracle"), der darin besteht, dass ein Individuum als Deuter einer mächtigen, aber abwesenden und unfassbaren Instanz auftritt und Wahrheiten verkündet: „Ich bin nur der Mandatar Gottes oder des Volkes, aber der, in dessen Namen ich spreche, ist alles, und in diesem Sinne bin ich alles."[47]

---

45 Ibid., S. 271.

46 Vgl. R. Michels, *Soziologie des Parteiwesens. Untersuchungen über die oligarchischen Tendenzen des Gruppenlebens*, Stuttgart, Kröner, 1925, S. 212-213.

47 P. Bourdieu, *Langage et pouvoir symbolique*, op. cit., S. 269.

Es ist wohl kein Zufall, dass sich Bourdieu in einem Kapitel über „Die autorisierte Sprache" seines Buches *Was heißt sprechen?* auf die ritualisierten Diskurse der Kirche konzentriert, die nicht zum Nachdenken reizen, sondern die Gläubigen in ihrem Glauben bestärken sollen. Sie beziehen ihre Autorität nicht aus stringenten, empirisch fundierten Argumentationen, sondern aus Ritualen und dem Glauben an Personen.

Abermals erscheint der Sprecher als Bevollmächtigter oder Beauftragter einer Gruppe, deren Auftrag er sein „symbolisches Kapital" verdankt: „Der autorisierte Sprecher kann nur deshalb mit Worten auf andere Akteure und vermittels ihrer Arbeit auf die Dinge selbst einwirken, weil in seinem Wort das symbolische Kapital konzentriert ist, das von der Gruppe akkumuliert wurde, die ihm Vollmacht gegeben hat und deren *Bevollmächtigter* er ist."[48]

Wie sehr Sprache und Handlung im religiösen Bereich von Traditionen und Riten abhängen und in diesem Kontext beurteilt werden, lässt der folgende Kommentar zur „Neuen Liturgie" erkennen, den Bourdieu nach Pater Lelongs *Le Dossier noir de la communion solennelle* (Paris, Mâme, 1972) zitiert: „Die Episteln werden von Frauen (...) auf der Kanzel gelesen, Ministranten gibt es nur ganz wenige oder gar keine (...), und in Alençon ist sogar die Kommunion von Frauen gereicht worden (...)."[49] Die soziologische Frage „Warum nicht?" ist ein Fremdkörper im Katholizismus, in dem nicht wissenschaftliche Argumente, sondern Traditionen, Riten und Autoritäten dominieren.

In diesem Kontext ist Bourdieus Kommentar zur sprachlichen Situation im religiösen Bereich zu lesen: „In der empörten Aufzählung aller Verstöße gegen die traditionelle Liturgie zeichnet sich negativ der ganze Komplex der institutionellen Bedingungen ab, die erfüllt sein müssen, damit der rituelle Diskurs *anerkannt*, das heißt als solcher auf- und angenommen wird."[50]

Diese Überlegungen führen zu der Frage nach der *Klassifizierung* und *Kategorisierung* durch mehr oder weniger anerkannte oder mit Macht ausgestattete Diskurse. Im religiösen Feld geht es um die Frage nach den Grenzen zwischen dem Hei-

48 P. Bourdieu, *Was heißt sprechen?*, op. cit., S. 75.

49 Zitiert nach ibid., S. 80.

50 Ibid., S. 80-81.

ligen und dem Profanen, zwischen Laien und Priestern und der funktionalen Verteilung der Geschlechter, im sozialen Feld nach der Einteilung der Gesellschaft in Schichten, Klassen oder Ethnien und im politischen Feld auch um die Frage nach der Einteilung eines Landes in Regionen, Autonomien oder Sprachbereiche.

In allen sozialen Bereichen geht es um den Versuch, „die Existenz der benannten Sache hervorzubringen“[51] – etwa einer autonomen Region. Insgesamt geht es um die Bestimmung oder Neubestimmung der Grenzen, des Wertvollen und des Heiligen. Bourdieu spricht von einer „neuen Vision und einer neuen Aufteilung der sozialen Welt: *regere fines et regere sacra*, eine neue Grenze ziehen“.[52]

Tatsächlich setzen Verlegungen von Grenzen oder neue Grenzziehungen sowie neue Wertsetzungen nicht nur innovative Diskurse, sondern auch mit Autorität und Macht ausgestattete Instanzen voraus. In der katholischen Kirche geht es um die Frage nach der Aufhebung der Kompetenzgrenze zwischen den Geschlechtern und nach der Ermächtigung von Frauen, alle Kirchenämter zu bekleiden. Im sozialen und politischen Feld wird um die Neueinteilung der Gesellschaft in Schichten, Klassen oder Gruppen gekämpft.

Dazu bemerkt Bourdieu: „Wenn ich im politischen Feld behaupte, dass die Grenze, auf die es ankommt, zwischen Reichen und Armen verläuft, ist das Ergebnis eine bestimmte Gesellschaftsstruktur. Wenn ich sage, dass es auf die Grenze zwischen Franzosen und Ausländern ankommt, ist das Ergebnis eine ganz andere Gesellschaftsstruktur.“[53]

Davon bleibt die Soziologie als klassifizierende und definierende Wissenschaft nicht unberührt. Optiert sie für die Begriffe „Schichtung“ und „Schicht“ im Sinne des Funktionalismus, konstruiert sie ein anderes Objekt „Gesellschaft“, als wenn sie sich für den Klassenbegriff im Sinne des Marxismus entscheidet. Und wo soll sie ethnische, religiöse oder sprachliche Gruppierungen unterbringen? Zu Recht macht Bourdieu darauf aufmerk-

---

51 P. Bourdieu, *Langage et pouvoir symbolique*, op. cit., S. 286.

52 Ibid.

53 P. Bourdieu, *Propos sur le champ politique*, Lyon, Presses Univ. de Lyon, 2000, S. 63.

sam, dass die Soziologie, die Klassifikationskämpfe zum Gegenstand hat, selbst in diese Kämpfe involviert ist: „Wird der wissenschaftliche Diskurs in den Klassifizierungskämpfen aufgegriffen [est repris dans les luttes des classsements, eher: *verwickelt*], um deren Objektivierung er sich bemüht (...), wird er wieder Teil der Realität der Klassifizierungskämpfe.“[54]

Man wird wissenschaftlich nie nachweisen können, dass Jugoslawien eine Daseinsberechtigung hatte oder nicht, und es wird auch nicht gelingen, mit wissenschaftlichen Argumenten einen Wegweiser mit der Aufschrift „España“ in Frage zu stellen, den der Bloque Nacionalista Gallego (BNG) an der Grenze zwischen Galizien und León anbringen ließ und der in Richtung León und Madrid weist. Man wird bestenfalls feststellen können, dass ihm jegliche Legitimität fehlt, weil die Aufschrift einem nicht-autorisierten Diskurs angehört. An dieser Stelle drängt sich die Frage auf, ob Diskurse tatsächlich, wie Bourdieu annimmt, ihre Macht und Wirkung ausschließlich ihrer institutionellen Verankerung oder ihrer „Feldposition“ verdanken.

In den Sozialwissenschaften ist es in vielen Fällen leider möglich, Argumente umzukehren und festzustellen, dass auch das Gegenteil einer mit Autorität vorgebrachten Behauptung wahr ist. Die Gegenthese lautet in diesem Fall: *Ein Diskurs bezieht seinen Wert und seine Wirkung aus der Stringenz seiner Argumente und aus deren innovativem Potenzial.* Schon aus Bernsteins Unterscheidung zwischen restringiertem und elaboriertem Kode sowie aus seinem Gedanken, dass der restringierte Kode Sprachbeherrschung und Argumentationsfähigkeit einschränkt, folgt, dass der Diskurs von der Öffentlichkeit als *Sprachstruktur* bewertet wird und entsprechend wirkt.

An Beispielen fehlt es nicht: Studierende, die an einem Seminar teilnehmen, verfügen vorab weder über institutionelle Macht noch über symbolisches Kapital. Wer sich als Studentin oder Student in einer Seminardiskussion hervortut, verdankt das gewonnene Ansehen (als „symbolisches Kapital“) einer stringenten oder innovativen Argumentation. Dies gilt auch für Professoren, die Bourdieu als Hüter von Riten in einem Atemzug mit Priestern nennt.[55] Denn Studierende lernen sehr bald, zwi-

---

54 P. Bourdieu, *Was heißt sprechen?*, op. cit., S. 100.

55 Vgl. ibid., S. 75.

schen Lehrenden, die Altbekanntes rekapitulieren, und Lehrenden, deren Vorträge zum kritischen Nachdenken einladen, zu unterscheiden.

Fazit: Institutionelle Autorität ist zwar hilfreich, wenn es gilt, sich Gehör zu verschaffen; aber sie reicht nicht aus, denn letztlich kommt es *auf den Diskurs und seinen Wahrheitsgehalt* an. Papst und Kirche verfügten in der damaligen Öffentlichkeit über ungleich mehr Autorität und symbolisches Kapital als Galileo Galilei (1564-1642), der von der Inquisition zum Widerruf seiner Theorie gezwungen wurde. Er setzte sich aber mit seiner wahren Behauptung durch, dass sich die Erde um die Sonne dreht: „Und sie dreht sich doch!"

Diese Überlegungen verlieren nicht an Geltung, wenn es um Bourdieus Sprach- und Literatursoziologie geht. Bourdieu neigt dazu, die Bedeutung von Literatur aus ihrem institutionellen Erfolg oder Misserfolg im „literarischen Feld" abzuleiten. Dazu heißt es in einer seiner Vorlesungen am Collège de France, in der er behauptet, dass die treibenden Kräfte der literarischen Evolution nicht in den Werken zu suchen sind, sondern in den Kämpfen um Feldpositionen: „Auf der Ebene der Werke passiert nichts; das Entstehungsprinzip der Feldpositionen, das heißt der Werke, befindet sich im Bereich der Positionen."[56] (Aber hatten Werke wie Goethes *Werther*-Roman oder sein Bildungsroman *Wilhelm Meisters Lehrjahre* nicht Modellwirkung, weil sie unzählige Nachahmer und Kommentatoren fanden und schließlich als Maßstab zur Beurteilung verwandter Werke dienten?)

In Übereinstimmung mit seiner Einschätzung der Werke reduziert Bourdieu die Hermetik von Stéphane Mallarmés Dichtung auf eine „Feldstrategie". Aus Bourdieus Sicht geht es in diesem Fall darum, sich mit Hilfe eines esoterischen Stils, der symbolisches Kapital mit sich führt, eine angesehene Position im literarischen Feld zu sichern. Ein weiteres Element dieser Strategie sind – laut Bourdieu – Mallarmés „Dienstagsemp-

---

56 P. Bourdieu, *Sociologie générale*, Bd. I (Hrsg. P. Champagne, et al.), *Cours au Collège de France 1981-1983*, Paris, Seuil (Raisons d'agir), 2015, S. 590.

fänge“ im Salon der Rue de Rome, die im „Gegensatz zum Café“[57] anderer Dichter stehen.

Diese instrumentelle Betrachtungsweise blendet sowohl die *kritische Wirkung* als auch den *Wahrheitsgehalt* von Mallarmés Lyrik aus. Diese strebt – mit Galileis Wissenschaft – insofern nach Wahrheit, als sie sich gegen die kommerzialisierte und ideologische Sprache der „universellen *Reportage*“[58] des anbrechenden Medienzeitalters richtet. Insofern ist sie durchaus mit Bourdieus gesellschaftskritischer Soziologie verwandt, die auch nicht auf ein Instrument im Kampf um Feldpositionen reduziert werden kann – obwohl sie Bourdieu bisweilen in diesem Kampf instrumentalisiert.

Bourdieu setzt sich über Peter Bürgers Einwand hinweg, „er betrachte die kulturellen Objekte lediglich als strategische Mittel“[59], wenn er den spezifischen Charakter des künstlerischen Feldes geltend macht: „Ich sage zugleich aber auch, daß es dort, im Unterschied zum politischen Feld, um etwas ganz Spezifisches geht, wie auch, daß die dort angestrebte Macht und das Prestige von ganz besonderer Art sind (…).“[60] Im Zusammenhang mit Bourdieus Auffassung der Felder als autonomer Bereiche versteht sich das von selbst; der Vorwurf, er setze sich über die literarischen Textstrukturen hinweg und fasse Literatur vorwiegend strategisch-instrumentell und institutionell auf, bleibt ihm gleichwohl nicht erspart.

Dieser Vorwurf trifft auch seine Analyse von Etienne Balibars Kommentar zu *Lire le Capital*[61], einem Werk, das Balibar zusammen mit Althusser und anderen Autoren verfasst hat. Ähnlich wie in seinen Kommentaren zu Mallarmé, versucht Bourdieu in seiner Kritik an Balibar zu zeigen, wie eine hermetische Rhetorik im wissenschaftlichen Feld nach symbolischem

57 P. Bourdieu, *Die Regeln der Kunst. Genese und Struktur des literarischen Feldes*, Frankfurt, Suhrkamp, 2016 (7. Aufl.), S. 423.

58 Vgl. S. Mallarmé, „Verskrise“, in: ders., *Kritische Schriften*. Französisch und Deutsch (Hrsg. G. Goebel, B. Rommel), Gerlingen, Lambert Schneider-Bleicher, 1998, S. 229.

59 P. Bürger, in: P. Bourdieu, *Rede und Antwort*, Frankfurt, Suhrkamp, 1992, S. 157.

60 Ibid., S. 158.

61 Vgl. E. Balibar, „Sur la dialectique historique. Quelques remarques critiques à propos de *Lire le Capital*“, in: *La Pensée* 170, August 1973.

Kapital strebt, das sie aus dem institutionalisierten Prestige des wirkmächtigen Marxschen Werks zu beziehen hofft.

Es gilt, wie im Falle von Mallarmé, eine bestimmte Schreibweise als Rhetorik oder Feldstrategie zu enttarnen: „Die in der Philosophie ganz banale Strategie der Entbanalisierung nimmt hier neue Formen an: Es geht nicht nur darum, Marx besser zu verstehen, als Marx sich selber verstanden hat, oder den (jungen) Marx im Namen des (alten) Marx zu überwinden,[sondern auch darum: fehlt in Orig. und Übers.], den ‚prä-marxistischen' Marx, der in Marx fortlebt, im Namen jenes wirklich marxistischen Marx zu korrigieren, den eine ‚Lektüre' produziert, die marxistischer ist als Marx selbst (…), und damit außer den Profiten aus der Identifikation mit dem Ur-Propheten – das heißt außer der intellektuellen und politischen Autorität, die man bekommt, wenn man ‚dazugehört' – auch noch die Distinktionsprofite einzustreichen."[62] Es geht somit „um das immense symbolische Kapital, das der Marxismus als die einzige Theorie von der sozialen Welt darstellt, die zugleich im politischen und im intellektuellen Feld eine Wirkung hat (…)".[63]

Wie im Falle von Mallarmé, wie in Bourdieus gesamter Diskurstheorie geht es in der Kritik an Balibar darum, einen bestimmten *Diskurs als Rhetorik und Feldstrategie* zu enttarnen. Dabei wird die Frage nach dem *Kernargument und seinem Wahrheitsgehalt* ganz ausgeblendet. Die theoretische Diskussion, die dieses Kernargument erheischt, geht in Bourdieus Kommentar nicht ein. Das Argument lautet: Karl Marx hat in *Das Kapital* seine humanistische Ideologie der Frühschriften zumindest ansatzweise überwunden und eine neue Wissenschaft von der Geschichte begründet, die mit Galileo Galileis Physik zu vergleichen ist.[64] (Dass dieser Vergleich nicht erkenntnisfördernd ist, versteht sich angesichts der Lage der zeitgenössischen Geschichtswissenschaft fast von selbst.)

Es ist hier nicht der Ort, diese oft diskutierte, bestätigte und widerlegte These abermals zu kommentieren. Auch wenn sie nicht akzeptiert wird, ist sie deshalb anregend, weil sich der Dis-

62 P. Bourdieu, *Was heißt sprechen?*, op. cit., S. 151-152.

63 Ibid., S. 153.

64 Vgl. L. Althusser, *Lénine et la philosophie suivi de Marx et Lénine devant Hegel*, Paris, Maspero, 1972, S. 53.

kurs des späten Marx tatsächlich in vieler Hinsicht von dem seiner Frühschriften unterscheidet. Althussers und Balibars These, dass er aus einem „epistemischen Bruch“ (Bachelard, vgl. Kap. I.1) hervorgeht, wäre näher zu untersuchen – und zwar mit semiotischen und textlinguistischen Mitteln. Möglicherweise würde sich hausstellen, dass die beiden Hypothesen – Kontinuität und Diskontinuität (Bruch) – koexistieren können, weil die Frage entscheidend ist, wie das Marxsche Werk auf diskursanalytischer (semantisch-narrativer) Ebene (re-)konstruiert wird: als Einheit oder als Gegensatz. (Es gibt genug Anhaltspunkte für beide Hypothesen.)

Tatsache ist, dass Bourdieu auf diese *theoretischen Aspekte* von Althussers und Balibars Diskurs nicht eingeht, sondern im Diskurs nur das *Machtinstrument* sieht, das im Kampf um Feldpositionen eingesetzt wird und dem Erwerb von symbolischem Kapital dient. Bisweilen drängt sich der Verdacht auf, dass seine Rückführung philosophischer, literarischer und wissenschaftlicher Diskurse auf Feldstrategien seiner eigenen Strategie im soziologischen (sozialwissenschaftlichen) Feld dient: seinem Versuch, die eigene Theorie als die *einzig gültige Erklärung aller sozialwissenschaftlichen, philosophischen und literarischen Manöver im „intellektuellen Feld“* zu präsentieren.

Das bisher Gesagte sollte zeigen, dass Bourdieus Soziologie *nicht* auf diesen strategischen Aspekt zu reduzieren ist, weil sie die institutionellen Komponenten von Diskursen erkennen lässt, die sie mit Autorität, Macht und Wirkung ausstatten.

5. Jan Blomaerts „voice“: Wer wird gehört?

Jan Blomaerts Sprachanalysen in seinem Buch *Discourse* (2005) ergänzen Bourdieus Soziologie des linguistischen Kapitals und der autorisierten Sprache, *weil auch Blomaert der Frage nach dem Prestige von Sprachen und Sprachformen nachgeht sowie der komplementären Frage, die ihn am meisten interessiert: unter welchen sozialen Bedingungen kann jemand seiner Stimme (voice) Gehör verschaffen?* Als Linguist und Anthropologe nimmt er jedoch nicht nur den institutionellen Aspekt der diskursiven Machtausübung in den Blick, sondern auch den Diskurs als Sprach- und Sprechstruktur: als Vokabular, Grammatik und Syntax.

Im Anschluss an Pierre Bourdieu und den britischen Soziologen Anthony Giddens geht Blomaert in seiner Argumentation von drei Faktoren aus: 1. von Schichtung, Klassenstruktur und sozialer Ungleichheit; 2. von der sozialen Mobilität, die im Zeitalter der Migration immer mehr an Bedeutung gewinnt, und schließlich 3. von der beobachtbaren Tatsache, dass der Diskurs, den man spricht, und die Stimme, der man Gehör verschaffen will, ihre Aussagekraft und Wirkung ganz oder teilweise einbüßen können, wenn sich – etwa im Zuge regionaler oder internationaler Mobilität – der gesellschaftliche, kulturelle und sprachliche Kontext ändert.

Das Problem der Schichtung ist insofern sprachlich relevant, als Kinder der Mittel- und Oberschicht, die von Haus aus mit einem elaborierten Kode ausgestattet sind, Kindern der Unterschicht überlegen sind, weil sie dem Lehrpersonal und seinem Sprachgebrauch näher stehen als Arbeiter- oder Bauernkinder. Ihre Benachteiligung setzt sich an der Universität fort („inequalities are reproduced", Giddens, Sutton)[65], obwohl sie dort andere Formen annimmt, weil das Lehrpersonal die soziolinguistische Situation häufig reflektiert und berücksichtigt.

Grundsätzlich gilt jedoch Blomaerts Feststellung, „dass Unterschiede im Sprachgebrauch sehr schnell und recht systematisch in Ungleichheiten zwischen Sprechern übersetzt werden".[66] Wenn Eltern eine Schule besuchen, um ihre Kinder zum Unterricht anzumelden, wird die Schulleitung – gleichsam nebenbei – auch ihr Auftreten und ihren Sprachgebrauch zur Kenntnis nehmen und bewusst oder unbewusst bewerten. Dass sich diese Bewertung später auf die der Kinder auswirkt, versteht sich fast von selbst. Dazu bemerkt Blomaert: „Schichtung ist entscheidend hier: Wir haben es mit Systemen zu tun, die Ungleichheit organisieren, indem sie Sprachformen verschiedene indexikalische Bedeutungen zuordnen (indem sie beispielsweise den Gebrauch von Dialektvarianten ‚abwerten' und Varianten

65 A. Giddens, P. W. Sutton, *Essential Concepts in Sociology*, Cambridge, Polity, 2017 (2. Aufl.), S. 93.

66 J. Blomaert, *Discourse. A Critical Introduction*, Cambridge, Univ. Press (2005), 2007, S. 71.

der Standardsprache im öffentlichen Sprachgebrauch ‚aufwerten').“[67]

Im Zusammenhang mit dem zweiten Punkt (soziale Mobilität) zeigt Blomaert, dass ein Sprachgebrauch, der in einem bestimmten sozialen Umfeld als akzeptabel gilt oder gar Ansehen genießt, in einem anderen Umfeld stigmatisierend wirkt. Hier stehen „Prestige gegen Stigma; Rationalität gegen Emotion; Zugehörigkeit zu einer besonderen Gruppe gegen Nicht-Zugehörigkeit und so weiter“.[68] So kann beispielsweise der soziale Aufstieg von Angehörigen der Unterschicht in die Mittelschicht (in ihre Bezugsgruppe) dadurch erschwert werden, dass sie Dialekt oder Argot sprechen und sich dadurch einer mehr oder weniger starken Stigmatisierung aussetzen. Diese kann die Wirkung ihrer *Stimme* (*voice*) drastisch einschränken.

Blomaerts Gegensatz von „Stigma“ und „Prestige“, den er von Erving Goffman[69] übernimmt (vgl. Kap. V), erweist sich als besonders fruchtbar in diesem Zusammenhang, weil der *Stigma*-Begriff als negative Ergänzung zu Bourdieus Begriff des *symbolischen Kapitals* aufgefasst werden kann.

Im Zusammenhang mit der internationalen Mobilität zeigt Blomaert sehr konkret, wie das Englisch eines tansanischen Mädchens aus der Mittelschicht in ihrem Heimatland als besondere Kompetenz Ansehen genießt und als symbolisches Kapital fungiert, während es in Großbritannien stigmatisierend wirkt. Dazu bemerkt Blomaert: „Victoria mobilisiert nahezu alle Status-Ressourcen, die ihr zur Verfügung stehen: das bestmögliche (Schul-)Englisch, den in Tansania geltenden Kode für Status und soziale Mobilität.“[70] (Hier ist eine Textprobe aus einem von Blomaert zitierten Brief, den er von Victoria bekommen hat: „Other people forget to write for you a letter, geat all your family I don't have much to say. Sorry if you came Tanzania we will go to beach.“)[71]

---

67 Ibid., S. 73

68 Ibid., S. 74.

69 Vgl. E. Goffman, *Stigma. Über Techniken der Bewältigung beschädigter Identität*, Frankfurt, Suhrkamp (1967), 1975.

70 J. Blomaert, *Discourse*, op. cit., S. 80.

71 Zitiert nach J. Blomaert, *Discourse*, op. cit., S. 79.

„In eine vergleichbare Situation in Europa übertragen, in der die dort gültige indexikalische Ordnung angewandt wird, erweist sich der von Victoria verwendete Kode als ungeeignet, um Elite-Status und Prestige zu erwerben."[72] Blomaert erklärt auch warum: „Der Wert dieser Art von geschriebenem Englisch ist in Europa sehr verschieden von dem Wert, den es in Dar es Salam besitzt."[73] Dies bedeutet, dass die *Stimme* (*voice*) des Mädchens im Übergang von Afrika nach Europa sowohl in ihrer geschriebenen als auch in ihrer gesprochenen Form an Wert und Wirkung einbüßt.

Hier gilt Bourdieus Überlegung, dass diejenigen, die nicht über den richtigen, den elaborierten (würde Bernstein sagen) Kode verfügen, in der Öffentlichkeit ihre Stimme verlieren und zum Schweigen verurteilt sind. Sowohl Bourdieu als auch Blomaert untersuchen die Bedingungen, unter denen Diskurse wirken bzw. zur Wirkungslosigkeit verurteilt sind: „the conditions for discourse"[74], wie Blomaert sagt.

Dass diese Bedingungen nicht nur im sozialen Kontext, sondern auch in der *Diskursstruktur* zu suchen sind, sollte hier gezeigt werden: Nicht nur der soziale Status des tansanischen Mädchens schränkt die Wirkung ihrer „Stimme" ein, sondern auch ihr fehlerhaftes Englisch. Analog dazu, aber in einer Umkehrung der Verhältnisse, versucht (nach Bourdieu) Etienne Balibar, nicht nur das soziale Prestige des Marxschen Werks für seine Zwecke zu instrumentalisieren, sondern auch durch seinen „Wichtigkeitsdiskurs" zu wirken, in dem gewichtige Termini gedankliche Tiefe und Wissenschaftlichkeit konnotieren.

Diese Überlegungen führen zu dem Schluss, dass ein Diskurs seine Autorität und Wirkung nicht *nur* „von außen" bezieht, wie Bourdieu meint, *sondern sie auch seinem lexikalischen Repertoire, seiner Semantik, Syntax und argumentativen Stringenz verdankt*. Es gehört zu den Hauptanliegen dieses und des vierten Kapitels, die beiden Sichtweisen – die strukturelle oder diskursimmanente und die institutionelle oder kontextuelle – zusammenzuführen.

---

72 J. Blomaert, *Discourse*, op. cit., S. 80.

73 Ibid., S. 80.

74 Ibid., S. 96.

III. „Critical Discourse Analysis“: Norman Faircloughs linguistische Perspektive

Der britische Linguist Norman Fairclough ist wohl der prominenteste Vertreter der *Critical Discourse Analysis* (CDA), die er als interdisziplinäre Wissenschaft zwischen Soziologie und Linguistik auffasst. Da er immer wieder Foucaults Philosophie und Bourdieus Soziologie zum Ausgangspunkt nimmt, wird er hier im Anschluss an Bourdieu kommentiert, der, wie sich gezeigt hat, einen institutionellen Ansatz vertritt und – wie Foucault – die eigentlich sprachlichen Aspekte des Diskurses vernachlässigt.

Fairclough nimmt sich vor, diese linguistische Leerstelle, die sowohl bei Bourdieu als auch bei Foucault zu beobachten ist, auszufüllen. Aus seiner Kritik der Sozialwissenschaften, deren Entwicklung er aufmerksam verfolgt, geht seine Kritische Diskursanalyse hervor: „Ein Großteil von dem, was in den Sozialwissenschaften als ‚Diskursanalyse‘ bezeichnet wird, schließt keine oder kaum eine sprachwissenschaftliche Textanalyse ein.“[1] Es ist Faircloughs Hauptanliegen, die Diskurstheorie als Synthese von Linguistik und Soziologie weiterzuentwickeln.

Mit Bourdieu verbindet ihn das Interesse für die gesellschaftliche Macht oder Autorität, die „hinter“ einem Diskurs steht und ihn wirken lässt. Fairclough ist es aber auch um die „im“ Diskurs angelegte Macht zu tun. Zu Recht führt er eine grundsätzliche „Unterscheidung zwischen der ‚Macht im‘ Diskurs und der ‚Macht hinter‘ dem Diskurs“ ein: „a distinction between ‚power in‘ discourse and ‚power behind‘ discourse“.[2] Für diese Unterscheidung wurde auch im vorigen Kapitel in den kritischen Kommentaren zu Bourdieus Ansatz plädiert.

Was wird mit dieser Unterscheidung gewonnen? Gewonnen wird eine Antwort auf die Frage, wie sich soziale Machtausübung in der Sprache artikuliert und wie eine Person oder eine Gruppe Sprachstrukturen gestaltet, um ihnen eine optimale Wir-

1 N. Fairclough, *Language and Power*, London-New York, Routledge, 2015 (3. Aufl.), S. 45.

2 Ibid., S. 27.

kung zu sichern. Denn es stellt sich immer wieder heraus, dass die mit Macht ausgestatteten Individuen und Gruppen für gewöhnlich auch über beachtliches kulturelles und linguistisches Kapital im Sinne von Bourdieu verfügen, das es ihnen gestattet, ihre Anliegen in der geeigneten Sprachform (Logik, Argumentation, Rhetorik) vorzubringen. Auf diese Wechselwirkung von sozialen und linguistischen Faktoren kommt es in der Diskurstheorie an, und es ist Faircloughs Verdienst, auf sie aufmerksam gemacht und sie analysiert zu haben.

Weniger verdienstvoll, ja problematisch ist der heterogene Charakter seiner Terminologie, der einem gewissen Eklektizismus geschuldet ist, welcher bisweilen dazu führt, dass sich die Theorie im Empirisch-Nominalistischen verliert, statt Kohärenz und Transparenz zu stiften. Fairclough selbst beobachtet diese Neigung zum Eklektizismus und versucht, für Abhilfe zu sorgen, wenn er in dem zusammen mit Isabella Fairclough verfassten Buch *Political Discourse Analysis* (2012) schreibt (um Verzerrungen durch Übersetzung zu vermeiden, wird das Original zitiert): „We know from experience that students wishing to use CDA [Critical Discourse Analysis] are often frustrated by the eclectic and not always coherent character of existing methods of analysis and evaluation of discourse, and it is one of our objectives to provide a new and better method that can be replicated in the analysis of different sets of data."[3]

Dieses Vorhaben, Eklektizismus und Inkohärenz zu überwinden, ist in dem hier zitierten Buch bestenfalls ansatzweise gelungen. Denn eine zusammenhängende Diskurstheorie im linguistischen (textlinguistischen) oder semiotischen Sinne wurde auch in diesem Werk nicht vorgelegt.

Dies hängt mit den folgenden Faktoren zusammen, die in diesem Kapitel von Abschnitt zu Abschnitt angesprochen werden: 1. Faircloughs Ansatz als ganzer ist auf lexikalische Einheiten als Wörter, Begriffe oder rhetorische Figuren wie Metaphern oder Metonymien ausgerichtet. 2. Seine Analyse von Sätzen orientiert sich vorwiegend an John L. Austins und John Searles *Sprechakttheorie* (*speech acts theory*), die Sprechakte als besondere Satzformen betrachtet und kaum *über den Satz als*

3 I. Fairclough, N. Fairclough, *Political Discourse Analysis. A Method for Advanced Students*, London-New York, Routledge, 2012, S. 13.

Bedeutungseinheit hinausgeht. 3. Wo immer Fairclough Verbindungen zwischen Sätzen ins Auge fasst, geht er *interphrastisch*, d. h. grammatisch vor und nimmt nicht die *semantische Grundlage*, die für die Kohärenz eines Diskurses in seiner Gesamtheit bürgt, in den Blick. 4. Er spricht zwar an verschiedenen Stellen seines Werks von „narratives“, kann diese jedoch nicht zu der Diskurssemantik in Beziehung setzten, da eine solche fehlt. (Als Alternative wird hier im vierten Kapitel eine weiterentwickelte Strukturale Semiotik im Sinne von Greimas vorgeschlagen, die den Diskurs als *semantisch-syntaktische und narrative Einheit mit Aktantenmodell* auffasst. Damit wird auch Faircloughs Frage nach den Akteuren beantwortet, die bei ihm offen bleiben muss, weil bei ihm sowohl die Diskurs*semantik* als auch die Aktantentheorie fehlen.)

Diese Einwände gelten auch für einen anderen Vertreter der Critical Discourse Analysis: für Teun A. Van Dijk. Auch in seinem Buch *Discourse and Power* (2008) werden die meisten Analysen auf lexikalischer, phrastischer oder rhetorisch-figurativer Ebene durchgeführt. Zur Veranschaulichung dessen, was gemeint ist, werden hier die Schlüsselbegriffe (nicht der längere Gesamttext) aus *Discourse and Power* angeführt: „*Non-verbal structures*: a racist picture (…); *Sounds* (…); *Syntax* (…); *Lexicon*: selection of words (…); *Local (sentence) meaning* (…); *Global discourse meaning (topics)*: selecting or emphasizing positive topics (…); *Schemata (conventional forms of global discourse organization)*: (…) emphasize Our Good things and Their Bad things; *Rhetorical devices*: metaphor, metonymy, hyperbole, euphemism, irony, etc. *Speech acts*: e. g. accusations to derogate Them (…); *Interaction*: interrupting turns of Others (…).“[4]

Dieser Ansatz mag anregend sein, weil er Bild und Ton, gesprochene Rede und geschriebenen Text kombiniert, er ist aber auf das einzelne Wort und seine rhetorische Verwendung ausgerichtet und geht mit dem *Sprechakt* (*speech act*) nicht systematisch über die Satzebene hinaus. Van Dijks Verknüpfung der Sätze ist grammatischer Art und nicht in einen Diskurs als

4 T. A. van Dijk, *Discourse and Power*, Basingstoke-New York, Palgrave Macmillan, 2008, S. 104-105.

transphrastische, *semantisch-narrative* Struktur integriert.[5] Noch etwas fällt in dieser Aufzählung auf, was auch für Fairclough von Bedeutung ist: „*Interaction*: interrupting turns of Others (…).“ Dies bedeutet, dass „Diskurs“ nicht nur als *Rede*, sondern *zugleich auch* als *Gespräch* (Diskussion) aufgefasst wird.

Dies ist auch ein leicht behebbarer Defekt in Faircloughs Critical Discourse Analysis, der immer wieder für Verwirrung auf der Argumentationsebene sorgt: Eine politische Rede (etwa Margaret Thatchers oder Tony Blairs: vgl. weiter unten) wird ebenso als Diskurs bezeichnet wie ein Interview oder ein Polizeiverhör. In einem Verhör treffen aber *zwei verschiedene Diskurse* (als semantisch-narrative Strukturen) aufeinander: der Diskurs des mächtigeren Polizeibeamten, der die Institution (das Innenministerium, letztlich die Regierung) vertritt, und der Diskurs des Verdächtigten oder Angeklagten: des Unterlegenen, der eine ganz andere semantisch-narrative Strategie verfolgt (verfolgen muss). Im *ersten Absatz* sollen die Folgen dieser Vermischung näher betrachtet werden. Zugleich geht es um die nochmalige Klärung des Diskursbegriffs.

1. Der Diskursbegriff bei Norman Fairclough und Isabella Fairclough

Aus Faircloughs Sicht erscheint Sprache stets als in einen besonderen gesellschaftlichen Kontext eingebettet, der zu berücksichtigen ist, wenn Sprachformen (Diskurse) und ihre Wirkungen erklärt werden sollen. Hinzu kommt das kritische Moment, das die Critical Discourse Analysis (CDA) von anderen, rein linguistischen oder semiotischen Diskursanalysen unterscheidet. Dazu bemerkt Fairclough in einem Handbuch-Artikel: „CDA is a form

5 Vgl. T. A. van Dijk, *Text and Context. Explorations in the Semantics and Pragmatics of Discourse*, London-New York, Longman, 1977, S. 155-161: „The cognitive basis of macro-structures“. Auch hier wird keine Beziehung zwischen semantischen und narrativen Strukturen hergestellt.

of *critical* social analysis.“[6] Dies bedeutet, dass in seinem Werk die Diskurstheorie von einer kritischen Theorie der Gesellschaft eingefasst wird. Die Frage lautet, „wie sich Diskurs zu anderen gesellschaftlichen Elementen verhält“ („how discourse is related to other social elements“).[7]

Worum es konkret geht, erläutert Fairclough in *Discourse Analysis* (2003): „Kritische Gesellschaftsforschung entwirft und verändert ihr Forschungsprogramm, indem sie auf die großen Herausforderungen und Probleme ihrer Zeit reagiert. Ein Großteil dieser Forschung konzentriert sich z. Z. auf den ‚neuen Kapitalismus‘ – d. h. auf zeitgenössische Umgestaltungen des Kapitalismus, ‚Globalisierung‘, Neoliberalismus usw.“[8]

Um Faircloughs Ansatz im Kontext zu verstehen, erscheint es sinnvoll, das von ihm skizzierte gesellschaftskritische Forschungsprogramm näher zu betrachten, um seinen Diskursbegriff im Zusammenhang mit diesem Programm bestimmen zu können. In nahezu allen seinen Aufsätzen und Büchern geht Fairclough auf die Probleme des *Neoliberalismus* ein und versucht zu zeigen, dass nicht nur Margaret Thatcher, sondern auch Tony Blair und die von ihm reformierte Labour Partei ihre Diskurse den Entwicklungen dieses neuen, globalen Liberalismus anpassen.

Somit bedeutet Diskurskritik als Gesellschaftskritik aus Faircloughs Sicht vorwiegend *Kritik am neoliberalen Kapitalismus und seiner globalen Ausdehnung*. In dieser Hinsicht stimmt er weitgehend mit den gesellschaftskritischen französischen Soziologen Pierre Bourdieu und Alain Touraine überein. Das politische Programm der drei Soziologen wird wohl am anschaulichsten in Touraines Buch *Comment sortir du libéralisme?* (1999)[9] zusammengefasst und in dem von Pierre Bourdieu edierten Band *Das Elend der Welt*[10] anhand von zahlreichen

---

6 N. Fairclough, „CDA as Dialectical Reasoning“, in: J. Flowerdew, J. E. Richardson (Hrsg.), *The Routledge Handbook of Critical Discourse Studies*, London-New York, Routledge, 2018, S. 13.

7 Ibid.

8 N. Fairclough, *Analysing Discourse. Textual Analysis for Social Research*, London-New York, Routledge, 2003, S. 203.

9 Vgl. A. Touraine, *Comment sortir du libéralisme?* Paris, Fayard, 1999.

10 Vgl. P. Bourdieu et al., *Das Elend der Welt. Gekürzte Studienausgabe*, Konstanz, UVK, 2010 (2. Aufl.).

Beispielen illustriert. Seine Diagnose fasst Alain Touraine in dem oben genannten Buch in einem kurzen Satz zusammen: „Der Kapitalismus ist die von ihrer Wirtschaft beherrschte Gesellschaft.“[11]

Gegen diesen Zustand der Gesellschaft wenden sich Norman Fairclough und Isabella Fairclough in nahezu allen ihren Schriften. Immer wieder setzen sie die neoliberalen Diskurse (vor allem Thatchers und Blairs) ihrer Diskurskritik aus. Faircloughs programmatische Frage lautet: „Wie könnte aus der Sicht der CDA als dialektischer Denkweise eine Diskussionsform hervorgehen, die die Diskussionsbedingungen verändert und dadurch ‚den Weg‘ für radikale Veränderungen ‚ebnet‘, die auch die Überwindung des Neoliberalismus beinhalten?“[12] Die Beantwortung der Frage, *wohin* dieser Weg und die „Überwindung des Neoliberalismus“ führen sollen, bleibt Fairclough seiner Leserschaft schuldig – ebenso wie Touraine und Bourdieu.

Wichtiger als diese Frage, die ins Leere weist, ist der Diskursbegriff, den Norman Fairclough und Isabella Fairclough nicht nur auf politische Reden anwenden, die den Neoliberalismus rechtfertigen, sondern auch auf *Diskussionen* (etwa im britischen Parlament) und auf die Bedingungen, unter denen sie stattfinden. Im Folgenden geht es primär darum, die beiden koexistierenden und oft ineinandergreifenden Diskursbegriffe (Diskurs als Rede und Diskurs als Gespräch) zu entwirren, um ihre Bedeutung für die Machtausübung und ihre Anwendbarkeit in den restlichen Abschnitten verdeutlichen zu können.

„Ich betrachte Diskurse als Arten, Aspekte der Welt darzustellen“ („I see discourses as ways of representing aspects of the world“)[13], heißt es etwa in *Analysing Discourse*. Eine ergänzende Definition findet sich im Schlusswort zu diesem Buch: „Diskurse sind verschiedene Darstellungen gesellschaftlichen Lebens, die entsprechend positioniert sind – verschieden positionierte gesellschaftliche Akteure ‚sehen‘ und stellen gesellschaftliches Leben unterschiedlich dar, in verschiedenen Dis-

---

11 A. Touraine, *Comment sortir du libéralisme?*, op. cit., S. 21.

12 N. Fairclough, „CDA as Dialectical Reasoning“, in: J. Flowerdew, J. E. Richardson (Hrsg.), *The Routledge Handbook of Critical Discourse Studies*, op. cit., S. 21-22.

13 N. Fairclough, *Analysing Discourse*, op. cit., S. 124.

kursen.“[14] Hier kann von einem Diskurs als Gespräch nicht die Rede sein: Jeder Diskurs geht von einem einzelnen Akteur aus und gibt die Weltsicht dieses Akteurs wieder. Er ist eine monologische Struktur: *eine Rede als Wirklichkeitsdeutung oder Wirklichkeitskonstruktion.* Diese Auffassung entspricht weitgehend der von Greimas' Strukturaler Semiotik, die im nächsten Kapitel erläutert wird.

In einem anderen Werk spricht Fairclough nicht so sehr als Semiotiker (im Sinne der französischen Semiotik und Linguistik von Saussure bis Benveniste und Greimas), sondern fasst „Diskurs“ in Übereinstimmung mit Habermas als „Gespräch“ auf: „Bis jetzt wurden Beispiele für Diskurse von Angesicht zu Angesicht angeführt, aber in der zeitgenössischen Gesellschaft sind in einer nicht unbedeutenden Anzahl von Diskursen Teilnehmer involviert, die in Raum und Zeit getrennt sind.“ („The examples so far have been of face-to-face discourse but a not inconsiderable proportion of discourse in contemporary society actually involves participants who are separated in place and time.“)[15] Diese Feststellung ist zweifellos richtig und in Zeiten von Pandemien, in denen virtuelle Kommunikation den Alltag beherrscht (etwa in universitären „Webinaren“), auch hochaktuell.

Aber was ist mit dem Diskursbegriff geschehen? Er hat einen Bedeutungswandel durchgemacht, den Fairclough nirgends kommentiert: *Aus der Rede wurde das Gespräch.* In einem zusammen mit Isabella Fairclough verfassten Werk wird wiederum die semiotische (monologische) Definition angeboten: „Diskurse sind stets Arten, Aspekte der Welt darzustellen, die im Allgemeinen mit verschiedenen Positionen oder Perspektiven verschiedener Gruppen sozialer Akteure (z. B. politischer Parteien) identifiziert werden können.“ („Discourses are ways of representing aspects of the world which can generally be identified with different positions or perspectives of groups of social actors [e.g. different political parties].“)[16]

---

14 Ibid., S. 206.

15 N. Fairclough, *Language and Power*, op. cit., S. 78.

16 I. Fairclough, N. Fairclough, *Political Discourse Analysis*, op. cit., S. 82.

Dies bedeutet, dass bei Fairclough insgesamt mindestens drei Definitionen von „Diskurs“ koexistieren: 1. Diskurs als Rede eines individuellen Aussagesubjekts; 2. Diskurs als Rede eines Kollektivsubjekts (etwa einer Partei) und 3. Diskurs als Gespräch. Da die drei Diskursvarianten nicht aufeinander bezogen werden, kann man Reiner Keller nur zustimmen, wenn er feststellt: „Der Begriff des Diskurses bezieht sich deswegen selbst innerhalb des engeren Feldes der Diskursforschung auf sehr Unterschiedliches.“[17]

Allein im englischen Sprachbereich wird diese Diagnose bestätigt, weil hier (wie in anderen Sprachbereichen) „Diskurs“ auch sehr allgemein als *Diskurstyp* aufgefasst wird, etwa als juristischer Diskurs: „(…) Legal language is the institutional discourse sine qua non (…).“[18] Analog zum juristischen Diskurs könnte man auf inhaltlicher oder fachlicher Ebene den religiösen (Predigt), den wissenschaftlichen (Vortrag), den politischen (Propagandarede) und etliche andere unterscheiden.

Eine grundsätzliche Unterscheidung, die auch Jenny Simonin-Grumbach in ihrer Skizze einer Diskurstypologie vorschlägt, wäre die zwischen gesprochener und geschriebener Rede[19] und im Anschluss daran und an die Sprechakttheorie die zwischen deskriptiven, präskriptiven, persuasiven, apologetischen, fordernden und drohenden Diskursen. Im Folgenden geht es nicht um eine solche Diskurstypologie, sondern vor allem um die Entflechtung der beiden bei Fairclough – recht unglücklich – verflochtenen Diskursbegriffe: *Diskurs als Rede* und *Diskurs als Gespräch.*

Die hier bereits vorgebrachte Kritik soll mit dem Argument weiterentwickelt werden, dass die Auffassung des Gesprächs als Diskurs unsauber und irreführend ist, weil in jedem Gespräch *mindestens zwei verschiedene Diskurse oder Reden* zusammen-

---

17 R. Keller, *Diskursforschung. Eine Einführung für SozialwissenschaftlerInnen*, Wiesbaden, VS Verlag für Sozialwissenschaften, 2011 (4. Aufl.), S. 9.

18 P. Simpson, A. Mayr, S. Statham, *Language and Power. A Resource Book for Students*, London-New York, Routledge, 2019, S. 33.

19 J. Simonin-Grumbach, „Pour une typologie des discours“, in: J. Kristeva et al. (Hrsg.), *Langue, discours, société. Pour Emile Benveniste*, Paris, Seuil, 1975, S. 90.

treffen. Diese Reden können lexikalisch und semantisch verwandt sein (etwa wenn zwei Gruppen, die der funktionalistischen Soziologie nahestehen, über Bücheranschaffungen für die Bibliothek diskutieren); sie können aber auch extrem heterogen sein (etwa wenn eine Feministin versucht, mehr feministische Schriften für die Bibliothek zu bestellen und ihr Gesprächspartner den Feminismus für unwissenschaftlich hält).

Eines der Grundprobleme von Habermas' Theorie des kommunikativen Handelns besteht darin, dass er „Diskurs" als klärendes Gespräch auffasst, in dem auf Metaebene Geltungsansprüche von bereits vorgebrachten Argumenten diskutiert werden sollen: als „Form der Argumentation, in der kontroverse Wahrheitsansprüche zum Thema gemacht werden".[20] Wenn aber in diesem Gespräch abermals – wie in den Gesprächen erster Ordnung – heterogene Reden (Diskurse) kollidieren, ist keine Klärung zu erwarten, weil die in der ersten Kommunikation aufgetretenen Probleme (heterogene Wertungen, Terminologien und Argumentationsmuster) wiederkehren, Zu Recht bemerkt Wolfgang Schluchter in diesem Zusammenhang: „Dann treten freilich dieselben Schwierigkeiten auf wie bei der Kommunikation erster Ordnung. Es droht also ein infiniter Regress."[21]

Wird jedes Gespräch zwischen Gruppen oder Individuen als mögliche, ja wahrscheinliche Kollision heterogener Diskurse (Reden) aufgefasst, dann wird deutlich, wie fragwürdig die Bezeichnung „Diskurs" für „Gespräch" ist (auch wenn sie in Wörterbüchern als offizieller Sprachgebrauch legitimiert wird). Denn sie suggeriert Homogenität, wo Heterogenität herrscht und stiftet Verwirrung, indem sie die entscheidende Differenz von „Rede" und „Gespräch" verwischt.

Unter dieser Verwirrung leidet Faircloughs Diskurstheorie, die von französischen und deutschen Einflüssen geprägt ist und – komparatistisch betrachtet – aus zwei Kulturen und den ihnen entsprechenden sprachlichen Situationen hervorging.

20 J. Habermas, *Theorie des kommunikativen Handelns*, Bd. I: *Handlungsrationalität und gesellschaftliche Rationalisierung*, Frankfurt, Suhrkamp, 1981, S. 39.

21 W. Schluchter, *Grundlegungen der Soziologie*, Tübingen, Mohr-Siebeck, 2015 (2. Aufl.), S. 481.

Während in Frankreich seit Descartes' *Discours de la méthode* (1637) „Diskurs" vorwiegend als „Rede" aufgefasst wird, hat sich in Deutschland mit Hilfe von Habermas' wirkmächtiger Theorie die Auffassung von „Diskurs" als „Gespräch" durchgesetzt. Davon zeugt die Metapher „Diskursarena" sowie der folgende Satz aus Armin Nassehis Buch *Der soziologische Diskurs des Moderne* (2006): „Der Diskurs erhöht die Authentizität der Sprecher dadurch, dass ihre Inkommensurabilität wechselseitig anerkannt wird."[22]

Im Folgenden wird versucht, die beiden in Faircloughs Werk undifferenziert koexistierenden Diskursbegriffe zu unterscheiden und ihre Bedeutung für die Machtausübung zu umreißen. Während im zweiten und dritten Abschnitt die *sprachlichen Aspekte* der Machtausübung im Vordergrund stehen (*Text, Gattung, Stil*), werden im vierten Abschnitt *soziologische Begriffe* wie *Hegemonie, Ideologie* und *ideologische Naturalisierung* im diskurskritischen Kontext kommentiert.

2. Diskurs aus soziolinguistischer Sicht: Text, Gattung, Stil, Argument

Schon der zweite Teil des Titels lässt vermuten, dass Faircloughs Theorie nicht aus einem Guss ist: Während „Text" ein linguistischer und semiotischer Begriff ist, gehören Begriffe wie „Gattung" und „Stil" eher der Literaturwissenschaft und der literarischen Stilistik an, wie Greimas und Courtés in ihrem semiotischen Wörterbuch bemerken.[23] Der Begriff „Argument" wurde als semiotischer Begriff von Charles Sanders Peirce entwickelt[24], wird aber von Fairclough an *keiner Stelle seines*

22 A. Nassehi, *Der soziologische Diskurs der Moderne*, Frankfurt, Suhrkamp, 2006, S. 62.

23 Vgl. A. J. Greimas, J. Courtés, *Sémiotique. Dictionnaire raisonné de la théorie du langage*, Paris, Hachette, 1979, S. 164 und S. 366.

24 Vgl. W. Nöth, *Handbuch der Semiotik*, Stuttgart, Metzler, 1985, S. 40, wo im Zusammenhang mit Charles Sanders Peirces Semiotik „Rhema", „Dicent" und „Argument" unterschieden werden. Während „Rhema" ein Wort ist, das sich auf ein mögliches Objekt bezieht und weder wahr noch falsch ist, hat „Dicent" die Form eines Satzes und ist „entweder wahr oder falsch". „Argument" wird von Nöth im An-

Werks in diesem Sinne verwendet. Die Begriffe „Gattung", „Argument" und „Stil" behalten dort im Großen und Ganzen ihre umgangssprachliche Bedeutung bei.

Faircloughs Textbegriff könnte als der umfassende Oberbegriff betrachtet werden, weil ein Text in vielen Fällen verschiedene Diskurse zustimmend, kritisch oder polemisch zusammenführen kann und dadurch seinem Umfang nach über den Diskursbegriff hinausweist. Dies geht recht eindeutig aus einem Abschnitt in Faircloughs Buch *Analysing Discourse* hervor, der den Titel „Texts and Discourses" trägt. Während der „Diskurs" eine bestimmte semantische und lexikalische Kohärenz aufweist, kann der „Text" Heterogenes, ja Kontradiktorisches in sich aufnehmen.

„Texte stellen auch dialogische oder polemische Beziehungen her zwischen ihren ‚eigenen' Diskursen und denen Anderer."[25] Als Beispiel führt Fairclough einen Text an, in dem Kritik am neoliberalen Diskurs von Tony Blairs New Labour geübt wird – und zwar im Sinne des linken Flügels der Labour Partei, der sich in der Zeit von New Labour immer wieder mit Dissens zu Wort gemeldet und von Blairs Politik distanziert hat.

Konkret setzt sich der von Fairclough zitierte Text aus zwei Diskursen (als Reden) zusammen: „Die beiden Diskurse, um die es hier geht, sind erstens der liberale Diskurs des wirtschaftlichen Wandels, der ‚Globalisierung' als eine Tatsache darstellt, die ‚Anpassung' und ‚Reformen' erfordert, um ‚Effizienz und Anpassungsfähigkeit' zu steigern, um wettbewerbsfähig zu sein; und zweitens ein politischer Diskurs, der Gesellschaften im Hinblick auf das Ziel des ‚sozialen Zusammenhalts' und die Gefahren, die diesen ‚Zusammenhalt' in Frage stellen, beschreibt."[26]

Somit stellt dieser Text zwei Diskurse einander gegenüber: den neoliberalen Diskurs von New Labour und den in mancher Hinsicht sozialistischen des linken Labour-Flügels. Die Frage

---

schluss an Peirce wie folgt definiert: „Ein *Argument* beinhaltet einen vollständigen, gesetzmäßigen und logisch wahren Zusammenhang, z. B. in Form einer logischen Schlußfolgerung. Während ein Dicent nur die Existenz von etwas behauptet, behauptet ein Argument dessen Wahrheit."

25 N. Fairclough, *Analysing Discourse*, op. cit., S. 128.

26 Ibid.

drängt sich auf, wie sinnvoll der Textbegriff in diesem Fall ist: Handelt es sich nicht einfach um einen Diskurs des linken Flügels, der polemisch auf die als „neoliberal" etikettierte Politik Blairs reagiert? Denn in der Politik und sogar in den Sozial- und Kulturwissenschaften hat fast jeder Diskurs einen dialogischen Charakter, weil er implizit oder explizit auf konkurrierende Diskurse antwortet: sie offen oder unterschwellig zitiert, parodiert, kritisiert oder zu widerlegen sucht. *In diesem Sinn erscheint jeder Diskurs als ein Versuch, Macht auszuüben und sich anderen Diskursen gegenüber durchzusetzen.*

Wichtig ist, dass Fairclough im Anschluss an Michail M. Bachtin und Julia Kristeva den Text dialogisch als *Intertextualität* auffasst. „Jeder Text ist ein *Intertext*"[27], könnte er mit Roland Barthes sagen; und er sagt es auch, nur mit anderen Worten, wenn er Intertextualität als „the way in which other texts and voices are incorporated"[28], definiert: „Intertextualität wurde auf ‚Interdiskursivität' ausgedehnt: Erstere bezieht sich auf das Vorkommen und die Kombination von Teilen konkreter Texte in den von uns analysierten Texten; letztere bezieht sich eher auf das Vorkommen und die Kombination von Typen als auf besondere Texte oder ‚Zeichen' – auf Diskurse, Gattungen und Stile. So kombiniert und re-artikuliert beispielsweise der Diskurs des Thatcherismus Elemente des traditionellen konservativen politischen Diskurses und des ‚neo-liberalen' Diskurses mit ‚populistischen' Elementen (...)."[29]

Dies bedeutet, wie sich im vierten Kapitel zeigen wird, dass jeder Text eine dialogische Struktur aufweist, weil er sich in einer besonderen gesellschaftlichen und sprachlichen Situation implizit oder explizit auf andere Texte bezieht, die er gleichsam als Rohmaterial verwendet und zu einer neuen Textgestalt, zu einem konkreten Diskurs bündelt. Im Falle von Thatcher dienen konservative, neoliberale und populistische Texte als Bezugspunkte, die im neuen Diskurs zur Synthese gebracht werden. Während die konservative Semantik Familie, Fleiß und Nation als erhaltenswerte Ideale hervortreten lässt, betont die neolibe-

---

27 R. Barthes, „Théorie du texte et intertextualité", in: S. Rabau (Hrsg.), *L'Intertextualité*, Paris, Flammarion, 2002, S. 59.

28 N. Fairclough, *Analysing Discourse*, op. cit., S. 67.

29 N. Fairclough, *Language and Power*, op. cit., S. 38.

rale Semantik Flexibilität und Wettbewerb und die populistische die Gefahren der Einwanderung und den drohenden Identitätsverlust in einer zusammenwachsenden EU.

Jeder Intertext stellt zugleich eine Form von Machtausübung dar, weil er nicht nur verwandte, ihn bestätigende Textelemente aufnimmt, sondern auch Textelemente aus Diskursen, die ihm widersprechen, die ihn bedrohen. Sie werden kritisiert, parodiert, ironisiert. In den meisten Ideologien werden sie dualistisch der eigenen (stets richtigen) Position entgegengesetzt.

Die folgende Passage aus Thatchers *In Defence of Freedom* (1986) soll veranschaulichen, worum es in der von Fairclough angesprochenen soziolinguistischen Situation geht. Thatcher spricht von ihrer „Philosophie": „Diese Philosophie ist diametral der sozialistischen Betrachtungsweise entgegengesetzt, die darauf beharrt, einen jeden in effizienten Einheiten unterzubringen, damit er tue, was immer die kollektivistische sozialistische Weisheit für richtig hält. Aber Freiheit ist individuell; so etwas wie ‚kollektive Freiheit' gibt es nicht. Dennoch hat eine falsche ‚kollektive' Mystik in die Sprache des Sozialismus Eingang gefunden." („This philosophy is diametrically opposite to the Socialist approach which insists in putting everyone into efficient units to do whatever the collectivist Socialist wisdom considers best. But freedom is individual; there is no such thing as ‚collective freedom'. Nevertheless a false ‚collective' mystique has entered into the language of Socialism.")[30]

Diese Passage vervollständigt die Darstellung der Intertextualität, in der bestätigende, affirmative Textelemente in den eigenen Diskurs aufgenommen werden, damit gegnerische (hier: sozialistische) Diskurse umso effizienter bekämpft und besiegt werden können. Im Vorgriff auf das nächste Kapitel sei angemerkt, dass der Auszug aus Thatchers Text semantische Weichenstellungen erkennen lässt, die nahezu allen ihren Diskursen die Richtung vorgeben: *Individualismus/Kollektivismus, Freiheit/Solidarität, Liberalismus (Demokratie)/Sozialismus*. Diese semantischen Gegensätze, die die Grundlage von Thatchers Re-

---

30 M. Thatcher, *In Defence of Freedom. Speeches on Britain's Relations with the World* (1976-1986), London, Aurum Press, 1986, S. 13. (Der Kommentar bezieht sich ausschließlich auf das Original.)

den und Schriften bilden, finden sich bereits in Herbert Spencers liberalem Manifest *The Man versus the State* (1884). Sie werden von Fairclough jedoch nicht als konstitutive Elemente von Thatchers Diskurs erkannt. Statt sich der *Diskurssemantik* im Sinne von Lyons[31] oder Greimas (vgl. Kap. IV) zuzuwenden, führt Fairclough den *Gattungsbegriff* (*genre*) ein, der eher für die Beschreibung literarischer Texte (im Sinne der Gattungstheorie)[32] geeignet ist.

Es kommt hinzu, dass der Gattungs- oder Genrebegriff bei Fairclough trotz der an verschiedenen Stellen angebotenen Definitionen recht vage bleibt: „(…) There is no established terminology for genres“[33], heißt es etwa in *Analysing Discourse*, wo bestehende Gattungstheorien nicht erwähnt werden (wohl auch deshalb nicht, weil der Autor fast ausschließlich englische Texte berücksichtigt).

Immerhin werden in *Discourse and Social Change* Gattungen (Genres) als „Diskurstypen“, „types of discourse“[34] aufgefasst. „(…) Discourses become enacted as genres“[35], heißt es ergänzend in *Analysing Discourse*, und in *Critical Discourse Analysis* wird die folgende Definition vorgeschlagen: „Ich betrachte Gattung als einen im Zusammenhang mit bestimmten Aktivitäten gesellschaftlich sanktionierten Sprachgebrauch (z. B. Interview, Erzählung, Darstellung).“[36] In *Analysing Discourse* werden Genres als „ways of acting“[37] definiert und „Narrative, Argument, Description, and Conversation“[38] als „Genres“ bezeichnet. Es fällt auf, dass nicht nur „Diskurs“, sondern auch „Genre“

31 Vgl. J. Lyons, *Semantics*, Bd. II, Cambridge, Univ. Press, 1977, S. 657: „Deixis, anaphora and the universe of discourse“.

32 Vgl. z. B. K. W. Hempfer, *Gattungstheorie. Information und Synthese*, München, Fink, 1973 sowie J.-M. Schaeffer, *Qu'est-ce qu'un genre littéraire?*, Paris, Seuil, 1980.

33 N. Fairclough, *Analysing Discourse*, op. cit., S. 66.

34 N. Fairclough, *Discourse and Social Change*, Cambridge-Oxford, Polity-Blackwell (1992), 1996, S. 54.

35 N. Fairclough, *Analysing Discourse*, op. cit., S. 208.

36 N. Fairclough, *Critical Discourse Analysis. The Critical Study of Language*, London-New York, Longman, 1995, S. 14.

37 N. Fairclough, *Analysing Discourse*, op. cit., S. 26.

38 Ibid., S. 68.

sowohl „Rede" („Narrative", „Argument") als auch „Gespräch" („Conversation") bedeuten kann.

Im Zusammenhang mit dem *Genre* untersucht Fairclough *Machtausübung* vor allem in Gesprächen wie Prüfungen oder Verhören, in denen das Machtgefälle über die Gestaltung des Gesprächs entscheidet. Die Person, die ein Verhör oder eine Prüfung leitet, legt den Gesprächsmodus fest: „Zusätzlich zu ihrer Befugnis, Aussagen zu begrenzen, können mächtige Teilnehmer sie beschränken, indem sie den Diskurstyp wählen."[39]

Als Beispiel für ungleiche Machtverteilung führt Fairclough das folgende Interview (ein Verhör) an, in dem der Zeuge eines bewaffneten Überfalls aussagt (P für *policeman*, W für *witness*, Zeuge):

> P: Did you get a look at the one in the car?
> W: I saw his face, yeah.
> P: What sort of age was he?
> W: About 45. He was wearing a…
> P: And how tall?
> W: Six foot one.
> P: Six foot one. Hair?
> W: Dark and curly. Is this going to take long? I've got to collect the kids from school.
> P: Not much longer, no. What about his clothes?
> W. He was a bit scruffy looking, blue trousers, black…
> P: Jeans?
> W: Yeah.[40]

Fairclough kommentiert: „The relationship is an unequal one, with the police interviewer firmly in control (…)."[41] Das versteht sich bei der ungleichen Verteilung der sozialen Positionen und Rollen fast von selbst. Interessant ist jedoch die Frage, wie Macht durch die *Wahl von Genres* und durch *Genregestaltung* ausgeübt wird. Eine Prüfung etwa kann die Form eines wissenschaftlichen Gesprächs annehmen, das die Prüfungsangst auf ein Minimum beschränkt, und Unterbrechungen müssen nicht vom „Willen zur Macht" zeugen, sondern können vom guten Willen motiviert sein, eine Studentin oder einen Studenten nicht vom

---

39 N. Fairclough, *Language and Power*, op. cit., S. 76.
40 Ibid., S . 52.
41 Ibid.

Thema abschweifen zu lassen. Wo guter Wille herrscht, kann eine Prüfung schließlich in ungezwungene Konversation übergehen, die durchaus lehrreich sein kann. Oft ist der Stil entscheidend.

Von Margaret Thatchers Sprachstil sagt Fairclough, er sei „tough and aggressive“[42], und er fügt hinzu, dass die Premierministerin einen „weiblichen Stil einführt, der im Wesentlichen patriarchalisch ist“ („a style of womanhood which is essentially patriarchal“).[43] Das mag richtig sein, aber es drängt sich – zumindest im Kontext der Strukturalen Semiotik (vgl. Kap. IV.2-4) – die Frage auf, wie dieser Redestil im Rahmen von Thatchers Diskurssemantik zustande kommt.

Die Frage kann im Zusammenhang mit den oben angeführten semantischen Gegensätzen *Individualismus/Kollektivismus, Freiheit/Solidarität, Liberalismus/Sozialismus* zumindest ansatzweise beantwortet werden: Während sich die sozial Schwächeren auf Solidarität und Sozialismus berufen, plädieren die sozial Stärkeren für individuelle Freiheit, Initiative, Konkurrenz und staatliche Zurückhaltung. Nicht zufällig setzt sich der vom Sozialdarwinismus beeinflusste Spencer für individuelle Freiheit und die Beschränkung der Staatsmacht ein. Wer wie Thatcher Spencers Werte verteidigt, wird letztlich – nolens volens – Partei für das starke (männliche) Individuum ergreifen – auch im stilistischen Bereich. Diesen sollte man nicht von der Diskurssemantik trennen, die bei Fairclough fehlt oder nur ansatzweise entwickelt wurde.

Sie entscheidet auch über die Argumentation, die Fairclough durchaus zur Sprache bringt – aber wiederum unabhängig von der Semantik. Es geht ihm nicht darum – wie der Strukturalen Semiotik –, Argumentationen aus der Diskurssemantik abzuleiten, sondern darum, eine interdisziplinäre Synthese von Critical Discourse Analysis (CDA) und Argumentationstheorie herbeizuführen: „And in bringing CDA and argumentation theory and analysis together we are seeking to draw the latter into such interdisciplinary collaboration.“[44]

---

42 Ibid., S. 196.

43 Ibid., S. 198.

44 I. Fairclough, N. Fairclough, *Political Discourse Analysis*, op. cit., S. 80.

Geht man allerdings davon aus, dass die Diskurssemantik über den Diskurs als Erzählung und über die Verkettung seiner Argumente entscheidet, muss die vielbeschworene Interdisziplinarität hier gar nicht bemüht werden. *Denn die Diskurssemantik legt die Argumentationsrichtung fest.* Im Falle von Margaret Thatcher kann man stets davon ausgehen, dass sie im Rahmen des binären semantischen Gegensatzes *Individualismus/Kollektivismus* argumentieren, sich für „individuelle Freiheit" und „individuelle Initiative" einsetzen und beide gegen „staatliche Intervention" oder „Solidarität als Kollektivismus" verteidigen wird. (Die Frage, ob „Solidarität" und „individuelle Freiheit" einander tatsächlich ausschließen, darf im dualistisch strukturierten Diskurs der Ideologie nicht aufkommen. Sie könnte von einer kritischen Sozialwissenschaft aufgegriffen werden, die Sinn für Ambivalenz hat: vgl. Kap. IV.6.)

In ihrem Buch *Political Discourse Analysis* (2012) untersuchen Isabella Fairclough und Norman Fairclough Debatten, die 2010 im House of Commons stattfanden und die Erhöhung von Studiengebühren zum Gegenstand hatten. Analysiert wird im Rahmen einer nicht näher charakterisierten Argumentationstheorie (es gibt ihrer viele) die *politische Debatte als Genre*: als *deliberation* (Überlegung, Beratung). Es geht also wieder um die Analyse eines *Gesprächs*, in dem mehrere Diskurse aufeinandertreffen: nicht um die Analyse *eines* Diskurses als Rede.

Dabei wird auf Argumente und Argumentationsstrategien als Arten der Machtausübung geachtet. Auf dieser Ebene besteht eine beliebte Taktik (von der Fakultätskonferenz bis zur UNO) darin, das Argument des Gesprächspartners gegen ihn selbst zu wenden. Dieser Taktik folgt die Labour-Opposition in ihren Angriffen auf die Koalitionsregierung, die (2010) aus Konservativen und Liberaldemokraten besteht: „The government's stated goals and values are in fact incompatible with the proposed action, as the action will undermine them, and this includes the goal of dealing with the deficit, as the proposal will not save any money in the end."[45]

Zweifellos sind Argumentationsstrategien wichtig, zumal sie eine Art der Machtausübung darstellen. Sie sind aber nicht unabhängig vom Diskurs als semantisch-narrativer Struktur dar-

45 Ibid., S. 227.

stellbar, und dieser Diskurs ist *im Falle der konservativ-liberalen Regierung* eine aktualisierte Variante des Thatcher-Konservatismus. *Der Diskurs der Labour-Opposition ist ganz anders beschaffen, hat eine andere semantische Basis.* In der Debatte (*deliberation*) prallen somit *zwei heterogene Diskurse* aufeinander – daher sollte die Debatte nicht als „Diskurs“ bezeichnet werden.

Im Rahmen des grundlegenden semantischen Gegensatzes *individuelle Freiheit/staatliche Bevormundung* plädieren die Abgeordneten der Regierung für mehr *individuelle Selbstverantwortung* (als Selbstfinanzierung des Studiums – z. T. über Darlehen), während die Labour-Abgeordneten den *sozialen Faktor* (die Verschuldung der Studierenden und die abschreckende Wirkung der Gebühren auf sozial Schwache) sowie die *finanzwirtschaftliche Unwirksamkeit* der Gebühren(-erhöhung) geltend machen. Wie immer setzen sie sich für eine *starke Rolle des Staates im Erziehungssystem* ein. Im Gegenzug *erzählen* Regierungsvertreter, dass Studiengebühren in der Vergangenheit niemanden abgeschreckt haben, weil die Studentenzahlen trotz aller Gebühren stiegen. Während also die Labour-Opposition eine künftige soziale und didaktische Verschlechterung *erzählt, erzählt* die Regierung eine finanzielle Verbesserung als Tilgung des Defizits. Jede Seite versucht, durch Umkehrung der gegnerischen Argumente *die Gegenseite in ihre Erzählung zu integrieren.* Es geht somit um die Frage, die im Untertitel dieses Buches angesprochen wird: *Wer erzählt wen?* Wer umfasst wen im Ringkampf der Worte?

Aus dieser Sicht erscheinen Argumente und Argumentationsstrategien als in semantisch-narrative Strukturen oder Diskurse eingebettet. Dies wird bei Isabella und Norman Fairclough jedoch nicht klar: Bei ihnen löst sich die „Argumentationsstruktur“ („structure of the argumentation“)[46] aus der ins Auge gefassten „interdisziplinären Synthese“ der Critical Discourse Analysis heraus.

46 Ibid.

3. Ausrichtung auf lexikalische Einheiten, Metaphern, Satzeinheiten

Auch im lexikalischen Bereich, in dem durchaus Macht durch Bezeichnungen ausgeübt wird, kommt *keine Synthese der vier semiotischen Ebenen* zustande: Lexikon, Semantik, Syntax und Erzählstruktur. Von der prominenten Rolle des Vokabulars oder lexikalischen Repertoires zeugt der folgende Satz aus Norman Faircloughs *Language and Power*: „Der im Kontext dieses Buches interessanteste Aspekt von empirischem Wert ist die Frage, wie ideologische Unterschiede zwischen Texten als Weltdarstellungen in ihrem Vokabular kodifiziert sind.“[47] In diesem Zusammenhang untersucht Fairclough ein Phänomen, das er als „overwording“ bezeichnet und das die Häufung semantisch verwandter Wörter meint: „Overwording shows a preoccupation with some aspects of reality – which may indicate that it is a focus of ideological struggle.“[48]

Diesen ideologischen Kampf der Wörter, der stets ein Machtkampf ist, beschreibt der britische Linguist Tony Trew, wenn er zeigt, wie die Boulevard-Zeitung *The Sun* „overwording“ oder „overlexicalization“ (Trew) praktiziert, indem sie im Anschluss an Karnevalsunruhen am Londoner Notting Hill (1977) gewalttätige Jugendliche als „louts“, „thugs“, „yobs“ und „hooligans“ bezeichnet.[49] „Wörter etwa“, erläutert Gunther Kress diesen Sachverhalt, „beinhalten Kategorisierungen der Welt *von einem bestimmten Standpunkt aus*.“[50] Sogleich fügt er jedoch hinzu, dass diese Wörter stets als Bestandteile von ideologischen Systemen, denen sie ihre Bedeutungen verdanken, aufzufassen sind: „So existiert ein Wort wie ‚Freiheitskämpfer‘ oder ‚Terrorist‘ nicht in einem Vakuum, sondern im Kontext von

---

47 N. Fairclough, *Language and Power*, op. cit., S. 131.

48 Ibid., S. 133.

49 T. Trew, „‚What the papers say‘: linguistic variation and ideological difference“, in: R. Fowler et al., *Language and Control*, London-Boston-Henley, Routledge and Kegan Paul, 1979, S. 136.

50 G. Kress, „Linguistic and ideological transformations in news reporting“, in: H. Davis, P. Walton (Hrsg.), *Language, Image, Media*, Oxford, Blackwell, 1983, S. 124-125.

Serien verwandter Wörter,"[51] (Greimas bezeichnet diese Serien als *semantische Isotopien*, auf denen die Ereignisse und Handlungen eines Diskurses als Erzählung stattfinden: vgl. Kap. IV.2.)

Mit Fairclough, Trew und Kress wird man einverstanden sein, wenn es darum geht, in Bezeichnungen wie „Hooligan", „Freiheitskämpfer" oder „Terrorist" Formen einer Machtausübung zu erkennen, die Individuen oder Gruppen durch *Etikettierung* stärkt oder schwächt. Es will durchaus einleuchten, dass die soziale Position eines Menschen, der von einem Gericht als „Dieb" oder „Betrüger" verurteilt wurde und dem folglich eine stigmatisierende Bezeichnung anhaftet, erheblich geschwächt ist. Analog dazu ist es die Aufgabe eines ideologischen Diskurses, den politischen oder militärischen Gegner durch negative Etikettierungen wie „Kommunist", „Faschist" oder „Terrorist" zu schwächen und der Bevölkerungsmehrheit zu entfremden.

Obwohl Fairclough und die beiden anderen hier zitierten Autoren durchaus die Verbindungen positiver oder negativer Bezeichnungen und ihrer Konnotationen zu Ideologien erwähnen und Kress sogar von „ideological systems"[52] spricht, stellen sie keine Verbindung zwischen symptomatischen Wörtern („Freiheitskämpfer", „Terrorist") und Ideologien als Diskursen, als semantisch-syntaktischen und narrativen Strukturen her.

Der afghanische Widerstand gegen die sowjetische Besatzungsmacht (schon diese Ausdrucksweise ist nicht neutral) mag veranschaulichen, was gemeint ist: Während aus sowjetischer Sicht die Armee brüderliche Hilfe beim Aufbau einer modernen sozialistischen Gesellschaft leistete, war sie aus der Sicht der Widerstandskämpfer eine Besatzungsarmee, die systematische Unterdrückung organisierte. Abermals stehen zwei konkurrierende Erzählungen oder Diskurse einander gegenüber: Während die sowjetische Erzählung auf das Ziel der Befreiung von religiösem Aberglauben und feudalem Patriarchat im Sozialismus ausgereichtet ist, ist die Erzählung des Widerstandes auf die Befreiung des Vaterlandes von Unterdrückung, Atheismus und Kommunismus ausgereichtet. Im sowjetischen Diskurs sind die Widerstandskämpfer „Terroristen"; im Diskurs des Widerstan-

51 Ibid., S. 125.
52 Ibid.

des sind sie „Freiheitskämpfer". Wieder lautet die Frage: *Wer erzählt wen?* Als Machtfrage lautet sie: Welche Erzählung setzt sich als Ideologie durch? Es käme darauf an, alle Wörter, Konnotationen, Sätze und Argumente in die Semantik dieser beiden Erzählungen einzufügen, um ihren genauen Stellenwert zu bestimmen. Dies geschieht bei Fairclough nicht.

Denn auch die Metaphorik wird bei ihm vorwiegend auf der lexikalischen Ebene untersucht. Sein Verdienst besteht darin, dass er zeigt, *wie Metaphern oder metaphorische Formulierungen Tatbestände, Handlungen und die handelnden Instanzen verdecken.* Dadurch machen sie gesellschaftliche Verantwortung unsichtbar. Dies gilt beispielsweise für die metaphorische Darstellung der Globalisierung, die als Prozess ohne Subjekte, ohne Akteure dargestellt wird: „The pace *has become* swifter and the game *has taken on* planetary dimensions (…)."[53]

Fairclough kommentiert: „Both ‚speed up' and ‚globalization' are represented as things that have come about, rather than things that are the effects of causal agents (for instance, international agreements between governments, politics of business corporations)."[54] Zu Recht spricht Fairclough an anderer Stelle von einer „Verschleierung von handelnden Instanzen" („obfuscation of agency").[55]

Es ist sicherlich richtig, dass in politischen Diskursen Metaphern mitunter eine verschleiernde Funktion erfüllen: Sie können dazu dienen, die Verantwortlichen von der politischen Bühne verschwinden zu lassen, und so mancher Redner macht sich die Ausdrucksweise des kleinen Jungen zu eigen, der sagt „die Vase ist umgefallen", statt zuzugeben, dass er sie umgeworfen hat. Dies wäre ein Fall von Machtausübung durch Machtverschleierung. Die Verantwortlichen werden nicht genannt und können gleichsam hinter den Kulissen ihr Spiel ungestört fortsetzen.

Bei näherem Hinsehen wird indessen ein Problem sichtbar: Jedem politischen Diskurs ist eine *besondere Metaphorik* eigen, die untrennbar mit seiner Semantik verflochten ist. Die Metapher „Parasit" etwa kommt sowohl in nationalsozialistischen als

53 N. Fairclough, *Analysing Discourse*, op. cit., S. 144.
54 Ibid.
55 N. Fairclough, *Language and Power*, op. cit., S. 140.

auch in marxistisch-leninistischen Diskursen vor, nimmt aber in jedem der beiden Diskurse eine andere Bedeutung an: Während sie im Nationalsozialismus ein Individuum bezeichnet, das den „Volkskörper“ bedroht, bezieht sie sich im Marxismus-Leninismus auf jemanden, der nicht arbeitet. Es käme darauf an, *die Metaphorik eines Diskurses in seine Semantik einzubetten* und zu zeigen, wie der Nationalsozialismus einer biologischen Metaphernbildung[56] verpflichtet ist, während der Marxismus-Leninismus verschiedene Metaphern – etwa „Fortschritt“, „Produktivkräfte“ oder „Umwälzung“ – dem philosophisch-soziologischen Bereich entnimmt (von Comte bis Lenin).

Dies bedeutet konkret, dass die Metaphorik als spezifische oder charakteristische Erscheinung nicht unabhängig von der *Diskurssemantik* zu beschreiben und zu erklären ist. Eine solche Semantik fehlt aber bei Fairclough. Mit der Frage nach Wortbedeutungen oder „meanings of words“[57] ist es nicht getan. Ein vergleichbares Problem zeichnet sich ab, wenn Fairclough versucht, die Sprechakttheorie im Sinne von Austin und Searle[58] für seine Critical Discourse Analysis fruchtbar zu machen. Denn ein Sprechakt hat – wie schon Habermas gesehen hat – die Form eines Satzes.[59] Sätze erfüllen aber (wie Wörter oder Metaphern) nur im Rahmen des Diskurses als semantisch-narrativer Struktur eine bestimmte Funktion. (Fairclough stellt vorwiegend grammatische Verbindungen zwischen Sätzen her und lässt die se-

---

56 Vgl. S. Maasen, P. Weingart, *Metaphors and the Dynamics of Knowledge*, London-New York, Routledge, 2000, Kap. III: „‚Struggle for existence‘. Selection, retention and extinction of a metaphor“.

57 N. Fairclough, *Discourse and Social Change*, op. cit., S. 186.

58 Bei Searle etwa hat ein Sprechakt die Form eines Satzes und könnte als die *pragmatische Verwendung eines Satzes* definiert werden. Vgl. J. R. Searle, *Speech Acts. An Essay in the Philosophy of Language*, Cambridge, Univ. Press (1969), 1977, S. 24-25: „Illocutionary and propositional acts consist characteristically in uttering words in sentences in certain contexts, under certain conditions and with certain intentions, as we shall see later on.“ – Vgl. auch: J. R. Searle, „What Is a Speech Act?“, in: P. P. Giglioli (Hrsg.), *Language and Social Context*, Harmondsworth, Penguin, 1972, S. 142.

59 Vgl. J. Habermas, „Vorbereitende Bemerkungen zu einer Theorie der kommunikativen Kompetenz“, in: J. Habermas, N. Luhmann, *Theorie der Gesellschaft oder Sozialtechnologie – Was leistet die Systemforschung?*, Frankfurt, Suhrkamp (1971), 1982, S. 103.

mantisch-narrative Struktur, *in der sie bedeuten*, unberücksichtigt.)

Er fragt nach der „Kraft von Aussagen, d. h. nach ihrer Beschaffenheit als Sprechakte (Versprechen, Bitten, Drohungen) (…).“[60] Dies bedeutet, dass Aussagen, die durchaus länger als Sprechakte oder Sätze sein können, auf Sprechakte eingeschränkt werden. Dass er sich auf den Satz konzentrieren will, bestätigt die folgende Bemerkung: „Meine Kommentare werden sich hier auf bestimmte Aspekte des Satzes beschränken.“[61]

Als Beispiel führt er die Schlagzeile aus einer Zeitung an: „Gorbachev Rolls Back the Red Army.“[62] Dies ist insofern eine tendenziöse Formulierung, als in den ersten Phasen des Kalten Krieges der Ausdruck „roll-back“ zum Vokabular der NATO-Strategen gehörte. (Erstaunlicherweise erinnert Fairclough nicht daran.) Er schlägt aber neutralere Formulierungen vor: „The Soviet Union Reduces its Armed Forces“ und: „The Soviet Army Gives up 5 Divisions“. Solche Sätze wären eher informativ als das polemisch konnotierte Vokabular der (von Fairclough nicht genannten) Zeitung.

Indessen stellt sich die Frage, welchem Diskurs die zitierte Schlagzeile angehörte und welche konkrete Funktion sie erfüllte. Da die atlantische Gesinnung der britischen Presse (vor allem der Boulevardzeitungen) vorausgesetzt werden kann und der Ausdruck „roll-back“ den Kalten Krieg konnotiert, drängt sich die Vermutung auf, dass in dem Artikel von einer Selbstdemontage der Sowjetmacht die Rede ist. Der Diskurs geht (wahrscheinlich) von dem semantischen Gegensatz *freier Westen/totalitärer Osten* aus und erzählt die Ereignisse als „Rückzug des Totalitarismus“ oder „der totalitären Bedrohung“. Die diskursive Machtausübung bestünde in diesem Fall darin, den Rückzug ideologisch zu feiern: als „roll-back“. Doch diese Überlegungen stellt Fairclough, der den Artikel kennt, nicht an. Er fragt zwar an anderer Stelle nach den „semantic relations between sentences and clauses“[63], wendet aber keine bestimmte Semantik an und fragt nicht nach dem *Nexus von Semantik und Erzäh-*

---

60 N. Fairclough, *Discourse and Social Change*, op., cit., S. 75.
61 Ibid.
62 Ibid.
63 N. Fairclough, *Analysing Discourse*, op. cit., S. 89.

lung (narrative).[64] Er fragt auch nicht nach dem *Gegendiskurs als intertextueller Antwort.*

Dieser ginge von ganz anderen *Relevanzkriterien* und den aus ihnen hervorgehenden semantischen *Selektionen* aus. Relevant wäre etwa der Gegensatz *westliche Gefahr/bedrohtes Russland,* in dessen Rahmen die Überfälle auf Russland – vom Feldzug der Schweden unter Karl XII. (1708-1709) über Napoleons Feldzug im Jahre 1812 und den Krimkrieg (1853-1856) bis zum Angriff der Nationalsozialisten im Jahre 1941 – die Grundlage für eine Erzählung abgeben könnten, in der Gorbatschows Maßnahme als unverantwortliche Entblößung der mühsam erkämpften sowjetischen Westflanke erschiene (Putin mag es so gesehen haben).

Hier sollte gezeigt werden, dass Diskurse als Erzählungen konstruiert werden können, für deren narrative Abläufe die semantischen und ideologischen *Vorentscheidungen* ihrer Aussagesubjekte verantwortlich sind: nicht nur aufgrund einer bestimmten Wortwahl, sondern auch aufgrund von *binären semantischen Gegensätzen (Relevanzen), die die Wort- und Metaphernwahl vorgeben.* Fairclough analysiert zwar wichtige Aspekte von Reden oder Gesprächen – Wörter, Metaphern, Sätze – nicht aber den Diskurs als solchen und „what makes it tick".

4. Arten der Machtausübung im Diskurs: Ideologie, Naturalisierung, Hegemonie

In seinen Kommentaren zu den Begriffen „Ideologie", „Naturalisierung" (von Ideologien) und „Hegemonie" stützt sich Fairclough hauptsächlich auf die von Louis Althusser (vgl. Kap. I.4) und Antonio Gramsci entwickelten Terminologien und Theorien. Das Problem, das er sich auf diese Art vorab einhandelt, besteht darin, dass weder Althusser noch Gramsci Ideologien als sprachliche Konstrukte auffassten und dass ihre Ansätze daher keine Anhaltspunkte für eine linguistische oder semiotische Rekonstruktion von Ideologien bieten.

Das Programm einer *linguistischen Analyse von Ideologien* fassten schon 1977 Rosalind Coward und John Ellis prägnant in

64 Vgl. ibid., S. 83-86.

einem Satz zusammen: „Diese ideologischen Diskurse gehen aus der Artikulation von Ideologie in Sprache hervor." („These ideological discourses are the product of the articulation of ideology in language.")[65] Demnach fällt das Programm mit dem Versuch zusammen, Ideologie *als* sprachliches Konstrukt oder Diskurs darzustellen. Bei Fairclough wird trotz vielversprechender Titel wie *Critical Discourse Analysis* (1995) und *Language and Power* (2015) dieses Programm nicht verwirklicht. Einschlägige *englische* Titel wie das Buch von Coward und Ellis oder Christopher Hamptons *The Ideology of the Text* (1990)[66] werden nicht berücksichtigt.

In *Critical Discourse Analysis* beruft sich Fairclough auf Gramscis Auffassung der Ideologie, wenn er Ideologie als „Weltanschauung" auffasst, die in Kunst, Recht und Wirtschaft implizit ist: „ideology being, ‚a conception of the world that is implicitly manifest in art, in law, in economic activity and in the manifestations of individual and collective life'".[67] Dies ist zweifellos ein brauchbares Konzept, zumal Ideologien tatsächlich ganze Bereiche wie Kunst, Recht, Politik und Wirtschaft durchziehen können: Man denke an Feminismus, Sozialismus oder Ökofeminismus. Die Frage, wie Sprache ideologisch verwertet wird und wie Ideologien als sprachliche Konstrukte zustande kommen, bleibt jedoch unbeantwortet.

Von Althusser übernimmt Fairclough die für alle Ideologiedebatten wichtige These, dass „Ideologien Individuen als Subjekte anrufen"[68] (vgl. Kap. I.4). Zu Recht hebt er die Tatsache hervor, dass diese Anrufung („interpellation", Althusser) den so konstituierten Subjekten nicht bewusst ist. Sie sind Produkte einer Machtausübung, die sie als solche nicht wahrnehmen, wenn sie in Schulen, Erziehungsanstalten, Armeen und anderen

---

65 R. Coward, J. Ellis, *Language and Materialism. Developments in Semiology and the Theory of the Subject*, London-Boston-Henley, Routledge and Kegan Paul, 1977, S. 79.

66 Vgl. Ch. Hampton., *The Ideology of the Text*, Milton Keynes-Philadelphia, The Open Univ. Press, 1990.

67 N. Fairclough, *Critical Discourse Analysis*, op. cit., S. 76 (Gramsci-Zitat in einfachen Anführungszeichen).

68 Vgl. L. Althusser, *Ideologie und ideologische Staatsapparate*, Hamburg-Berlin, Merve, 1977.

„Staatsapparaten“ (Althusser) zu dem gemacht werden, was sie sind.

Man kann Fairclough nur zustimmen, wenn er der Meinung ist, „dass Menschen sich nicht der Tatsache bewusst sind, dass sie als Subjekte gesellschaftlich positioniert werden und zumeist ihre eigenen subjektiven Identitäten als außerhalb und vor der Gesellschaft stehend betrachten“.[69]

Diesem Gedanken, den er Althussers Theorie der Ideologie entnimmt, fügt Fairclough eine *kritische Analyse des common sense* hinzu. Seine These lautet: Die Ideologie wird als *common sense*, als normales Alltagsdenken *naturalisiert*. Sie wird von den kommunizierenden, von den der Ideologie unterworfenen Subjekten, als *natürlich* empfunden und daher nicht kritisch-selbstkritisch hinterfragt.

Die Ideologen erreichen ihr Ziel, wenn es ihnen gelingt, Ideologie als „gesunden Menschenverstand“ zu *naturalisieren*, d. h. als normales, menschliches Denken anerkennen zu lassen. So können sie ihre Macht unerkannt und ungestört ausüben. Denn es kommt zu einer Verschleierung oder „Verkleidung“ der Ideologie: „Wenn Ideologie so die Gestalt des gesunden Menschenverstandes (common sense) annimmt, hört sie scheinbar auf, Ideologie zu sein; dies ist an sich schon ein ideologischer Effekt, denn Ideologie ist nur dann wirklich wirksam, wenn sie kaschiert ist.“[70] Wörtlich heißt es in *Critical Discourse Analysis*: „Naturalization gives to particular ideological representations the status of common sense.“[71] Freilich ist sich Fairclough mit Marx und Althusser der Tatsache bewusst, dass hinter diesem ideologisch verbrämten *common sense* kompakte gesellschaftliche Interessen stehen, in deren Perspektive gedacht und argumentiert wird.[72]

Auf dieser Ebene analysiert er den Diskurs des ehemaligen britischen Premierministers Tony Blair, dem er im Rahmen seines gesellschaftskritischen Ansatzes ein Abdriften in „neoliberale“ Denk- und Sprachmuster vorwirft, die Blair einerseits als *common sense* verkleidet, andererseits mit sozialdemokrati-

---

69 N. Fairclough, *Language and Power*, op. cit., S. 124.
70 Ibid., S. 126.
71 N. Fairclough, *Critical Discourse Analysis*, op. cit., S. 42.
72 Vgl. ibid., S. 44.

schem Vokabular versetzt und so unkenntlich macht („attacking poverty and discrimination“).[73] „Blair“, meinen Isabella und Norman Fairclough, „deutet ein neoliberales Argument an, ohne es explizit vorzubringen.“ („Blair is evoking a neoliberal argument, without spelling it out completely.“)[74] Im Wesentlichen, so die Autoren, plädiert Blair für die Umgestaltung des Wohlfahrtsstaates in einen Konkurrenzstaat: „The state should no longer be a ‚welfare state‘ but a ‚competition state‘.“[75]

Wo aber bleibt der Diskurs als sprachliche Struktur? Blairs Reden werden zwar auf *argumentativer Ebene* untersucht, nicht aber *als semantische und narrative Strukturen.* Auf sozio-ökonomischer Ebene wird das bekannte Dilemma aller Sozialdemokraten in einer globalen Wettbewerbswirtschaft erkennbar: Sie möchten einerseits soziale Sicherheit und Wohlfahrt garantieren, andererseits mit billiger produzierenden oder effizienter organisierten Wirtschaften im Ausland konkurrieren. Und das heißt: auf Kosten des sozialen Bereichs sparen und vor allem in der Wirtschaft den Leistungsdruck im Interesse der Herrschenden erhöhen.

Aus diesem Dilemma geht ein ambivalenter Diskurs hervor, dem nichts anderes übrigbleibt, als die sozialdemokratische Semantik („Old Labour“) mit einer konservativen zu kombinieren. Es wäre interessant gewesen, der Frage nachzugehen, ob sich der bei Thatcher dominierende semantische Gegensatz *individuelle Initiative/staatliche Bevormundung* auch bei Blair durchsetzt (als den Diskurs in letzter Instanz strukturierender Gegensatz), oder ob sich die beiden Gegensätze *individuelle Initiative/staatliche Bevormundung* und *kollektive Solidarität/kapitalistische Konkurrenz* (im sozialdemokratischen Sinne) die Waage halten. Dies könnte auf lexikalischer, semantischer und narrativer Ebene – durchaus auch unter Anwendung quantitativer Verfahren – untersucht werden. Auf narrativer Ebene könnte die Frage lauten: Wie *enden* Blairs Reden? Zielen sie auf „kollektive Solidarität“ und „soziale Sicherheit“ oder auf „individu-

---

73 N. Fairclough, *Language and Power*, op. cit., S. 247.

74 I. Fairclough, N. Fairclough, *Political Discourse Analysis*, op. cit., S. 99.

75 Ibid.

elle Initiative" (competitiveness)? (Es ginge um den *Objekt-Aktanten* des Diskurses im Sinne von Greimas: vgl. Kap. IV.3.)

Solche oder vergleichbare Überlegungen kommen bei Fairclough nicht vor. Bei der Anwendung seines Diskursbegriffs hält sich Fairclough an Foucault: „I shall however use the Foucaultian term of ‚order of discourse' (...)."[76] Im ersten Kapitel hat sich gezeigt, dass Foucaults Diskursbegriff recht vage und als linguistischer Begriff kaum anwendbar ist („Ensemble von Aussagen"). Vergeblich hat man von Faircloughs linguistischem Ansatz eine Präzisierung oder Vervollständigung dieses Begriffs erwartet.

Diesen Erwartungen kommt auch sein von Gramsci stammender *Hegemoniebegriff* nicht entgegen. Die Bedeutung dieses Begriffs besteht darin, dass er soziale Machtausübung nicht mit einer herrschenden Ideologie verknüpft, sondern sie in einem *Komplex* von Ideologien, Institutionen und sozialen Praktiken ortet, die Gramsci als *Hegemonie* bezeichnet. Eine kurze und zugleich brauchbare Definition des Hegemoniebegriffs findet sich in einem Buch über Gramsci von Dominque Grisoni und Robert Maggiori: „die kulturelle und moralische Führung der Gesellschaft".[77]

Was ist an diesem Begriff neu? Er ergänzt und erneuert Marx'und Lenins Begriff der „Diktatur des Proletariats", der das Augenmerk vor allem auf die politischen Strukturen (Partei, Staat) richtet. Gramsci jedoch meint, dass es nicht genügt, mit Hilfe einer straff organisierten Partei die Staatsverwaltung zu übernehmen und Kultur, Wissenschaft und Erziehungswesen weiterhin der Bourgeoisie zu überlassen: Die Revolution muss alle Lebensbereiche erfassen, damit das Proletariat die Führung der Gesellschaft in einem neuen „historischen Block" („blocco storico")[78] aus Wirtschaft, Politik und Kultur übernehmen kann.

Dazu bemerkt Gramsci selbst: „Für die Philosophie der Praxis [d. h. den Marxismus] sind die Überbauten eine Realität (...),

---

76 N. Fairclough, *Discourse and Social Change*, op. cit., S. 68.

77 D. Grisoni, R. Maggiori, *Lire Gramsci*, Paris, Editions Universitaires, 1973, S. 182.

78 A. Gramsci, *Arte e folclore* (Hrsg. G. Prestipino), Rom, Newton Compton, 1976, S. 17.

eine objektive und wirksame Realität (...).“[79] Es gilt, sich dieser sozio-kulturellen Realität zu bemächtigen; nicht nur der wirtschaftlichen und politischen Einrichtungen. Daher betont Gramsci immer wieder die Rolle der Intellektuellen, von denen er erwartet, dass sie gemeinsam mit der Arbeiterklasse die neue Hegemonie als „kulturelle und moralische Führung der Gesellschaft“ hervorbringen.[80]

Fairclough folgt Gramsci, wenn er „Hegemonie“ auf seine Art definiert: „Hegemonie ist sowohl Führung als auch Herrschaft durch die wirtschaftlichen, politischen, kulturellen und ideologischen Bereiche der Gesellschaft hindurch.“ („Hegemony is leadership as much as domination across the economic, political, cultural and ideological domains of society.“)[81]

Abermals wendet er Foucaults Ausdruck „Diskursordnung“ („ordre du discours“, „order of discourse“) an, um zu zeigen, wie Margaret Thatcher die bestehende bürgerliche Hegemonie durch eine neue diskursive Mischung zu stabilisieren und zu stärken sucht. Von Thatchers Diskurs heißt es in *Discourse and Social Change*: „Er kann als eine Umgestaltung der bestehenden politischen Diskursordnung gedeutet werden, weil er traditionelle, konservative, neoliberale und populistische Diskurse neu gemischt hat und zugleich einen für eine Politikerin beispiellosen Diskurs entstehen ließ.“ (Wörtlich sagt Fairclough: „has brought traditional, conservative, neo-liberal and populist discourses into a new mix.“)[82]

Wieder drängt sich die Frage auf, wie dieser „Mix“ auf lexikalischer, semantischer und narrativer Ebene aussieht und vor allem: welche semantische Ebene dominiert („dominant gesetzt“ wird im Sinne des tschechischen Strukturalismus).[83] Es geht hier nicht einfach um theoretische Fragen und um die Anwendung

79 A. Gramsci, *Philosophie der Praxis. Eine Auswahl*, Frankfurt, Fischer, 1967, S. 279.

80 Vgl. A. Gramsci, *Arte e folclore*, op. cit., S. 23: „Nel mondo moderno, la categoria degli intellettuali, così intesa, si è ampliata in modo inaudito.“

81 N. Fairclough, *Discourse and Social Change*, op. cit., S. 92.

82 Ibid., S. 93.

83 Zum Begriff der „Dominanten“ im tschechoslowakischen Strukturalismus vgl. K. Chvatík, *Tschechoslowakischer Strukturalismus*, München, Fink, 1981, S. 28-29.

von Begriffen. Es geht – wie im Falle von Blair (s. o.) – um die Frage, *wohin Thatchers Diskurs zielt.* Sollte sich etwa herausstellen, dass die populistische Ebene (*semantische Isotopie*, Greimas) dominiert, stellt sich die Frage, ob Thatcher nicht als eine Wegbereiterin des „Brexit“ betrachtet werden sollte. (Man denke an ihre polemische Haltung der EU gegenüber und an ihre Forderung: „I want my money back!“) Sollte die neoliberale Ebene dominieren, würde eher die Hypothese an Plausibilität gewinnen, der zufolge der Neoliberalismus als globales System auch die Nationalpolitik zum Umdenken – in seinem Sinne – zwingt. Fairclough kann diese Fragen nicht beantworten, weil ihm das begriffliche Instrumentarium im Sinne der Diskurssemiotik oder Textlinguistik fehlt. Die Dominanz einer semantischen Ebene entscheidet letztlich über den *narrativen Ablauf* eines Diskurses; aber auch seine Richtung als *dénouement* kann nur festgelegt werden, wenn die semantischen Fragen beantwortet wurden.

5. „Language and Power“: Praxis

Zum Abschluss soll hier der von Paul Simpson, Andrea Mayr und Simon Statham verfasste Band *Language and Power* kommentiert werden, der von Faircloughs Ansatz ausgeht und einige seiner Argumente anhand von Beispielen konkretisiert. Dabei geht es vor allem um die Themen „Geschlechterbeziehungen“ („Gender“) und „Neoliberalismus“ sowie ihre Versprachlichung.

Da sich die Autoren regelmäßig auf Faircloughs Critical Discourse Analysis berufen, ist es nicht weiter verwunderlich, dass sie – wie Fairclough – von einer Doppelbedeutung des Wortes „Diskurs“ ausgehen und sie sowohl auf Reden als auch auf Gespräche anwenden. Dass dieses Verfahren nicht hilfreich ist, wurde schon angemerkt: Es verdeckt die Tatsache, dass in den meisten Gesprächen verschiedene Diskurse als Reden aufeinandertreffen.

Dies veranschaulicht das folgende Gespräch zwischen einem Gefängnisdirektor und einer Insassin, das die Autoren des Sammelbandes wiedergeben:

Governor: You will have to get sorted out at one point ye know... *aren't you?* Instead of that you're getting more aggressive each time you come. Whether you are doing it or not, you shouldn't be doing it you know that =
Prisoner: =Yes Sir
Governor: And that's what we are dealing with here *isn't it?* Is there anything you'd like to say in mitigation?
Prisoner: Nothing
Governor: Nothing. Nothing at all (Prisoner: Nothing). Not even I am sorry?[84]

Die Autoren kommentieren das Machtgefälle zwischen dem Direktor und der Insassin, indem sie auf ihr Einverständnis mit ihrer doppelten Unterordnung als Frau und Gefangene hinweisen („Yes Sir"), und auf die Tatsache, dass sie nicht so sehr um Aufklärung gebeten, als vielmehr gedrängt wird, ihre Schuld und Unterordnung in Worte zu kleiden. Zugleich weisen sie darauf hin, dass sie Widerstand leistet, indem sie zweimal „nothing" sagt, statt den Erwartungen des Direktors entgegenzukommen und sich zu rechtfertigen oder zu entschuldigen.

Dies ist zweifellos richtig, nur ist die Diskursanalyse damit nicht zu Ende. Denn zu den wesentlichen Aspekten dieses Gesprächs gehört die beobachtbare Tatsache, dass in ihm *zwei Diskurse als Reden* kollidieren: der Diskurs der Herrschenden und der Diskurs der Beherrschten, der offizielle Diskurs der Justiz und der Diskurs einer Außenseiterin und ihrer Außenseitergruppe. Der Zusammenprall der beiden Reden ist Symptom einer gespaltenen Gesellschaft, in der die Herrschenden und die Beherrschten einander nichts mehr zu sagen haben. Davon zeugt das zweimalige „Nothing" der Frau. Sie geht zu Recht oder zu Unrecht davon aus, dass sie nicht verstanden wird, was immer sie auch vorbringen mag. Denn ihre Erklärungen könnten – wenn auch sehr indirekt – auf ungerechte Gesellschaftsverhältnisse oder Missstände hinweisen, die der Direktor aufgrund seiner Sozialisation und Position nicht als solche wahrzunehmen vermag. Das „Nothing" hat symptomatischen Wert: Es zeugt von dem (unmöglichen) Diskurs der „Sprachlosen" (Bourdieu): derer, die keine Stimme haben (im Sinne von Blomaert: vgl.

84 P. Simpson, A. Mayr, S. Statham, *Language and Power*, op. cit., S. 19.

Kap. II.5). Dieses Gespräch ist kein Diskurs: Es ist *das Gegeneinander zweier heterogener Diskurse.*

Die Autoren von *Language and Power* greifen eines von Faircloughs bevorzugten Themen auf, wenn sie den Diskurs (diesmal als Rede) des Neoliberalismus in der britischen Politik analysieren und zeigen, wie er in der Zeit von New Labour als Diskurs einer sich erneuernden kulturell-wirtschaftlichen Hegemonie in Schulen und Universitäten eindringt.

Es geht um den „Unternehmerdiskurs" („discourse of enterprise"), den New Labour von Thatchers Konservativen übernimmt: „Die Manager-Rhetorik, die diese institutionellen Veränderungen begleitet, der ‚Unternehmerdiskurs' (…), wurde aus dem politischen Diskurs, vor allem aus Labours ‚Third Way'-Diskurs (…), in den öffentlichen Dienst im Allgemeinen und in die Hochschulen im Besonderen hineingetragen."[85]

In ihrer Analyse eines Dokuments der Universität Leicester (*Enterprise Strategy* 2015) untersuchen die Autoren das Vokabular und kommen zu dem Schluss, dass es vorwiegend wirtschaftlich geprägt ist. Es seien hier nur einige symptomatische Wörter und Ausdrücke zitiert, um die Vorgehensweise zu veranschaulichen: „infusion of an enterprising culture", „enterprise must establish a higher profile and greater visibility internally", „(value of) private sector partners", „enterprise professionals", „the return of consultancy", „enterprise agenda" usw.[86]

Die Autoren bemerken zu Recht, dass der Text vor Business-Vokabeln strotzt: „is replete with business-related lexis".[87] Von entscheidender Bedeutung ist hier das Wort „lexis", denn es deutet darauf hin, dass die Autoren – ähnlich wie Fairclough – meinen, mit einer lexikalischen Analyse (einer Analyse des Vokabulars, der Metaphorik) auszukommen. Tatsächlich fassen sie ihre Methode in Anlehnung an Stubbs[88] wie folgt zusammen:

85 Ibid., S. 106.

86 Ibid., S. 107-108.

87 Ibid., S. 108.

88 Vgl. M. Stubbs, *Discourse Analysis. The Sociolinguistic Analysis of Natural Language*, Oxford, Blackwell (1983), 1994, S. 67-83.

„The method can essentially ‚provide *systematic* evidence about the significance of key words in English' (…).“[89]

Der semiotische Einwand liegt auf der Hand: Es genügt nicht, Wörter und Metaphern zu zählen – auch nicht systematisch –, denn die Hochschulpolitik der Universität Leicester kann vollständig nur durch die *Rekonstruktion der im Text zusammenwirkenden semantischen Ebenen (Isotopien)* umrissen werden, die letztlich den Diskurs als Erzählung auf eine bestimmte *Zukunftsvorstellung* ausrichten, in der *möglicherweise* Bildung und Wirtschaft einander die Waage halten. Die Autoren haben wohl Recht, wenn sie feststellen, dass „was als wertvoll angesehen wird, eher nach wirtschaftlichen als nach erzieherischen Kriterien beurteilt wird“.[90] Dies gilt leider nicht nur für die Universität Leicester; aber Diskursanalysen sollten, um vollständig und verlässlich zu sein, nicht nur das lexikalische Repertoire, sondern auch die aus ihm hervorgehende Semantik und *die von ihr gesteuerten Erzählstrukturen* berücksichtigen. Erst in diesem Kontext ließe sich beurteilen, wie sich eine Partei die (stets erzählte) Zukunft des Landes, eine Universitätsverwaltung die Zukunft der Universität vorstellt.

Im nächsten Kapitel soll im Anschluss an die Strukturtale Semiotik ein Diskursbegriff vorgeschlagen werden, der einen Versuch darstellt, lexikalisches Repertoire, Semantik und narrative Syntax miteinander zu verknüpfen. Da sich die Strukturale Semiotik nicht als Diskurskritik versteht, soll gezeigt werden, wie aus dem Ansatz der Pariser Schule (Greimas, Courtés, Coquet et al.) eine diskurskritische Soziosemiotik oder Textsoziologie hervorgehen kann.

---

89 P. Simpson, A. Mayr, S. Statham, *Language and Power*, op. cit., S. 106.

90 Ibid., S. 108.

IV. Von der Strukturalen Semiotik zur Textsoziologie: Diskurs und Macht

In diesem Kapitel, das den theoretischen Teil des Buches abschließt und zugleich die Erkenntnisse aus den Kapiteln I-III zusammenführt, wird in den vier ersten Abschnitten die Strukturale Semiotik des französisch-litauischen Linguisten Algirdas Julien Greimas (1917-1992) und seiner Pariser Mitarbeiter[1] vorgestellt. In den Abschnitten 5-7 wird die Textsoziologie, die u. a. aus der Strukturalen Semiotik hervorgegangen ist, als Diskurs- und Machtkritik erläutert und weiterentwickelt. Sie soll als *Synthese von Soziologie und Semiotik* in den restlichen Kapiteln dieses Buches zur Anwendung kommen.

Warum besetzt die Strukturale Semiotik als Ausgangspunkt der Textsoziologie eine zentrale Position in diesem Buch? Sie ist hier deshalb zentral, weil sie die Lücken der bisher kommentierten Ansätze schließt: 1. Sie konkretisiert den von Foucault verwendeten, aber nie definierten Diskursbegriff, indem sie ihn auf lexikalischer, semantischer, syntaktisch-narrativer und pragmatischer Ebene bestimmt (vgl. Kap. I.3). 2. Indem sie den Diskurs auf semantisch-narrativer Ebene als Struktur beschreibt, ermöglicht sie eine Beantwortung der Frage, weshalb dem Diskurs auf sprachlicher Ebene ein Machtpotenzial innewohnt und nicht *nur* von außen zufällt, weil er von mächtigen sozialen Instanzen artikuliert wird, die mit kulturellem und symbolischem Kapital (Bourdieu) ausgestattet sind (vgl. Kap. II.2). 3. Die strukturale Darstellung des Diskurses vermeidet eine eklektische Terminologie (Genre, Stil, Rhetorik, Erzählung), die Fairclough letztlich daran hindert, den Diskurs als zugleich semantische und narrative Struktur aufzufassen. Er zeigt nicht, wie Semantik und (Makro-)Syntax ineinandergreifen (vgl. Kap. III.1-4).

Die Strukturale Semiotik wird hier dialogisch in permanenter Auseinandersetzung mit einigen amerikanischen und deutschen Ansätzen rekonstruiert, die nicht über die Satzebene hin-

1 Beiträge von Greimas'Mitarbeitern (M. Arrivé, C. Calame, C. Chabrol, E. Landowski et al.) finden sich in: J.-C. Coquet (Hrsg.), *Sémiotique. L'Ecole de Paris*, Paris, Hachette, 1982.

ausgehen (Zellig Harris) oder eine Synthese von subjektorientierten oder „akteursbasierten" amerikanischen und „subjektlosen französischen" Diskurstheorien ins Auge fassen – ohne die Strukturale Semiotik zu berücksichtigen, *die dem subjektiven Faktor auf allen diskursiven Ebenen Rechnung trägt.*

Charakteristisch für dieses Streben nach einer amerikanisch-französischen Synthese sind die folgenden programmatischen Bemerkungen aus einem Artikel von Rüdiger Graf: „Im deutschen Kontext ist es inzwischen nahezu ein Gemeinplatz, man müsse den angloamerikanischen, akteursbasierten und den französischen, von den unpersönlichen Sprachstrukturen ausgehenden Diskursbegriff verbinden."[2] Auch hier wird die „unpersönliche" (subjektlose) Betrachtungsweise mit Foucaults Philosophie identifiziert, die – wie sich gezeigt hat – die Struktur nicht mit der subjektiven Handlung vermittelt und daher Probleme der Strukturgenese oder des Strukturwandels nicht lösen kann (vgl. Kap. I.2). Dazu bemerkt Graf: „Daher müssen spezifischere Kontexte definiert und in eine überprüfbare Beziehung zur Entstehung der untersuchten Diskursformation gebracht werden. Das ist schwierig, wenn man Diskurse im Sinne Michel Foucaults als unpersönliche sprachliche Ordnungen versteht."[3]

Offensichtlich wird wieder der „französische Diskursbegriff" dem „unpersönlichen" Ansatz Foucaults gleichgesetzt. Von Greimas und der Pariser Semiotik ist in Grafs Beitrag zu dem von Franz X. Eder herausgegebenen Band *Historische Diskursanalyse* nicht die Rede – und auch in den anderen Beiträgen nicht.

Indessen wird jedem, der mit der internationalen Semiotik vertraut ist, klar sein, dass die Strukturale Semiotik der Pariser Gruppe (Greimas, Courtés, Coquet, Landowski et al.) die „akteursbasierte" Theorie *par excellence* ist. Vorerst sei nur an Greimas'Aufsatz „Les actants, les acteurs et les figures" erinnert, der als Kapitel in sein Buch *Du Sens II* (1983) aufgenommen

2 R. Graf, „Diskursanalyse und radikale Interpretation. Davidsonianische Überlegungen zu Grenzen und Transformationen historischer Diskurse", in: F. X. Eder (Hrsg.), *Historische Diskursanalysen. Genealogie, Theorie, Anwendungen,* Wiesbaden, VS Verlag für Sozialwissenschaften, 2006, S. 78.

3 Ibid., S. 86.

wurde. (Greimas' Aktantenmodell als narrative Grundlage des Diskurses wird hier im zweiten Abschnitt kommentiert.)

Freilich ist der Theorienkomplex der Pariser Gruppe nicht der einzige, der in Aktantenmodellen der diskursiven Subjektivität Rechnung trägt. Es sei in dieser kurzen Einleitung nur an den bekannten französischen Linguisten Emile Benveniste erinnert, der in *Problèmes de linguistique générale* schreibt: „In und durch die Sprache kommt der Mensch als Subjekt zustande (...)." („C'est dans et par le langage que l'homme se constitue comme sujet...")[4] (Ähnliche Überlegungen fände man im tschechischen Strukturalismus, der freilich außerhalb der Literatur- und Sprachwissenschaft kaum wahrgenommen wird.)[5]

Das Problem ist soziosemiotischer Art und besteht darin, dass in einer besonderen historischen, gesellschaftlichen und sprachlichen Situation bestimmte Sprachen und ihre Texte wahrgenommen werden und andere nicht. Davon zeugt die folgende Einschätzung von Gadinger, Jarzebski und Yildiz in ihrer Einleitung zum Sammelband *Poltische Narrative*. Ihre Diagnose lautet, dass „sich das politikwissenschaftliche Bemühen um eine adäquate Theoretisierung des Verhältnisses von Sprache und Politik derzeit weitgehend auf das Spektrum der Habermas-Foucault-Debatte beschränkt (...)."[6]

Zu diesem drastisch eingeschränkten Oszillieren zwischen den Polen „Foucault" und „Habermas" trägt nicht unwesentlich die anglo-amerikanische Kultur- und Sprachhegemonie bei, die die Rezeption anderssprachiger Texte zumindest tendenziell verhindert und so das Denken und Sprechen in bestimmte Bahnen lenkt: es beispielsweise zu einer unreflektierten Vermischung von Diskurs als „Rede" (Foucault) und Diskurs als „Gespräch" (Habermas) drängt.[7] Symptomatisch für diesen Zustand

---

4 E. Benveniste, *Problèmes de linguistique générale*, Bd. I, Paris, Gallimard,1966, S. 259.

5 Vgl. J. Mukařovský, „Das Individuum und die literarische Evolution", in: ders., *Kunst, Poetik, Semiotik*, Frankfurt, Suhrkamp, 1989, S. 219.

6 F. Gadinger, S. Jarzebski, T. Yildiz (Hrsg.), „Politische Narrative. Konturen einer politikwissenschaftlichen Erzähltheorie", in: F. Gadinger et al., *Politische Narrative. Konzepte – Analysen – Forschungspraxis*, Wiesbaden, Springer VS, 2014, S. 6.

7 Vgl. J. Spitzmüller, I. H. Warnke, *Diskurslinguistik. Eine Einführung in Theorien und Methoden der transtextuellen Sprachanalyse*, Berlin-

ist die Tatsache, dass Autoren wie Derrida, Foucault, Ricœur und Greimas immer wieder in englischer Übersetzung zitiert werden.[8] Ähnlich wie die Wirkung Hermann Hesses nach dem Zweiten Weltkrieg ist Foucaults Einfluss in Deutschland durch seine Breitenwirkung in den USA (z. B. im amerikanischen Feminismus und in den Cultural Studies) vermittelt.[9] Es gehört zu den Anliegen dieses Kapitels, außerhalb dieser Hegemonie zu denken.

Es ist jedoch nicht das Hauptanliegen. Dieses besteht darin zu zeigen, wie sich eine relativ homogene, strukturale Diskurstheorie aus der Überwindung der Lexikologie[10] und der *interphrastischen* Betrachtungsweise eines Zellig Harris zu einer *transphrastischen*, „semio-narrativen"[11] Auffassung und Neubestimmung des Diskursbegriffs entwickelt hat. Dies ist Gegenstand des *ersten Abschnitts*.

Im *zweiten* und *dritten Abschnitt* sollen die Schlüsselbegriffe der Strukturalen Semiotik – *Tiefenstruktur, Isotopie, Aktantenmodell, Modalität* und *Erzählprogramm* (*programme narratif*) – erläutert und aufeinander bezogen werden. Das Kernargument in diesen Abschnitten lautet: *dass die semantische Basis über die Erzählstrukturen oder den narrativen Ablauf des Diskurses entscheidet. Sie gibt ihm eine bestimmte Richtung vor und kann als Grundlage der Machtausübung aufgefasst werden.*

Boston, de Gruyter, 2011, S. 115: „Diskurs definiert Wichter dabei als ‚Äußerungsensemble', in dem in einer Gesellschaft – oder in mehreren Gesellschaften untereinander – ein Thema verhandelt wird." Vgl. auch: M. Dean, „Normalising Democracy. Foucault and Habermas on Democracy, Liberalism and Law", in: S. Ashenden, D. Owen (Hrsg.), *Foucault Contra Habermas. Recasting the Dialogue between Genealogy and Critical Theory*, London, Sage, 1999, S. 177-178.

8 Vgl. z. B. F. Gadinger et al. (Hrsg.), *Politische Narrative*, op. cit., S. 96, S. 135, S. 145.

9 Vgl. H.-H. Kögler, *Michel Foucault*, Stuttgart, Metzler, 2004, S. 176-183: „Exkurs 3: Die feministische Rezeption Foucaults (USA)" sowie J. Butler, *Psyche der Macht. Das Subjekt der Unterwerfung*, Frankfurt, Suhrkamp, 2013 (7. Auf.), Kap. III: „Subjektivation, Widerstand, Bedeutungsverschiebung. Zwischen Freud und Foucault".

10 Vgl. E. Landowski, „De quelques conditions sémiotiques de l'interaction", in: *Actes sémiotiques* V, 50, 1983, S. 9: „dépassement de la lexicologie classique".

11 Ibid., S. 10.

Im *vierten Abschnitt* wird die Strukturale Semiotik als Diskursanalyse anhand von Modellen veranschaulicht. Es soll gezeigt werden, dass die binären semantischen Gegensätze, die Greimas in seinem *semiotischen Viereck* (*carré sémiotique*) literarischen und nichtliterarischen Diskursen zugrunde legt, trotz wiederkehrender Einwände (vgl. Abschn. 2) sehr wohl die Dynamik dieser Diskurse erklären können, vor allem, wenn sie als *Relevanzkriterien* aufgefasst werden, für die sich erzählende Instanzen entscheiden.

Schon in diesem Stadium soll ein Beispiel veranschaulichen, was gemeint ist: Aus Marx'binärem Gegensatz *Kapital/Arbeit* geht ein bestimmter *Diskurs als Erzählung* hervor: der Diskurs über den Klassenkampf und die Überwindung des Kapitalismus. Ein ganz anderer Diskurs kommt dadurch zustande, dass der semantische Gegensatz *männlich/weiblich* zugrunde gelegt wird, der die Entwicklung der Gesellschaft als Frauenemanzipation erzählt.

Im *fünften Abschnitt* setzt die Darstellung der Strukturalen Semiotik aus der Sicht einer Kritischen Theorie ein, die der Autor im Anschluss an Adorno und Bachtin als Textsoziologie und Dialogische Theorie weiterentwickelt. In diesem Ansatz kommt es primär darauf an, den *Diskurs als Machtausübung* aufzufassen und der Kritik auszusetzen: einer Kritik, die durchaus auch an Foucault, Bourdieu und Fairclough anknüpft. In diesem Abschnitt spielt die *Relevanz* eine wesentliche Rolle – zusammen mit der schon aufgeworfenen Frage: *Wer erzählt wen?* Diese Frage ist von der *Subjekt-Problematik* nicht zu trennen.

Im *sechsten Abschnitt* werden die Kernbegriffe der Textsoziologie erläutert: *soziolinguistische Situation*, *Intertextualität, Soziolekt* und *Diskurs*. Wie Fairclough geht der Autor davon aus, dass in jeder soziolinguistischen Situation verschiedene individuelle und kollektive Sprachen intertextuell, dialogisch aufeinander reagieren. Mit dem *Soziolekt* führt er einen Begriff ein, der dem *kollektiven Faktor* in der sprachlichen Dynamik einer Gesellschaft Rechnung trägt und den *Diskursbegriff als abgeleiteten Begriff* konkretisiert.

Im *letzten Abschnitt* erscheint der *Diskurs als Ideologie*, als dualistische und monologische Struktur, die sich mit der Wirklichkeit identifiziert, in einem etwas anderen Licht. Die Kritik des ideologischen Diskurses als *Monolog und Machtausübung* schlägt eine Brücke zu den Modellanalysen im Zweiten Teil des Buches, die diskursive Machtausübung und Unterdrückung der Subjektivität zum Gegenstand haben.

1. Von der interphrastischen zur transphrastischen Diskurstheorie

Die Strukturale Semiotik, die Algirdas J. Greimas gemeinsam mit seinen Pariser Mitarbeitern entwickelt hat, geht zwar von der Lexikologie (als Untersuchung von Wortbedeutungen)[12] aus, verabschiedet sich jedoch bald von dieser empiristisch geprägten Wissenschaft, um als Semantik größere Bedeutungszusammenhänge ins Auge zu fassen. Von dieser *Bewegung vom Besonderen zum Allgemeinen* zeugt Greimas' *Sémantique structurale* (1966, dt. *Strukturale Semantik*, 1971).[13] Die Strukturale Semiotik in ihrer gegenwärtigen Gestalt ist eine Fortsetzung dieser Bewegung, die in eine Synthese semantischer, syntaktischer und narrativer Strukturen mündet.

In seiner Einleitung zu dem programmatisch konzipierten Sammelband *Sémiotique. L'Ecole de Paris* (1982) stellt Jean-Claude Coquet diese Entwicklung dar, indem er *drei Phasen* in Greimas' Werk unterscheidet: „A. J. Greimas erblickte in der *Lexikologie* eine Disziplin, die möglicherweise in der Lage wäre, das theoretische und methodologische Instrumentarium zu liefern, das die Humanwissenschaften brauchen; im Jahre 1966 ersetzte er die Lexikologie durch die *Semantik* und nach 1970 die Semantik durch die *Semiotik*."[14]

Freilich bringt diese Substitution keinen Verzicht auf die Semantik mit sich; diese bleibt in der Semiotik als *Text*wissenschaft aufgehoben und bildet dort die Grundlage, die die *Beschaffenheit des Diskurses als Erzählung* erklärt. „Text" und

---

12 Vgl. „Lexicologie", in: A. J. Greimas, J. Courtés, *Sémiotique. Dictionnaire raisonné de la théorie du langage*, Paris, Hachette, 1979, S. 209.

13 Vgl. A. J. Greimas, *Sémantique structurale*, Paris, Larousse, 1966. (*Strukturale Semantik*, Braunschweig, Vieweg, 1971.)

14 J.-C. Coquet, „L'Ecole de Paris", in: ders., *Sémiotique. L'Ecole de Paris*, op. cit., S. 16.

„Diskurs“ sollten nicht als Synonyme verwendet werden, wie es auch bei Greimas geschieht (vgl. „Vorwort“).[15] *Jeder Diskurs ist ein gesprochener oder geschriebener Text, aber nicht jeder Text ist ein Diskurs.* Straßennamen, Telefonverzeichnisse und dadaistische Gedichte sind Texte – aber keine Diskurse. In ihnen wird nichts erzählt und nicht einmal ein Nexus von Semantik und Syntax hergestellt. Fazit: *Text ist der übergeordnete Begriff.*[16]

Die Verknüpfung von Semantik, Syntax und Makrosyntax (Erzählung) erklärt die von der Strukturalen Semiotik ausgehende Kritik an Zellig Harris, der in seinem bekannten Artikel „Discourse Analysis“ (1952)[17] versucht, den Diskurs als ein grammatisch fundiertes Ineinander von Sätzen zu begreifen, aber seine semantischen Grundlagen ebenso wie seinen sozialen (pragmatischen) Kontext unberücksichtigt lässt, wie der folgende Satz aus „Discourse Analysis“ zeigt: „Die deskriptive Linguistik hat nicht die Möglichkeit, der gesellschaftlichen Situation Rechnung zu tragen (…).“[18]

Dieser „interphrastischen“ (auf die Verknüpfung einzelner Sätze ausgerichteten) Betrachtungsweise stellt Jean-Claude Coquet die strukturale oder *transphrastische Auffassung des Diskurses* gegenüber: „Wenn wir neue Ursachen der erkenntnistheoretischen und methodologischen Verwirrung vermeiden wollen, sollten wir den Bereich des Interphrastischen (Z. Harris) vom Bereich des Transphrastischen (semiotischen) unterscheiden.“[19] Diese implizite Kritik an Harris, die eine semiotische Diskursanalyse ankündigt, wird von Nicolas Ruwet bestätigt:

---

15 Vgl. A. J. Greimas, J. Courtés, *Sémiotique*, op. cit., S. 102.

16 Vgl. S. Habscheid, *Text und Diskurs*, Paderborn, Fink, 2009, S. 72: Auf dieser Seite werden Diskurse als „sprachliche Strukturen oberhalb der Satzebene“ aufgefasst; auf der nächsten Seite erscheint „Diskurs“ als „Gespräch“.

17 Vgl. Z. Harris, „Discourse Analysis“, in: *Language*, Bd. 28, 1952.

18 Ibid., S. 6.

19 J.-C. Coquet, „L'Ecole de Paris“, in: ders., *Sémiotique. L'Ecole de Paris*, op. cit., S. 33.

„Harris klammert bewusst alle semantischen und vor allem pragmatischen Überlegungen aus."[20]

Obwohl Fairclough den pragmatischen oder sozialen Kontext als Kommunikationssituation (Debatte, Interview, Unterhaltung) in Betracht zieht, betrifft Ruwets strukturale Kritik auch ihn, weil er versucht, die grammatische Verkettung von Sätzen durch Begriffe wie „Genre", „Rhetorik" und „Stil" zu erklären, statt den Diskurs als *einheitliche semantisch-syntaktische und narrative Struktur* aufzufassen. Dabei verschwindet die semantische Basis des Diskurses aus dem Blickfeld. Es sind jedoch semantische Entscheidungen des Diskurssubjekts – Relevanzkriterien, Selektionen und Klassifikationen, – die einem Diskurs seine Richtung vorgeben: seine Teleologie.

Daher kann Greimas in einem Gespräch mit Hans-George Ruprecht feststellen: „Das Paradigmatische ist es, das das Syntagmatische organisiert." („C'est le paradigmatique qui organise le syntagmatique.")[21] Das heißt, dass die paradigmatisch verwandten Wörter (im Sinne von Saussure), die eine semantische Ebene oder *Isotopie* (vgl. Abschn. 2) bilden, die syntaktische und narrative Struktur des Diskurses bestimmen.

Anhand von zwei Satzsequenzen aus den Frühschriften von Marx und aus Judith Butlers *Das Unbehagen der Geschlechter* soll veranschaulicht werden, was gemeint ist. In „Nationalökonomie und Philosophie" schreibt der junge Marx: „Um den *Gedanken* des Privateigentums aufzuheben, dazu reicht der *gedachte* Kommunismus vollständig aus. Um das wirkliche Privateigentum aufzuheben, dazu gehört eine *wirkliche* kommunistische Aktion."[22]

Um diese beiden Sätze als Bestandteile eines Diskurses zu verstehen, genügt es nicht, ihre grammatische Verknüpfung durch die Rekonstruktion der beiden Finalsätze nachzuweisen.

---

20 N. Ruwet, „Parallélismes et déviations en poésie", in: J. Kristeva et al., *Langue, discours, société. Pour Emile Benveniste*, Paris, Seuil, 1975, S. 310.

21 H.-G. Ruprecht, „Ouvertures métasémiotiques. Entretien avec Algirdas Julien Greimas", in: *Recherches sémiotiques/Semiotic Inquiry*, vol. 3, no. 4, 1983, S. 9.

22 K. Marx, *Die Frühschriften. Von 1837 bis zum Manifest der kommunistischen Partei 1848* (Hrsg. S. Landshut), Stuttgart, Kröner, 1971, S. 265.

Um sie konkret als eine *Sequenz des Marxschen Diskurses* zu verstehen, ist es notwendig, sie im Rahmen seiner *Diskurssemantik* zu lesen, die vom Gegensatz *Idealismus/Materialismus* und von dem komplementären Gegensatz *Theorie/Praxis* strukturiert wird. Während der erste Satz intertextuell-ironisch auf den Idealismus (Hegels, Stirners) anspielt, plädiert der zweite Satz für die Einheit von Theorie und Praxis. In ihm ist *in nuce* die geplante Revolution als Erzählung angelegt.

Analog dazu sind die folgenden beiden Sätze in Judith Butlers *Das Unbehagen der Geschlechter* zu lesen: „Es genügt also nicht zu untersuchen, wie Frauen in Sprache und Politik vollständiger repräsentiert werden können. Die feministische Kritik muß auch begreifen, wie die Kategorie ‚Fraue(n)', das Subjekt des Feminismus, gerade durch jene Machtstrukturen hervorgebracht und eingeschränkt wird, mittels derer das Ziel der Emanzipation erreicht werden soll."[23]

Auch in diesem Fall wird man sich nicht mit einer grammatischen („interphrastischen", Harris) Verknüpfung der beiden Sätze begnügen wollen, sondern wird versuchen herauszufinden, wie die beiden Sätze diskurssemantisch zusammenhängen. Ihr Zusammenhang kommt im Rahmen des semantischen Gegensatzes *subjektive Unterwerfung/subjektive Befreiung* zustande, der zur Reflexion drängt: Frauen können nur dann hoffen, sich zu befreien, wenn sie die Strukturen reflektieren, denen sie unterworfen sind. Das heißt, dass die Befreiung nur aus der Wahrnehmung der Unterwerfung hervorgehen und nicht spontan erfolgen kann.

Anhand dieser beiden Beispiele sollte die Bedeutung der Strukturalen Semiotik für die *Lesepraxis* erläutert werden. Wenn ich einen Text verstehen will, kann ich mich nicht mit der Beobachtung von Satzzusammenhängen begnügen, sondern muss der Frage nachgehen, welche *Funktion Sätze innerhalb der Diskurssemantik* erfüllen. Im Falle von Marx wird es sich stets lohnen, auf die Wechselbeziehung von Idealismus und Materialismus zu achten, bei Judith Butler auf den Nexus von (subjektiver) Unterwerfung und Befreiung.

---

23 J. Butler, *Das Unbehagen der Geschlechter*, Frankfurt, Suhrkamp, 2014 (17. Aufl.), S. 17.

Was für den Satz gilt, gilt in noch stärkerem Maße für das *Wort* (als *Lexem*). So erklärt beispielsweise Frank Furedi in dem Band *Talking Truth, Confronting Power* (2008): „Seit dem Ende der 1970er Jahre ist der Begriff der Vulnerabilität aus der Ökologie in die Sozialwissenschaften, vor allem in die Psychologie, gewandert, wo er oft als hausgemacht betrachtet wird (...).“[24] Der Autor untersucht zwar den Bedeutungswandel, den der Begriff von Kontext zu Kontext durchmacht, ohne aber die Diskurssemantiken zu berücksichtigen, die diesen Bedeutungswandel bewirken.

Die Strukturale Semiotik verdankt ihre Bezeichnung der Ausrichtung auf diese Semantiken und auf die *Grund- oder Tiefenstrukturen*, mit denen sich schon Claude Lévi-Strauss in seiner Strukturalen Anthropologie befasste, als er seinen Untersuchungen Gegensätze wie *endogam/exogam*, *roh/gekocht* usw. zugrunde legte.[25] Ausgehend von der Strukturalen Anthropologie, betrachtet Greimas in seinen Analysen literarischer und nichtliterarischer Texte binäre Gegensätze wie *Leben/Tod, Licht/Dunkel* oder *Natur/Kultur* als relevant.

Aus diesen Grundstrukturen sind an der Textoberfläche die *Funktionen der Akteure oder Aktanten* und ihrer Handlungen ableitbar. Mit ihnen hat sich als erster Vladimir J. Propp in seiner *Morphologie des Märchens* (*Morfologija skazki*, 1928) befasst, in der er genau 31 Funktionen (als Handlungstypen) unterscheidet. Von diesen 31 Funktionen seien hier zur Veranschaulichung nur drei genannt, die knapp zusammengefasst werden können: „Ein Familienmitglied verlässt das Haus für eine Zeit“ (F 1); „der Held und sein Gegner treten in einen direkten Zweikampf“ (F 16); „der Gegenspieler wird besiegt“ (F 18) usw.

In der Strukturalen Semiotik geht es darum, aus Lévi-Strauss' Strukturaler Anthropologie und Propps Morphologie eine *semiotische Synthese* zu bilden, in der die semantischen Grundstrukturen die Handlungsfunktionen und den aus ihnen hervorgehenden narrativen Ablauf bestimmen. So kommt eine

---

24 F. Furedi, „Vulnerability – Analytical Concept or Rhetorical Idiom?“, in: J. Setterswaite et al., *Talking Truth, Confronting Power*, Stoke-on-Trent-Stirling, Trentham Books, 2008, S. 44.

25 Vgl. C. Lévi-Strauss, *Das Rohe und das Gekochte*, Frankfurt, Suhrkamp, 1971.

Auffassung des Diskurses als semantisch-syntaktischer und narrativer Struktur zustande.

2. Strukturale Semiotik I: Tiefenstruktur und Isotopie

In diesem und dem nächsten Abschnitt kommt es primär darauf an, den Übergang von der semantischen Ebene zur narrativen Ebene der handelnden Instanzen (Akteure und Aktanten) darzustellen, um einen zusammenhängenden semiotischen Diskursbegriff vorschlagen zu können. Im Zusammenhang mit der Tiefenstruktur und dem Aktantenmodell soll gezeigt werden, wie sowohl auf semantischer als auch auf narrativer (aktantieller) Ebene Macht ausgeübt wird. (*Aktanten* werden hier vorläufig als individuelle, kollektive, mythische oder abstrakte Instanzen definiert: Es sind Helden, Organisationen, Götter oder Begriffe wie „Wahrheit", die „sich durchsetzt" oder „siegt".)

Weder in Lévi-Strauss' Strukturaler Anthropologie noch in Propps Morphologie ist von Machtausübung die Rede. Es ist jedoch bekannt, dass die Strukturen der Verwandtschaft, die Lévi-Strauss in verschiedenen Stammesgesellschaften untersucht, auf Regelsystemen gründen, in denen auch Interessen und Machtansprüche zum Ausdruck kommen. In seinem Kommentar zu den von Lévi-Strauss analysierten Stammesmythologien erklärt der Soziologe Richard Münch: „Sie stellen einen Code dar, der als Tiefenstruktur jeglichem tatsächlichen Denken, jeder Rede und jeder Handlung an der Oberfläche des gesellschaftlichen Lebens zugrunde liegt."[26] Dieser Kode ist als System von Regeln aufzufassen, die das alltägliche Denken, Sprechen und Handeln steuern: „Es gibt bestimmte Regeln für die Heirat zwischen Familien, Regeln bezüglich des Austauschs von Frauen."[27]

Spätestens hier drängt sich die Vermutung auf, dass die Strukturale Anthropologie, die es mit archaischen Stammesgesellschaften zu tun hat, die das Phänomen der modernen Individualisierung nicht kennen, zusammen mit dem Individuum und

26 R. Münch, *Soziologische Theorie*, Bd. III: *Gesellschaftstheorie*, Frankfurt-New York, Campus, 2004, S. 380.

27 Ibid., S. 379.

seiner Autonomie auch den subjektiven Faktor ausblendet. Er scheint in vorindividualistischen Gesellschaften keine Rolle zu spielen: ebenso wenig wie der individuelle Machtanspruch. Bei näherem Hinsehen wird indes deutlich, dass der Machtanspruch keineswegs fehlt: Er kann auf kollektiver Ebene beobachtet werden, auf der der „Austausch von Frauen" stattfindet.

Er wird von einer Feministin wie Luce Irigaray erläutert: „Der Tausch von Frauen als Gütern begleitet und stimuliert den Austausch anderer ‚Reichtümer' unter den Männergruppen."[28] Dies bedeutet konkret, dass die Männer *als aktive kollektive Instanz* Macht ausüben, während die Frauen sie als „Güter" *erleiden*. Da die Strukturale Anthropologie diesen Aspekt im Dunkeln lässt, kann sie auch die Herrschaftsstrukturen nicht zutage treten lassen, die Stammesgesellschaften begründen und möglicherweise die Entwicklung der Menschheit mitbedingten.

Greimas knüpft an die Strukturale Anthropologie an, wenn er davon ausgeht, dass jedem Diskurs eine besondere *Tiefenstruktur* zugrunde liegt, die seine Semantik prägt und über diese Semantik ein Aktantenmodell entstehen lässt, das den narrativen Ablauf des Diskurses steuert. Obwohl Greimas den Machtfaktor bisweilen indirekt anspricht, stellt er ihn nie in den Vordergrund. Von dieser theoretischen Lücke geht hier die textsoziologische Kritik an der Strukturalen Semiotik aus.

Sie fasst die *Tiefenstruktur* als Ergebnis einer subjektiven *Relevanzentscheidung* für einen bestimmten Grundgegensatz auf, und zwar als Antwort auf die Frage: *Was ist relevant?* – etwa im Sinne einer Entscheidung für *männlich/weiblich* statt *Kapital/Arbeit* (Marx) oder *System/Umwelt* (Luhmann) statt *System/Lebenswelt* (Habermas). Diese Entscheidung ist zugleich *Machtausübung*, weil sie den narrativen Verlauf eines Diskurses festlegt und dadurch intertextuell konkurrierende Diskurse negiert, abwertet.

Für das Verständnis der *Tiefenstruktur* ist Greimas' Analyse von Georges Bernanos' (1888-1948) Romanen in der *Strukturalen Semantik* von Bedeutung. Sie gründet auf dem Gedanken, dass die Struktur, die Bernanos' Romanwerk zugrunde liegt, im umfassenden Gegensatz *Leben/Tod* zum Ausdruck kommt und

---

28 L. Irigaray, *Das Geschlecht, das nicht eins ist*, Berlin, Merve, 1979, S. 179.

dass alle übrigen Gegensätze und Unterschiede in diesem Werk von ihm ableitbar sind.

In diesem Zusammenhang mag eine Bemerkung von Greimas und Courtés in ihrem Nachschlagewerk *Sémiotique* (1979) hilfreich sein: „(…) Man kann sagen, dass die Kategorie *Leben/Tod* die individuellen Welten prägt und die Kategorie *Natur/Kultur* die kollektiven Welten.“[29] Im Zusammenhang mit dem Diskurs des Marxismus stellt sich die Frage, ob es sich wirklich so verhält: ob nicht etwa der kollektive Gegensatz *Kapital/Arbeit* entscheidend ist. (Der Konflikt der Diskurse ist vorprogrammiert.)

Der Begriff „Existenz“ und die mit ihm verwandten Begriffe werden von einem semantischen Grundgegensatz eingefasst: „Mit anderen Worten besteht die menschliche Existenz aus Leben und aus Tod, die zwei kontradiktorische und komplementäre Terme ihres noologischen Wesens sind.“[30] Dies mag banal klingen, ist es aber nicht, wenn man bedenkt, dass ein Text schwer zu verstehen ist, solange man seinen semantischen Grundgegensatz nicht in den Blick nimmt. Dies sollte hier im Zusammenhang mit den Textpassagen aus Marx' Frühschriften und aus Judith Butlers *Das Unbehagen der Geschlechter* deutlich geworden sein.

Im Anschluss an den die „Existenz“ umfassenden Gegensatz bringt Greimas die Struktur von Bernanos' Romanwerk auf die folgende Formel:

$$\frac{\text{L}}{\text{nicht L}} \simeq \frac{\text{T}}{\text{nicht T}}$$

In ihr unterscheidet er zwischen *Gegensätzen* (*contraires*) und *Widersprüchen (contradictions*): Während (L)eben und (T)od einen Gegensatz bilden, bilden (L)eben und Nicht-L(eben) sowie T(od) und Nicht-T(od) Widersprüche. Während im L die positiven Definitionen des Lebens enthalten sind (*Wärme, Veränderung, Klarheit*), enthält T die positiven Definitionen des Todes (*Schwere, Farblosigkeit, Monotonie*) und Nicht-T die ne-

29 A. J. Greimas, J. Courtés, *Sémiotique*, op. cit., S. 363.

30 A. J. Greimas, *Strukturale Semantik*, Braunschweig, Vieweg, 1971, S. 208-209.

gativen Definitionen des Lebens (*Reinheit, Luftförmigkeit, Farbe*).

Einige Jahre später, in *Du Sens* (1970), hat Greimas diese oft als „achronisch" bezeichnete Struktur präzisiert, indem er dem semantischen Grundgegensatz die Form eines *semiotischen Vierecks* (*carré sémiotique*) gab. Es soll Gegensätze und Widersprüche systematischer aufeinander beziehen und eine schematische Übersicht erleichtern. Die Implikationsverhältnisse zwischen Leben und Nicht-Tod sowie Tod und Nicht-Leben sollen so verdeutlicht werden. Es soll u. a. veranschaulicht werden, dass der bei Bernanos dominierende semantische *Gegensatz* (*contraire*) von Leben und Tod die zwei *Widersprüche* (*contradictions*) zwischen Leben und Nicht-Leben, zwischen Tod und Nicht-Tod sowie die *Implikationen* (*implications*) zwischen Leben und Nicht-Tod sowie Tod und Nicht-Leben beinhaltet.[31]

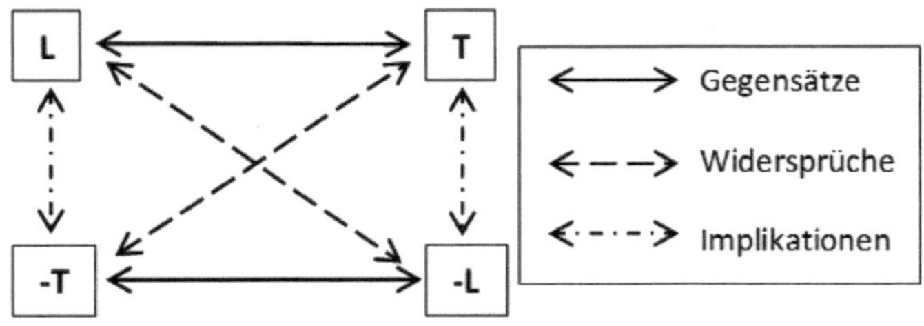

Dieses „semiotische Viereck" ist keine Gesamtdarstellung der semantischen Basis eines Diskurses: Denn die hier genannten Begriffe – etwa Tod und Leben, Wärme, Farblosigkeit, Reinheit usw. – erfüllen eine strukturierende Funktion, die über den Grundgegensatz hinausweist. Dank ihrer Allgemeinheit können diesen Begriffen Wortgruppen oder *Wortklassen* subsumiert werden: dem Begriff „Wärme" etwa das „Sonnenlicht", die „Liebe", das „Feuer" usw. Greimas bezeichnet solche Wortgruppen als *semantische Isotopien*, und es soll jetzt schon angemerkt werden, dass diese Isotopien *Sinnebenen* sind, auf denen Aktanten und Akteure (Helden und Antihelden, Parteien und Gegenparteien, Staaten und Staatenverbände) denken, sprechen

31 A. J. Greimas, *Du Sens*, Paris, Seuil, 1970, S. 137.

und handeln. So wird ein *Nexus zwischen der Diskurssemantik und dem narrativen Ablauf des Diskurses* (als Handlungs- und Ereignisablauf) hergestellt.

Insofern ist der an Greimas' Adresse gerichtete Vorwurf, er könne aus dem „achronischen“ Viereck keine narrative Dynamik oder Erzählung ableiten, unberechtigt, zumal Bezeichnungen wie Nicht-Tod (z. B. „Krankheit“) und Nicht-Leben (z. B. „sterben“) dynamische Übergänge vom Leben zum Tod andeuten.[32]

Doch was ist eine *Isotopie*? Außerhalb der Strukturalen Semiotik könnte der Begriff als „Wiederholung im Text von Wörtern mit ähnlichen Bedeutungen oder semantischen Merkmalen“ definiert werden. So enthalten beispielsweise die Wörter „Hai“, „Rochen“ und „Kabeljau“ das ihnen gemeinsame semantische Merkmal *Fisch*, und sie können daher dem *Oberbegriff* oder *Klassem* „Fisch“ subsumiert werden. Greimas und Courtés definieren die *semantische Isotopie* im Hinblick auf die *Wortwiederholung in Sätzen* (in Syntagmen, Saussure) wie folgt: „wiederholtes Auftreten auf syntagmatischer Ebene von Klassemen, die die Homogenität des Diskurses als Aussage gewährleisten“ („l'itérativité, le long d'une chaîne syntagmatique, de classèmes qui assurent au discours-énoncé son homogénéité“).[33]

So ist beispielsweise der Satz „Hans und Grete lieben einander und wollen bald heiraten“ zusammenhängend, weil den Wörtern „Hans“, „Grete“, „lieben“ und „heiraten“ der Oberbegriff „menschlich“ innewohnt, so dass der Satz auf der Isotopie „menschlich“ gelesen werden kann. (In diesem Kontext gilt es zu berücksichtigen, dass es nicht nur semantische Isotopien auf der *Inhaltsebene*, sondern auch phonetische Isotopien als Wiederholungen von Phonemen auf der *Ausdrucksebene* gibt: etwa Alliterationen oder Assonanzen. In der Literaturwissenschaft wird bisweilen untersucht, inwiefern semantische und phonetische Isotopien einander ergänzen: etwa in Gedichten. Sie kön-

---

32 Vgl. C. Bremond, *Logique du récit*, Paris, Seuil, 1973, S. 93 sowie W. O. Hendricks, „Circling the Square. On Greimas's Semiotics“, in: *Semiotica* 75, 1-2, 1989, S. 116.

33 A. J. Greimas, J. Courtés, *Sémiotique*, op. cit., S. 197.

nen einander auch in der Rhetorik ergänzen: etwa in Cäsars bekanntem Satz „Veni, vidi, vici".)[34]

Greimas nennt die hier erwähnten Oberbegriffe *Klasseme* oder *kontextuelle Seme*, weil sie aufgrund ihres *wiederholten Auftretens* (ihrer *Rekurrenz*) in einzelnen Wörtern oder Wortfolgen *Wortklassen* bilden, die über den einzelnen Satz hinausgehen. Sie verknüpfen Sätze und ganze Textteile miteinander und garantieren so „die Homogenität des Diskurses als Aussage".

Als Beispiel können die folgenden Sätze angeführt werden: „Auch die *FAZ* befasst sich mit den Unruhen in Katalonien. Das Blatt berichtet über die neuesten Demonstrationen in Barcelona und verweist auf die Berichterstattung in *El País*." Die zwei Sätze können auf der *Isotopie* „Presse" gelesen werden, weil das *Klassem* „Presse" als Oberbegriff in den Wörtern „*FAZ*", „befasst", „Blatt", „berichtet", „verweist", „Berichterstattung" und „*El País*" vorkommt (rekurriert). Die *zweite Isotopie*, die ebenfalls die beiden Sätze miteinander verknüpft, gründet auf dem *Klassem* „Politik", das den Wörtern „Unruhen", „Katalonien", „Barcelona" und „Demonstrationen" innewohnt. Die *Isotopie* „Politik" ist spezifischer als die *Isotopie* „Presse", und der Text wird vor allem auf dieser Isotopie als *Nachricht* gelesen.

Hier wird deutlich, wie sich eine transphrastische Auffassung des Diskurses von einer interphrastischen unterscheidet: Die transphrastische Auffassung nimmt die semantischen Zusammenhänge in den Blick, die von einem semantischen Grundgegensatz konstituiert werden und als Isotopien über einzelne Sätze und die Satzgrammatik hinausweisen. Damit präzisiert sie auch den Ausdruck „Deutungsmuster", den Reiner Keller verwendet, wenn er schreibt: „Bedeutungen liegen in den Diskursen nicht als lose Zeichenpartikel, sondern in Gestalt von Deutungsmustern vor."[35] Im Rahmen der Strukturalen Semiotik könnte man wesentlich präziser formulieren und sagen: *Lexeme (Wör-*

---

34 Vgl. E. Köhler, „‚Can vei la lauzeta mover'. Überlegungen zum Verhältnis von phonetischer Struktur und semantischer Struktur", in: ders., *Literatursoziologische Perspektiven. Gesammelte Aufsätze* (Hrsg. H. Krauss), Heidelberg, Winter, 1982, S. 69.

35 R. Keller, „Wissenssoziologische Diskursanalyse als interpretative Analytik", in: R. Keller et al. (Hrsg.), *Die diskursive Konstruktion von Wirklichkeit*, Köln, H. von Halem Verlag, 2008, S. 69.

ter) werden in Diskursen auf semantischen Isotopien monosemiert.

Während Wörter als *Lexeme* im Lexikon zumeist *vieldeutig* (*polysem*) sind, werden sie in einem Text monosemiert, weil sie auf *ein Sem als Klassem* festgelegt werden, wobei andere Seme (Bedeutungen) entfallen. Als Beispiel mag hier das Wort „Blatt" dienen: Während es im Lexikon *poly*sem ist, weil es auch die Seme „Natur" (Baumblatt), „Technik" (Blatt einer Säge), „Kartenspiel" usw. enthält, wird es in den hier angeführten Sätzen auf die Bedeutung „Presse" festgelegt oder *mono*semiert (es enthält dort nur noch *ein Sem*). Um sie von vieldeutigen Wörtern im Lexikon (Lexemen) zu unterscheiden, bezeichnet Greimas monosemierte Wörter in Texten als *Sememe.* Das Wort „Blatt" wäre im vorliegenden Fall demnach als *Semem* aufzufassen, in dem das *Klassem* „Presse" auf der gleichnamigen Isotopie aktualisiert wurde. (Dies bedeutet nicht, dass alle Wörter in Texten eindeutig sind. Witze und Gedichte beispielsweise spielen mit Vieldeutigkeiten.)

Ähnlich wie der Begriff *Tiefenstruktur* ist der Begriff *Isotopie* von eminent praktischer Bedeutung, weil auch er zur Entschlüsselung eines Textes beitragen kann. Während der semantische Grundgegensatz *ontisch/ontologisch* den Einstieg in Heideggers Werk *Sein und Zeit* (1927) erleichtern kann, kann der Isotopiebegriff bei der Lektüre behilflich sein, weil er immer wieder die Frage aufkommen lässt, ob ein Ausdruck auf der ontischen oder auf der ontologischen Isotopie zu lesen ist und wie weit sich diese Isotopie in einem Textabschnitt erstreckt.

Im vorliegenden Fall kann der Isotopiebegriff auf die Strukturale Semiotik selbst angewandt werden. Die Frage kann lauten, was geschieht, wenn ihr Diskurs in seiner Gesamtheit auf der *Isotopie* „Macht" (*Klassem*) gelesen wird, die bisweilen angedeutet, aber nie expliziert wird. In einem ersten Schritt kann der semantische Grundgegensatz als Tiefenstruktur einem individuellen oder kollektiven Subjekt zugerechnet werden, das durch seine semantische Entscheidung bewusst oder unbewusst Macht ausübt. Indem sich Marx beispielsweise für den Gegensatz *Arbeit/Kapital* entscheidet (und nicht etwa für den Gegensatz *Natur/Kultur*), erzählt er die Geschichte des Klassenkampfes, in der die beiden *kollektiven Aktanten* „Proletariat" und

„Bürgertum“ einander gegenüberstehen. Während der *Aktant* „Proletariat“ auf der *Isotopie* „Revolution“ agiert, agiert der *Aktant* „Bürgertum“ auf der *Isotopie* „Reaktion“ (oder „Beharrung“). Marx’ Erzählung hat wie kaum eine andere das 20. Jahrhundert durchwirkt und Mächte auf den Plan gerufen, an deren Verschwinden vor 1989 nur Wenige geglaubt hatten. Man versteht Marx’Diskurs nicht, wenn man seine dualistische Semantik außer Acht lässt, die seine Wirkmächtigkeit ermöglicht hat.

Aus der Sicht der Strukturalen Semiotik ist nicht nur Marx’ Gegensatz *Arbeit/Kapital* relevant, sondern auch der übergeordnete Gegensatz *Sein/Schein* (*être/paraître*, Greimas).[36] Während das Bürgertum bei Marx einen abstrakten Humanismus der Gleichheit verkündet und auf der ideologischen *Isotopie des Scheins* agiert, setzt sich das Proletariat für echte Gleichheit jenseits der Klassengesellschaft ein und handelt auf der *Isotopie des Seins*. Darin stimmt es mit zahlreichen Märchenhelden überein, die durch „Ehrlichkeit“, „Offenheit“ und „Tapferkeit“ gekennzeichnet sind, während ihre Gegner auf der Isotopie des Scheins agieren und versuchen, durch „Verstellung“, „Hinterlist“ und „Betrug“ ans Ziel zu gelangen – und dieses Ziel in der Regel verfehlen. Marx mag gehofft haben, dass es in der von ihm erzählten Geschichte so ähnlich zugehen würde wie im Märchen.

3. Strukturale Semiotik II: Aktanten, Modalitäten und narrative Programme

Inzwischen mag deutlich geworden sein, dass das Handeln von *Akteuren* und *Aktanten* (vgl. weiter unten) nicht isoliert zu verstehen ist, weil es *auf Isotopien als semantischen Ebenen* stattfindet. Auf dieser semantischen Grundlage werden Ereignisse und Handlungen im diskursiven Ablauf konstruiert: „Helden“ und „Antihelden“, „Helfer“ und „Widersacher“ treten gegeneinander an und bewegen sich auf der vom Diskurssubjekt konstruierten Isotopie wie handelnde Instanzen auf einer Bühne. In der Regel kämpfen sie um ein begehrtes Objekt: um den Schatz

---

36 Vgl. A. J. Greimas, *Maupassant. La Sémiotique du texte: exercices pratiques*, Partis, Seuil, 1976, S. 264.

oder die Prinzessin im Märchen, die Wahrheit in der Philosophie, die (richtige) Gesellschaft in den Sozialwissenschaften.

Greimas nennt diese handelnden Instanzen *Aktanten* und unterscheidet zwei Arten: *Aktanten der Kommunikation* (des Aussagevorgangs) und *Aktanten der Erzählung* (der Aussage). Aktanten der Kommunikation sind alle Erzähler (Sender) der literarischen, wissenschaftlichen oder ideologischen (politischen) Texte und alle ihre Hörer oder Leser (Empfänger). Aktanten der Erzählung sind die *in der Erzählung* auftretenden individuellen, kollektiven oder abstrakten Instanzen, die symmetrisch in *Helden* und *Antihelden, Helfer* und *Widersacher* (der Helden), *Auftraggeber* und *Gegenauftraggeber* eingeteilt werden.

Alle diese Instanzen sind *Subjekt-Aktanten*: handelnde Subjekte oder Antisubjekte. Eine wichtige Funktion erfüllt in diesem Schema – symmetrisch zu den *Subjekt-Aktanten* – der *Objekt-Aktant*, dessen sich sowohl der Held als auch der Antiheld, sowohl der *Auftraggeber* (des Helden) als auch der *Gegenauftraggeber* (des Antihelden) bemächtigen wollen: der Schatz im Märchen oder Abenteuerroman (man denke an Stevensons *Treasure Island*), der Staatsapparat (etwa bei Lenin), die Wirtschaft, die Gesellschaft, die Macht oder der Mensch in ideologischen, philosophischen oder sozialwissenschaftlichen Erzählungen.

Eine besondere Funktion fällt in Greimas' Aktantenmodell dem *Subjekt-Aktanten als Auftraggeber* (*destinateur*, Greimas) zu: „Der Auftraggeber (gesellschaftliche Autorität, die den Helden mit einem Heilsauftrag betraut) teilt dem Helden die Rolle des Beauftragten zu (…).“[37] Es gilt also, *zwei verschiedene Auftraggeber-Funktionen* zu unterscheiden: den *Auftraggeber (destinateur)* als *Aktanten der Kommunikation*, als Sender einer *Nachricht* (*énonciation*), die sich an einen *Empfänger* (*destinataire*) richtet, vom *Auftraggeber als Aktanten der Erzählung* (der *Aussage, énoncé*), der *in* der Erzählung einem individuellen oder kollektiven „Helden“ einen „Heilsauftrag“ erteilt.

Dieser Auftraggeber muss, wenn man ihn richtig einschätzen will, auf der *Isotopie* „Macht“ angesiedelt werden. Denn seine Funktion fällt ausschließlich mächtigen Instanzen zu: Göttern in polytheistischen Religionen, Gott im Monotheismus, dem König im Märchen, der „Geschichte“ bei Hegel und im

37 A. J. Greimas, *Du Sens*, op. cit., S. 234.

Marxismus oder der politischen Partei. Entscheidend ist nicht so sehr diese Erkenntnis, sondern die beobachtbare Tatsache, die auch Bourdieu und Fairclough ansprechen, dass Individuen und Gruppen im Auftrag wirklicher, mythischer oder imaginärer Auftraggeber versuchen, Macht auszuüben – mit wechselndem Erfolg.

Ein Priester kann sich auf Gott oder die Götter berufen und seine eigene Vorstellung von Moral oder Politik verkünden; jemand kann offiziell im Auftrag der „Moral" oder der „Solidarität" handeln und (wie Pareto wusste)[38] lediglich seine eigenen unausgesprochenen oder unaussprechbaren Interessen artikulieren. Schließlich kann jemand als Beauftragter einer Partei oder Regierung reale Macht ausüben, solange er den Diskurs seiner Auftraggeberin wiedergibt. Sooft ein Gericht im Auftrag (im Namen) des Volkes oder der Nation ein Urteil fällt, übt es Macht im Auftrag eines *mythischen Aktanten* aus (einer juristischen Fiktion).

Vor diesem Hintergrund erscheint die *Unterscheidung von Aktanten und Akteuren* plausibel: Ein Individuum, das im Auftrag der Partei oder der Regierung handelt (ein Funktionär, ein Botschafter, ein Spion) tritt als *Akteur eines kollektiven Aktanten* auf, der aus zahlreichen Akteuren besteht. Dieses Individuum kann zugleich an verschiedenen Aktanten teilhaben: an einem Sportklub, einer Religionsgemeinschaft, einer Universität. Joseph Courtés erklärt: „Wenn ein Aktant (A1) im Diskurs mehrere Akteure in sich vereinen kann (a1, a2, a3), so kann umgekehrt auch ein einzelner Akteur (a1) einen Synkretismus aus mehreren Aktanten (A1, A2, A3) bilden."[39]

Indirekt spricht Greimas den Faktor „Macht" an, wenn er den polemischen Einschlag des Aktantenmodells hervorhebt. In *Du Sens II* spricht er von der „polemisch-kontraktuellen Konfrontation", die als „eine der organisierenden Grundstrukturen des Erzählschemas"[40] zu betrachten ist. Der Ausdruck „polemisch-kontraktuell" ist so zu verstehen, dass in einem Diskurs

38 Vgl. V. Pareto, *Allgemeine Soziologie* (Hrsg. C. Brinkmann), München, Finanzbuch-Verlag, 2006, S. 70.

39 J. Courtés, *Introduction à la sémiotique narrative et discursive*, Paris, Hachette, 1976, S. 95.

40 A. J. Greimas, *Du Sens II*, Paris, Seuil, 1983, S. 11.

als Erzählung Akteure und Aktanten gegeneinander auftreten, um sich eines umkämpften Objekts zu bemächtigen, und dass der Kampf zwischen individuellen oder kollektiven „Helden“ ausgetragen wird, die zumeist im Auftrag mächtiger Instanzen (Götter, Parteien, Organisationen) handeln, um ihre *narrativen Programme* verwirklichen zu können. Zu deren Verwirklichung haben sie sich dem Auftraggeber gegenüber „vertraglich“ (moralisch, politisch, juristisch) verpflichtet. (Man denke an James Bonds Verpflichtung „On Her Majesty's Service“.)

Doch was ist ein *narratives Programm*, und wie wird es verwirklicht? Grundsätzlich wird jedes Erzählprogramm vom Willen aller beteiligten Akteure und Aktanten angetrieben, sich eines Objekts oder *Objekt-Aktanten* zu bemächtigen: des Schatzes im Märchen, der politischen oder wirtschaftlichen Macht (man denke etwa an „feindliche Übernahmen“).

Dabei spielen Eigenschaften und Fähigkeiten eine Rolle, die Greimas als *Modalitäten* bezeichnet. Er unterscheidet im Hinblick auf die Phasen des Handelns *virtualisierende, aktualisierende* und *realisierende Modalitäten.* Während sich virtualisierende Modalitäten auf das „Wollen“ oder „Müssen“ einer handelnden Instanz und den Anfang ihres Handelns beziehen (sie „will“ etwas, nimmt sich etwas vor), beziehen sich die aktualisierenden Modalitäten auf die Möglichkeiten der Verwirklichung (das „Wissen“ und „Können“) und die realisierenden Modalitäten auf das „Tun“ und das „Sein“ (als Endzustand des Handelns).

Ein Beispiel aus der Wirtschaft wäre die „feindliche Übernahme“: Sie setzt voraus, dass man im ersten – *virtualisierenden* – Stadium das konkurrierende Unternehmen übernehmen *will* oder *muss.* Im *aktualisierenden* Stadium werden Informationen gesammelt (das „Wissen“), die Voraussetzung für die Durchführung der Aktion (das „Können“) sind. Im *realisierenden* Stadium wird das Unternehmen schließlich übernommen („Tun“), so dass ein befriedigender Zustand erreicht wird („Sein“).

In Aktantenmodellen spielen Modalitäten des „Wollens“, „Wissens“, „Könnens“ usw. eine wichtige Rolle. Im Anschluss an das vorige Kapitel, in dem Faircloughs Kommentare zu einigen Reden Margaret Thatchers erwähnt wurden, sollen hier zum

Abschluss zwei Passagen aus einer Rede Thatchers vor der „Zurich Economic Society“ (1977) im Hinblick auf das Aktantenmodell, das narrative Programm und die Modalitäten näher betrachtet werden.

Im Diskurs vorausgesetzt wird die Überlegenheit des *kollektiven Aktanten* „Westen“ („the Western World“) und seines *narrativen Programms*. Interessant ist die Begründung dieser Überlegenheit im Bereich der Aktanten und Modalitäten: „The economic success of the Western World is a product of its moral philosophy and practice. The economic results are better because the moral philosophy is superior. It is superior because it starts with the individual, with his uniqueness, his responsibility, and his capacity to choose.“[41]

Im Rahmen des semantischen Grundgegensatzes *(westlicher) Individualismus/(östlicher) Kollektivismus* wird der *Aktant* „Individuum“ dem im Diskurs *impliziten Aktanten* „Kollektiv“ gegenüber aufgewertet. Die Aufwertung findet im Bereich der Modalitäten „Sein“ („uniqueness“), „Wissen“ („responsibility“) und „Können“ („capacity“) statt. Mit Hilfe dieser *Modalitäten* vermag das Individuum, sich des *Objekt-Aktanten* („economic results“) zu bemächtigen und ein *narratives Programm* zu verwirklichen, für dessen Verwirklichung dem „kollektivistischen Osten“ die „realisierenden Modalitäten“ fehlen.

Von diesem Fehlen zeugt die zweite Textpassage aus Thatchers Rede: „It is becoming increasingly obvious to many people who were intellectual socialists that socialism has failed to fulfil its promises, both in its most extreme forms in the Communist world, and in its compromise versions.“[42] (Mit den „compromise versions“ sind die britische Labour Partei und die westeuropäischen Sozialdemokratien gemeint.) In diesem Satz steht das narrative Programm des *kollektiven Aktanten* „Sozialismus“ im Mittelpunkt: Es ist auf der Ebene der wesentlichen *Modalitäten* des „Wollens“ und „Könnens“ („promises“) gescheitert.

Wichtiger als dieser leicht beobachtbare Textaspekt ist die intertextuelle *Vereinnahmung des sozialistischen Diskurses*

---

41 M. Thatcher, *In Defence of Freedom. Speeches on Britain's Relations with the World 1976-1986*, London, Aurum Press, 1986, S. 25.

42 Ibid., S. 22.

durch den konservativen. In diesem wird der sozialistische Diskurs umerzählt: unter anderem dadurch, dass seine Aktanten „intellectual socialists“ zu Aktanten des konservativen Diskurses umfunktioniert werden. Sie treten als Zeugen des „sozialistischen Scheiterns“ auf. Abermals stellt sich die Machtfrage: Wer erzählt wen? Denn es versteht sich fast von selbst, dass in einem sozialdemokratischen Diskurs den „sozialistischen Intellektuellen“ eine ganz andere Rolle zufiele und dass eine Assoziation der Sozialdemokratie („compromise versions“) mit dem östlichen Kommunismus nicht in Frage käme. Im nächsten Abschnitt sollen diese diskursiven Strategien anhand von Textmodellen konkreter untersucht werden.

4. Strukturale Semiotik III: Drei Modellanalysen

In *Sémantique structurale* (1966) stellt Greimas das Aktantenmodell der „marxistischen Ideologie“ schematisch dar. Das Schema soll hier näher betrachtet werden, weil im sechsten Kapitel dieser Ideologie eine Schlüsselrolle zufällt:

Subjekt .... Mensch

Objekt.............................. klassenlose Gesellschaft

Auftraggeber .... Geschichte

Adressat........................... Menschheit

Widersacher...................... bürgerliche Klasse

Helfer .... Arbeiterklasse[43]

Da Greimas in seinen späteren Arbeiten – vor allem in seiner Studie über eine Erzählung von Guy de Maupassant[44] – die Begriffe *Antisubjekt* (*antisujet*) und *Gegenauftraggeber* (*anti-destinateur*) eingeführt hat, wird hier ein ergänztes Schema vorgeschlagen, das zugleich zeigen soll, dass Theorien und ihre Elemente stets *Konstruktionen* sind und nicht unabänderliche Wiedergaben der Wirklichkeit:

---

43 A. J. Greimas, *Sémantique structurale*, op. cit., S. 181.
44 Vgl. A. J. Greimas, *Maupassant*, op. cit., S. 63 und S. 192.

Subjekt .... Proletariat

Antisubjekt .... Bourgeoisie

Auftraggeberin .... Geschichte

Gegenauftraggeberin .... Reaktion

Helfer .... materialistischer Philosoph

Widersacher .... idealistischer Philosoph (Ideologe)

Objekt .... klassenlose Gesellschaft

Adressat .... Proletariat

Dieses Schema, das aus dem semantischen Grundgegensatz *Arbeit/Kapital* ableitbar ist, gibt einen narrativen Ablauf vor, in dem der Sieg des Proletariats über das Bürgertum dadurch vorprogrammiert wird, dass das „Proletariat" im Auftrag der „Geschichte" handelt: einer *Auftraggeberin*, deren Fortschreiten niemand aufhalten kann, weil ihr (in allen Kontexten) das *Sem* „Zeit" innewohnt.

Die Macht, die vom marxistischen Diskurs als semantisch-narrativer Struktur (nicht als Parteiprogramm) ausgeht, hängt von der Interkation und Wirkung mehrerer *mythischer Aktanten* zusammen: von der „Geschichte" als *Auftraggeberin*, vom „Proletariat" als *Subjekt* der Geschichte und von der „klassenlosen Gesellschaft", die als *Objekt-Aktant* in Besitz genommen werden soll.

Diese Aktanten können als „mythisch" bezeichnet werden, weil ihnen in der empirisch zugänglichen Wirklichkeit nur wenig entspricht. Dass „die Geschichte" keine Absicht verfolgt, ist seit langem klar; sie gehorcht auch nicht den von Auguste Comte formulierten Gesetzen: es sei denn, man begnügt sich mit der negativen Feststellung, dass das Fortschreiten der Technik (Erfindung der Geldwirtschaft, der Atomenergie, des Computers, des Internets) nicht rückgängig gemacht werden kann. Als *mythischer Aktant* erscheint die „Geschichte" (als „Weltgericht") jedoch vielen als mächtige, unbesiegbare Instanz.

Ähnliches kann vom „Proletariat" gesagt werden, das bei Marx und im Marxismus nur *in Ansätzen* der empirischen Arbeiterklasse entspricht. Das Wort „Proletariat" bezeichnet keine homogene, handlungsfähige Gruppe, und dies ist einer der Gründe, weshalb der Aufruf am Ende des *Kommunistischen Manifests „Proletarier alle Länder vereinigt euch!*“ schließlich ungehört verhallte. Der Adressat gehörte eher der Sphäre des Scheins als der des Seins an. Dies gilt auch für die „klassenlose Gesellschaft“, die als undefinierte Größe im realen Sozialismus von einer Parteielite usurpiert wurde, die sich alle Privilegien aneignete.

Interessant ist die Fortsetzung des marxistischen Diskurses bei Georg Lukács, der das Mythische ins Extreme treibt, indem er das „Proletariat“ mit *fantastischen Modalitäten des Wissens* ausstattet. Es ist dem Bürgertum weit überlegen: „D. h. es ist gerade so wenig ein Zufall wie ein rein theoretisch-wissenschaftliches Problem, daß das Bürgertum theoretisch in der Unmittelbarkeit stecken bleibt, während das Proletariat darüber hinausgeht. (…) Freilich ist die Erkenntnis, die sich vom Standpunkt des Proletariats ergibt, die objektiv wissenschaftlich höhere; liegt doch in ihr methodisch die Auflösung jener Probleme, um die die größten Denker der bürgerlichen Epoche vergeblich gerungen haben, sachlich die adäquate geschichtliche Erkenntnis des Kapitalismus, die für das bürgerliche Denken unerreichbar bleiben muß.“[45]

Das Proletariat nimmt hier eine Position ein, die ihm und seinem *Helfer* – dem marxistischen Philosophen – den historischen Sieg im Klassenkampf sichert. Lukács stattet es mit ähnlichen Wunderwaffen oder *Modalitäten* aus wie Ariosto seine Ritter, wie Ian Fleming seinen James Bond. Was wir den Schriftstellern gern glauben, weil literarisches Papier besonders geduldig ist, betrachten wir in der Philosophie und den Sozialwissenschaften mit Skepsis: vor allem weil bei Lukács von der „adäquaten geschichtlichen Erkenntnis“ die Rede ist, deren *Identifikation mit der Wirklichkeit* einen *ideologischen Monolog* ankündigt, dessen Machtausübung im sechsten Kapitel analysiert wird (vgl. Abschn. 7).

Das nächste Modell betrifft ebenfalls die Aktanten und ihre Modalitäten (die Tiefenstruktur ist unbekannt). Es geht um die Darstellung eines „discourse of war“ in Theo van Leeuwens Buch *Introducing Social Semiotics* (2005). Dieser Diskurs er-

---

45 G. Lukács, *Geschichte und Klassenbewußtsein. Studien über marxistische Dialektik*, Darmstadt-Neuwied, Luchterhand, 1968, S. 288.

zählt die militärischen Interventionen und ihre Wiedergaben in Reportagen, „airport thrillers“, „Hollywood movies“ oder „computer games“. Van Leeuwen kommentiert: „Such a discourse serves the interest of the country or countries in which the relevant texts are produced, and hence usually leaves out or backgrounds such things as aerial bombardments and civilian casualties, concentrating instead on:

1. the elite ground forces involved in special operations – high combat skills, superior technology and team work, stress on the speed of the operation and the quick and efficient ‚insertion‘ and ‚extraction‘ of the force;
2. the enemy – represented as a despotic warlord, tyrant or super-terrorist, leading ill-disciplined and ill-equipped men; and
3. the weak and inefficient victims of this enemy – local populations, or the UN peace keepers and food relief agencies who, according to this discourse, cannot operate without the protection of the elite forces.“[46]

Dies ist zwar nur eine Zusammenfassung und nicht der Diskurs selbst, sie hat aber den Vorteil, die hervorstechendsten Merkmale des Diskurses wiederzugeben und lange Zitate (etwa aus einem „airport thriller“) überflüssig zu machen. Van Leeuwens kritischer Kommentar konzentriert sich auf thematische Auslassungen wie „aerial bombardments“ und „civil casualties“. Eine strukturale Analyse zeigt wesentlich mehr.

Auf höchster Ebene steht ein (spezifisch nicht genannter) *Auftraggeber*, dessen Gegenwart in den Wörtern „insertion“ und „extraction“ angedeutet wird, einem *Gegenauftraggeber* gegenüber („enemy“, „despotic warlord“, „tyrant“). Im Namen des Auftraggebers handelt das *Kollektivsubjekt* „elite ground forces“; im Namen des Gegenauftraggebers das ebenfalls *kollektive Antisubjekt* „ill-disciplined and ill-equipped men“. Der *Objekt-Aktant* ist – aus der Sicht des Auftraggebers und des Subjekts – der Schutz der Zivilbevölkerung und der UNO-Helfer.

Interessanter als die Distribution der *Aktanten*-Funktionen ist die der *Modalitäten*. Sie tragen entscheidend dazu bei, dass

46 T. van Leeuwen, *Introducing Social Semiotics*, London-New York, Routledge, 2005, S. 94.

sich das narrative Programm der „elite ground forces“ und ihres Auftraggebers durchsetzt. Schon in den ersten Zeilen ist der *Sieg des Subjekts* auf der *Ebene der Modalitäten* vorprogrammiert: „high combat skills“, „superior technology“, „team work“, „speed of the operation“, „quick and efficient“. Das *Antisubjekt* scheitert an seinen negativen Modalitäten: „ill-disciplined“, „ill-equipped“. Es scheitert im Bereich der Rezeption auch daran, dass es auf der *Isotopie* des „Bösen“ – „despotic warlord“, „tyrant“, „super-terrorist“ – operiert. In solchen Schwarz-Weiß-Darstellungen, deren ideologische Wirkung als Machtanspruch nicht unterschätzt werden sollte, bleibt die soziologische Frage, wie das Böse im wirtschaftlichen und gesellschaftlichen Kontext *entsteht*, auf der Strecke.

Übrig bleibt das dualistische Schema, von dem Umberto Eco im Zusammenhang mit Ian Fleming sagt: „Die Schematisierung, die manichäische Zweiteilung ist immer dogmatisch, intolerant; demokratisch ist, wer Schemata zurückweist und Nuancen, Unterscheidungen anerkennt, Widersprüche zu rechtfertigen weiß.“[47] Die Strukturale Semiotik zeigt, wie die Schematisierung im Aktantenmodell und im Bereich der Modalitäten funktioniert und auf beiden Ebenen verstärkt wird, *wobei es zu einer Potenzierung ihrer Machtausübung kommt.*

Das dritte Modell soll verdeutlichen, wie sehr ideologische Interferenzen im soziologischen Diskurs eine dualistische Distribution von Aktanten und Modalitäten bewirken können, die einen Machtanspruch vermuten lässt. Es geht um die – ihrem Selbstverständnis nach postmoderne und wertfreie – Soziologie von Michel Maffesoli, die zwei historische Epochen als *Auftraggeberin* und *Gegenauftraggeberin* auftreten lässt: „Postmoderne“ und „Moderne“.

Das narrative Programm der (von Maffesoli begrüßten) Postmoderne soll von Dionysos, dem Gott des Rausches und der Orgie, gegen den Halbgott Prometheus durchgesetzt werden, der dem Mythos zufolge den Menschen das Feuer bringt und ihnen eine bessere Zukunft durch Vernunft, Rationalisierung und technischen Fortschritt verheißt. Von ihm heißt es in einem Lexikon:

---

47 U. Eco, „Erzählstrukturen bei Ian Fleming“, in: P. V. Zima (Hrsg.), *Textsemiotik als Ideologiekritik*, Frankfurt, Suhrkamp, 1977, S. 254-255.

„Prometheus ist der Prototyp des Rebellen und Revolutionärs: ein Götterfeind und Menschenfreund, geächtet, gepeinigt und entfesselt.“[48] Er ist zugleich der rationale Held des Fortschritts, der Arbeit und der Organisation, die aus Maffesolis postmoderner Sicht Umwelt und Mensch zerstören und die Fragwürdigkeit der Moderne und ihrer Vernunft erkennen lassen.

Ihn fordert im Namen der Postmoderne (seiner *Auftraggeberin*) Dionysos, der Gott des Lebens und des Rausches, heraus. Seine Ausgangsposition als *Subjekt* im *narrativen Programm* der „Postmoderne“ ist durchaus günstig: „Dionysos ist ein chtonischer, irdischer Gott, ein verwurzelter Gott, ein Gott des Genusses. Er symbolisiert die Bejahung des Lebens.“[49] Diese „Bejahung des Lebens“, die sowohl die *Modalität* des „Wollens“ als auch die des „Könnens“ betrifft, schmälert die Chancen des modernen Rationalisten Prometheus, des *Antisubjekts*: „Der Verdacht lastet auf Prometheus. (…) Wie die Thematik der Befreiung hat die des ‚Energismus‘ ausgedient.“[50] Damit ist die narrative Ausrichtung des Diskurses festgelegt: „Im andauernden Kampf der Götter schickt sich Prometheus an, dem aufbrausenden Dionysos Platz zu machen.“[51] Doch wo bleibt die soziologische Analyse?

Sie wird auf der Ebene der *Helfer* (*adjuvants*, Greimas) der beiden Gottheiten durchgeführt. Während die rationalisierenden (christlichen, liberalen oder marxistischen) Eliten versuchen, auf Seiten des Prometheus den wirtschaftlichen, technischen und wissenschaftlichen Fortschritt in Gang zu halten oder zu beschleunigen, handeln die Jugendgruppen als neue „Stämme“ („tribus“), aus deren Sicht Maffesoli die soziale Entwicklung beschreibt, nach dem dionysischen Motto „carpe diem“. Sie agieren als *Helfer* des Dionysos und fordern „die Figur des seriösen

---

48 L. Walther (Hrsg.), *Antike Mythen und ihre Rezeption. Ein Lexikon*, Leipzig, Reclam, 2004 (2. Aufl.), S. 216.

49 M. Maffesoli, *Le Rythme de la vie. Variations sur les sensibilités postmodernes*, Paris, La Table Ronde, 2004, S. 70.

50 M. Maffesoli, *L'Ombre de Dionysos. Contributions à une sociologie de l'orgie*, Paris, Klincksieck, 1985, S. 37.

51 M. Maffesoli, *La Part du diable. Précis de subversion postmoderne*, Paris, Flammarion, 2002, S. 246.

Erwachsenen, des rationalen Produzenten und Reproduzenten"[52] (des *Widersachers*), heraus.

Während die „seriösen Erwachsenen" als *Akteure* des *kollektiven Aktanten* „Eliten" auf der *Isotopie* „Rationalismus" handeln, bewegen sich die Jugendgruppen oder „Stämme" (Rocker, Techno-Gruppen, Hippies) auf der *Isotopie* „Vitalismus", die zugleich die ihres *Auftraggebers* Dionysos ist. Sie treten nicht individuell, sondern stets kollektiv auf, denn sie haben ihre Individualität am Ort des Geschehens der *Gruppensolidarität* geopfert: dem Fest, dem Rockkonzert, der Straßenschlacht. So ist der Untertitel von Maffesolis bekanntestem Buch *Le Temps des tribus* (*Zeit der Stämme*) zu verstehen: *Le déclin de l'individualisme dans les sociétés postmodernes* (*Der Niedergang des Individualismus in den postmodernen Gesellschaften).*

Tatsache ist, dass die Zunahme individueller Autonomie, die ein Soziologe wie Ulrich Beck beschreibt, auch ihre Kehrseite hat: die Flucht des verunsicherten Einzelnen in hermetische Gruppen, die ihre Partikularität gegen den staatlich geförderten Universalismus und Humanismus ausspielen. Dazu bemerkt Friedrich H. Tenbruck in einem Kommentar zur Auseinandersetzung zwischen Moderne und Postmoderne. „Auch durch die neue Jugendkultur weht mächtig der partikularistische Zug (...)."[53]

Maffesolis postmoderne Erzählung gründet auf dem semantischen Gegensatz *rationalistischer Universalismus/vitalistischer Partikularismus*, dem auf der Aktantenebene der Gegensatz zwischen „Moderne" und „Postmoderne" oder „Prometheus" und „Dionysos" entspricht. Indem Maffesoli die *positiv konnotierten Modalitäten* der Jugendgruppen – „Vitalität", „Affekt" und „Spontaneität" – gegen die *negativ konnotierten Modalitäten* des rationalen Individuums – „Vernunft", „Intellekt" und „Berechnung" – ausspielt, legt er die Richtung seines Diskurses fest: Dieser bewegt sich auf einen „Sieg der Postmoderne" als *Objekt-Aktant* zu. Die dem Diskurs innewohnende Machtausübung besteht darin, dass sein *Aussagesubjekt* (wie das

52 M. Maffesoli, *L'Ordre des choses. Penser la postmodernité*, Paris, CNRS Ed., 2014, S. 173.

53 F. H. Tenbruck, *Die kulturellen Grundlagen der Gesellschaft. Der Fall der Moderne*, Opladen, Westdeutscher Verlag, 1990 (2. Aufl.), S. 118.

marxistische) versucht, mit Hilfe bestimmter Kräfte einen sozialen Wandel herbeizuführen.

Wer meint, diese Soziologie mit Anführungszeichen versehen zu müssen, um sie ins Märchenreich verbannen zu können (sie hat einen durchaus mythischen Einschlag), sollte sich fragen, ob „Vitalismus" und „Partikularismus" (Nationalismus) nicht auch Elemente eines Phänomens sind, das oft als Populismus bezeichnet wird. Hier geht es allerdings weder um den Populismus noch um die Postmoderne, sondern um die Diskursstruktur.

In den Modellanalysen hat sich gezeigt: 1. dass ein Diskurs als semantisch-narrative Struktur von einem semantischen *Grundgegensatz* (*Arbeit/Kapital*, *Moderne/Postmoderne*) geformt wird; 2. dass aus diesem Gegensatz ein *Aktantenmodell* hervorgeht, dessen *Aktanten* und *Akteure* durch die *Isotopien*, auf denen sie handeln, positiv oder negativ konnotiert sind; 3. dass die *Distribution der Modalitäten* mit diesen positiven bzw. negativen Konnotationen übereinstimmt und über den Ablauf des Diskurses entscheidet.

Wer nach wissenschaftlicher Überprüfung strebt (etwa im Zusammenhang mit Maffesolis Soziologie), hat stets die Möglichkeit, *theoretische Diskurse* aufeinander zu beziehen, um ihre Stärken und Schwächen (blinden Flecken) beobachten zu können (dialogisches Verfahren), und sie streckenweise empirischen Tests auszusetzen (empirisches Verfahren). Davon soll im letzten Kapitel wieder die Rede sein.

5. Textsoziologie als Diskurskritik: Relevanz, Macht und Subjektivität

Die Textsoziologie, die seit 1980 entwickelt wird[54], stellt einen Versuch dar, Terminologie und Verfahren der Strukturalen Semiotik für die Kritische Theorie (Adornos, Horkheimers) als Theorie der Gesellschaft und Ideologiekritik[55] fruchtbar zu ma-

54 Vgl. P. V. Zima, *Textsoziologie. Eine kritische Einführung in die Diskurssemiotik*, Stuttgart, Metzler (1980), 2021 (2., erw. Aufl.).

55 Vgl., P. V. Zima, *Ideologie und Theorie. Eine Diskurskritik*, Tübingen, Francke, 1989, Kap. VI und VII.

chen. Es geht darum, literarische und nichtliterarische Diskurse in einem zugleich gesellschaftlichen und sprachlichen Kontext zu verstehen und kritisch zu betrachten. Somit bedeutet Diskurskritik: *eine semiotische Theorie im Sinne von Greimas et al., die sich die sozialen Zielsetzungen der Kritischen Theorie Adornos und Horkheimers zu eigen macht – wenn auch mit Änderungen.*

Schon für Adorno war Text- oder Diskurskritik *avant la lettre* von eminenter Bedeutung. Man braucht nur an seine essayistischen und parataktischen Verfahren zu erinnern, um zu verstehen, dass bei ihm Sprach- und Gesellschaftskritik unzertrennlich verbunden sind, weil bestimmte Sprachformen – etwa das System – die Herrschaft über Natur und Mensch begünstigen, während andere Sprachformen – etwa der Essay im Sinne von Adorno[56] – Herrschaftsmechanismen und allen Arten der Machtausübung Widerstand leisten.

Als Beispiel für Adornos sprachkritisches Denken, das zugleich Gesellschaftskritik ist, mag die folgende Textpassage aus „Der Essay als Form" dienen: „Im Verhältnis zur wissenschaftlichen Prozedur und ihrer philosophischen Grundlegung als Methode zieht der Essay, der Idee nach, die volle Konsequenz aus der Kritik am System."[57] Zu dieser Konsequenz gehört auch das parataktische (nicht-hypotaktische, nicht-hierarchische) Schreiben, das Adornos postum erschienener *Ästhetischer Theorie* (1970) zugrunde liegt. Es widersetzt sich dem Herrschaftsanspruch des Systems, indem es die Textelemente in Konfigurationen oder Konstellationen aneinanderreiht, statt sie systematisch zu ordnen.[58]

---

56 Vgl. P. V. Zima, „Der Essay als Theorie und Utopie: Von Lukács zu Adorno", in: ders., *Essay/Essayismus. Zum theoretischen Potenzial des Essays: Von Montaigne bis zur Postmoderne*, Würzburg, Königshausen und Neumann, 2012.

57 Th. W. Adorno, „Der Essay als Form", in: ders., *Noten zur Literatur I*, Frankfurt, Suhrkamp (1958), 1969, S. 21.

58 Vgl. Th. W. Adorno, „Thesen über die Sprache des Philosophen", in: *Gesammelte Schriften*, Bd. I (Hrsg. R. Tiedemann), Frankfurt, Suhrkamp, 1973, S. 369: „Es bleibt ihm [dem Philosophen] keine Hoffnung als die, die Worte so um die neue Wahrheit zu stellen, daß deren bloße Konfiguration die neue Wahrheit ergibt."

Adornos Affekt gegen zeitgenössische sozialwissenschaftliche Verfahren und die Ausrichtung seiner Theorie auf die Mimesis der Kunst[59] werden hier nicht nachvollzogen. Nicht an Adornos Essayismus und an seiner Parataxis orientiert sich der hier vorgeschlagene Theoriebegriff, sondern an Michail M. Bachtins *Dialogizität*. Die Dialogische Theorie, die hier im Gegensatz zur monologisch strukturierten Ideologie aufgefasst wird, ist insofern textsoziologisch konzipiert, als sie einerseits auf dem Gedanken gründet, dass jeder theoretische Diskurs aus einem permanenten Dialog mit andere Sprachen intertextuell hervorgeht, andererseits davon ausgeht, dass jede Theorie noch am ehesten in einem empirisch fundierten kritischen Dialog mit andersartigen Theorien überprüft werden kann.

Die *Ausrichtung auf das Andersartige*, auf *Alterität*, verbindet Bachtin mit Adorno. Bachtin spricht vom „Verhältnis zum Anderen“[60], und Tzvetan Todorov erklärt: „Bachtin geht vom Einfachsten aus: Wir können uns niemals in unserer Gesamtheit wahrnehmen, zur Selbstwahrnehmung brauchen wir (…) den *Anderen.*“[61] Auf den Anderen eingehen bedeutet aber, mit ihm anders zu denken: notfalls gegen sich selbst. Diesen für sein Denken so wichtigen Aspekt der Alterität bringt Adorno in der *Negativen Dialektik* zur Sprache: „Denken braucht nicht an seiner eigenen Gesetzlichkeit sich genug sein zu lassen; es vermag gegen sich selbst zu denken, ohne sich preiszugeben; wäre eine Definition von Dialektik möglich, so wäre das als eine solche vorzuschlagen.“[62] So treffen sich Dialogizität und Dialektik im *Begriff der Alterität* und in ihrer Ablehnung des Herrschaftsprinzips und der mit ihm einhergehenden Machtausübung.

Im Folgenden wird sich zeigen, wie sehr Sprache und Machtausübung zusammenhängen. Im Mittelpunkt des letzten Kapitels steht die für dieses Buch wesentliche Frage, wie im the-

---

59 Vgl. Th. W. Adorno, *Ästhetische Theorie*, in: *Gesammelte Schriften*, Bd. VII (Hrsg. G. Adorno, R. Tiedemann), Frankfurt, Suhrkamp, 1970, S. 489.

60 M. M. Bachtin, „Problema avtora“, in: *Voprosy filosofii* 30/7, 1977, S. 150.

61 T. Todorov, „Bakhtine et l'altérité“, in: *Poétique* 40, 1979, S. 503.

62 Th. W. Adorno, *Negative Dialektik*, Frankfurt, Suhrkamp, 1966, S. 142.

oretischen Diskurs und im wissenschaftlichen Bereich insgesamt der Machtanspruch zurückgedrängt werden kann: um Erkenntnis zu ermöglichen.

Dass Macht und Diskurs zusammenhängen, zeigt sich dort, wo jeder Diskurs als semantisch-narrative Struktur seinen Ursprung hat: im Bereich der *Relevanz*. Für sie ist ein individuelles oder kollektives Subjekt verantwortlich, dass die Wirklichkeit beobachtet und entscheidet, was relevant oder wichtig ist und was nicht. Wer eine Landschaft fotografiert, entscheidet, welcher Ausschnitt dieser Landschaft als Foto in Frage kommt und welcher nicht. Eine leichte Drehung der Kamera bestimmt die Relevanz aus der Sicht des beobachtenden Subjekts, dessen Kreativität zugleich ein Können, eine Art Machtausübung ist.

Diese Machtausübung liegt allen ideologischen und theoretischen (wissenschaftlichen) Diskursen zugrunde. Pierre Bourdieu spricht zumindest indirekt die semantischen Relevanzkriterien[63] des Diskurses an, wenn er in der im zweiten Kapitel schon zitierten Passage bemerkt: „Wenn ich im politischen Feld behaupte, dass die Grenze, auf die es ankommt, zwischen Reichen und Armen verläuft, ist das Ergebnis eine bestimmte Gesellschaftsstruktur. Wenn ich sage, dass es auf die Grenze zwischen Franzosen und Ausländern ankommt, ist das Ergebnis eine ganz andere Gesellschaftsstruktur."[64]

Das ist sicherlich richtig, aber Bourdieu lässt eine wesentliche Phase aus, die zwischen der Relevanzbestimmung und dem „Ergebnis" liegt. Es ist der *Diskurs als Erzählung* bestimmter wünschenswerter Handlungen und Ereignisse. Geht beispielsweise eine sozialistische Partei von dem für sie relevanten Gegensatz *arm/reich* aus, legt sie sich auf ein narratives Programm fest, in dem die „Besteuerung der Reichen" und die „Anhebung des Lebensstandards der Armen" zu wichtigen Ereignissen wer-

63 Der Begriff der Relevanz meint sowohl phonetische als auch semantische Relevanzen; er stammt aus der Phonologie des Prager Linguistenkreises: Vgl. J. Fontaine, *Le Cercle linguistique de Prague*, Paris, Mâme, 1974, S. 28. Vgl. auch: D. Sperber, D. Wilson, *Relevance. Communication and Cognition*, Oxford, Blackwell (1986), 1994, Kap. III: „Relevance".

64 P. Bourdieu, *Propos sur le champ politique*, Lyon, Presses Univ. de Lyon, 2000, S. 63.

den. Als *Objekt-Aktant* des Diskurses wird die allmähliche (ansatzweise) „Schließung der Kluft zwischen Arm und Reich" ins Auge gefasst.

Eine ganz andere Erzählung kommt zustande, wenn der semantische Gegensatz *Franzosen/Ausländer* von einer nationalistischen Partei für relevant erklärt wird. In diesem Fall kann das narrative Programm auf eine drastische Reduktion der Einwanderung, auf Vertreibung illegal im Lande wohnender Ausländer oder auf Assimilierung durch Einbürgerung hinauslaufen. In Bulgarien hat etwa eine kommunistische Regierung versucht, türkischstämmige Bulgaren zu zwingen, slawische (slawisierte) Namen anzunehmen oder auszuwandern. Fazit: Die *Relevanz als semantische Grundstruktur* legt die *Isotopien* fest, auf denen Handlungen stattfinden, die auf ein Ziel als *Objekt-Aktanten* (etwa „ethnische Säuberung") gerichtet sind. Jeder Relevanzentscheidung wohnen im ideologisch-politischen und im sozialwissenschaftlichen Bereich Wertung und Machtausübung inne.

Dies ist einer der Gründe, warum es im sozialwissenschaftlichen Bereich nicht einfach ist, eine wertfreie Haltung einzunehmen.[65] Denn schon die Entscheidung für eine besondere Relevanz wertet andere Relevanzen dialogisch-polemisch ab und übt Macht aus. Sie legt die Bewegung des Diskurses fest und hat die Folgen zu verantworten, die diese Bewegung mit sich bringt. Der Soziologe Alfred Schütz spricht in diesem Zusammenhang nicht von Machtausübung, sondern von „Motivation" und stellt fest, „daß in jedem Augenblick unseres Lebens das Bewußsein auf einen gewissen Weltausschnitt konzentriert ist, der durch die Gesamtsumme aller Motivationsrelevanzen bestimmt wird". Er fügt hinzu: „Das können wir ‚Aufmerksamkeit' oder ‚Interesse' nennen."[66]

Zu oft wird übersehen, dass dieses „Interesse" mit Machtstreben einhergeht, wie sich weiter oben gezeigt hat und wie sich auch in sozialwissenschaftlichen Diskursen zeigt. Wenn beispielsweise Niklas Luhmann die Unterscheidung von System

---

65 Zum Problem der Wertfreiheit bei M. Weber vgl. P. V. Zima, *Soziologische Theoriebildung. Ein Handbuch auf dialogischer Basis*, Tübingen, Narr-Francke-Attempto (UTB), 2020, Kap. XII.

66 A. Schütz, *Das Problem der Relevanz* (Hrsg. R. M. Zaner), Frankfurt, Suhrkamp (1971), 1982, S. 101.

und Umwelt als relevanten semantischen Gegensatz festlegt, entscheidet er sich für *ein ganz anderes narratives Programm* als Jürgen Habermas, der vom semantischen Gegensatz *System(e)/Lebenswelt* ausgeht. Während Luhmann im Rahmen seines Gegensatzes die soziale Differenzierung zur treibenden Kraft der gesellschaftlichen Entwicklung macht und sowohl Herrschaftsstrukturen als auch Machtkämpfe ausblendet, erzählt Habermas die „Kolonisierung der Lebenswelt" durch die Systeme „Macht" und „Geld". Die Machtansprüche beider Erzählungen kommen in der Habermas-Luhmann-Debatte zum Ausdruck, in der beide Theoretiker versuchen, den Diskurs des anderen zu vereinnahmen, indem sie ihn im Rahmen der eigenen Relevanzkriterien (der eigenen Diskurssemantik) umerzählen (vgl. Kap. VIII.3).

In diesen Machtansprüchen meldet sich auch *Subjektivität* zu Wort. Die Beobachtung der Gesellschaft seitens eines individuellen Subjekts ist durchaus mit der Beobachtung der Landschaft zu vergleichen, die weiter oben im Zusammenhang mit der Relevanz erwähnt wurde. Ich beobachte die Gesellschaft in Familie, Schule oder Hochschule, um zu entscheiden, was für mein eigenes (persönliches) Programm als Lebensweg relevant ist: privat und beruflich, materiell und geistig.

In vieler Hinsicht werde ich von meinem sozialen Umfeld im Zuge der Sozialisation beeinflusst, ja gelenkt. Zugleich stattet mich eben diese Sozialisation mit Kompetenzen (*Modalitäten* des „Seins", „Wissens", „Könnens", Greimas) aus, die mir die Relevanzentscheidung erleichtern: für Praxis oder Wissenschaft, Sport, Architektur oder Medizin. Michel Foucault wurde in eine Arztfamilie hineingeboren und sollte wie sein Vater Arzt werden. Er entschied sich anders und wählte die Philosophie.

An diesem Beispiel wird deutlich, dass es im Prozess der Sozialisation zu einer *Wechselbeziehung von Überdetermination und Freiheit* kommt und dass *die Freiheit im Bereich der Relevanz* zu orten ist. Foucault hat zwar Recht, wenn er die strukturelle Überdetermination durch Familien, Schulen, Institutionen und Wissenssysteme betont, aber auch Sartre hat Recht, wenn er behauptet, wir seinen „zur Freiheit verdammt". Wir sind es, weil uns niemand die Antwort auf die Frage abnehmen kann, *was für uns relevant ist.*

Dies gilt nicht nur für unser persönliches Erzählprogramm, sondern auch für unsere Erzählung der Gesellschaft. Wir können sie mit Marx als Klassenkampf erzählen, mit einer Feministin wie Luce Irigaray als Geschlechterkampf, mit Luhmann als Systemdifferenzierung oder mit Habermas als Kampf um die Lebenswelt. Nur *wir* können entscheiden, welcher semantische Grundgegensatz *für uns* relevant ist und welche Erzählung *uns* plausibel erscheint. Stets ist die von Saša Bosančić aufgeworfene konstruktivistische Frage von Bedeutung: „Wie wird Wirklichkeit diskursiv hergestellt?“[67]

Dass die Beantwortung dieser Frage stets auch Machtausübung ist (d. h. uns zu etwas ermächtigt), wird deutlich, sobald eine übergeordnete Instanz – Familie, Wirtschaft, Politik, Schule oder Universität – versucht, uns zu zwingen, unsere persönliche oder gesellschaftliche (politische) Erzählung ihrem Diskurs unterzuordnen oder sie gar zugunsten des übergeordneten Diskurses aufzugeben: Studiere etwas Nützliches! Wir wehren uns als „Dissidenten“ gegen diese „Umerzählung“ und versuchen, die existenzielle Frage „Wer erzählt wen?“ unseren Kriterien entsprechend und zu unseren Gunsten zu entscheiden. Nicht immer gelingt das, und im nächsten Kapitel soll gezeigt werden, wie in psychiatrischen Kliniken Patientinnen und Patienten gezwungen werden, als Akteure im Diskurs der Institution aufzutreten.

6. Soziolinguistische Situation und Intertextualität: Soziolekte und Diskurse

Die Schlüsselfrage „Wer erzählt wen?“ führt mitten in die Gesellschaft als sprachliche Situation, in der die verschiedensten Diskurse intertextuell aufeinander reagieren und einander erzählen: zustimmend, nachahmend, ironisch, parodistisch oder kritisch-polemisch. Robert Musil beschreibt – zumindest ansatz-

67 S. Bosančić, „Die Untersuchung von Dispositiven. Zur fokussierten Diskurs- und Dispositivethnografie in der wissenssoziologischen Diskursanalyse“, in: S. Bosančić, R. Keller (Hrsg.), *Diskursive Konstruktionen. Kritik, Materialität und Subjektivierung in der wissenssoziologischen Diskursforschung*, Wiesbaden, Springer VS, 2019, S. 56.

weise – die soziolinguistische Situation im Österreich der 1920er Jahre, wenn er zu seinem Roman *Der Mann ohne Eigenschaften* bemerkt: „Der christl.[iche], der sozial[istische], der völk.[ische] Ideenkreis kommt zu Wort.“[68] Dass diese Ideenkreise ihre besonderen ideologischen Sprachen haben, versteht sich in dem hier konstruierten Zusammenhang von selbst.

Von Musil werden sie in seinem Roman auf intertextueller Ebene nachgeahmt, parodiert, ironisch relativiert. Zu seinem ironischen Verfahren, das aus der Ambivalenz der Charaktere, Handlungen und Situationen[69] hervorgeht, schreibt Musil in seinen nachgelassenen Fragmenten: „Ironie ist: einen Klerikalen so darstellen, daß neben ihm auch ein Bolschewik getroffen ist.“[70] Gerade die Literatur als „die funktionell reichste Art von Text“[71] ist eine Fundgrube, wenn es um Beispiele für Intertextualität geht.

In Jürgen Beckers experimenteller Prosa, die unter dem Titel *Umgebungen* (1974) erschienen ist, werden zusammen mit dem ideologiekritischen Sprachgebrauch auch der Jargon der Werbung und sein Eindringen in die Alltagssprache aufs Korn genommen: „Die Anbetung des Komforts führt zu einer unkritischen Haltung gegenüber einer Gesellschaft, die sich ihren Komfort leistet auf Kosten, ratet mal, wessen? Auf Kosten da unten der dritten Welt. Tina wünscht sich einen Elektro-Quirl. Gundel sucht noch einen passenden Entsafter. Elga braucht auf der Stelle einen automatischen Dosenöffner.“[72]

Obwohl Intertextualität für den literarischen Text besonders charakteristisch ist, weil er sich für Pastiche, Parodie oder allgemein das Spiel mit Sprachen besonders eignet, ist sie keineswegs auf Literatur beschränkt. Zu Recht bemerkt Marko Juvan: „Allgemeine Intertextualität sollten wir als Merkmal aller Texte auf-

---

68 R. Musil, *Gesammelte Werke*, Bd. V (Hrsg. A. Frisé), Reinbek, Rowohlt, 1978, S. 1937.

69 Vgl. P. V. Zima, *L'Ambivalence romanesque. Proust, Kafka, Musil*, Paris, L'Harmattan, 2002 (2. Aufl.), Kap. IV: „Ambivalences et structures narratives“.

70 R. Musil, *Gesammelte Werke*, Bd. V, op. cit., S. 1939.

71 E. Coseriu, „Thesen zum Thema Sprache und Dichtung“, in: W.-D. Stempel (Hrsg.), *Beiträge zur Textlinguistik*, München, Fink, 1971, S. 185.

72 J. Becker, *Umgebungen*, Frankfurt, Suhrkamp (1970), 1974, S. 29.

fassen. Sie ist nicht nur der Literatur oder einigen ihrer Gattungen oder Werke eigen.“[73] Man denke an Hegels Kritiken an Hume, Kant oder Friedrich Schlegel, an Marx’parodierende Kritik der Junghegelianer und an Karl R. Poppers kritische Kommentare zum Marxismus und zur Psychoanalyse, die stets mit Machtansprüchen als Widerlegungsversuchen einhergehen.

Von einer sich ausbreitenden Intertextualität zeugen in der zeitgenössischen Gesellschaft die immer häufiger verwendeten Anführungszeichen in nahezu allen Textgattungen. Sie sollen Distanz, Ironie oder Skepsis andeuten und lecken sich bisweilen, wie Adorno sagt, „dummschlau und selbstzufrieden (...) die Lippen“.[74] Sie sind dazu angetan, den zitierten Diskurs zu diskreditieren, zu schwächen. *Insofern ist Intertextualität stets auch Machtkampf.*

Die Hinweise auf die Sprachen der Werbung, auf Marxismus, Psychoanalyse und andere Kollektivsprachen lassen bereits vermuten, dass intertextuelle Auseinandersetzungen nicht bloß zwischen Individuen (etwa zwischen Hegel und Kant oder Marx und Hegel) stattfinden, sondern auch und vielleicht vor allem auf kollektiver Ebene: zwischen Gruppensprachen oder *Soziolekten*. Die *soziolinguistische Situation*, die von intertextuellen Beziehungen geprägt ist, könnte als ein *permanentes Miteinander und Gegeneinander von Soziolekten und ihren Diskursen* aufgefasst werden. Sie könnte auch als ein „Krieg aller gegen alle“ im Sinne von Hobbes beschrieben werden: als ein Krieg, in dem Diskurssubjekte für ihre Soziolekte kämpfen, Allianzen außerhalb ihres Soziolekts schmieden und „zu Hause“ als Abtrünnige oder gar Verräter bekämpft werden (nach dem Motto: das ist kein Marxismus, Strukturalismus, Feminismus mehr).

Für das Verständnis dieser Situation und des Diskurses ist der Terminus *Soziolekt* wesentlich, weil er Foucaults Begriff der „diskursiven Formation“ (vgl. Kap. I.3) konkretisiert. Diskurse entstehen, interagieren und wirken nicht isoliert, sondern sind *in Soziolekten verankert*, die der Verständigung innerhalb von größeren oder kleineren Gruppen dienen. Während die politischen

---

73 M. Juvan, *History and Poetics of Intertextuality*, West Lafayette, Purdue Univ. Press, 2008, S. 44.

74 Th. W. Adorno, „Satzzeichen“, in: ders., *Noten zur Literatur I*, op. cit., S. 163.

Gruppen der Liberalen, Konservativen, Sozialisten, Feministinnen und „Grünen“ relativ groß und grenzüberschreitend in Parteien, Bewegungen und Verbänden organisiert sind, agieren Anarchisten, Trotzkisten oder die von Maffesoli aufgewerteten Techno-Gruppen und Hippies (s. o.) eher am Rande der Gesellschaft.

Sie haben alle ihre Sprachen, die nicht nur aus lexikalischen Einheiten mit symptomatischem Charakter bestehen, sondern von semantischen Grundstrukturen geordnet werden. Während der liberale Soziolekt (wie sich im Zusammenhang mit Thatchers Reden gezeigt hat) vom Grundgegensatz *individuelle Freiheit/Kollektivismus* strukturiert wird, gründet der sozialistische (sozialdemokratische) Soziolekt auf dem Gegensatz *wirtschaftlicher Egoismus/soziale Solidarität*, der feministische auf dem Gegensatz *weiblich/männlich* und der „grüne“ auf dem zwischen *Umweltzerstörung* und *Umweltschutz*. Diese Aufzählung lässt bereits erkennen, dass in jedem Gegensatz ein Term positiv, der andere negativ konnotiert ist. *Aus den positiven und negativen Konnotationen gehen die in den Diskursen positiv oder negativ konnotierten Isotopien sowie die auf ihnen handelnden Akteure und Aktanten hervor.*

Es ist hier von Diskurs*en* die Rede, weil in jedem Soziolekt unzählige Diskurse produziert werden können und auch produziert werden, die einander oft widersprechen. Als Beispiel mag der feministische Soziolekt angeführt werden, in dem immer wieder Kontroversen ausbrechen, die den Subjektbegriff und die Subjektivierung sowie deren Dekonstruktion zum Gegenstand haben.[75] Alle diese Diskurse gehören jedoch – trotz ihrer Kontroversen und Machtansprüche – einer Gruppensprache an, weil sie alle vom semantischen Gegensatz *weiblich/männlich* ausgehen und das diesem Gegensatz entsprechende Vokabular verwenden: „Gender“, „Ungleichheit“, „Sexismus“ usw.

Dies gilt auch für den Marxismus, in dem sporadisch Konflikte zwischen Reformisten und Revolutionären ausbrechen, die jedoch im Rahmen eines Soziolekts ausgetragen werden, der auf dem Gegensatz *Arbeit/Kapital* oder *Sozialismus/Kapitalismus* gründet. Ein Diskurs, der über diesen Rahmen hinausweist

75 Zu den Diskursen des feministischen Soziolekts vgl. P. V. Zima, *Soziologische Theoriebildung*, op. cit., Kap. VII.

oder gar hinausgeht, darf sich (im Soziolekt) nicht länger mit dem Epitheton „marxistisch“ zieren.

In vielen Fällen wird ein Soziolekt vom Diskurs einer Person beherrscht, die in der Gruppensprache eine hegemoniale Position behaupten kann. Nach Hegel und Marx ist es Foucault und Habermas anscheinend gelungen, als „Sprachgründer“ („fondateurs de langues“, Foucault) Soziolekte zu begründen und ihre Diskurse in bestimmte Bahnen zu lenken. So hat Habermas' Diskursbegriff, der nicht ein „Ensemble von Aussagen“ (Foucault) meint, sondern ein (klärendes) Gespräch, die gesamte soziolinguistische Situation im deutschen Sprachbereich durchdrungen. Allerdings muss er hier mit Foucaults französischem Begriff (Diskurs als Rede) konkurrieren, und dies hat zur Folge, dass es bisweilen zu intertextuellen Kontaminationen, Verwechslungen und Verwirrungen kommt (vgl. Kap. III.1).

Hier zeigt sich, dass dem *Soziolekt als Gruppensprache und Gruppensolidarität* ein *Machtanspruch* innewohnt (vgl. Kap. VIII.1) und nicht einer anonymen und relativ homogenen „diskursiven Formation“ im Sinne von Foucault. Die Gruppe und ihre Mitglieder sind für die Interaktion ihres Soziolekts mit anderen Sprachen verantwortlich. Dabei sind in der gegenwärtig sehr heterogenen soziolinguistischen Situation viele Diskurskombinationen und Synthesen von Soziolekten denkbar und möglich. Man denke nur an die zahlreichen Versuche, Marxismus und Psychoanalyse, Feminismus und Ökologie (im Ökofeminismus), Liberalismus und Konservatismus (Thatcher) oder Sozialismus und Christentum (Theologie der Befreiung) zu kombinieren.

Intertextualität bezieht sich auch auf diese Synthesemöglichkeiten. Freilich ist nicht alles mit allem kombinierbar, weil jede Synthese *politisch-semantische Affinitäten* voraussetzt. Die Soziolekte und ihre Diskurse müssen gemeinsame *Seme* (Greimas) aufweisen, denen eine gemeinsame politische Gesinnung entspricht: Ein Beispiel ist die Kritik an den negativen Prinzipien „Herrschaft“, „Ausbeutung“ und „Unterdrückung“, die eine Synthese von Feminismus und Ökologie ermöglicht.

In eigener Sache sei angemerkt, dass der Versuch, die Strukturale Semiotik als Textsoziologie für die Kritische Theorie fruchtbar zu machen, in der kritischen Gruppensprache, die auch nicht ganz frei von Machtspielen ist, auf Skepsis stieß, weil behauptet wurde, die Strukturale Semiotik sei als Rationalismus, Logozentrismus oder Positivismus mit Adornos und Horkheimers Theorieauffassungen unvereinbar. Man darf sich von solchen Machtansprüchen einiger Puristen (den selbsternannten Soziolekt-Wächtern) nicht beeindrucken lassen, zumal hier das soziologische und gesellschaftskritische Potenzial der Strukturalen Semiotik aktiviert wird, wobei sie eine etwas andere Richtung einschlägt als bei Greimas und so manchen Gedanken der Kritischen Theorie präzisiert.

Sprache als Machtausübung ist eine täglich beobachtbare Erscheinung. In ihrer primitivsten Form macht sie sich etwa in Wirtshäusern bemerkbar, in denen an Stammtischen eine Person (zumeist ein Mann) versucht, sich lauthals Gehör zu verschaffen, um seine – stets wahre – Meinung durchzusetzen. Leider bleiben nicht einmal Fakultätskonferenzen und wissenschaftliche Tagungen von diesem destruktiven Verfahren verschont. Deshalb geht hier das letzte Kapitel der Frage nach, wie der Machtfaktor im wissenschaftlichen Bereich so weit wie möglich zurückgedrängt werden könnte: nicht so sehr aus ethischen Gründen, sondern um *Erkenntnis* zu ermöglichen (und nicht zu behindern). Da die Ideologie als dualistische und monologische Rede eine Form der Machtausübung ist, soll sie hier zum Abschluss als Diskurs kurz dargestellt und gegen wissenschaftliche Theorie abgegrenzt werden. Die abschließenden Bemerkungen sollten als eine Vorbereitung auf den praktischen Teil des Buches und auf das letzte Kapitel gelesen werden.

7. Ideologie als Wertsystem, dualistische Struktur und identifizierender Monolog

Ideologie könnte ganz allgemein als System von Ideen aufgefasst werden, und in diesem Sinne wurde sie auch von Destutt de Tracy (1754-1836) in seinem fünfbändigen Werk *Eléments d'idéologie* (1801-1815) analysiert. Im soziologischen Kontext wurde der komplementäre Wertbegriff relativ genau als „Zielvorstellung und Orientierungslinie für menschliches Handeln und soziales Zusammenleben innerhalb einer Subkultur, Kultur oder sogar im Rahmen der Menschheit (...)"[76] definiert, so dass *Ideologie allgemein* als *Wertsystem* bezeichnet werden könnte.

In den soziolinguistischen Kontext übertragen erscheint dieses Wertsystem, das stets kollektiven Charakter hat, als *Soziolekt*: als religiöse, liberale, konservative, marxistische, feministische oder nationalistische Gruppensprache, die sich stets aus einer Vielzahl von semantisch und lexikalisch komplementären Diskursen zusammensetzt. Diesen Diskursen gibt der Soziolekt ihre semantische Relevanz als semantischen Grundgegensatz oder Tiefenstruktur vor: *Arbeit/Kapital, weiblich/männlich* oder *Naturverständnis/Naturbeherrschung* (im Falle der Kritischen Theorie).

Relevanzkriterien, Gegensätze und Unterscheidungen sind weder in ideologischen noch in theoretischen Diskursen zu vermeiden. Denn stets geht es darum, die Wirklichkeit zu erkennen, um sich in ihr orientieren zu können. Erkenntnis und Orientierung werden jedoch erheblich beeinträchtigt, wenn die semantischen Gegensätze dualistisch (manichäisch) verabsolutiert werden, so dass die *Ambivalenz und die Vieldeutigkeit wirklicher Erscheinungen* – etwa die Übergänge zwischen „weiblich" und „männlich", „Sozialismus" und „Faschismus", „Marxismus" und „Stalinismus" oder „Anarchie" und „Terror" – übersehen werden.

Komplementär zur allgemeinen (neutralen) Definition der *Ideologie als Wertsystem und Soziolekt* wird daher die folgende restriktiv-kritische Definition vorgeschlagen: *„Die Ideologie ist ein Diskurs, dessen Aussagesubjekt Ambivalenzen und Vieldeutigkeiten in der Wirklichkeit im Rahmen von dualistischen Gegensätzen und Aktantenmodellen (Gut/Böse, Held/Antiheld) tilgt, sich unreflektiert mit der Wirklichkeit identifiziert und dadurch einen Monolog hervorbringt, der ein dialogisches Verhältnis zu andersartigen Diskursen und zur Alterität allgemein unmöglich macht."* Die Kurzfassung dieser Definition lautet: *„Die Ideologie ist ein dualistisch strukturierter Monolog, der sich mit der Wirklichkeit identifiziert."* (Die Anführungszeichen deuten darauf hin, dass es sich um Zitate aus meinem Buch *Soziologische Theoriebildung*, op. cit., S. 66 handelt.)

---

76 K-H. Hillmann, *Wörterbuch der Soziologie*, Stuttgart, Kröner, 2007 (5. Aufl.), S. 962.

Es will durchaus einleuchten, dass der Machtanspruch einem dualistischen Monolog, der sich mit der Wirklichkeit identisch wähnt, *innewohnt*. Wenn dieser Monolog auch noch als „autorisierte Sprache" („langage autorisé", Bourdieu) von einer mächtigen Instanz (etwa einer Großpartei) verkündet wird, wird seine Wirkung in der Öffentlichkeit potenziert. Insofern ist Bourdieu Recht zu geben. Sein Ansatz sollte jedoch durch Faircloughs Überlegung (vgl. Kap. III) ergänzt werden, dass Macht dem ideologischen Diskurs *nicht nur von außen*, auf institutioneller Ebene zufällt, sondern auch seiner dualistisch-monologischen *Struktur* innewohnen kann.

Der theoretische (wissenschaftliche) Diskurs, der zum Gegentand des letzten Kapitels wird, kann hier kontrastiv zum ideologischen im Hinblick auf „Reflexion", „Ambivalenz", „Konstruktionsvorgang", „Nichtidentität" und „Dialog" definiert werden. Auch er geht aus einem Soziolekt hervor, der stets ideologisch im allgemeinen (neutralen) Sinne ist: *„Die Theorie ist ein von ideologischen Interessen geleiteter Diskurs, dessen Aussagesubjekt über seine Relevanzkriterien, seine semantisch-narrativen Verfahren und seine Aktantenmodelle im soziolinguistischen Kontext als Entstehungszusammenhang nachdenkt und sie als partikulare, kontingente Konstruktionen einer ambivalenten und vieldeutigen Wirklichkeit auffasst, deren empirisch fundierte Erkenntnis die kritische Überprüfung im Dialog mit anderen Theorien voraussetzt."* Die Kurzfassung dieser Definition lautet: *„Der theoretische Diskurs fasst sich selbst als kontingente Konstruktion auf, die in einem empirisch fundierten, offenen Dialog mit andersartigen Diskursen überprüft werden kann."* (*Soziologische Theoriebildung*, S. 67) (Zur Verwirrung trägt eine Bemerkung von Imcke Schmincke bei: „Der Ideologie-Begriff verschwindet im Diskurs-Begriff."[77] Nein: Der Ideologiebegriff verschwindet nicht; er soll mit Hilfe des Diskursbegriffs präzisiert und vom Theoriebegriff unterschieden werden.)

Während der Machtanspruch des ideologischen Diskurses darin besteht, dass er Alterität als abweichende Meinung negiert,

---

77 I. Schmincke, „Welche Waffe der Kritik? Versuch einer Kombination von Diskursanalyse und Ideologiekritik", in: A. Langer et al. (Hrsg.), *Diskursanalyse und Kritik*, Wiesbaden, Springer VS, 2019, S. 226.

unterdrückt, besteht das Erkenntnisstreben des theoretischen in einer *Öffnung zum Andersartigen, zum Gegendiskurs*, dessen Gegenargumente der Selbstkritik dienen und den Blick für unliebsame Tatsachen, die im eigenen Diskurs nicht aufgehen, schärfen. Kurzum, im theoretischen Diskurs geht es darum, den Machtfaktor, der Erkenntnis monologisch behindert, möglichst weit zurückzudrängen. Aus diesen Überlegungen geht die Dialogische Theorie hervor, die als Metatheorie heterogene wissenschaftliche Standpunkte aufeinander bezieht, um ihre Stärken und Schwächen sichtbar zu machen und um ein multidimensionales Bild von Wirklichkeit zu gewinnen.

Dies ist ein Vorgriff auf das letzte – möglicherweise das wichtigste – Kapitel in diesem Buch. In diesem Kapitel geht es um die Frage, wie dualistisch-monologisch artikulierte Machtansprüche in wissenschaftlichen Debatten vermieden werden können. In den nächsten drei Kapiteln geht es um diese Machtansprüche selbst.

Zweiter Teil: Praxis

V. Wer erzählt wen? Ideologie, Stigma und narrative Vereinnahmung des Subjekts bei Luigi Pirandello und Erving Goffman

Was ist dem italienischen Schriftsteller Luigi Pirandello und dem amerikanisch-kanadischen Soziologen Erving Goffman gemeinsam? Die Antwort auf diese Frage kann recht knapp ausfallen: Beide zeigen, *wie sich Subjekte in der Gesellschaft gegen die Vereinnahmung durch erzählende Diskurse wehren – und vereinnahmt werden.* Bei beiden dreht sich die Handlung um den semantischen Gegensatz *normal/abnormal*, der in einer gesellschaftlichen und sprachlichen Situation die herrschenden Diskurse strukturiert und ihnen gestattet, ein Machtpotenzial zu entfalten, das ihnen aufgrund ihrer öffentlichen Akzeptanz auch *innewohnt.*

Im Mittelpunkt von Pirandellos Roman *Uno, nessuno e centomila* (1926, dt. *Einer, keiner, hunderttausend*, 1927) steht Vitangelo Moscarda, ein grübelnder Antiheld, ein „Möglichkeitsmensch" im Sinne von Musil, ein *inetto* oder Unangepasster im Sinne von Italo Svevo, der, wie er als Ich-Erzähler selbst sagt, „es nie verstanden" habe, „[s]einem Leben irgendeine Form zu geben".[1] Seine Unfähigkeit, sein Leben handelnd zu gestalten, gleicht er durch Reflexion und Scharfblick aus, die beide weit über das Fassungsvermögen seiner Frau Dida und seines sozialen Umfeldes hinausgehen.

Dieser Widerspruch zwischen sozialer Inkompetenz und außergewöhnlicher Luzidität hat den Konflikt mit einer kleinstädtischen Gesellschaft zur Folge, die in sprachlichen Stereotypen denkt, welche vom alles steuernden Gegensatz *normal/abnormal* eingefasst werden. Sein Versuch, die etablierte und gutgehende väterliche Bank zu verkaufen, um die Etikettierung „Wucherer" (*usuraio*) loszuwerden, stößt auf heftigen Widerstand und bewirkt, dass seine Frau im Einvernehmen mit den Verwal-

1 L. Pirandello, *Einer, keiner, hunderttausend*, in: *Die Ausgestoßene. Einer, keiner, hunderttausend. Zwei Romane*, in: *Gesammelte Werke in sechzehn Bänden* (Hrsg. M. Rössner), Berlin, Propyläen, 1998, S. 312.

tern der Bank versucht, ihn zu entmündigen und in eine psychiatrische Anstalt einweisen zu lassen. Vor dieser Maßnahme kann er sich im letzten Augenblick durch den Rückzug in ein von ihm selbst finanziertes kirchliches Bettlerasyl bewahren.

Der Romanist Michael Rössner fasst zusammen: „Dank eines Paktes mit dem Bischof seiner Heimatstadt, dem er die Stiftung eines Bettlerasyls verspricht, gelingt es ihm schließlich auch, der von seiner Frau betriebenen Entmündigung sowie der Einweisung in eine Heilanstalt zu entgehen und die Bank zu verkaufen. Er lebt nun in dem Asyl nicht länger gemäß seiner Herkunft und den Wertvorstellungen seiner Gesellschaftsschicht, sondern auf seine Weise, außerhalb der Gesellschaft, frei, niemandes Herr und niemandes Untertan."[2]

Die soziosemiotische Übersetzung dieser Passage lautet: Das Subjekt tritt einen Rückzug aus der Gesellschaft an, um der Stigmatisierung „Wucherer" zu entgehen und nicht länger den normalisierenden Diskursen seiner sozialen Umgebung ausgesetzt zu sein. Es gelingt ihm zwar, sich diesen Diskursen und ihren Machtansprüchen zu entziehen, es bezahlt aber seine neue Freiheit, indem es soziale Irrelevanz und Isolierung in Kauf nimmt. Immerhin wird es durch diesen hohen Preis vor der Einweisung in eine psychiatrische Klinik geschützt und genießt auf diese Art eine besondere Form von Narrenfreiheit: eine reduzierte Subjektivität abseits von Stigmatisierung und Normalisierung.

Erving Goffmans *Stigma* (1963, dt. 1967) und vor allem sein Buch *Asylums* (1961, dt. *Asyle*, 1972) könnten in mancher Hinsicht als Fortsetzungen von Pirandellos Roman gelesen werden. Mit etwas Leserfantasie könnten sie als Antworten auf die Frage gedeutet werden, was mit Pirandellos Held Moscarda geschehen wäre, wenn seine Frau Dida ihre Pläne verwirklicht, ihn entmündigt und in eine Anstalt eingewiesen hätte. Eine solche Einweisung wäre ein Schritt vom Regen in die Traufe gewesen, weil Auflehnung gegen Stigmatisierung und diskursive Vereinnahmung in einer „geschlossenen Institution" (Everett C. Hughes) noch schwieriger ist als im kleinstädtischen Milieu.

---

2 M. Rössner, „Nachwort", in: L. Pirandello, *Einer, keiner, hunderttausend*, op. cit., S. 467-468.

Schon die erste Phase dieser Vereinnahmung, die Jürgen Raab in seinem Buch über Goffman beschreibt, zeugt von der Unterwerfung des Subjekts, die „Verletzungen des bürgerlichen Selbst" (Raab) mit sich bringt: „In Phase eins, der ‚primären Anpassung', kooperiert der Insasse idealerweise mit der Organisation, übernimmt die ihm auferlegten Haltungen und Handlungen und wird so zum ‚normalen', ‚programmierten' oder zugehörigen Mitglied."[3] Dieser programmierten Normalisierung entgeht Pirandellos Moscarda, indem er aufs Ganze geht und sich von der Gesellschaft, ihren Normen und Diskursen verabschiedet.

Im Folgenden und in den nächsten drei Kapiteln sollen die im theoretischen Teil erläuterten Schlüsselbegriffe und Theoreme auf konkrete Fälle, Situationen und Situationsbeschreibungen angewandt werden. Bei der Umdeutung und Anwendung der Begriffe und Theoreme ist das vierte Kapitel, in dem der Übergang von der Strukturalen Semiotik zur Textsoziologie zentral ist, entscheidend. Es steckt den theoretischen Rahmen ab, in dem Begriffe verwendet werden, und legt zugleich die Art ihrer Verwendung fest.

1. Im Falle von Pirandellos Roman spielt das *Denksystem* im Sinne von Foucault eine wichtige Rolle. Es wird hier als *soziolinguistische Situation* aufgefasst, die darüber entscheidet, was gedacht, gesagt und getan werden kann.
2. Innerhalb dieser Situation kommt der *ideologischen Anrufung der Individuen* (Althusser) eine besondere Bedeutung zu, und es soll gezeigt werden, dass sich die Ideologie als *natürlicher* (Fairclough) Diskurs mit dem *common sense* (Fairclough) und der *Wirklichkeit identifiziert* (im Sinne von Adornos und Horkheimers „Identitätsdenken"). Sowohl in Pirandellos Roman als auch in Goffmans Arbeiten wird gezeigt, wie die Ideologie das Nachdenken über die Konstruktion von Wirklichkeit und den *Konstruktionsvorgang* verdeckt.
3. Vor allem bei Goffman wird deutlich, dass die geschlossene Institution als Gefängnis, Lager oder Klinik

3 J. Raab, *Erving Goffman*, Konstanz-München, UVK, 2014 (2. Aufl.), S. 99.

die *autorisierte Sprache* im Sinne von Bourdieu spricht und dadurch die Insassen ihrer *Stimme* (*voice*, Blommaert) beraubt. In diesem Zusammenhang soll gezeigt werden, *dass der Diskurs sowohl aus institutionellen Gründen (als autorisierte Sprache) als auch durch semantisch-syntaktische und narrative Strukturierung Macht ausübt.*

4. Der *Diskurs als Erzählung* (*semantisch-narrative Struktur*) wird immer wieder als *Aktantenmodell* im Sinne von Greimas (re-)konstruiert, damit klar wird, wie ein *Auftraggeber* oder eine *Auftraggeberin* (die Bank, die Klinik) Individuen oder Gruppen als *Subjekte* anruft, um sie in seine oder ihre *Erzählprogramme* (*programmes narratifs*, Greimas) einsetzen und so bestimmte Ziele erreichen zu können. Die Frage lautet: *Was geschieht, wenn sich die Subjekte der narrativen Vereinnahmung widersetzen, um eigene Programme und Zielsetzungen zu verwirklichen*?
5. Hier wird deutlich, *dass Subjektivität ein ambivalenter Prozess ist*: Um Subjekt zu werden, d. h. um eine Identität (als *Objekt-Aktanten*) auszubilden, ist das Individuum auf einen *permanenten Dialog mit Anderen* angewiesen. In diesem Dialog, der nicht einseitig als „Bildung", sondern auch als konfliktreiche Auseinandersetzung um Machtansprüche aufzufassen ist, kann es unterliegen und vereinnahmt werden. In diesem Fall wird es zu einem *sub-iectum* (*subicio* = unterwerfen) im Sinne des „Untertans" (His oder Her Majesty's subject). Somit kann Subjektivität oder Subjekt-Sein auch als *Machtfrage* aufgefasst werden: als Kampf um individuelle oder kollektive Autonomie.

1. Luigi Pirandellos Roman „Einer, keiner, hunderttausend": Sprachliche Situation, Subjektivität und Stigmatisierung

Pirandellos Roman könnte im spätmodernen oder modernistischen Kontext parallel zu Musils *Der Mann ohne Eigenschaften* oder Kafkas *Der Prozess* als ein konstruktivistischer Text gelesen werden, dessen Autor sich von der realistischen und naturalistischen Illusion einer objektiven Wirklichkeitsdarstellung verabschiedet hat. Im Vorwort zu seiner *Comédie humaine* konnte sich Balzac dieser Illusion noch hingeben und behaupten, er würde die französische Gesellschaft für sich sprechen lassen: „Die französische Gesellschaft sollte die Historikerin sein, ich nur der Sekretär." („La société française allait être l'historien, je ne devais être que le secrétaire.")[4]

Autoren der Spätmoderne oder des Modernismus wie Musil oder Pirandello glauben nicht mehr an die Möglichkeit, die Gesellschaft für sich sprechen zu lassen. Sie sind sich ihrer *Konstruktionstätigkeit* bewusst, und Pirandello macht seinen Helden Vitangelo Moscarda zum Sprachrohr des neuen reflektierenden und konstruktivistischen Bewusstseins.

Dieses Bewusstsein wird durch eine Bemerkung von Moscardas Frau Dida geweckt. Während er sich im Spiegel betrachtet, macht sie ihn auf seine schiefe Nase aufmerksam: „Gewiß, Liebster. Schau sie dir nur gut an: sie steht schief. Nach rechts."[5] Diese scheinbar triviale Bemerkung setzt im Bewusstsein des Helden einen Prozess in Gang, der in der Erkenntnis gipfelt, dass seine Selbstwahrnehmung nicht der Wahrnehmung seiner Person in den Augen der anderen entspricht. Die Verallgemeinerung dieser Erkenntnis mündet in einen konsequenten Konstruktivismus: „Ach, Sie glauben, Konstruktion hätte nur mit Gebäuden zu tun? Ich konstruiere mich andauernd, und ich konstruiere Sie, und Sie tun dasselbe."[6]

Das Kernproblem des Romans besteht darin, dass die anderen Moscardas konstruktivistische Einstellung nicht teilen und in einem ideologischen und naturalistischen *common sense* (Fairclough, Kap. III.4) verharren, der besagt, dass die Wirklichkeit von allen auf die gleiche Weise wahrgenommen wird. Moscarda ist sich dieses Problems durchaus bewusst und wirft im Zweiten Buch des Romans die entscheidende Frage auf: „Wissen Sie, worauf das alles beruht?" Die konstruktivistische

---

4 H. de Balzac, „Préface", in: ders., *La Comédie humaine*, Bd. I, Paris, Seuil, 1965, S. 52.

5 L. Pirandello, *Einer, keiner, hunderttausend*, op. cit., S. 263.

6 Ibid., S. 311.

Antwort liegt auf der Hand und bezieht sich auf die realistische Illusion: „Ich will es Ihnen sagen. Auf einer Einbildung, die Gott Ihnen stets erhalten möge. Auf der Einbildung, daß die Wirklichkeit für Sie und für alle anderen die gleiche sein müsse.“[7]

Ausgehend von dieser kollektiven Einbildung, nimmt das Schicksal seinen Lauf, und Moscarda, der von seinem Vater eine Bank geerbt hat, wird als „Wucherer“ (*usuraio*) etikettiert, weil schon sein Vater den Kleinstädtern von Richieri als „Wucherer“ erschien. Er unternimmt alles, um diese Konstruktion, die einer Stigmatisierung gleichkommt, zu zerstören. Sein zweifellos wichtigster Schritt in diese Richtung ist seine Entscheidung, die väterliche Bank zu verkaufen, um nicht mehr als „Wucherer“ zu gelten.

Diese Entscheidung stößt auf Unverständnis sowohl bei seiner Frau Dida als auch bei den beiden Verwaltern der Bank: den Herren Firbo und Quantorzo. Dida, die meint, ihren Mann, den sie liebevoll „Gengè“ nennt, gut zu kennen („Ich kenne ihn gut, deinen Geschmack, ich weiß, was du denkst.“)[8], bricht in verständnisloses Gelächter aus, während Firbo und Quanatorzo versuchen, den ihnen fremden Rebellen zur Vernunft zu bringen: im Rahmen des in der sprachlichen Situation herrschenden Diskurses, des *Interdiskurses*, würde Pêcheux sagen (vgl. Kap. I.4).

Für diesen Versuch, der auf eine Unterwerfung des aufmüpfigen, fremden Subjekts zielt, ist die folgende Textpassage charakteristisch, in der sich die gesamte sprachliche Situation herauskristallisiert, die der Roman ausschnittweise wiedergibt: „Die Leute, die die anderen vergewaltigen wollen! Der Signor Firbo zum Beispiel! Sie bilden es sich nur ein, denn in Wahrheit, mein Lieber, können sie doch nur Worte aufzwingen. Worte, verstehst du? Worte, die jeder auf seine Weise begreift und wiederholt. Tja, aber so entsteht eben die sogenannte allgemeine Meinung! Und wehe demjenigen, der sich eines Tages mit einem dieser Worte abgestempelt sieht, das alle wiederholen. Zum Beispiel: *Wucherer!* Zum Beispiel: *Wahnsinniger!*“[9]

„Vergewaltigen“, „aufzwingen“: Es geht in dieser Passage um die Vereinnahmung des individuellen Subjekts durch Spra-

7 Ibid., S. 291.
8 Ibid., S. 311.
9 Ibid., S. 365-366.

che, durch stigmatisierende Bezeichnungen wie „Wucherer" oder „Wahnsinniger", die bestimmte Handlungen, Handlungsabläufe und Erzählungen evozieren. Denn was tut ein „Wucherer"? Er nutzt seine finanzielle Machtposition aus, um andere auszubeuten, um sich ihrer Gelder zu bemächtigen. Und ein Wahnsinniger kann gefährlich werden, indem er unverantwortlich und unberechenbar handelt.

Moscarda, der versucht, das Stigma des Wucherers zu tilgen, kann nicht hoffen, sich von der Stigmatisierung zu befreien, weil sein Entschluss, die Bank zu verkaufen, lediglich zur Folge hat, dass er abermals etikettiert und stigmatisiert wird: diesmal als „Wahnsinniger", als *pazzo*. Doch der Wahnsinn hat, wie Foucault wusste (vgl. Kap. I.2), seine Vernunft, die die Vernunft der Rationalisten Lügen straft.

Moscarda scheint sich diesen Gedanken zu eigen zu machen, wenn er auf die verstörte Frage „Was redet er da?" von Firbo und Quantorzo mit Hinweisen auf die Wahnsinnigen antwortet: „‚Neue Worte!' schrie ich. ‚Wollt ihr sie hören? Dann geht dorthin, wo ihr sie [die Wahnsinnigen] eingesperrt habt: geht hin, geht und hört ihren Reden zu! Ihr habt sie eingesperrt, weil es euch so zupaß kommt'."[10]

Diese „neuen Worte" verhallen in der vom Interdiskurs dominierten soziolinguistischen Situation, wenn nicht ungehört, so doch unverstanden. Man versteht sie nicht, weil sie sich den herrschenden Ideologien und ihrem *common sense* entziehen und dadurch eine neue, mögliche Welt jenseits der bestehenden evozieren. Aber sie bedeuten nicht innerhalb dieser bestehenden Welt, weil sie neue, abweichende Konstruktionsmöglichkeiten andeuten, die von Moscardas Gesprächspartnern nicht wahrgenommen werden: Sie kennen nur die eine Welt, von der sie annehmen, dass sie „natürlich" und für alle Beteiligten die gleiche ist.

In dieser Situation ist Verständigung nicht möglich, weil auch die im Rahmen des *common sense* herrschende Annahme, dass alle die gleiche Sprache sprechen und Wörter mit identischen Bedeutungen versehen, neue oder abweichende Bedeutungen ausschließt. Zu Moscardas Konstruktivismus gehört indessen die Einsicht, dass jeder die Wirklichkeit nicht nur auf

10 Ibid., S. 367.

seine Art konstruiert, sondern sich bei dieser Konstruktion auch einer besonderen, ihm eigenen Sprache bedient, die eine Verständigung erheblich erschweren kann: „Aber welche Schuld haben wir, ich und Sie, wenn Wörter an sich leer sind? Leer mein Allerbester. Sie erfüllen sie, während Sie sie mir sagen, mit Ihrem Sinn; und ich erfülle sie, während ich sie aufnehme, unvermeidlicherweise mit meinem Sinn. Wir hatten geglaubt, uns zu verstehen; wir haben uns überhaupt nicht verstanden."[11]

Komplementär zu diesem Missverstehen auf allgemeinster Ebene verhält sich das chronische Missverstehen innerhalb von Moscardas Ehe: „Es war offensichtlich, daß der Sinn, den ich meinen Worten gab, ein bestimmter Sinn für mich war; der Sinn aber, den diese Worte als Gengès Worte für Dida annahmen, war ein ganz anderer."[12] Nicht nur Selbstverständnis und Fremdverständnis klaffen auseinander; auch die sprachlichen Konstruktionen der Wirklichkeit divergieren.

Allerdings drängt sich hier eine Einschränkung auf: Dida, die beiden Bankverwalter und die anderen Kleinstädter sind sich in ihren Konstruktionen grundsätzlich einig, weil sie ihre Welt im Rahmen einer von Individualismus, Egoismus und Utilitarismus geprägten und auf dem Gegensatz *normal/abnormal* gründenden Ideologie als *common sense* konstruieren. Sie werden von dieser Ideologie als Subjekte „angerufen" (Althusser) und erzielen als von dieser Ideologie Angerufene letztlich einen hegemonialen Konsens, *den sie monologisch mit der Wirklichkeit identifizieren* (vgl. Kap. IV.7). Moscarda bildet eine Ausnahme, weil er eine andere Sprache spricht („neue Worte") und mit Hilfe dieser Sprache seine Gegenstände jenseits der Ideologie konstruiert.

Er, der im Interesse und im Auftrag seiner Bank (*Auftraggeberin*, Greimas, vgl. Kap IV.3) handeln sollte, kehrt sich gegen seine Auftraggeberin und handelt sich dadurch die Feindschaft der anderen, von der Bank beauftragten *Subjekte* ein. In ihren Diskursen als institutionell *autorisierten Sprachen* (Bourdieu, Kap. II.4) wird er zum *Antisubjekt*, das umgehend „neutralisiert", unschädlich gemacht werden sollte. Er wird als „Wahnsinniger" stigmatisiert und als künftiger *Objekt-Aktant* in eine

---

11 Ibid., S. 299.
12 Ibid., S. 314.

Erzählung eingebunden, die auf „Entmündigung" (Reduktion der Subjektivität) und Einweisung in eine Anstalt hinausläuft.

Seine abnormale Revolte gegen die Bank soll zur Folge haben, dass er einer neuen *Auftraggeberin* überantwortet wird, die für seine Normalisierung sorgen soll: der Klinik. Dieses *Erzählprogramm* wird schließlich nicht verwirklicht, weil es Moscarda gelingt, die Bank zu verkaufen und sich dem ideologischen Diskurs durch Selbstisolierung in einem kirchlichen Hospiz zu entziehen.

Als Individuum ist er zwar frei, verzichtet aber auf jegliche Teilhabe am gesellschaftlichen Leben: „Kein Wucherer mehr (Schluß mit der Bank!); und kein Gengè mehr (Schluß mit dieser Marionette!)."[13] Aber: „In Wahrheit gab ich widerstandslos alles her, weil ich jetzt weit entfernt von allen Dingen war, die für die anderen Sinn und Wert haben können (…)."[14] Moscarda verliert vor allem seine gesellschaftlich erworbene und von den Anderen anerkannte und gehörte „Stimme" (*voice* im Sinne von Blomaert: vgl. Kap. II.5).

Hiermit kehrt diese Betrachtung zur Einleitung zurück und zu dem Gedanken, dass sich Subjektivität zwar in einem permanenten Dialog mit den Anderen bildet, in diesem Dialog aber auch vereinnahmt werden und untergehen kann. Pirandellos Roman ist eine Geschichte der Vereinnahmung des Subjekts durch Stigmatisierung und seines Widerstandes gegen diese Vereinnahmung. Auf soziologischer Ebene sollte deutlich geworden sein, dass Moscardas Widerstand nur teilweise erfolgreich ist, weil es ihm zwar gelingt, sich der Stigmatisierung und der ideologischen „Anrufung" zu entziehen, jedoch um den Preis der sozialen Isolierung, in der das auf Kommunikation angewiesene, stets dialogisch aufgebaute[15] Subjekt nur verkümmern kann.

---

13 Ibid., S. 406.

14 Ibid., S. 454.

15 Vgl. P. V. Zima, *Theorie des Subjekts. Subjektivität und Identität zwischen Moderne und Postmoderne*, Tübingen, Francke-UTB, 2017 (4. Aufl.), Kap. V.1: „Subjektivität als Dialog".

2. Erving Goffmans „Stigma“ als Erzählung

Wie kommt Stigmatisierung in der Gesellschaft zustande? Für sie sorgt in vielen Fällen das soziale Umfeld. Pirandellos Ich-Erzähler Vitangelo Moscarda erklärt: „Man wollte mich tatsächlich entmündigen, mich für geisteskrank erklären lassen.“[16] Die Stigmatisierung kann eine Vorstufe zur Einweisung in eine Klinik sein, in der sie als wesentliches Element einer „Krankheitsgeschichte“ fungiert. Im Folgenden soll gezeigt werden, dass Stigmatisierung als solche, unabhängig von der Einweisung in eine Anstalt, eine Erzählstruktur aufweist.

Das lässt bereits die Definition von *Stigma* im *Wörterbuch der Soziologie* erkennen: „(...) Physisches, psychisches oder soziales Merkmal, durch das eine Person sich von allen übrigen Mitgliedern einer Gruppe (oder Gesellschaft) negativ unterscheidet und aufgrund dessen ihr soziale Deklassierung, Isolation oder sogar allg. Verachtung droht (Stigmatisierung).“[17]

Die Tatsache, dass „Deklassierung“ und „Isolation“ soziale Prozesse sind, die auf verschiedene Arten erzählt werden können, muss nicht umständlich erläutert werden. Veranschaulicht werden diese Prozesse durch den eigenartigen Werdegang Vitangelo Moscardas, der schließlich als „Wahnsinniger“ deklassiert wird und in selbstgewählter Isolation den Rest seines Lebens verbringt.

In diesem Zusammenhang erscheint *Stigma* als dynamischer Begriff, der sich als Kern einer Erzählung besonders gut eignet. In dieser Erzählung ist die persönliche Identität der umkämpfte *Objekt-Aktant* (vgl. Kap. IV.4): Das Subjekt ist in allen Fällen bestrebt, seine positive Identität als Selbstverständnis gegen die Versuche seines sozialen Umfeldes zu verteidigen, diese Identität zu vereinnahmen und negativ zu besetzen. In diesem Kampf um das Objekt „Identität“ spielen die *Modalitäten* (*sein, wissen, wollen, können*, Greimas: Kap. IV.4) eine entscheidende Rolle, weil stets die Frage aufkommt, wie gut jemand mit seinem Stigma umzugehen weiß, wie er es verkraftet oder entschärft.

---

16 L. Pirandello, *Einer, keiner, hunderttausend*, op. cit., S. 428.

17 K.-H. Hillmann, *Wörterbuch der Soziologie*, Stuttgart, Kröner, 2007 (5., erw. Aufl.), S. 864.

Erving Goffman spricht von „Stigma-Management“: „Der Bereich des Stigma-Management könnte demnach als etwas gesehen werden, das hauptsächlich dem öffentlichen Leben angehört, dem Kontakt zwischen Fremden oder bloßen Bekanntschaften, dem einen Ende eines Kontinuums, dessen anderer Pol Vertrautheit ist.“[18] Im Bereich der Modalitäten bedeutet dies, dass jemand mit einem körperlichen Stigma (etwa ein Gehbehinderter, ein Blinder) *weiß*, was Andere von ihm erwarten, wie sie auf seine Behinderung reagieren werden. Zugleich kommt es auf sein *Geschick* (*Können*) an, seine Behinderung mitzuteilen oder zu verbergen.

Goffman berichtet vom Fall eines Blinden, dem es gelingt, sich sowohl im öffentlichen Leben als auch im Kreise der Familie relativ frei zu bewegen: „(...) Einige Straßenbahn- und Busfahrer wünschen mir jetzt bloß Guten Morgen, wenn ich mit meinem Hund einsteige, und einige Kellner, die ich kenne, bedienen mich mit traditioneller Ungerührtheit. Natürlich hat der unmittelbare Kreis meiner Familie seit langem aufgehört, ein unnötiges Getue um mich zu machen, und ebenso die meisten meiner engen Freunde. Insoweit habe ich eine Spur der Erziehung in der Welt hinterlassen.“[19]

Die Fähigkeit, seine Mitmenschen zu erziehen, auf sie einzuwirken, damit sie ein bestimmtes Stigma akzeptieren, ist eine Form milder und auch legitimer Machtausübung. Sie gestattet es dem Behinderten, das Stigma in ein anerkanntes Handikap umzuwandeln und der Stigmatisierung als sozialer Ausgrenzung zu entgehen. In anderen Fällen kann Stigmatisierung ein Machtgefälle bewirken, das die Stärkeren nach Belieben ausnutzen können.

Von einem solchen Machtgefälle zeugt Nikolaj Gogols Novelle *Der Mantel* (*Šinelj'*, 1842), deren Held Akakij Akakiewitsch stottert und nahezu unfähig ist, einen einmal begonnen Satz zu Ende zu führen. Er gerät oft in eine ähnliche Situation wie das von Jan Blomaert (vgl. Kap. II.5) erwähnte afrikanische Mädchen aus Tansania, dessen Schulenglisch in seiner Heimat ein symbolisches Kapital innewohnt, das in der britischen Ge-

---

18 E. Goffman, *Stigma. Über Techniken der Bewältigung beschädigter Identität*, Frankfurt, Suhrkamp, 1998 (13. Aufl.), S. 68.

19 Ibid., S. 69.

sellschaft schlagartig verschwindet. Wie die Afrikanerin, nur aus anderen Gründen, verliert der unbedeutende Ministerialbeamte Akakij Akakiewitsch, dessen Name phonetisch sein Stigma ankündigt, seine *Stimme* (*voice*, Blomaert).

Diese Schwäche nutzt ein Petersburger General aus, den Akakij Akakiewitsch aufsucht, um sich bei ihm über den Raub seines Pelzmantels zu beschweren. Dem General liegt sehr viel daran, seine Überlegenheit zu demonstrieren. Durch den schneidenden Ton, mit dem er den Bittsteller empfängt, schüchtert er ihn vollends ein. Akakij Akakiewitsch ist kaum fähig zu sprechen und flüchtet in das für ihn charakteristische, stigmatisierende „Na Ja“: „‚Aber Euer Exzellenz‘, sagte Akakij Akakiewitsch, wobei er sich bemühte, die kleine Handvoll Geistesgegenwart, die überhaupt in ihm war, zusammenzuraffen und dabei gleichzeitig spürte, daß er ganz fürchterlich in Schweiß geraten war, ‚ich, Euer Exzellenz, habe gewagt, Sie zu behelligen, weil die Sekretäre... na ja... ein unzuverlässiges Volk...‘ – ‚Was, was, was?‘ fuhr die bedeutende Person auf, ‚woher nehmen Sie diese Dreistigkeit?‘.“[20]

Zwei Diskurse treffen hier aufeinander: ein institutionalisierter Diskurs als „autorisierte Sprache“ im Sinne von Bourdieu (vgl. Kap. II.4) und der durch das Stottern geschwächte, stigmatisierte Diskurs eines kleinen Beamten. Aus institutionellen und sprachlichen Gründen scheitern Akakij Akakiewitschs Bemühungen um „Stigma-Management“: Das vom General ausgenutzte Machtgefälle ist zu groß und lässt einen Übergang vom stockenden Sprechen zur flüssigen Rede nicht zu.

Der Wille vieler privilegierter Individuen und Gruppen, die stigmabedingten Schwächen der Anderen auszunutzen, um ihre Macht zu behaupten oder auszudehnen, gehört zu den Problemen von Gesellschaften, die sich als modern bezeichnen und doch hierarchisch strukturiert sind.

Ohne von Macht oder Machtgefälle zu sprechen, beschreibt Goffman in *Stigma* den amerikanischen Menschentypus, der als Modell der Normalität eine privilegierte Position einnimmt, die ihn mit Modalitäten der Macht (vor allem im Sinne von *sein* und *können*) ausstattet: „Zum Beispiel gibt es in einem gewichtigen

---

20 N. Gogol, *Der Mantel/Šinelj'* (Deutsch/Russisch), Stuttgart, Reclam, 1973, S. 77.

Sinn nur *ein* vollständig ungeniertes und akzeptables männliches Wesen in Amerika: ein junger, verheirateter, weißer, städtischer, nordstaatlicher, heterosexueller protestantischer Vater mit Collegebildung, voll beschäftigt, von gutem Aussehen, normal in Gewicht und Größe und mit Erfolgen im Sport. Jeder amerikanische Mann tendiert dahin, aus dieser Perspektive auf die Welt zu sehen; dies stellt *einen* Sinn dar, in dem man von einem allgemeinen Wertsystem in Amerika sprechen kann."[21]

Wer von diesem Modell abweicht, ist, zumindest potenziell, der Stigmatisierung ausgesetzt; freilich auch das Modell selbst, das mit der Zeit die Jugend verliert und mit ihr das gute Aussehen sowie den Erfolg im Sport. Insofern hat Goffman Recht, wenn er an anderer Stelle von einem „Zwei-Rollen-Prozeß"[22] spricht, in dem jeder damit rechnen muss, irgendwann im Alter als stigmatisiert (z. B. behindert) zu gelten. Hier wird deutlich, dass semantische Gegensätze wie *normal/abnormal, gesund/krank, jung/alt*, die ideologische Diskurse steuern, problematisch sind, weil sie in einen dualistisch strukturierten Monolog münden, der sich mit der Wirklichkeit identifiziert (vgl. Kap. IV.7).

Einen solchen ideologischen Monolog, der von einem Rückfall in hierarchisch-atavistisches Denken begleitet wurde, stellt der Nationalsozialismus dar, der, ausgehend vom strukturierenden Gegensatz *arisch/jüdisch*, Juden stigmatisierte. Zugleich ließ er ein Machtgefälle entstehen, das einen Teil der deutschen Bevölkerung willkürlicher Diskriminierung aussetzte.

Dass sogar Nicht-Juden befürchten mussten, dieser Diskriminierung zum Opfer zu fallen, weil sich Einzelpersonen oder Gruppen an ihnen rächen wollten, veranschaulicht die Vorgehensweise des Philosophen Hans Vaihinger, dessen Philosophie der Nationalsozialist Dietrich Klagges in *Geschichtsunterricht als nationalpolitische Erziehung* (1937) als „jüdisches Denken" bezeichnet. Um sich gegen diese Art von Stigmatisierung zu wehren, ließ Vaihinger in Klagges' Buch vom Verlag einen eingelegten Zettel als Korrektur anbringen: „*Berichtigung.* Nach Mitteilung der Verlagsbuchhandlung Felix Meiner ist der auf

21 E. Goffman, *Stigma*, op. cit., S. 158.
22 Ibid., S. 170.

Seite 10 genannte Philosoph Hans Vaihinger arischer Abstammung."

Hier kann beobachtet werden, wie der ideologische Monolog als Argumentationsmuster beschaffen ist: Der Autor Vaihinger kann als Jude nur „jüdisches Denken" hervorbringen, dessen Falschheit in der nationalsozialistischen Ideengeschichte mit fragwürdigen Argumenten „nachgewiesen" wurde. Wenn sich nun herausstellt, dass der Autor „Arier" ist, wird dem Pseudoargument die empirische Grundlage entzogen. Die Ideologen wird das nicht beeindrucken. Sie haben flugs ein neues Argument parat, das gegen Widerlegung immun ist: Vaihinger habe sich eben vom jüdischen Denken anstecken lassen. Diese Diagnose ist auch eine Art der Stigmatisierung und hat die Säuberung des eigenen Lagers zur Folge: Als Gefahr für die Gesellschaft müssen alle Angesteckten beseitigt werden. Nun muss jeder dafür sorgen, dass er nicht als angesteckt gilt und *seine Subjektivität in den herrschenden Interdiskurs integriert.* (So werden Konformisten und Mitläufer ausgebildet.)

Damit geht die Argumentation – gleichsam von selbst – in den Marxismus-Leninismus über. Im realen Sozialismus musste jeder, der vor der „Revolution" eine Bank, einen Betrieb oder auch nur eine größere Werkstatt besessen hatte, befürchten, eines Tages als „Kapitalist" oder „Wucherer" verhaftet zu werden. Anders als Vitangelo Moscarda hatte er aber nicht die Möglichkeit, sein Stigma durch den Verkauf seines Besitzes zu tilgen. Der Besitz wurde verstaatlicht, aber das Stigma blieb und bewirkte, dass der ehemalige Besitzer als „Kapitalist" oder „Reaktionär" in die marxistisch-leninistische Erzählung und ihre Aktantemodelle eingebunden wurde. Wie „Stigma" ist die spezifische Bezeichnung „Reaktionär" ein vielseitiges und fruchtbares Erzählelement.

Im Diskurs des Marxismus-Leninismus bezeichnet es individuelle und kollektive *Akteure*, die dem *Aktanten* „Bourgeoisie" subsumierbar sind. Dieser Aktant handelt im Auftrag der „Reaktion", die sich der *Auftraggeberin* „Geschichte" und dem in ihrem Namen agierenden „Proletariat" (*Subjekt-Aktant*) widersetzt (vgl. Kap. IV.3-4). In diesem Kontext entsteht die stigmatisierende Bezeichnung „Klassenfeind", die nicht nur den „Kapitalisten" (etwa als Eigentümer einer größeren Werkstatt mit mehreren Angestellten) zum Gegner der im Aufbau befindlichen sozialistischen Gesellschaft werden lässt, sondern auch seine Familie, seine Kinder. Diese werden aufgrund ihrer bürgerlichen Herkunft vom Hochschulstudium ausgeschlossen und anhaltender Diskriminierung ausgesetzt. Im nächsten Kapitel wird ausführlicher – im Zusammenhang mit den Slánský-Prozessen – vom marxistisch-leninistischen Diskurs die Rede sein. Er ist wie der nationalsozialistische ein dualistischer Monolog, der sich mit der Wirklichkeit identifiziert und Dissens als Verrat, Klassenfeindschaft oder Reaktion stigmatisiert.

3. Narrative Vereinnahmung durch die Institution: Goffmans „Asyle"

Eingangs wurde bereits angemerkt, dass Goffmans Buch *Asyle* als eine Art Fortsetzung von Pirandellos Roman gelesen werden könnte. Die Frage lautete, was Vitangelo Moscarda erlebt hätte, wenn es seiner Frau Dida gelungen wäre, ihn in eine psychiatrische Klinik einweisen zu lassen. Der Untertitel von *Asyle Über die soziale Situation psychiatrischer Patienten und anderer Insassen* deutet bereits an, dass Goffman in diesem Buch das Geschehen innerhalb der Klinik aus der Sicht der Patientinnen und Patienten betrachtet.

Davon zeugt die folgende Passage, in der Ausdrücke wie „überlistet" und „beraubt" auf eine Perspektivierung im Sinne der Insassen schließen lassen: „Kurz gesagt, durch die Hospitalisierung wird der Patient überlistet, indem er der üblichen Ausdrucksformen beraubt wird, durch welche der einzelne sich dem Zugriff der Organisation entziehen kann: Respektlosigkeit, Schweigen, sotto voce geäußerte Bemerkungen, unkooperatives Verhalten, mutwillige Zerstörung von Einrichtungsgegenständen usw.; solche Zeichen des Sich-Ausschließens werden nun als Anzeichen der rechtmäßigen Zugehörigkeit des Urhebers gewertet."[23]

Aus Pirandellos Roman ist dieses Szenario nur allzu bekannt: Sooft Moscarda Dissens anmeldet und seine eigenen

23 E. Gofmann, *Asyle. Über die soziale Situation psychiatrischer Patienten und anderer Insassen*, Frankfurt, Suhrkamp (1972), 1973, S. 292.

Konstruktionen der Wirklichkeit geltend macht, wird er als Psychopath, als *pazzo* stigmatisiert und verstrickt sich weiter in das gesellschaftliche Netz der ihn entmündigenden Erzählungen. Im Gegensatz zu Moscarda hat der Insasse einer Klinik nicht die Möglichkeit, sich seine neue *Auftraggeberin* (wie Moscarda die Bank) durch Verkauf vom Hals zu schaffen. Er ist dieser „totalen Institution" auf Gedeih und Verderb ausgeliefert.

Dazu bemerkt der Soziologe Richard Münch: „Weil es nicht möglich ist, aus dem Rahmen der totalen Institution auszubrechen, wird alles, was die Insassen tun, primär durch diesen Rahmen geprägt."[24] Dieser Rahmen schafft geradezu ideale Bedingungen für die Entstehung eines totalitären Diskurses, in dem alles, was der zu unterwerfende Einzelne sagt oder tut, als empirischer Beweis für die Richtigkeit des Diskurses gewertet wird. Dieser Diskurs geht von der *Klinik als Auftraggeberin* aus, die ihren *Subjekten*, den Angehörigen des Pflegepersonals, buchstäblich den *Heilsauftrag* (*mission de salut*, Greimas) erteilt, die Insassen als *Antisubjekte* zu normalisieren: der gesellschaftlichen Norm zu unterwerfen und in *soziale Subjekte* zu verwandeln.

Dies geschieht im Rahmen des strukturierenden semantischen Gegensatzes *normal/abnormal* und des komplementären Gegensatzes *gesund/krank*. Aus den die gesellschaftliche Norm verletzenden, kranken Antisubjekten sollen wieder funktionierende, normkonforme Mitglieder der Gesellschaft werden. Die von Goffman vor allem am Ende seiner Abhandlung angesprochene Ambivalenz der Institution besteht darin, dass sie vorgibt, eine Dienstleistungsorganisation zu sein, deren Behandlung oder Therapie als Dienst an allen Insassen zu verstehen ist.

Dazu bemerkt Goffman: „Die ideologischen oder interpretativen Konsequenzen der Aktivität des Managements scheinen sich auf zwei Brennpunkte zu konzentrieren, nämlich auf das Wesen der Patienten und auf die Aktivität der Klinik, wobei in beiden Fällen die Definition der Situation als einer ärztlichen Dienstleistung aufrechterhalten wird."[25]

---

24 R. Münch, „Die Dramaturgie der strategischen Kommunikation: Erving Goffman", in: ders., *Soziologische Theorie*, Bd. II: *Handlungstheorie*, Frankfurt-New York, Campus, 2007 (2., korr. Aufl.), S. 295.

25 E. Goffman, *Asyle*, op. cit., S. 356.

Diese Dienstleistung ist insofern ambivalent, als die Heilung der Patienten, die eine Anstalt in ihrem Programm führt, zugleich eine Normalisierung im Interesse der Gesellschaft ist. Diesen Aspekt der Klinik hat Michel Foucault in nahezu allen seinen Arbeiten zu diesem Thema hervorgehoben: etwa in *Naissance de la clinique* (*Die Geburt der Klinik*), wo er von einer „Konvergenz zwischen den Anforderungen der *politischen Ideologie* und denen der *medizinischen Technologie*“ spricht („convergence entre les exigences de *l'idéologie politique* et celles de la *technologie médicale*“).[26] Aus dieser Sicht erscheinen Ausdrücke wie „Dienstleistung“ oder „Heilung“ als Ideologeme, in deren Namen Individuen als Subjekte „angerufen“ (Althusser) und manipuliert werden.

Es liegt in der Logik der Dinge, wenn bei Goffman die Klinik als „totale Institution“ und zugleich als Metonymie der Gesellschaft erscheint, die als Auftraggeberin der Ärzte oder Psychiater fungiert, die den Insassen als *Antisubjekte* gegenübertreten. (Hier zeigt sich, dass „Subjekt“ und „Antisubjekt“ variable Funktionen sind, deren Definition je nach Perspektive variieren kann.)

Der umkämpfte *Objekt-Aktant* ist in dieser diskursiven Konfrontation zwischen den Insassen als *Subjekten* und den Vertretern der Klinik als *Antisubjekten* die „Wahrheit über das Subjekt“ (oder die „wahre Identität“). Während die Klinik und ihr Personal dieses Subjekt im Rahmen ihrer Relevanz *normal/abnormal* als abnormal oder kriminell klassifizieren, verkündet der Insasse als Subjekt und Auftraggeber in eigener Sache die „Wahrheit über sich selbst“: sein *Selbstverständnis*. So würde Moscarda versuchen, den vernünftigen Charakter seiner Handlungen – etwa des Bankverkaufs – zu erläutern. Die Klinik würde hingegen von „Unvernunft“ oder gar „Wahnsinn“ sprechen und die von Dida betriebene Einweisung im Nachhinein rechtfertigen.

Eine solche Rechtfertigung findet nicht nur auf semantischer Ebene im Rahmen des Gegensatzes *normal/abnormal* statt, sondern auch auf narrativer Ebene, deren Struktur von der „totalen Institution“ vorgegeben wird. Wer in eine psychiatri-

26 M. Foucault, *Naissance de la clinique*, Paris, PUF, 1994 (4. Aufl.), S. 37.

sche Klinik eingewiesen wurde, ist vorab stigmatisiert, klassifiziert: als „krank", „abnormal" oder „gefährlich". Ihm stehen zwei Strategien als *narrative Programme* (Greimas) zur Verfügung: Anpassung oder Widerstand.

Zwischen diesen beiden Polen bewegt sich auch Goffmanns Darstellung der Klinik in *Asyle*, in der, wie schon Danilo Martuccelli bemerkte[27], alle Vorgänge aus der Sicht der Insassen erzählt werden. Denn Goffman zeigt, wie der Widerstand des Insassen durch eine Einordnung seiner Sichtweise, seiner Aussagen und Handlungen in die Erzählung der Anstalt als *kollektiver Gegenauftraggeberin* und *Antisubjekt* in einem integriert wird.

Während der Insasse als schwaches Subjekt beteuert, er sei ein freier und normaler Mensch, der nur wegen des Unverständnisses oder der Boshaftigkeit seiner sozialen Umgebung (in Pirandellos Roman als „Wucherer" oder „Verrückter") in die Anstalt eingewiesen wurde, deutet die Klinik seine Äußerungen und Handlungen um, indem sie sie als Symptome wertet, die eine Aufnahme in die Klinik rechtfertigen, ja notwendig erscheinen lassen.

Ihre Erzählung oder Umerzählung lautet: „Du bist nicht der, für den du dich hältst; deine Äußerungen und Handlungen lassen klar deine Anomalie erkennen, die hier behandelt werden muss." Oft wird die Vorgeschichte der Patientin oder des Patienten zur Rechtfertigung der institutionellen Erzählung herangezogen. Dass diese Erzählung als „autorisierte Sprache" im Sinne von Bourdieu (vgl. Kap. II.4) mit symbolischem Kapital ausgestattet ist und eine subtile Form der Machtausübung darstellt, versteht sich fast von selbst.

Der Ausdruck „totale Institution" kommt nicht von ungefähr, und Goffman stellt einen Vergleich zwischen der Klinik und chinesischen Umerziehungslagern an: „Von chinesischen ‚Gehirnwäsche'-Lagern wird behauptet, sie würden diese Interpretationsprozesse ins Extrem treiben, indem die harmlosen Alltagsereignisse aus der Vergangenheit des Gefangenen in Symptome konterrevolutionärer Aktivität umgedeutet werden."[28] Um

---

27 Vgl. D. Martuccelli, „Erving Goffman, la condition moderne ou le soupçon permanent", in: ders., *Sociologies de la modernité*, Paris, Gallimard, 1999, S. 448-449.

28 E. Goffman, *Asyle*, op. cit., S. 89.

Interpretationsprozesse geht es sowohl in der Klinik als auch in den Lagern; sie sind aber in den meisten Fällen Prozesse der Umerzählung. Staat und Klinik verfolgen ein gemeinsames Ziel: alle Subjekte in ihre Erzählung einzubinden und widerständige Erzählungen von Individuen und Gruppen erst gar nicht aufkommen zu lassen.

Den Gedanken, dass der Einzelne seine eigene Erzählung als „Wahrheit über sich selbst" auffasst, indem er von seiner Ich-Identität als Subjektkern ausgeht, bestätigt Goffman auf seine Art und mit seiner eigenen Terminologie. Denn auf sein von der totalen Institution proklamiertes soziales Scheitern antwortet der als Patient, als Kranker definierte Insasse mit einem narrativen Gegenentwurf, mit einem Gegendiskurs: „Darauf reagiert der Insasse meist in der Form, daß er sich eine Geschichte, einen Standpunkt, einen traurigen Bericht – also eine Wehklage und Apologie – zurechtlegt, die er seinen Schicksalsgefährten beständig erzählt, um seinen gegenwärtigen niedrigen Status zu erklären."[29] (Es ist nicht viel Fantasie vonnöten, um sich Moscardas apologetische Erzählung „vom Wucherer zum Wahnsinnigen" und seine sie begleitende Polemik gegen Dida und sein soziales Umfeld vorzustellen.)

Mit anderen Worten: Der Insasse wehrt sich gegen die Umerzählung seiner Geschichte durch den Diskurs der Macht, der sich – wie schon in Pirandellos Roman – mit der Wirklichkeit identisch wähnt. Denn dieser Diskurs negiert sein Selbstverständnis als Subjekt, das der Insasse gegen alle Formen des verzerrenden Fremdverständnisses unablässig verteidigt. Da sich das Individuum in einem permanenten Dialog mit den anderen als Diskurssubjekt bildet, kommt es zu einer Konfrontation zweier Diskurse, in deren Verlauf das Subjekt als narrative Konstruktion selbst zum umkämpften *Objekt-Aktanten* wird. Die zugleich dialogische und konstruktivistische Frage, die schon der Ich-Erzähler Moscarda aufwirft, lautet: Wer bin ich in meinen und in euren Augen? Mit ihr befasst sich der letzte Abschnitt dieses Kapitels.

---

29 Ibid., S. 70.

4. Subjektivität: Autonomie und Unterwerfung im Dialog

Dialogizität als Öffnung zum Anderen oder Andersartigen wird in den meisten Fällen mit positiven, ja mit euphorischen Konnotationen versehen. Diese Einstellung ist bereits in Bachtins Auffassung des offenen Dialogs angelegt, in der die Ausrichtung auf den Anderen zentral ist. Im vorigen Kapitel (IV. 5) war schon vom „Verhältnis zum Anderen" im Sinne von Bachtin die Rede, dessen dialogisches Programm lautet: „sich selbst als einen Anderen vorstellen".[30]

Tatsächlich ist unsere Subjektivität nicht eindimensional und monologisch als abstraktes *Cogito* im Sinne von Descartes oder idealistisch als Kants „Ich-denke" zu verstehen, weil sie sich nur in einem permanenten sozialen Dialog mit dem Anderen und Andersartigen bilden kann.[31] Schon die Bezeichnung „Muttersprache" deutet an, dass das Kind seine Sprache der Interaktion mit seiner Mutter (seinen Eltern und Geschwistern) verdankt und ohne diese Interaktion niemals zum sprachbegabten, sozialisierten und mündigen Subjekt werden könnte.

Abermals kann Pirandellos Roman zur Veranschaulichung der Problematik herangezogen werden. Unter dem Titel „Überlegungen" notiert der Ich-Erzähler: *„Ich war für die anderen nicht derjenige, der zu sein ich selber bisher geglaubt hatte."*[32] Nur wenn der Einzelne lernt, dass die anderen ihn anders konstruieren, als er sich selbst konstruiert und den anderen darstellt, kann ein Entwicklungsprozess, der Prozess der Subjektkonstitution, beginnen.

Das Kind beginnt, seine Muttersprache richtig zu lernen, sobald es merkt, dass sein Sprechen nicht den allgemein geltenden Konventionen und Regeln entspricht und seine Mutter immer wieder korrigierend eingreifen muss, damit eine verständliche Aussprache, Grammatik und Syntax zustande kommen. Schon in diesem Stadium wird deutlich, dass ein dialogisch-didaktisches Verhältnis nicht frei von Autorität und Machtausübung ist.

---

30 M. M. Bachtin, „Problema avtora", in: *Voprosy filosofii* 30/7, 1977, S. 156.

31 Vgl. P. V. Zima, *Theorie des Subjekts*, op. cit., Kap. I.1 (d).

32 L. Pirandello, *Einer, keiner, hunderttausend*, op. cit., S. 286.

Die Rolle der Mutter übernehmen im Laufe der sekundären Sozialisation Lehrerinnen und Lehrer in der Schule: Auch sie müssen mit Autorität ausgestattet sein, wenn ihre Lehre zum Erfolg führen soll. (Bekanntlich lassen sich Schülerinnen und Schüler nicht ohne Weiteres von Gleichaltrigen korrigieren.)

Dialog setzt stets Gegenseitigkeit voraus, und ein junger Universitätsdozent, der versucht, Studierenden Gedanken aus seiner Dissertation zu erläutern, stellt bisweilen fest, dass sie ihn nicht verstehen. In seiner einführenden Veranstaltung hat er im Dialog gelernt, Grundvoraussetzungen zu klären und sich verständlicher auszudrücken. Er hat wie Moscarda gelernt, sich mit den Augen der anderen zu betrachten und sich bei jedem Satz zu fragen, wie diese anderen den Satz aufnehmen würden. Freilich kann diese Anpassung an die Rezipienten zu weit gehen und dazu führen, dass sie nichts Neues lernen. Das Wort „Anpassung" deutet an, dass auch hier ein Machtfaktor im Spiel ist: Die Rezipienten sind oft zahlreich, und ihr Einspruch gegen eine bestimmte Art der Wissensvermittlung („zu schwierig", „unklar", „zu viel auf einmal") geht einher mit Machtausübung.

Dass der Ausbildung oder Lehre Machtausübung innewohnt, ist seit langem bekannt und schlägt sich in Redewendungen nieder wie „ich bin ein Produkt von Oxford, Harvard oder der Ecole Normale (ein Normalien)". Obwohl regelmäßig von einer „Erziehung zur Freiheit" die Rede ist, sind die Institution und ihre Vertreter maßgeblich an der *Konstitution von Subjekten* beteiligt. Diese werden an Universitäten in Teams (Laboratorien) ausgebildet oder von Einzelpersonen in der Forschung betreut. Dabei kommt es häufig zu einer gedanklichen und affektiven Bindung an die Betreuerin oder den Betreuer, die nicht immer leicht zu lösen ist. Ein Einzelner bleibt bisweilen für immer das „Produkt" einer bestimmten Institution, eines Teams oder einer überragenden Person.

Der amerikanische Literaturwissenschaftler Harold Bloom spricht im Hinblick auf den Einfluss berühmter Schriftsteller wie Wordsworth oder Byron, an deren Werk sich Jungdichter orientieren, von einer *anxiety of influence*. Der Jüngere, der die übermächtige literarische Vaterfigur zugleich bewundert und hasst, steht vor der Aufgabe, aus dem Schatten des bewunderten Vorgängers hinauszutreten, um seinen eigenen Stil zu finden. Zum

Verhältnis von Milton zu Spenser bemerkt Bloom: „Milton schreibt Spenser um, um den *Abstand* zwischen ihm und seinem dichterischen Vater zu *vergrößern.*“[33] Dieses ödipale Verhältnis zwischen dem jungen Menschen und der ihn faszinierenden Vaterfigur ist nicht nur in der Literatur, sondern – wie bereits angedeutet – auch in der Wissenschaft zu beobachten. Es ist stets ein Machtverhältnis, das aber nicht von der *Subjektwerdung* des Jüngeren zu trennen ist.

Die Abweichung von einer übermächtigen Vaterfigur (Bloom spricht in Anlehnung an Lukrez von *clinamen* = Neigung, Abweichung) ist leichter zu bewerkstelligen als die Distanzierung von einem Kollektivsubjekt, das von einer Ideologie zusammengehalten wird. Innerhalb einer Armee, Partei oder Jugendorganisation herrschen Konformismus, hierarchischer Geist und Disziplin, und wer einen grundsätzlichen (etwa politischen) Dissens anmeldet, muss mit Sanktionen rechnen.

Zu diesem Problem bemerkt Tom Burns in seinem Buch über Goffman: „*All* organisations, Goffman claims, seek to impose an identity on their members, allocating to each of them a character and a conception of self which is consonant with the organisation's values, requirements, and expectations.“[34]

Einerseits tragen nahezu alle Organisationen zur Ausbildung ihrer Mitglieder bei (die Armee ist wohl das einfachste Beispiel); andererseits unterwerfen sie diese Mitglieder aber auch der Organisationsdisziplin und modellieren dadurch ihre Subjektivität, die dem Ideal der Vereinheitlichung geopfert wird. *Hier tritt die Wechselbeziehung zwischen subjektbildender dialogischer Interaktion auf der einen Seite und subjekttilgender Machtausübung auf der anderen besonders klar zutage.*

Die Unterwerfung oder Tilgung der Subjektivität findet in nahezu allen Fällen auch auf diskursiv-narrativer Ebene statt. Davon zeugt der Begriff *Revisionismus*, der – ähnlich wie *Stigma* (s. o.) – einen narrativen Kern hat. Er wird in der Definition des Revisionismus im *Wörterbuch der Soziologie* sichtbar: „Dabei [im Revisionismus] wurden die prognostischen Lehren

---

33 H. Bloom, *A Map of Misreading*, Oxford-New York, Oxford Univ. Press, 1975, S. 128,

34 T. Burns, *Erving Goffman*, London-New York, Routledge, 1992, S. 155.

von Marx den neuen praktischen Verhältnissen des frühen 20. Jh.s gegenübergestellt und von führenden Sozialdemokraten (Bernstein, 1850-1932) eine neue, für den sozialdemokratischen Kampf angeblich realistischere Sicht der Wirtschaftsdynamik des Kapitalismus entwickelt. Die Konzentrations-, Krisen-, Proletarisierungs-, Verelendungstheorien von Marx und Engels werden als Aussagen über die zerrüttenden Vorbedingungen der proletarischen Revolution in Zweifel gestellt."[35]

Ausdrücke wie „prognostische Lehren", „Wirtschaftsdynamik des Kapitalismus" und „die zerrüttenden Vorbedingungen der proletarischen Revolution" sind als *narrative Sequenzen* im Marxschen und marxistischen Diskurs zu lesen. Ihre Revision läuft auf eine *Umerzählung* hinaus, mit der sich die Einen als Subjekte identifizieren können, während die Anderen sie als Hüter der Orthodoxie bekämpfen. Es entbrennt ein Kampf um die *wahre Erzählung*, und abermals steht die entscheidende Machtfrage im Mittelpunkt der Auseinandersetzungen: Wer erzählt wen und mit welchem Erfolg?

Denn die orthodoxen Marxisten erzählen den Revisionismus als „Verrat an der Revolution im Auftrag des Kapitalismus oder der Bourgeoisie". Sie behalten das im vierten Kapitel kommentierte Aktantenmodell im Wesentlichen bei (vgl. IV.4), ergänzen es aber durch den *Aktanten* „Sozialdemokratie", der in ihrem Diskurs als *Helfer* des „Kapitalismus" oder der „Bourgeoisie" auftritt. Dass diese diskursive Konstruktion der sozialen Wirklichkeit von der Sozialdemokratie nicht akzeptiert wird, liegt auf der Hand.

Nicht die Revisionismus-Debatte als solche ist hier von Belang, sondern der Kampf um die *narrative Konstruktion der Wirklichkeit*, der oftmals auf einen Kampf um die Konstruktion des eigenen Ichs hinausläuft: als Marxist oder Revisionist, Revolutionär oder Reformist usw. Hier wird deutlich, dass die Konstruktion der Subjektivität nicht nur privaten Charakter hat, sondern oftmals auch von einem öffentlichen Engagement in Politik, Wissenschaft oder Kunst angetrieben wird. Stets nimmt sie aber die Form einer Erzählung an, die sich im Dialog mit den anderen, die bisweilen ganz andere Standpunkte vertreten, durchsetzen muss.

---

35 K.-H. Hillmann, *Wörterbuch der Soziologie*, op. cit., S. 751.

Während das Kind noch lernt, dass es in seinem Interesse ist, den Ratschlägen der Erwachsenen zu folgen, machen schon Jugendliche die Erfahrung, dass nicht alle Ratschläge gut gemeint sind und dass sie ihre eigene Erzählung als Lebensweg finden müssen. Das Erwachsenenalter ist oftmals ein Kampf für die eigene Erzählung, der von der Entschlossenheit geprägt ist, sich nicht(s) von mächtigen Instanzen erzählen zu lassen.

Insgesamt wird deutlich, dass „Subjekt" ein zweideutiger Begriff ist, der sowohl das Zugrundeliegende oder Autonome als auch das Unterworfene meint. Zwischen diesen beiden Polen der Autonomie und der Unterwerfung oszilliert unablässig Subjektivität, weil sie nicht ohne zeitweise Unterwerfung in der Sozialisation die angestrebte Autonomie erlangen kann – wie sich im ersten Kapitel im Zusammenhang mit Foucault gezeigt hat (vgl. I. 5).

VI. Die Vereinnahmung des Subjekts durch die Diskurse der Justiz: Von Albert Camus' „Der Fremde" zu Artur Londons „Ich gestehe"

Psychiatrischen Kliniken und Gerichtsverfahren ist eines gemeinsam: Sie fordern die Frage heraus, wessen Diskurs als Erzählung die Oberhand gewinnt oder behält und wessen Subjektivität sich letztlich durchsetzt. Mit „Subjektivität" sind sowohl *Aktanten* als auch *Akteure*, sowohl *Kollektivsubjekte* (Institutionen) als auch Individuen gemeint. Individuelle *Akteure*, die im Auftrag der Institution (Klinik, Gericht, Gefängnis) agieren, versuchen, Insassen, Angeklagte oder Zeugen in das *Aktantenmodell* und *narrative Programm* der Institution einzubinden und ihre Subjektivität entsprechend zu gestalten. Oftmals setzen sie sich dabei über das Selbstverständnis und die persönliche Identität der Betroffenen hinweg.

Den hier skizzierten Vorgang fasst Vitangelo Moscarda, der im vorigen Kapitel zitierte Ich-Erzähler von Pirandellos Roman *Einer, keiner, hunderttausend*, knapp und klar zusammen: „Ich konstruiere mich andauernd, und ich konstruiere Sie, und Sie tun dasselbe."[1] Daraus ergibt sich in vielen Fällen die Machtfrage, wessen Diskurs die Herrschaft erringt oder: *wer wen erzählt.* Rein grammatisch lautet die Frage: wer aktiv bleibt und wer zur Passivität verurteilt wird.

Im Wesentlichen geht es hier um zwei scheinbar ähnliche, aber letztlich doch grundverschiedene Szenarien. Während in Camus' Roman *(erster Abschnitt)* ein unentschlossenes, aber letztlich gleichgültiges Individuum – der Ich-Erzähler Meursault – von der Justiz als Subjekt im Sinne von Althusser (vgl. Kap. I.4) „angerufen", d. h. zum Subjekt gemacht und wegen Mordes verurteilt wird, hat die tschechoslowakische Justiz es in den Jahren 1949 bis 1952 mit schon konstituierten Subjekten zu tun: mit überzeugten Kommunisten wie Rudolf Slánský, Artur

---

1 L. Pirandello, *Einer, keiner, hunderttausend*, in: ders., *Die Ausgestoßene. Einer, keiner, hunderttausend. Zwei Romane* (Hrsg. M. Rössner), Berlin, Propyläen, 1998, S. 311.

London und Vladimír Clementis. Auf den ersten Blick könnte die (freilich naive) Frage lauten: Warum wird in einem jungen kommunistischen Staat, der aus der Machtergreifung der tschechoslowakischen KP im Februar 1948 hervorging, engagierten Kommunisten, die sich in Schlüsselfunktionen bewährt haben – Slánský war eine Zeit lang Parteisekretär, London hoher Beamter im Außenministerium –, im November 1952 der Prozess gemacht?

Die Antwort muss wohl lauten: aus Unsicherheit, Misstrauen und Angst. Denn Machtausübung geht stets mit der Angst einher, die Macht zu verlieren. Aus dieser Angst gehen Unsicherheit und Misstrauen hervor. Entsprechend sind die Diskurse beschaffen, die für Gefahrenabwehr, Sicherheit und Machterhalt sorgen sollen: Offenheit für empirische Überprüfung, Gegenargumente oder gar Selbstkritik kommen für sie nicht in Frage. Es sind Modelle der Ideologie im Sinne einer dualistischen Struktur, die sich monologisch mit der Wirklichkeit identifiziert (vgl. Kap. IV.7).

Um die Unsicherheit und das Misstrauen zu verstehen, die in den späten 1940 und den frühen 50er Jahren im östlichen Mitteleuropa und in der damaligen Tschechoslowakei herrschten, sei hier im Vorfeld die internationale und nationale Lage in großen Zügen und in aller Knappheit geschildert.

Nach der Februar-Konferenz von Jalta (1945), an der außer Stalin Churchill und Roosevelt teilnahmen und übereinkamen, dass das östliche Mitteleuropa als Ensemble demokratischer Staaten zur sowjetischen Einflusssphäre gehören sollte, machte sich Unsicherheit bemerkbar. Stalins Regierung befürchtete – nicht ganz zu Unrecht –, den neu erworbenen Machtbereich an den Westen zu verlieren. Diese Befürchtung schien sich zu bewahrheiten, als sich Titos Jugoslawien, nach 1945 ein treuer Verbündeter Moskaus, aus diesem Machtbereich (und dem im Jahre 1947 gegründeten KOMINFORM) herauslöste, so dass es zu einem Bruch zwischen Stalin und Tito im Jahre 1948 kam.

In dieser Situation gelang es der tschechoslowakischen KP als stärkster Partei trotz aller Widerstände des Präsidenten Edvard Beneš, aber mit Hilfe der Sozialisten unter Zdeněk Fierlinger (verantwortlich für den Anschluss der ČSSD an die KP) und mit Duldung des Generals und späteren Präsidenten Ludvík

Svoboda, im Februar 1948 die Macht zu erringen und Klement Gottwald zum ersten kommunistischen Präsidenten der tschechoslowakischen Republik zu wählen. Doch diese Macht war alles andere als konsolidiert. In den Augen vieler Kommunisten um Stalin und Gottwald schien sie alten und neuen Gefahren ausgesetzt zu sein: einem erstarkenden Trotzkismus, dem sich behauptenden Titoismus, der wirtschaftlichen, politischen und militärischen Überlegenheit des Westens und einem herbeifantasierten Zionismus, der ideologisch antisemitische Regungen rechtfertigen sollte.

Der Herausgeber von Artur Londons Buch *Ich gestehe* fasst zusammen: „In einer Atmosphäre des Mißtrauens und der Denunziation wurden so die politischen Motive deutlich, aus denen auf Anleitungen von Moskau Anklagepunkte wurden: wieder ins Leben gerufene traditionelle Anklagen wie Trotzkismus, Spionage für den Westen oder ‚bourgeoise Abweichung'; neuere, wie Titoismus, ‚bourgeoiser slowakischer Nationalismus', unzureichende Wachsamkeit. Schließlich wurde in dieser verschlossenen Welt, in der jeder den anderen beobachtete, die individuelle politische Erfahrung zu einem diskriminierenden Faktor: wer, wie London, in Spanien oder in den westlichen Widerstandsbewegungen gekämpft hatte, schien denen verdächtig, die im Exil in Rußland oder bei der Widerstandsbewegung in der Tschechoslowakei gewesen waren; und hinzu kam auch noch der Antisemitismus, der am Ende der stalinistischen Periode neu auftauchte."[2]

Diese Passage vermittelt nicht nur eine konkrete Übersicht über die damalige politische Lage, sondern liefert auch Anhaltspunkte für die Diskursanalyse im *dritten Abschnitt.* „Moskau" erscheint hier als *Auftraggeber* der Prager Regierung und Justiz (*Subjekt*); der „Westen" fungiert als *Gegenauftraggeber*; „Trotzkismus", „Titoismus" und „Nationalismus" als von ihm beauftragte *Antisubjekte.* Dem Ausdruck „geschlossene Welt" kommt insofern symptomatischer Charakter zu, als er die *monologische*

2 Der Herausgeber, in: A. London, *Ich gestehe. Der Prozeß um Rudolf Slánský*, Hamburg, Hoffmann und Campe, 1970, S. 460. (Übersetzung von Willy Thaler aus dem frz. Original *L'Aveu*, Paris, Gallimard, 1968. Da der Übersetzer an zahlreichen Stellen die tschechischen Akzente ausgelassen hat, wurden sie vom Autor ergänzt.)

Struktur des marxistisch-leninistischen Diskurses evoziert. Die Ausdrücke „diskriminierender Faktor" und „Antisemitismus" bezeichnen *stigmatisierende Modalitäten*, die Akteure schwächen und dem herrschenden Diskurs unterwerfen.

Der *zweite Abschnitt* über die Diskurse des Hegelianismus und Marxismus dient als Einführung in die von Artur London in seiner Autobiografie geschilderte Situation im stalinistischen Prag: *dritter Abschnitt.* Es soll gezeigt werden, dass der Diskurs als Ideologie im strengen, kritischen Sinne, als „dualistische Struktur und identifizierender Monolog" (vgl. Kap. IV.7), Macht ausübt – und nicht nur als „autorisierte Sprache" oder Rede (im Sinne von Bourdieu), die von einer Institution oder einer von ihr autorisierten Person ausgeht. *Die Machtausübung wird nicht nur durch externe Ermächtigung ermöglicht, sondern auch auf sprachlicher Ebene: durch semantische, syntaktische und narrative Verfahren.*

Dies soll noch einmal im *vierten Abschnitt* („Wie ging es weiter?") veranschaulicht werden, in dem anhand von Auszügen aus Václav Havels Biografie gezeigt wird, wie der repressive Diskurs des Marxismus-Leninismus in einer neuen gesellschaftlichen und sprachlichen Situation aktualisiert wurde. Auf lexikalischer Ebene wurden zwar geringfügige Änderungen vorgenommen, die Diskursstruktur blieb aber die gleiche. Es fragt sich, ob die Persistenz dieser Diskursstruktur, die Subjektivitäten hervorbringt und das Denken steuert, nicht für den wirtschaftlichen und politischen Zusammenbruch des kommunistischen Systems *mit*verantwortlich ist.

1. Der Prozess in Camus' Roman „Der Fremde": Ein dualistischer Diskurs gegen die Werte-Indifferenz

Wie Vitangelo Moscarda ist Camus' Ich-Erzähler Meursault ein unbequemer Außenseiter, dessen Mitmenschen seine relativierenden Bemerkungen zu ihren eingeschliffenen Alltagsroutinen nicht gern hören. Anschaulicher noch als Moscarda führt Camus' Meursault seinen Mitmenschen und der Leserschaft eine gesellschaftliche und sprachliche Situation vor Augen, in der das gesellschaftliche Wertsystem der sich ankündigenden Postmoderne zerfällt und Wörter, die Werte wie Liebe, Treue, Wahrheit oder Gerechtigkeit bezeichneten, aufhören zu bedeuten. Sie fallen der *Indifferenz als Austauschbarkeit der Wort-Werte* zum Opfer.

Dies kommt recht deutlich in einem kurzen Gespräch zwischen Meursault und seiner Freundin Maria zum Ausdruck: „Kurz darauf fragte sie, ob ich sie liebe. Ich antwortete, das spiele keine Rolle, höchstwahrscheinlich aber nicht.“ (Anders als in der deutschen Übersetzung wird im französischen Original die Krise der Sprache als Entleerung der Semantik thematisiert: „Un moment après, elle m'a demandé si je l'aimais. Je lui ai répondu que cela ne voulait rien dire [dass dies keinerlei Bedeutung hatte], mais qu'il me semblait que non.“)[3]

Konsequent beantwortet Meursault Marias Frage, ob er sie heiraten wolle, mit der für ihn charakteristischen Indifferenz, die zwar die gesamte ihn umgebende Gesellschaft durchwirkt, von den meisten Mitmenschen jedoch entweder nicht wahrgenommen oder nicht zugegeben wird. Es ist, als wollte Camus die Einstellung seines Helden kommentieren, wenn er in einem Artikel mit dem vielsagenden Titel „De l'insignifiance“ notiert: „Schlußfolgerung: Vom Standpunkt der geltenden Werte aus betrachtet, ist die Ehe keine sinnlose Handlung. Wird sie aber ihrer biologischen, gesellschaftlichen etc. Bedeutungen entledigt, und dies ist bei bestimmten Individuen der Fall, denen solche Überlegungen gleichgültig sind (und die, wie ich gern zugeben will, schuldig sind), dann ist die Ehe wirklich eine sinnlose Handlung.“[4]

Diese Sinnlosigkeit ist die einer Geldgesellschaft, die nur noch die Abstraktionen des Tauschwerts gelten lässt. Man meint, Jean Baudrillard, den Philosophen des Tauschwerts, zu lesen, wenn es in Camus' Nobelpreis-Rede in Stockholm (1957) heißt: „Die Gesellschaft der Händler kann als eine Gesellschaft definiert werden, in der die Gegenstände verschwinden und

---

3 A. Camus, *Der Fremde*, Reinbek, Rowohlt (1961), 1981, S. 38. (*L'Etranger*, in: A. Camus, *Théâtre, récits, nouvelles*, éd. établie par R. Quilliot, Paris, Gallimard, Bibl. de la Pléiade, 1962, S. 1151.)

4 A. Camus, *Théâtre, récits, nouvelles*, op. cit., S. 1905.

durch Zeichen ersetzt werden."[5] Camus fügt hinzu, „dass diese Gesellschaft (…) die Wörter Freiheit und Gleichheit sowohl auf ihre Gefängnisse als auch auf ihre Finanztempel schreibt", und erklärt: „Man prostituiert jedoch nicht ungestraft die Wörter."[6]

Diese werden nicht nur in der Welt des Geldes und der Tauschwertabstraktionen entwertet, sondern auch in den Wortschlachten der Ideologen, deren Auswirkungen auf die gesamte sprachliche Situation der Nachkriegszeit André Breton in *Arcane 17* (1947) schildert: „Die Wörter, die sie [die Werte] bezeichneten, wie zum Beispiel Recht, Gerechtigkeit, Freiheit, hatten beschränkte, widersprüchliche Bedeutungen angenommen. Ihre Elastizität wurde von beiden Seiten so gut ausgenutzt, dass es gelang, sie auf alles mögliche anzuwenden, bis sie genau das Gegenteil von dem ausdrückten, was sie ursprünglich bedeuteten."[7]

Hier wird in wenigen Worten das Ergebnis der ideologischen Konflikte zusammengefasst, das als *Indifferenz oder Austauschbarkeit der Werte* bezeichnet werden könnte. Diese Indifferenz als gesellschaftliches und sprachliches Phänomen führt Meursault seinen Mitmenschen vor Augen, indem er sich ausschließlich ans Physische hält: an die Reaktionen seines Körpers und an die ihn umgebende und auf ihn einwirkende Natur.

Kurz bevor er am Strand nach einer Auseinandersetzung zwischen seinem Freund Raymond, ihm und einer Gruppe von Arabern mit Raymonds Revolver einen Araber erschießt, gehorcht er seiner *Auftraggeberin: der ambivalenten Natur in ihren beiden unvereinbaren Varianten als Wasser und als Feuer (Sonne).* Es gilt, der brennenden Sonne zu entfliehen und das Quellwasser aufzusuchen, an dem eine Gruppe von Arabern lagert: „Ich sehnte mich nach dem Gemurmel ihres Wassers, wollte der Sonne entfliehen (…)."[8] Es ist die selbe Sonne, die während des Begräbnisses seiner Mutter auf sein Verhalten einwirkte: „Es war dieselbe Sonne wie an dem Tag, an dem ich

5 A. Camus, *Essais*, textes établis et annotés par R. Quilliot et L. Faucon, Paris, Gallimard, Bibl. de la Pléiade, 1965, S. 1082.

6 Ibid.

7 A. Breton, *Arcane 17*, Paris, U. G. E., 1965, S. 76.

8 A. Camus, *Der Fremde*, op. cit., S. 59.

Mama beerdigte (...).“[9] Sie wird im Roman durchgehend mit dem Tod assoziiert, während das Wasser stets als Lebenselement erscheint.

Die letzten entscheidenden Handlungen Meursaults werden von der Sonne und ihrem Licht gelenkt: „Und diesmal zog der Araber, ohne aufzustehen, sein Messer und ließ es in der Sonne spielen. Licht sprang aus dem Stahl, und es war wie eine lange, funkelnde Klinge, die mich an der Stirn traf. Im selben Augenblick rann mir der Schweiß, der sich in meinen Brauen gesammelt hatte, auf die Lider und bedeckte sie mit einem lauen, dichten Schleier. Meine Augen waren hinter diesem Vorhang aus Tränen und Salz geblendet. Ich fühlte nur noch die Zymbeln der Sonne auf meiner Stirn und undeutlich das leuchtende Schwert, das dem Messer vor mir entsprang. Dieses glühende Schwert wühlte in meinen Wimpern und bohrte sich in meine schmerzenden Augen. Da geriet alles ins Wanken. Vom Meer kam ein starker glühender Hauch. Mir war, als öffnete sich der Himmel in seiner ganzen Weite, um Feuer regnen zu lassen. Ich war ganz und gar angespannt, und meine Hand umkrallte den Revolver. Der Hahn löste sich, ich berührte den Kolben, und mit hartem, betäubendem Krachen nahm alles seinen Anfang.“[10]

Die letzte Wortsequenz kündigt den zweiten Teil des Romans an und zugleich eine neue Erzählung, die nicht mehr von der *wertindifferenten Auftraggeberin* „Natur“ beherrscht wird, sondern von der *ideologischen Auftraggeberin* „Justiz“. In ihren christlich-humanistischen Diskursen wird die – letztlich durch den Tauschwert vermittelte – Wertindifferenz nicht anerkannt, sondern schlicht negiert. Jedoch zeigt der hier ausführlich zitierte Text, wie wichtig es Camus war, die *Naturbedingtheit* seines Ich-Erzählers hervorzuheben: „Licht sprang“, „Vorhang von Tränen“, „glühender Hauch“ usw.

Diese letzte Szene des ersten Romanteils wird als Erzählsequenz von zwei Kausalitäten im Sinne von Tzvetan Todorov beherrscht: einer psychologischen und einer Ereigniskausalität.[11]

9 Ibid., S. 60.

10 Ibid., S. 60-61

11 Vgl. T. Todorov, „Poétique“, in: O. Ducrot et al., *Qu'est-ce que le structuralisme?*, Paris, Seuil, 1968, S. 124-125. (Todorov unterscheidet drei Kausalitäten innerhalb von Erzählstrukturen: *die Ereigniskau-*

Beide Kausalitäten sind in ein Naturgeschehen eingebettet, das von Wasser, Sonne, Hitze und Licht beherrscht wird. Völlig abwesend ist die dritte Kausalität, von der bei Todorov ebenfalls die Rede ist: die philosophische des sich entfaltenden Denkens. Sie wird in der moralisierenden Erzählung der Justiz von der Ideologie vereinnahmt.

Die Frage, „wer erzählt wen?“, ist im Zusammenhang mit dem zweiten Teil des Romans leicht zu beantworten: Die Justiz erzählt Meursault, bringt Sinn in sein Leben und macht ihn zum Subjekt. Sie weigert sich, sein Handeln auf der *Isotopie* „Natur“ zu deuten und betrachtet es ausschließlich auf der *Isotopie* „Kultur“ oder (spezifischer) „Moral“. Da Meursault ein Individuum mit rudimentärer, kulturell kaum ausgebildeter Subjektivität ist, ist er ideologisch leicht zu vereinnahmen: Er hat der Ideologie keine wissenschaftliche Theorie, keine Religion und keine Alternativideologie entgegenzusetzen. Auf ihn ist Althussers Maxime „die Ideologie ruft die Individuen als Subjekte an“ (vgl. Kap. I.4) noch am ehesten anwendbar. Dies bestätigt auch Camus in einem Kommentar zum Helden seines Romans: „Die Vorstellung, die man sich von ihm macht, wird ihm vorgezogen.“[12]

Diese Subjektivierung oder Subjektwerdung als Unterwerfung im Diskurs (*assujettissement*) ist auch auf semiotischer Ebene darstellbar. Zu Meursault bemerkt mit Recht Jean-Claude Coquet: „Der Objekt-Aktant (A^2) wird nicht identifiziert. Er scheint aus der Kombinatorik ausgeschlossen zu sein, da sich ja Meursasult, der wie andere Protagonisten Camus' ‚die Zeit als objektloses Verlangen‘ erlebt, keine Art von *Suche vorzustellen* vermag.“[13]

Das Fehlen eines *Objekt-Aktanten* als klarer Zielsetzung bringt es auch mit sich, dass ein *narratives Programm* (*programme narratif*, Greimas) fehlt. Von seiner Abwesenheit zeugen verschiedene Erklärungen des Ich-Erzählers. Rückblickend

salität, die psychologische Kausalität und die philosophische Kausalität.)

12 A. Camus, *Théâtre, récits, nouvelles*, op. cit., S. 1914.

13 J.-Cl. Coquet, „Problèmes de l'analyse structurale du récit: *L'Etranger* d'Albert Camus“, in: ders., *Sémiotique littéraire*, Paris, Mâme, 1973, S. 57.

bemerkt er: „Als ich noch Student war, hatte ich manchen Ehrgeiz dieser Art. Aber als ich das Studium aufgeben mußte, wurde mir schnell klar, daß das alles nicht so wichtig ist.“[14] Diese Sätze sind nicht nur deshalb bedeutsam, weil sie zeigen, wie Meursault im Laufe der Zeit den *Objekt-Aktanten* aufgibt. Denn die letzte Wortsequenz deutet auch auf die sich ausbreitende Wertindifferenz hin, von der Meursaults Handeln zeugt, das seine Umwelt als Skandalon empfindet.

Diese Indifferenz wird vom Ich-Erzähler bekräftigt, als ein Geistlicher ihn, den zum Tode Verurteilten, im Gefängnis besucht: „Ich hätte so gelebt und hätte auch anders leben können. Ich hätte das eine getan und das andere nicht (...). Nichts, gar nichts sei wichtig, und ich wisse auch warum. Und er wisse ebenfalls warum.“[15] Hier setzt sich – freilich in der Gestalt der wertindifferenten Natur (s. o.) – der „Nihilismus des Tauschwerts“ durch, von dem Gianni Vattimo spricht.[16]

Wer keine Werteskala anerkennt, kann sich auch nicht an relevanten semantischen Gegensätzen wie *gut/böse, richtig/falsch* oder *treu/untreu* orientieren. Daher ist er auch nicht fähig, ein eigenes narratives Programm als Lebensentwurf zu konstruieren. Wo die *semantische Grundlage als Relevanz* und der *Objekt-Aktant als Zielsetzung* fehlen, kommt auch kein *Erzählprogramm* zustande. Aber ohne ein solches Programm ist Subjektivität nicht möglich, weil sie sich im Diskurs als Erzählung bildet.

So ist es zu erklären, dass sich Meursault in jedes beliebige Programm einbinden lässt: auch in das des Zuhälters Raymond, der ihm seine Freundschaft anbietet. Raymond sucht einen Zeugen, um eine seiner Missetaten zu rechtfertigen: „Mir war das einerlei, aber ich wußte nicht, was ich bezeugen sollte. Nach Raymonds Ansicht brauchte ich nur zu erklären, daß das Mädchen ihn beleidigt habe. Ich war bereit, ihm das zu bezeugen.“[17] Dass hier von Schuld die Rede sein kann, steht außer Frage. Ent-

---

14 A. Camus, *Der Fremde*, op. cit., S. 44.

15 Ibid., S. 120.

16 Vgl. G. Vattimo, *Das Ende der Moderne*, Stuttgart, Reclam, 1990, S. 25: „Auf diese Weise ist der Nihilismus die Reduktion von Sein auf Tauschwert.“

17 A. Camus, *Der Fremde*, op. cit., S. 40.

scheidend ist jedoch Meursaults Bemerkung: „Mir war das einerlei“, die in ein Jenseits von Gut und Böse weist und die sich durchsetzende Werteindifferenz bestätigt.

In dieser *soziolinguistischen Situation*, in der zusammen mit der Werteskala die semantische Basis des Diskurses (seine Relevanz) zerfällt, atrophiert das Subjekt zu einem sprachlosen Individuum ohne *Erzählprogramm*, ohne *Objekt-Aktanten* und ohne *Subjektivität* als diskursive Kategorie. Es kann in jeden beliebigen Diskurs integriert und von diesem zum Subjekt (zum Unterworfenen) gemacht werden.

Dies geschieht in den Reden der Justiz, die allesamt vom *christlich-humanistischen Soziolekt* ausgehen und Sinn verkünden. Als einer der ersten Vertreter der Justiz versucht der Untersuchungsrichter, Meursault in die christliche Heilsgeschichte einzubinden: „Das sei seine Überzeugung, und müßte er jemals daran zweifeln, dann hätte sein Leben keinen Sinn mehr. ‚Wollen Sie‘, schrie er, ‚daß mein Leben keinen Sinn hat?‘ Meiner Meinung nach ging mich das nichts an, und das sagte ich ihm auch.“[18] Das mag plausibel klingen, aber Meursaults Leben liegt in den Händen einer Justiz, die fest entschlossen ist, seine Indifferenz und die aus ihr ableitbare Subjektlosigkeit nicht gelten zu lassen.

Sie lässt auch den Zufall und das sich zufällig ereignende Unglück als Ausdruck des Absurden nicht gelten.[19] Wie der Hegelianismus (vgl. Abschn. 2) versucht sie, eine lückenlose, von einer bestimmten subjektiven Intentionalität bewegte Handlungs- und Ereigniskausalität nachzuweisen. Davon zeugt der zentrale Passus in der Rede des Staatsanwalts: „Der Staatsanwalt meinte, der Zufall habe in dieser Geschichte schon allerlei auf dem Gewissen. Er wollte wissen, ob es auch Zufall gewesen sei, daß ich nicht eingriff, als Raymond seine Geliebte verprügelte, ob meine Aussagen auf dem Kommissariat etwa auch zufällig gewesen seien, und ob es auch Zufall gewesen sei, dass meine Erklärungen damals sich als Gefälligkeit erwiesen hätten. Zum

18 Ibid., S. 71.

19 Vgl. E. Köhler, *Der literarische Zufall, das Mögliche und die Notwendigkeit*, München, Fink, 1973, S. 86: „Der Zufall, der in *L'Etranger* den Mord an dem Araber herbeiführt, bezeugt keine andere Notwendigkeit als diejenige des bloß Möglichen, des Absurden selbst.“

Schluß fragte er Raymond, wovon er lebe, und als dieser antwortete, er sei Magazinverwalter, erklärte der Staatsanwalt den Geschworenen, es sei allgemein bekannt, daß der Zeuge Zuhälter sei. Ich sei sein Komplice und Freund. Es handele sich um ein ganz gemeines Verbrechen, das durch die Tatsache, daß man es mit einem moralischen Ungeheuer zu tun habe, noch schwerer werde."[20]

Im Gegensatz zu Meursault geht der Staatsanwalt von präzisen Relevanzkriterien (*Gut/Böse*) aus und steuert mit machtvoller Rhetorik als von der Institution Justiz „autorisierter Sprache" (Bourdieu) ein klares Ziel (einen *Objekt-Aktanten*) an: die Verurteilung Meursaults zum Tode. Dem von ihm verwendeten Ausdruck „drame crapuleux", der in der deutschen Übersetzung mit dem stark abweichenden Ausdruck „ein ganz gemeines Verbrechen" wiedergegeben wurde, kommt deshalb besondere Bedeutung zu, weil er einen intendierten dramatischen (narrativen) Ablauf konstruiert. Für ihn macht der Staatsanwalt Meursault verantwortlich, dem er eine verbrecherische Absicht unterstellt, die aus negativen Wertsetzungen hervorgeht.

Zu ihnen gehört Meursaults von Zeugen bestätigte Gleichgültigkeit beim Begräbnis seiner Mutter und sein anschließender Besuch eines Kinos, in dem ein Film mit Fernandel gezeigt wurde, den er sich gemeinsam mit Maria ansah. Diese Vorgeschichte, in der die *semantischen Isotopien* „Ernst" und „Vergnügen" kollidieren, genügt dem Staatsanwalt, um Meursault zu einem „moralischen Ungeheuer" und einem *Antisubjekt* par excellence zu stilisieren: „Derselbe Mann, der sich am Tag nach dem Tod seiner Mutter der gemeinsten Ausschweifung hingab, hat aus nichtigen Gründen, nur um eine unqualifizierbare Schweinerei zu liquidieren, getötet."[21]

Alle narrativen Sequenzen und Argumente werden vom Staatsanwalt in eine *Teleologie* eingespannt, die auf „naturalistische" Art (Fairclough) mit der Wirklichkeit identifiziert wird. Für diese Teleologie wird das diskursiv konstruierte und unterworfene Subjekt Meursault verantwortlich gemacht.

Seine Unterwerfung erfolgt auch auf der Ebene der *Helfer*, die im Diskurs des Staatsanwalts entweder in *Widersacher* um-

---

20 A. Camus, *Der Fremde,* op. cit., S. 95-96.
21 Ibid., S. 96.

gewandelt oder aus sprachlichen Gründen disqualifiziert werden. Raymond, der Meursault mit seinen Aussagen beistehen will, wird als Zuhälter entlarvt und dadurch zu einer Belastung für den Angeklagten. Meursaults Hausherrn Céleste und seinem Nachbarn Salamano fehlt es an Beredtheit („sie können nicht reden"/„ils ne savent pas parler", würde Bourdieu sagen), und sie werden nach mehrmaligen Versuchen, das „Unglück" für Meursaults Tat verantwortlich zu machen, vom Gericht verabschiedet. Ihre *Stimme* (*voice*) im Sinne von Blomaert wird nicht anerkannt (vgl. Kap. II.5).

Meursaults eigener Versuch, der Wahrheit zum Durchbruch zu verhelfen und die Sonne als seine eigentliche Auftraggeberin für den tragischen Hergang verantwortlich zu machen, schlägt fehl: „Ich antwortete hastig, wobei ich die Worte etwas durcheinander brachte und mir lächerlich vorkam, die Schuld an allem hätte die Sonne."[22] Lächerlich wirkt diese Erklärung im Kontext der Justiz, weil diese keine handelnde Instanz anerkennen kann, die jenseits des sozialen Wertsystems wäre. Sie will auch nicht die Tatsache wahrhaben, dass dieses Wertsystem zerfällt und dass Meursaults naturwüchsige und naturhörige Einstellung von diesem Zerfall zeugt.

Von ihm zeugt auch die konstruktivistische Ironie, mit der der Ich-Erzähler den Diskurs des Staatsanwalts kommentiert: „Ich muß zugeben, daß er die Ereignisse ganz klar sah."[23] Es folgt eine Aufzählung dieser Ereignisse aus der Sicht des Staatsanwalts. Zwischen den Zeilen schimmert jedoch ein kaum wahrnehmbares Aber hindurch, das für einen ironischen Ton sorgt. Es ist, als wollte der Erzähler sagen: Es ist eben nur eine Konstruktion – mag sie auch plausibel klingen. Als Teleologie, Monolog und Identitätsdenken ist diese Konstruktion jedoch mörderisch: Ihr Ziel ist Meursaults Tod, mit dem der Roman endet.

Auch der im *dritten Abschnitt* kommentierte Diskurs des Marxismus-Leninismus ist ein tödlicher Monolog. Im Zusammenhang mit ihm könnte man wiederholen, was Thomas Mann über Georg Lukács sagte: „Er hat recht, solange er spricht."[24] Ist

---

22 Ibid., S. 102-103.

23 Ibid., S. 99.

24 Th. Mann, in: *Das Thomas Mann-Buch*, Frankfurt, Fischer, 1965, S. 63.

die Rede einmal zu Ende, kommen Zweifel auf – und zusammen mit ihnen die Frage nach der Wahrheit.

2. Hegelianismus und Marxismus: Ein Intermezzo

Die Teleologie, die den Diskurs des Staatsanwalts steuert, gibt allen Diskursen, die aus dem christlichen Soziolekt hervorgehen, ihre Richtung vor. So ist Camus' Kritik an den christlichen und marxistischen Erzählungen in *L'Homme révolté* (1951, dt. *Der Mensch in der Revolte*) aus seiner unterschwelligen Kritik der Justiz in *Der Fremde* ableitbar. Vor diesem Hintergrund könnte *Der Fremde* (Orig. 1942) als intertextuelle Polemik gegen die christliche und marxistische Teleologie gelesen werden, die Camus in seinem philosophischen Werk expliziert (auch in dem gleichzeitig mit *L'Etranger* erschienen *Le Mythe de Sisyphe*.)

Die Teleologie wird in *L'Homme révolté* auf allgemeiner, kollektiver Ebene ins Visier genommen: „Von der frohen Botschaft bis zum Jüngsten Gericht hat die Menschheit keine andere Aufgabe, als sich den ausdrücklich moralischen Absichten eines im voraus geschriebenen Berichtes anzupassen."[25] In diesem Fall wird nicht ein Einzelner, sondern die Menschheit als kollektiver Aktant in den christlichen Diskurs eingebunden. Der Weg ist teleologisch vorgezeichnet, und es ist an der Menschheit und am einzelnen Menschen, sich in den von Gott verfassten „Bericht" einzufügen. Im Original ist allerdings nicht von einem „Bericht" die Rede, sondern von einem „récit écrit à l'avance": von einer „im voraus verfassten Erzählung" (*récit* bedeutet an erster Stelle Erzählung).

Es wurde oft bemerkt, dass Hegel dieser christlichen Erzählung eine weltliche Gestalt gab, jedoch die Idee einer göttlichen Vorsehung, eines göttlichen Plans beibehielt.[26] Der *Auftragge-*

25 A. Camus, *Der Mensch in der Revolte*, Reinbek, Rowohlt, 1969, S. 58.

26 Vgl. K. Löwith, *Von Hegel zu Nietzsche. Der revolutionäre Bruch im Denken des neunzehnten Jahrhunderts*, Hamburg, Meiner, 1986, S. 34-40: „Goethes christliches Heidentum und Hegels philosophisches Christentum".

ber, der bei Hegel an Gottes Stelle tritt, sporadisch aber mit göttlichen Konnotationen versehen wird, ist der „Weltgeist". Im Rahmen des semantischen Grundgegensatzes *Geist/Materie* bewegt er alle anderen *Aktanten* (etwa die „Volksgeister") und ist dabei, sich seine Gegenspielerin „Natur", die im Aktantenmodell als *Gegenauftraggeberin* auftritt, zu unterwerfen. Hegel, der sich im Diskurs narzisstisch mit dem von ihm geschaffenen *Auftraggeber* „Weltgeist" identifiziert, erzählt die Entwicklung der Menschheit als Selbstverwirklichung des Weltgeistes, dessen Handeln von den *Modalitäten* „Vernunft" (wissen), „Macht" (können) und „Notwendigkeit" (müssen) angetrieben wird.

Seine Erzählung ist eine retrospektiv begründete *Teleologie*, die zeigen soll, dass alles, was sich bis zum heutigen Tag ereignet hat, notwendig und vernünftig war: „Es hat sich also erst aus der Betrachtung der Weltgeschichte selbst zu ergeben, daß es vernünftig in ihr zugegangen sei, daß sie der vernünftige, notwendige Gang des Weltgeistes gewesen, des Geistes, dessen Natur zwar immer eine und dieselbe ist, der aber in dem Weltdasein diese seine eine Natur expliziert."[27] So erscheint die Weltgeschichte in ihrer säkularisierten Form als eine *Selbstverwirklichung des Weltgeistes*. Davon zeugt die Tatsache, dass Hegel das Wort „Weltgeist" bisweilen als Synonym für „Gott" einsetzt: „Denn die Vernunft ist das Vernehmen des göttlichen Werkes."[28]

Freilich haben Hegels Kritiker von den Junghegelianern (z. B. F. Th. Vischer) und Nietzsche bis Sartre darauf hingewiesen, dass „Weltgeist" und „Vernunft" letztlich Hegels eigenes Denken und seine geistige Entwicklung bezeichnen. Zu Hegels „Weltgeist" als „Gott" bemerkt Nietzsche: „Dieser Gott aber wurde sich selbst innerhalb der Hegelschen Hirnschalen durchsichtig (…), so daß für Hegel der Höhepunkt und der Endpunkt des Weltprozesses in seiner eignen Berliner Existenz zusammenfielen."[29] Auch Sartre ist der Meinung, dass Hegel seine eigene Partikularität zum Gesetz der Weltgeschichte erhebt: „Von

---

27 G. W. F. Hegel, *Vorlesungen über die Philosophie der Geschichte*, *Werke*, Bd. XII, Frankfurt, Suhrkamp (1986), 1995 (4. Aufl.), S. 22.

28 Ibid., S. 53.

29 F. Nietzsche, „Unzeitgemäße Betrachtungen", in: *Werke*, Bd. I (Hrsg. K. Schlechta), München, Hanser, 1980, S. 263.

diesem Standpunkt aus betrachtet, steht am Anfang des Hegelschen Systems nicht das Sein, sondern die Person Hegels, so wie sie gemacht wurde, so wie sie sich gemacht hat."[30]

In dem hier entworfenen Zusammenhang ist Folgendes wichtig: Dem Willen, die eigene Partikularität zum Weltgesetz hochzustilisieren, wohnt ein beachtlicher *Machtanspruch* inne. Und dieser Machtanspruch artikuliert sich in einer konkreten Erzählung (*récit*, Camus): in ihrem *Aktantenmodell* und ihrer *Teleologie*. Indem das Subjekt dieser Erzählung seine Partikularität und Kontingenz verschweigt und seinen Diskurs als vernünftig und notwendig darstellt, verdeckt es ideologisch den *Konstruktionsvorgang*, der diesen Diskurs hervorbringt, und identifiziert letzteren mit der Wirklichkeit. Dadurch kommt (wie bei Camus' Staatsanwalt) ein Monolog zustande, der konkurrierende Diskurse als Alternativkonstruktionen ausschließt.

Indem Hegel den „Gang der Weltgeschichte" – d. h. seine eigene Erzählung – mit der Aura der vernünftigen Notwendigkeit ausstattet, schließt er (wie Camus' Staatsanwalt) auch den Zufall und alle Kontingenz aus. Dazu heißt es bei Otto Pöggeler: „Es lag gewiß genug Ironie darin, wenn Hegel aus seinen die Zeit bewegenden Vorlesungen zu den Zufälligkeiten des privaten Lebens, zum Theater oder zum Kartenspiel eilte. Im Bereich des Denkens aber sollte jede Zufälligkeit und jede Einzelheit aufgehoben sein, nicht mehr das einzelne Ich sollte denken, sondern das allgemeine."[31]

Auch dieser Wille, das Besondere als das Allgemeine zu präsentieren und seine Herkunft aus dem Persönlichen, Kontingenten zu verschweigen, ist ein Wille zur Macht, den Adorno in seiner *Negativen Dialektik* zu Recht beanstandet, weil er das Besondere (auch das Individuum) letztlich dem Allgemeinen Unterwirft: „Philosophie hat, nach dem geschichtlichen Stande, ihr wahres Interesse dort, wo Hegel, einig mit der Tradition, sein

---

30 J.-P. Sartre, „L'Universel singulier", in: *Kierkegaard vivant. Colloque organisé par L'UNESCO à Paris du 21 au 23 avril 1964*, Paris, Gallimard, 1966, S. 39.

31 O. Pöggeler, *Hegels Kritik der Romantik*, München, Fink, 1999, S. 61.

Desinteressement bekundete: beim Begriffslosen, Einzelnen und Besonderen (...).“[32]

Diese Unterordnung des Besonderen und Individuellen unter das Allgemeine des historischen Prozesses wirft Adorno auch Marx und Engels vor: „Es ging um die Vergottung der Geschichte, auch bei den atheistischen Hegelianern Marx und Engels.“[33] Doch was bedeutet genau der Ausdruck „Vergottung der Geschichte“? Er bedeutet, ins Semiotische übertragen, dass – wie schon bei Hegel – die eigene partikulare Konstruktion der Geschichte, die eigene Erzählung der Geschichte, „vergottet“, verabsolutiert wird. Dies läuft wiederum auf eine Identifizierung des eigenen Diskurses mit der Wirklichkeit und eine monologische Ausgrenzung aller anderen, andersartigen Diskurse hinaus. Ja, es bedeutet, wie sich im nächsten Abschnitt zeigen wird, *die Negation jeglicher Alterität.*

Bei Marx kommt diese Negation nicht durch eine idealistische Identifizierung mit der historischen Vernunft und dem sie teleologisch verwirklichenden Weltgeist zustande, sondern durch das Postulat *wissenschaftlicher Objektivität.* Marx behauptet – oft nur implizit – dass er im Gegensatz zu den „utopischen Sozialisten“ (Owen, Saint-Simon) die Entwicklung der Gesellschaft wissenschaftlich-objektiv darstellt und dass sein Diskurs als Erzählung mit der realen Handlungs- und Ereignisabfolge zusammenfällt, die wiederum auf ein *Telos* ausgerichtet ist: auf die „klassenlose Gesellschaft“ als *Objekt-Aktant* (vgl. Kap. IV.4).

Wie Hegel ordnet Marx die individuelle Partikularität dem historischen Prozess unter und geht von der Annahme aus, dass sein Diskurs diesen Prozess *als solchen* wiedergibt: „Weniger als jeder andere kann mein Standpunkt, der die Entwicklung der ökonomischen Gesellschaftsformation als einen naturgeschichtlichen Prozeß auffaßt, den einzelnen verantwortlich machen für Verhältnisse, deren Geschöpf er sozial bleibt, so sehr er sich auch subjektiv über sie erheben mag.“[34]

---

32 Th. W. Adorno, *Negative Dialektik*, Frankfurt, Suhrkamp, 1966, S. 17-18.

33 Ibid., S. 313.

34 K. Marx, *Das Kapital*, Bd. I: *Der Produktionsprozeß des Kapitals*, Frankfurt-Berlin-Wien, Ullstein (1969), 1981, S. 3.

In dieser Textpassage ist außer der Unterordnung des Individuellen unter die soziale Evolution der Ausdruck „naturgeschichtlicher Prozeß" von Bedeutung. Tatsächlich vertritt Marx (wie Comte) bisweilen die Meinung, dass er wie der Naturwissenschaftler gesetzmäßige Entwicklungen beschreibt, deren Logik nicht eine Frage der *Konstruktion*, sondern der *Beobachtung und der objektiven Wiedergabe* ist. In *Zur Rekonstruktion des Historischen Materialismus* spricht Habermas im Zusammenhang mit Marx wohl zu Recht von einem „Geschichtsobjektivismus" und der Dominanz eines „szientistischen Wissenschaftsverständnisses".[35]

Sowohl der Objektivismus als auch der Szientismus bringen eine tendenzielle *Identifizierung des Diskurses mit der Wirklichkeit* mit sich und eine Ausblendung des Konstruktionsvorgangs. Diese führt zu einer *Naturalisierung* der Rede im Sinne von Fairclough und zu einer szientistischen Angleichung an die Naturwissenschaften.

Von ihr zeugt Louis Althussers Vergleich von Marx' „Geschichtswissenschaft" mit Galileo Galileis Physik. In *Lénine et la philosophie* unterscheidet Althusser drei wissenschaftliche Kontinente: den von „den Griechen" erschlossenen Kontinent der Mathematik, die von Galilei entdeckte Physik und schließlich den Kontinent „Geschichte", den Marx entdeckt haben soll.[36] Hier geht es nicht um die Richtigkeit oder Fragwürdigkeit dieser Konstruktion, sondern um den *Objektivismus*, der ihr innewohnt: Sie suggeriert, dass Marx' Diskurs ebenso objektive oder intersubjektiv nachvollziehbare Gesetze beschreibt wie die Mathematik oder die Physik.

Sollte das der Fall sein, könnte das im vierten Kapitel erläuterte marxistische Aktantenmodell ebenfalls einen wissenschaftlichen Status im Sinne der Naturwissenschaften (der Physik) beanspruchen. Arbeit und Kapital, Proletariat und Bürgertum stünden einander unversöhnlich gegenüber und würden sich anschicken, einen historisch gesetzmäßigen und unvermeidbaren Konflikt auszutragen, der mit dem Sieg des Proletariats und „seiner"

---

35 J. Habermas, *Zur Rekonstruktion des Historischen Materialismus*, Frankfurt, Suhrkamp, 1976, S. 10.

36 Vgl. L. Althusser, *Lénine et la philosophie suivi de Marx et Lénine devant Hegel*, Paris, Maspero, 1972, S. 53.

Partei enden müsste. Im vierten Kapitel hat sich jedoch gezeigt, dass der Marxist Lukács – wie schon Marx vor ihm – das Proletariat mit fantastischen Modalitäten ausstattet, die auf empirischer Ebene nicht den Fähigkeiten und Möglichkeiten der Arbeiterklasse entsprechen. Überdies schlug die historische Entwicklung (vor allem im Jahre 1989) eine ganz andere Richtung ein als die von Marx und den Marxisten teleologisch vorgezeichnete. Dies bedeutet, dass die marxistische „Geschichtswissenschaft" letztlich doch nur eine mögliche Konstruktion war – aber nicht einfach falsch, wie andere Objektivisten behaupten.

Das Problem, das im nächsten Abschnitt im Mittelpunkt der Betrachtungen steht, besteht darin, dass sich die Marxsche Sozialphilosophie, die Marx selbst als radikale Gesellschaftskritik konzipiert hatte, in Stalins Sowjetunion und der Tschechoslowakei der 1950er Jahre in eine *Ideologie in restriktivem Sinne* verwandelt hat: *in einen dualistisch strukturierten Monolog, der sich mit der Wirklichkeit identifizierte und dadurch die objektivistischen und szientistischen Elemente des Marxismus in den Vordergrund stellte.* Darüber hinaus unterwarf dieser Monolog alles Individuelle und Besondere – wie schon Hegel und Marx – der allgemeinen Doktrin und negierte alle Arten der Alterität.

3. Artur Londons Autobiografie „Ich gestehe"

Dass der Marxismus eine kontingente Konstruktion (mit durchaus wertvollen Einsichten) ist und keine Wiedergabe der Wirklichkeit, gehört wohl zu den wichtigsten Erkenntnissen Londons in seiner Autobiografie: „Wir wollten Marxisten sein, weise und realistisch. Und dennoch lebten wir außerhalb der Wirklichkeit, lebten in unseren Träumen. In schwierigen Augenblicken klammerten wir uns an unsere Illusionen, erwarteten ein Wunder, verschlossen uns vor der Wahrheit, vor der wir Angst hatten und die wir ignorieren wollten…"[37]

Es lohnt sich, diese Sätze in einem kurzen Prolog im Zusammenhang mit dem restriktiven Ideologiebegriff näher zu betrachten. Marxisten sehen sich selbst als Realisten, weil sie

37 A. London, *Ich gestehe. Der Prozeß um Rudolf Slánský*, Hamburg, Hoffmann und Campe, 1970, S. 249.

bewusst oder halbbewusst von der Annahme ausgehen, dass ihr marxistischer Diskurs der Wirklichkeit entspricht (im Gegensatz zu bürgerlichen Diskursen). Immer wieder wird ihr Glaube erschüttert, weil sich die Wirklichkeit dem Diskurs nicht anpassen will. Dennoch klammern sie sich in schwierigen Augenblicken an ihren Glauben, weil sie von diesem zu Subjekten gemacht werden. Als Subjekte des Diskurses erwarten sie Wunder, verschließen sich monologisch der Wahrheit, die sich dennoch Bahn bricht.

In dieser Hinsicht gleichen sie den Gläubigen der Kirche, die Galileo Galileis Wahrheit nicht hören will: „Und sie dreht sich doch!" Während Religion und Ideologie Subjektivität bilden und schützen[38], nimmt Wissenschaft keine Rücksichten. Sie lebt von Offenheit, Dialogizität und Kritik – und von der immer wiederkehrenden Frage: Stimmt das überhaupt? Ideologie unterdrückt diese Frage. Sie ist ein Glaubensbekenntnis. Ihre Aussagen bewegen sich auf den *Isotopien* „Glaube" oder „Engagement", nicht auf der *Isotopie* „Kritik".

Diesem Glaubensbekenntnis vertraute sich der 1915 bei Ostrava (früher Mährisch Ostrau) in eine jüdische Familie geborene Artur London an, als er sich in den 30er Jahren der kommunistischen Bewegung anschloss. Ihr blieb er – wie seine spanische Frau Lise Ricol – sein Leben lang treu: sowohl im spanischen Bürgerkrieg, an dem er an republikanischer Seite als Beauftragter des NKVD (später KGB) teilnahm, als auch im Konzentrationslager Mauthausen, in das er als Jude 1942 deportiert wurde. In der kommunistischen Tschechoslowakei brachte er es 1949 bis zum stellevertretenden Außenminister unter Präsident Klement Gottwald, wurde aber 1951 – im Rahmen der in seinem Land, Bulgarien und Ungarn durchgeführten stalinistischen Säuberungen – verhaftet und, zusammen mit dem damaligen Generalsekretär der KP Rudolf Slánský und dreizehn weiteren, zumeist jüdischen Parteifunktionären, als Trotzkist des Hochverrats angeklagt. Nach endlosen Torturen und erzwungenen Geständnissen entging London nur knapp dem Todesurteil, dem Slánský und zehn seiner Mitangeklagten zum Opfer fielen.

38 Vgl. I. Mészáros, *The Power of Ideology*, London-New York, Harvester-Wheatsheaf, 1989, S. 470, wo von „the power of emancipatory ideology" die Rede ist.

London wurde im Jahre 1955 freigelassen, im Jahre 1956 „rehabilitiert“ und ließ sich mit seiner Familie in Paris nieder, wo er 1968 seine Aufsehen erregende Autobiografie *L'Aveu* (1968, dt. *Ich gestehe*, 1970) veröffentlichte. Sie wurde 1970 von Costa Gavras verfilmt.

Švab, ein als „Komplice“ auftretender Mitangeklagter, wurde gezwungen, gegen Artur London auszusagen und sich dabei selbst zu belasten: „Es handelt sich um Artur London, von dem Slánský und ich wußten, daß er Trotzkist und Mitarbeiter des amerikanischen Spions Noel Field war. Trotzdem vertraute ihm Slánský im Jahre 1948 einen wichtigen Posten im Außenministerium an.“[39]

In diesen beiden Sätzen zeichnet sich das Aktantenmodell ab, das alle Anschuldigungen, „Geständnisse“ und Darstellungen strukturiert. Im Rahmen der marxistischen Großerzählung (*Metaerzählung*, Lyotard)[40] und des semantischen Gegensatzes *Sozialismus/Kapitalismus* fällt der Sowjetunion als Vertreterin des Sozialismus die Rolle der *Auftraggeberin* zu, der tschechoslowakischen KP die Rolle des beauftragten *Subjekt-Aktanten*, den kapitalistischen USA (dem „Westen“) die Rolle des *Gegenauftraggebers*, den *Aktanten* „Trotzkismus“ und „Titoismus“ die Rolle der *Antisubjekte* (Helfer der USA, des Westens). Zu den *Antisubjekten* zählt freilich auch der negativ konnotierte *Aktant* „Zionismus“, dessen *Akteure* innerhalb des Modells mit einem *Stigma* im Sinne von Goffman auftreten.

Im Folgenden sollen analog zur Analyse des hegelianischen Marxismus die diskursiven Verfahren der marxistisch-leninistischen Ideologie untersucht werden: Teleologie, Dualismus, Identitätsdenken und Monolog. Sie greifen ineinander und bewirken, dass das Subjekt in der letzten Phase des Prozesses vom herrschenden Diskurs nicht nur – wie bei Camus – vereinnahmt, sondern z. T. mit physischen Mitteln (der Folter) ausgelöscht wird.

39 A. London, *Ich gestehe*, op. cit., S. 293.

40 Vgl. J.-F. Lyotard, *Das postmoderne Wissen. Ein Bericht*, Graz-Wien, Böhlau-Passagen, 1986, S. 14: „Bei extremer Vereinfachung hält man die Skepsis gegenüber den Metaerzählungen für ‚postmodern‘.“

Von der *Teleologie* als „Betrachtung der Dinge unter dem Gesichtspunkt der Zweckmäßigkeit“[41] zeugen Alois Šimeks (eines ehemaligen Spanienkämpfers) Bemerkungen zur Rolle der sowjetischen „Berater“ in der Tschechoslowakei der 1950er Jahre: „Gemäß den Weisungen, die sie uns erteilten, schritt man zur Verhaftung jener Personen, die durch ihre Funktionen und dank ihren Verbindungen möglicherweise gegen den Staat tätig waren. Nach Beweisen suchte man erst hinterher...“[42] Dies bedeutet, dass nicht Tatsachen für die Wahrheitsfindung maßgebend waren, weil der Diskurs als solcher für wahr gehalten wurde. Die Wirklichkeit mit ihren Tatsachen wurde ihm untergeordnet, und die Deutung der Tatsachen wurde dem Diskurs angepasst.

Anpassung an den Diskurs bedeutet: Eingliederung von Akteuren und Ereignissen in sein Aktantenmodell. Dieses Verfahren veranschaulicht der folgende Text von Artur London: „So beabsichtigen die Leiter des Sicherheitsdienstes, die dieses böse Spiel führen, unter Verwendung der ‚Geständnisse‘ Závodskýs und falscher Zeugenaussagen und Denunziationen, die von ihnen fabrizierte Vorstellung eines trotzkistischen Komplotts in der Tschechoslowakei, das ehemalige Freiwillige der Brigaden angezettelt hätten, durch das Zentralkomitee bestätigen zu lassen.“[43]

Tatsächlich knüpft Staatspräsident Gottwald am 22. Februar 1951 in einer Rede vor dem Zentralkomitee an diese dualistisch strukturierte Erzählung an, wenn er erklärt, die aus Francos Spanien nach Frankreich geflohenen republikanischen Kämpfer hätten in ihrem Gastland unter „üblen Bedingungen“ leben müssen und hätten sich deshalb von französischen, amerikanischen und sogar deutschen Geheimdiensten anwerben lassen. Sie seien „nach der Niederlage Hitlerdeutschlands, ebenso wie alle Agenten der Gestapo, in den amerikanischen Geheimdienst“[44] übernommen worden.

---

41 *Philosophisches Wörterbuch* (Hrsg. G. Schischkoff), Stuttgart, Kröner, 1978, S. 688.

42 A. London, *Ich gestehe*, op. cit., S. 80.

43 Ibid., S. 94.

44 Ibid., S. 94-95.

Es soll hier nicht überprüft werden, welcher Geheimdienst wen nach dem Zweiten Weltkrieg übernommen hat (dass es solche Übernahmen gab, steht fest). Wichtiger ist die Erkenntnis, dass Halbwahrheiten, Gerüchte und erpresste Geständnisse dazu dienten, das manichäische Aktantenmodell des Diskurses zu konsolidieren und der Wirklichkeit gleichzusetzen: Die *Akteure* der bis 1939 in Spanien kämpfenden internationalen Brigaden sollten dem *Aktanten* „Trotzkismus" subsumiert und als Feinde der tschechoslowakischen KP und ihrer *Auftraggeberin*, der Sowjetunion, entlarvt werden. Für Zweideutigkeiten oder Ungewissheiten ist kein Platz in einem Diskurs, der allwissend ist, weil er mit der Wirklichkeit identifiziert wird.

Der allwissende Diskurs kann weder gedeutet noch geändert oder gar kritisiert werden. Er, der sich mit der Wirklichkeit identisch wähnt, zwingt als Struktur alle individuellen und kollektiven Subjekte, sich mit ihm zu identifizieren, sich von ihm zu Subjekten machen zu lassen. Diesen Prozess im doppelten Sinne des Wortes beschreibt London: „Unmerklich gelange ich im Lauf der Monate vom Stadium, in dem man von dem ausgeht, was ich sage, um es umzuarbeiten, neu zu formulieren und zu schreiben, zu entstellen, zu dem nächsten Stadium, in dem man mich zwingen wird, die Formulierungen der Referenten und ihrer Herren und Meister einfach auswendig zu lernen. Das ist die Vorbereitung für den Prozeß, bei dem wir die Darsteller eines von uns handelnden, gegen uns erdachten Schauspiels sein werden."[45]

Anders als im fiktiven Prozess gegen Meursault, in dem es dem Angeklagten noch vergönnt ist, auf unbeholfene Art seine Auffassung des Ereignisablaufs vorzubringen (Schuld an allem sei die Sonne), werden London und seine Leidensgenossen ihrer Subjektivität beraubt. *Sie erzählen nicht mehr, sie werden auf allen Ebenen erzählt.* Sie haben in dem Monolog aufzugehen, der sich der Wirklichkeit und Wahrheit gleichsetzt. Denn seine Wahrheit ist auch die Wahrheit und das Urteil über alle Angeklagten.

Bis zu einem gewissen Grad waren die im Slánský-Prozess gefällten elf Todesurteile in der Logik des marxistisch-leninistischen Diskurses angelegt, und man versteht Albert Camus'

45 Ibid., S. 258.

Kommentar zu der Mitteilung eines alten Freundes, er sei „jetzt Marxist“: „Sie werden also zum Mörder.“[46]

Wie bei Hegel, Marx und im Plädoyer des Staatsanwalts in Camus' Roman *wird der Zufall der Notwendigkeit* untergeordnet und *alle Zeichen werden auf der Isotopie „Notwendigkeit“ gelesen*: „Sie haben doch selbst zugegeben, Kontakt mit Titoisten gehabt, Spionagebeziehungen mit dem Spion Field unterhalten, die Kaderpolitik im Außenministerium sabotiert zu haben... Sie wagen wohl nicht zu behaupten, daß alle diese Tatsachen dem Zufall zu verdanken sind.“[47] Schließlich könnte der Zufall darin bestehen, dass Field nur zufällig (fälschlicherweise) für einen Spion gehalten wird und dass sich jemand mit einem Titoisten trifft, ohne zu ahnen, dass er es mit einem Titoisten zu tun hat.

Aber Zufälle sind in der Ideologie unerwünscht, weil sie das Aktantenmodell und die narrative Syntax des ideologischen Diskurses zerfallen lassen könnten: etwa wenn sich herausstellt, dass der Jugoslawe zufällig kein Titoist, sondern Stalinist war, der später als Stalinist im Konzentrationslager von Goli Otok von Titoisten gefoltert wurde. Aber dann wäre das ideologische Märchen nicht mehr stimmig und das teleologisch angepeilte *(un-)happy end* nicht mehr möglich.

In der Anklage, die Staatsanwalt Urválek verliest, nehmen Aktantenstruktur und narrativer Ablauf klare Konturen an: „(...) daß sie in ihrer Eigenschaft als Verräter, Trotzkisten, Titoisten, Zionisten, bourgeoise Nationalisten, als Feinde des tschechoslowakischen Volkes, der volksdemokratischen Ordnung und des Sozialismus im Dienst der amerikanischen Imperialisten unter Führung der feindlichen westlichen Nachrichtendienste ein gegen den Staat gerichtetes Verschwörungszentrum aufgebaut haben (...), sie haben Spionage betrieben, die Einheit des tschechoslowakischen Volkes und die Verteidigungskraft der Republik zu schwächen versucht, um sie von ihrem festen Bündnis mit der Sowjetunion zu lösen und von ihrer Freundschaft mit der UdSSR loszureißen, um der volksdemokratischen Ordnung in der Tschechoslowakei ein Ende zu machen und den Kapitalis-

46 H. R. Lottman, *Albert Camus*, Paris, Seuil, 1978, S. 418.
47 A. London, *Ich gestehe*, op. cit., S. 119.

mus wiederherzustellen (…).“[48] Auf der Aktantenebene geht es somit um die *Einheit von Auftraggeberin (UdSSR) und beauftragtem Subjekt (tschechoslowakischer KP).*

Das eigentliche Problem der frühen 50er Jahre, zu dem auch die Rivalität zwischen Gottwald und Slánský gehört, streift jedoch der Staatsanwalt nur mit einem kurzen Ausruf am Ende seines Plädoyers: „Die Tschechoslowakei wird kein neues Jugoslawien sein!“[49] Die sowjetische Regierung musste aufgrund der herrschenden Machtverhältnisse und der wirtschaftlich-politischen Entwicklungen befürchten, dass nach Jugoslawien auch andere von kommunistischen Parteien regierte Staaten nach mehr Autonomie oder gar Unabhängigkeit von der Moskauer Zentrale streben würden. Um dieser Entwicklung vorzubeugen, schickte sie „Berater“ in diese Länder, die während der Slánský-Prozesse eine entscheidende Rolle spielten. Sie sollten auch über den herrschenden Diskurs wachen, der nicht nur ein Diskurs totaler Machtausübung war, sondern auch ein Diskurs der Angst.

4. Wie ging es weiter?

Dieser Diskurs der Angst erhält sich auch nach 1968 am Leben, als die von der Sowjetunion angeführte Invasion der Tschechoslowakei den Demokratisierungsversuchen der kommunistischen Führung unter Dubček jäh ein Ende bereitet. In den 70er Jahren bildet sich eine Dissidentenbewegung, die vom späteren Präsidenten Václav Havel angeführt wird, der zusammen mit anderen die Charta 77 gründet, die sich für Rechtsstaatlichkeit und Demokratie einsetzt.

Auf diese Bewegung reagieren die von der sowjetischen Regierung eingesetzten Machthaber nicht mehr mit Attacken gegen „Titoisten“ und „Trotzkisten“, sondern mit Schmähschriften gegen eine sich formierende „bürgerliche Reaktion“, die im Jahre 1968 im Auftrag und mit Hilfe der Sowjetunion eine „vernichtende Niederlage“ erlitten habe. Das alte marxistische Aktanteschema wird – mit einigen zeitgemäßen Änderungen – aktualisiert: Die „Geschichte“ behält ihre Rolle als *Auftraggeberin,*

---

48 Ibid., S. 282.
49 Ibid., S. 317.

die „Negation der Geschichte“ bleibt als „Reaktion“ *Gegenauftraggeberin*, das „Proletariat“ erscheint weiterhin als das von der „Geschichte“ beauftragte *Subjekt*, das „Bürgertum“ als *Antisubjekt* und die „klassenlose Gesellschaft“ als *Objekt-Aktant*, wobei der „Sozialismus“ allerdings als „vorläufiger Objekt-Aktant“ aufgefasst werden kann, der gegen die „Konterrevolution“ (Erzählprogramm der „Reaktion“) verteidigt werden muss. Im modifizierten Schema tritt der „fortschrittliche Intellektuelle“ als *Helfer* des „Proletariats“, der „reaktionäre Intellektuelle“ (z. B. Havel oder der Philosoph Jan Patočka: 1907-1977)[50] als dessen *Widersacher* auf.

Im Mittelpunkt der Betrachtungen soll hier der marxistisch-leninistische Diskurs der 70er Jahre stehen, der zwar an den Marxschen anknüpft, zugleich aber dessen kritische Komponenten tilgt, um die sowjetischen Herrschaftsverhältnisse und den von Schwäche diktierten Expansionsdrang der späten Sowjetunion rechtfertigen zu können. Es soll deutlich werden, dass sein Aussagesubjekt so ähnlich verfährt wie die Vertreter der Normalität in Pirandellos Roman, das Klinik-Personal in Goffmans *Asyle* und das für die Slánský-Prozesse zuständige Gericht: *Die ihm opponierenden Diskurse werden systematisch umerzählt und für die Rechtfertigung seiner Machtausübung verwendet.*

Dass es in den Diskursen der KPdSU und der anderen kommunistischen Parteien primär um ideologische Rechtfertigung und nicht um Gesellschaftskritik geht, fiel in den 1980er Jahren Patrick Seriot auf: Hervorgehoben werden stets die Errungenschaften und Erfolge, nicht die Mängel, die später Gorbatschows *Perestrojka* beheben sollte und an denen die Sowjetunion schließlich scheitern musste. Beispielhaft ist der folgende von Seriot zitierte Satz: „Die kommunistische Partei, das sowjetische Volk in seiner Gesamtheit haben allen Grund, angesichts der Entwicklung der Sowjetunion im vergangenen Zeitabschnitt eine positive Bilanz zu ziehen.“[51]

Die kommunistische Partei, die bei Marx und Engels als *Helferin* des „Proletariats“ die revolutionäre Klasse anführen

---

50 Im Jahre 1977 starb der Philosoph Jan Patočka nach einem langen Verhör durch die Polizei im Krankenhaus an einem Gehirnschlag.

51 P. Seriot, *Analyse du discours politique soviétique*, Paris, Institut d'Etudes Slaves, 1985, S. 77.

sollte, verwandelt sich im sowjetischen Diskurs in eine *Helferin des gesamten Volkes* und in eine unangefochtene Verwalterin des *status quo*, der als „Sozialismus“ bezeichnet wird (vom ursprünglichen *Objekt-Aktanten* „klassenlose Gesellschaft“ ist kaum noch die Rede). Dies veranschaulicht ein anderer von Seriot zitierter Satz, in dem es nicht um die *Überwindung*, sondern um die *Rechtfertigung* bestehender Verhältnisse geht: „Unsere Partei ist unendlich stolz darauf, dass ein großes und heroisches Volk wie das sowjetische ihr schon seit einem halben Jahrhundert sein Schicksal, seine Zukunft anvertraut.“[52] In diesem Satz tritt das „sowjetische Volk“ als Erbe des „Proletariats“ (*Subjekt*) und Verbündeter der KPdSU auf, die sich als *Helferin* geehrt fühlt. Übergangen wird die von dieser Partei organsierte Niederschlagung einer Revolte der Kronstädter Arbeiter und Matrosen, welche im Jahre 1921 die Entmachtung und Entmündigung des „Proletariats“ und der Sowjets (=Räte) einläutete.

Im Rahmen dieses rechtfertigenden Diskurses werden auch die sowjetischen Invasionen in der Tschechoslowakei (1968) und in Afghanistan (1979) plausibel gemacht. Dabei wird das von Marx geerbte Schema beibehalten, in dem die „Geschichte“ als *Auftraggeberin* das „Proletariat“ und „seine“ Partei als *Subjekte* mit der Durchführung der Revolution und der Verwirklichung des „Sozialismus“ als *Objekt-Aktant* beauftragt – und zwar gegen den Willen „reaktionärer Kräfte“, denen die Rolle der *Antisubjekte* zufällt. Allerdings werden die aktantiellen Funktionen anders besetzt als bei Marx: Nicht „Proletariat“ und „Bürgertum“ stehen einander gegenüber, sondern die mit dem Volk verbündete Kommunistische Partei, die den „Sozialismus“ als umkämpften *Objekt-Aktanten* gegen „reaktionäre Kräfte“ und ihre Umtriebe verteidigt, nimmt den Kampf mit der „Reaktion“ als *Antisubjekt* auf.

Wie die sprachliche Situation in der von sowjetischen Truppen besetzten Tschechoslowakei der 1970er Jahre aussieht, zeigt ein Satz aus der tschechoslowakischen Parteizeitung *Rudé právo*, den Eda Kriseová in ihrer Havel-Biografie zitiert. Es geht in diesem Satz um die von Václav Havel gegründete Charta 77 und ihre Resonanz im Ausland: „(…) Hierher gehört auch die Schmähschrift der sogenannten Charta 77, die ein Grüppchen

52 Ibid.

von Leuten aus den Reihen der bankrotten tschechoslowakischen reaktionären Bourgeoisie und auch aus den Reihen der bankrotten Organisatoren der Konterrevolution von 1968 im Auftrag von antikommunistischen und zionistischen Zentralen bestimmten westlichen Agenturen übergeben hat.“[53]

Es lohnt sich, diesen Satz als Teil des marxistisch-leninistischen Diskurses näher zu betrachten. Wie in Marx’ Diskurs tritt hier die „reaktionäre Bourgeoisie“ als *Antisubjekt* auf, das nun im Auftrag von „antikommunistischen und zionistischen Zentralen“ des Westens agiert. Vom „Proletariat“ ist nicht mehr die Rede, weil stillschweigend angenommen wird, dass es den „Sozialismus“ im sowjetischen Machtbereich bereits verwirklicht hat. Es gilt nun, diesen „Sozialismus“ gegen die „Konterrevolution“ (Erzählprogramm der „Bourgeoisie“) zu verteidigen. Alle Kritiken am real existierenden Sozialismus werden als „reaktionäre Umtriebe“ in den herrschenden Diskurs integriert, negativ konnotiert und verurteilt. In dem weiter oben zitierten Satz aus *Rudé právo* fällt die Häufung negativ konnotierter Substantive und Adjektive auf, die im Anschluss an M. A. K. Halliday Roger Fowler und Gunther Kress als *over-lexicalisation* bezeichnet haben: „bankrott“, „reaktionär“, „antikommunistisch“, „zionistisch“.[54] Vor allem das Adjektiv „bankrott“ weist darauf hin, dass es der Parteizeitung vor allem darum geht, den Dissidenten und ihrer Demokratiebewegung die *Modalität des Könnens* abzusprechen.

Erinnern diese diskursiven Verfahren der Umerzählung nicht an Goffmans Darstellungen des Verhältnisses zwischen Klinikleitung und Insassen sowie an die diskursiven Vereinnahmungsstrategien der Prager Justiz der 50er Jahre? Zu den distanzierenden Handlungen der Insassen heißt es in Goffmans *Asyle*: „Meist definiert die offizielle psychiatrische Doktrin solche distanzierenden Akte als psychotisch (...).“[55] Ersetzt man „psychiatrische“ durch „marxistisch-leninistische“ und „psychotisch“

53 E. Kriseová, *Václav Havel. Životopis*, Brünn, Atlantis, 1991, S. 79.

54 R. Fowler, G. Kress, „Critical Linguistics“, in: R. Fowler, B. Hodge, G. Kress, T. Trew, *Language and Control*, London-Boston-Henley, Routledge and Kegan Paul, 1979, S. 211.

55 E. Goffman, *Asyle*, Frankfurt, Suhrkamp (1972), 1973, S. 293.

durch „konterrevolutionär", befindet man sich wieder im marxistisch-leninistischen Diskurs der 70er Jahre.

In beiden Diskursen geht es um *Normalisierung*: um die Integration der Patienten in den Alltag der psychiatrischen Klinik oder um die Wiederherstellung des kommunistischen Totalitarismus in der ehemaligen ČSSR. Die Affinität zwischen totalitären Staaten und „totalen Institutionen" veranschaulichen Einweisungen von Dissidenten oder Regimekritikern in solche Institutionen, in denen täglich versucht wird, sie als Subjekte in die offizielle Erzählung der Machthaber zu integrieren.

Da sich der Diskurs der Macht mit der Wirklichkeit identifiziert, deren Apologie er ist, ist er aus strukturellen Gründen gezwungen, jeden Dissens und jede Kritik als Fehldeutung, Irrtum oder Verrat zu disqualifizieren. Selbstkritik kennt er nicht, d. h. er fordert sie nur von seinen Gegnern und Kritikern. Von ihnen verlangt er ein Geständnis ihrer Irrtümer oder Verbrechen – wie die Staatsanwaltschaft während der Slánský-Prozesse. Eigene Irrtümer – etwa im Bereich der Ökonomie[56] – schließt er kategorisch aus und bereitet so seinen eigenen Untergang bzw. den Untergang des von ihm verteidigten Systems vor. Er lässt die „Geschichte" zwar immer noch als seine *Auftraggeberin* auftreten, lässt aber nicht die Frage aufkommen, ob seine Argumente angesichts der beobachtbaren Entwicklung noch plausibel seien. Als von der empirischen Wirklichkeit abgelöste Rede ähnelt er eher einem rhetorischen Leerlauf als einer wissenschaftlichen Analyse.

Als im Jahre 1979 Afghanistan von sowjetischen Truppen besetzt wurde, sorgte die Besatzungsmacht umgehend für eine Erzählung, die ihr Vorgehen rechtfertigte. Ihre Kurzfassung lautete: „brüderliche Hilfe". Abermals verließen sich die damaligen Moskauer Machthaber auf eine vereinfachte Variante der marxistisch-leninistischen Erzählung, die besagt, dass die Weltrevolution als Fortschreiten zu stets höheren Stadien des Sozialismus zwar unumkehrbar sei, dass man aber wachsam bleiben und konterrevolutionäre Umtriebe im Keim ersticken müsse.

Widerstände und Proteste gegen die Besatzungsmacht wurden – ähnlich wie in der Psychiatrie und in der tschechoslowa-

---

56 Vgl. Ota Šiks Kritik der stalinistischen Planwirtschaft in: O. Šik, *Plan und Markt im Sozialismus*, Wien, Molden, 1967, S. 31.

kischen Justiz – als Beweise für die Anwesenheit von Konterrevolutionären (psychologisch: Anomalien) oder für die Realität der Konterrevolution gedeutet und als „empirisches Material" in den marxistisch-leninistischen Diskurs, den wissenschaftlichen Diskurs *per excellence*, dankbar aufgenommen. Wie immer fanden sich Kollaborateure, die bereit waren, diesen Diskurs in Stadt und Land zu propagieren.

Hier wird abermals deutlich, dass die Erzählung ein Machtinstrument sein kann, das durch die Festlegung von Relevanzkriterien, Selektionen und Klassifikationen ein Modell der Welt formt, in das andere Erzählungen integriert und so umgedeutet, umerzählt werden können: Demokratiebestrebungen werden zu konterrevolutionären Umtrieben. Dabei werden die Subjekte dieser Erzählungen (als Aktanten der Kommunikation oder des Aussagevorgangs: vgl. Greimas in Kap. IV.3) ihrer Identität beraubt: Der Wohltäter wird zum Verrückten, der Dissident zum Konterrevolutionär, der afghanische Widerstandskämpfer zum Terroristen. (Im Zweiten Weltkrieg wurden sowjetische und jugoslawische Partisanenverbände von den Besatzern als „Banden" bezeichnet und entsprechend behandelt.)

Insgesamt sollte auch in diesem Kapitel deutlich geworden sein, aus welchen Gründen der Diskurs nicht *nur* als „autorisierte Sprache" einer Institution, sondern auch als semantisch-narrative Struktur und Aktantenmodell Macht ausübt. Die Frage, wie sich Machtansprüche in der Sprache artikulieren, ist auch im nächsten Kapitel zentral.

VII. Diskurse der Präsidenten Barack Obama, Donald Trump und Joe Biden: Modalitäten, Helfer und Aktantenmodelle

Der Gedanke, dass politische Diskurse es primär mit Machtstrategien, Machterhaltung oder Machtausdehnung zu tun haben, dürfte unumstritten sein. Aus Niklas Luhmanns Sicht wird das politische System vom binären Kode *Macht/Ohnmacht* (Machtverlust) strukturiert, und Luhmann spricht von der „Einrichtung eines basalen Code[s] machtüberlegen/machtunterlegen für die Ausdifferenzierung eines politischen Systems".[1] Daraus folgt: „Der positive Wert ‚Regierung' ist der Designationswert des Systems, der negative Wert ‚Opposition' ist der Reflexionswert des Systems."[2] Dies bedeutet, dass sich jeder politische Diskurs am „positiven Wert ‚Regierung'" orientiert und auf allen sprachlichen Ebenen so eingerichtet wird, dass er die Öffentlichkeit von der Regierungsfähigkeit seiner individuellen oder kollektiven Aussagesubjekte (Parteien) überzeugt, damit diese in freien Wahlen zur Führung eines Staates ermächtigt werden.

Man würde jedoch einen Irrweg einschlagen, wollte man im vorliegenden Fall einer Typologie folgen, die *den politischen Diskurs* von anderen Diskursen (dem religiösen, wissenschaftlichen, literarischen) unterscheidet. Eine solche Typologie hat schon vor längerer Zeit der amerikanische Semiotiker Charles W. Morris vorgeschlagen. Ihn interessiert nicht die Frage, wie sich liberale oder konservative von sozialistischen oder feministischen Reden unterscheiden, sondern die Frage nach der Übereinstimmung von sprachlicher und sozialer (funktionaler) Differenzierung, die dazu führt, *dass sich ein politischer von einem poetischen, religiösen oder wissenschaftlichen Diskurs unterscheiden lässt.* Eine solche Unterscheidung mag sinnvoll sein, wenn gezeigt werden soll, wie ein politischer Diskurs seine Funktion ändert, wenn er in einem literarischen Werk nachge-

1 N. Luhmann, *Die Politik der Gesellschaft* (Hrsg. A. Kieserling), Frankfurt, Suhrkamp (2000) 2002, S. 98.

2 Ibid., S. 99.

ahmt oder zitiert wird, oder wie Verse wirken, wenn sie in einer politischen Ansprache zitiert werden, um die rhetorische Emphase zu steigern.

Morris interessiert nicht die politisch-ideologische Ausrichtung des Diskurses, sondern seine *politische Funktion*: „Political discourse, in common with most types of discourse, is both an agency for social conservatism and for social reconstruction (...).“[3] Da im Folgenden politische Diskurse amerikanischer Präsidenten kommentiert werden, wäre mit dem Konzept „politischer Diskurs“, das auf alle ihre Reden anwendbar ist, nicht viel gewonnen. Im vorliegenden Fall ist gerade die ideologische Stoßrichtung des Diskurses von Belang. Komplementär dazu stellt sich die Frage, welcher semiotischen Mittel sich das sprechende Subjekt bedient, um seinem Diskurs Stoßkraft zu verleihen und seine Wirkung bei der Hörerschaft zu steigern.

In allen drei Fällen – in den Reden Obamas, Trumps und Bidens – geht es um *Macht oder Ohnmacht* im Sinne von Luhmann und um die *Distribution von Aktanten und Modalitäten* im Sinne des vierten Kapitels (IV. 3). Stets ist die Frage zentral: Wer ist *Subjekt, Antisubjekt, Helfer, Widersacher*, und mit welchen *Modalitäten* des „Seins“, „Wissens“ oder „Könnens“ sind die Aktanten ausgestattet? Bei Donald Trump fällt der *Hörerschaft* eine entscheidende Rolle als *Empfängerin der Nachricht* (*destinatrice*, Greimas) zu, weil sie für den Wahlsieg mobilisiert werden soll.

Von besonderem Interesse ist – wie immer – der gesellschaftliche und sprachliche Kontext, in dem die politischen Reden entstanden sind und gehalten wurden. Dieser Kontext weist hier zwei Aspekte auf: den Niedergang der USA als überragender wirtschaftlicher und politischer Macht und den Zerfall des amerikanischen Wertekonsenses, auf dem Talcott Parsons' soziologisches System (*The Social System*, 1951) gründet. Beide Aspekte werden in den Reden direkt oder indirekt angesprochen.

Sie wurden schon vor vier Jahrzehnten gründlich vom französischen Soziologen Michel Crozier in seiner scharfsinnigen Studie *Le Mal américain* (1980, engl. *The Trouble with America. Why the Social System is Breaking Down*, 1984) antizipiert. Die

---

3 Ch. Morris, *Writings on the General Theory of Signs*, Den Haag, Mouton, 1971, S. 224.

Einleitung kündigt eine der Kernfragen an, mit denen sich der Autor in dieser Studie auseinandersetzt: „Wie konnte ein an materiellen, intellektuellen und moralischen Ressourcen so reiches Land in ein solches Chaos und Wirrwarr stürzen?“[4] Diese Frage, die Crozier vor 40 Jahren aufwarf, war Anfang 2021, als eine aufgebrachte, politisch radikalisierte Menschenmenge das Kapitol in Washington stürmte, aktueller denn je. Auf dieses Ereignis reagiert Joe Bidens Rede, die hier im dritten Abschnitt kommentiert wird.

Zu der sich ändernden Stellung der USA in Weltwirtschaft und Weltpolitik ist sehr viel gesagt und geschrieben worden – und es ist selbstverständlich nicht die Absicht des Autors, ausführlich auf diese Diskussionen einzugehen. Eine Skizze der neueren Entwicklung mag genügen. Nach dem Zweiten Weltkrieg konnten die USA als stärkste, unangefochtene Wirtschaftsmacht die Führungsrolle im Westen beanspruchen; als 1991 die Sowjetunion zerfiel, hatten viele zeitweilig den Eindruck, als könnte niemand mehr Amerika herausfordern. Aber nicht nur die chronische Staatsverschuldung, auch innere Schwierigkeiten sozialer Art (etwa die Verarmung großer Teile der Mittelschicht), die Crozier analysiert, schwächten die Weltmacht, und an der Schwelle zum 21. Jahrhundert wurde klar, dass die USA von neuen Mächten herausgefordert wurden: von einer homogener werdenden EU, deren Bevölkerung etwa so groß ist wie die der USA und Japans zusammen, und einem wirtschaftlich und politisch erstarkenden China, dessen politische Zukunft allerdings noch ungewiss ist, das aber eine Führungsrolle in Asien beansprucht. Symptomatisch für diese Entwicklungen ist die Übernahme der Automarke Chrysler durch Fiat im Jahre 2014, eine Übernahme, die in den 1950er Jahren niemand vorausgesagt hätte. Ein zweites Symptom ist das Raumfahrtprogramm der Volksrepublik China, das es mit dem amerikanischen und russischen durchaus aufnehmen kann.

Genauso wichtig wie die internationale Entwicklung, die ernst zu nehmende Rivalen der USA auf den Plan treten lässt, ist die Entwicklung der amerikanischen Gesellschaft. Die Krise der

---

4 M. Crozier, *Le Mal américain*, Paris, Fayard, 1980, S. 8. (*The Trouble with America. Why the Social System is Breaking Down*, Berkeley [CA], Univ. of California Press, 1984.)

Mittelschicht, die Teile dieser Gruppierung radikalisiert, die Republikanische Partei spaltet und einem Radikalen wie Trump Auftrieb gibt, lässt den von Talcott Parsons immer wieder beschworenen sozialen Konsens zerfallen. Heute wirkt Parsons' Beschreibung des amerikanischen Konsensus anachronistisch: „Das Kernstück einer Gesellschaft, als System, ist die geformte normative Ordnung, welche das Leben einer Population kollektiv organisiert. Als Ordnung erhält es Werte sowie differenzierte und partikularisierte Normen und Regeln, die sämtlich, um sinnvoll und legitim zu sein, kultureller Bezüge bedürfen.“[5]

Diese Auffassung der Gesellschaft wurde schon in den 1960er und 70er Jahren, als der die Gesellschaft spaltende Vietnamkrieg Massenproteste hervorrief, von kritischen Soziologen wie Alwyn W. Gouldner in Frage gestellt. Ohne sich auf die kritischen Gesellschaftstheorien zu beziehen, zieht Luhmann Bilanz, wenn er zu Parsons' Soziologie, die einen sozialen Wertekonsens voraussetzt, bemerkt: „Diese Entwicklung macht es schwierig, die Gesellschaft auch heute noch als durch Moral integriert zu beschreiben.“[6]

Von den Demokraten Obama und Biden werden Wertekonsens, Moral und Integration zwar beschworen, aber nur diskursiv hergestellt. Die gespaltene, fragmentierte Wirklichkeit wird eher in Trumps aufwühlenden Reden sichtbar, deren Ziel nicht sozialer Konsens, sondern Machtergreifung ist: Machtergreifung im Namen bestimmter Gruppierungen, die gegen ihren wirtschaftlichen Niedergang ankämpfen, sich nach der relativ homogenen Gesellschaft der 1950er Jahre sehnen und die verwirrende Verschiedenheit der prononcierter werdenden Multikulturalität ablehnen. Trumps Slogan „make America great again!“ bezieht sich primär auf den internationalen Kontext, ist aber zugleich als Reaktion auf die innenpolitischen Probleme zu lesen.

Bis zu einem gewissen Grade geht es im Folgenden doch um Typologie, aber um Typologie im Sinne der Strukturalen Semiotik als Textsoziologie: Es soll gezeigt werden, dass jede der Reden eine besondere Komponente des Aktantenmodells in den

---

5 T. Parsons, *Gesellschaften. Evolutionäre und komparative Perspektiven*, Frankfurt, Suhrkamp, 1975, S. 21.

6 N. Luhmann, *Die Moral der Gesellschaft* (Hrsg. D. Horster), Frankfurt, Suhrkamp, 2016 (4. Aufl.), S. 166.

Vordergrund stellt. Während in Obamas Diskurs die *Modalitäten* des „Seins", „Wissens" und „Könnens" zum tragenden Element werden, rücken in Trumps polemischer Rede die *Helfer* (als Wahlhelfer) und *Widersacher* ins Zentrum des Geschehens, der Aktanten-Interkation. Bidens kurze Rede, die eine Reaktion auf die Erstürmung des Kapitols in Washington ist, könnte als Plädoyer für ein konsensfähiges Aktantenmodell aufgefasst werden, in dem sich der noch amtierende Präsident für die Verfassung und eine unabhängige Legislative einsetzt – statt alles dem Erhalt seiner Macht zu opfern.

Es geht hier nicht mehr primär um die Frage „wer erzählt wen?", sondern um die Frage, *welchem Machtanspruch eine Erzählung mit ihrem besonderen Aktantenmodell dient.* Es soll klar werden, dass es nicht nur den politischen Diskurs als „Idealtypus" gibt, sondern sehr verschiedene politische Diskurse, die grundverschiedene, auch unvereinbare Machtansprüche artikulieren und als ideologische Erzählungen entsprechend strukturiert sind.

1. Modalitäten und Aktantenkonstruktion: Barack Obamas „Inaugural Address" am 20. Januar 2009

Eine kurze Zusammenfassung dieser Ansprache im Sinne der Strukturalen Semiotik könnte lauten: Rekonstruktion des *Subjekt-Aktanten* „We", der zugleich *Adressat* ist („You"), im Auftrag des fiktiven oder mythischen *Auftraggebers* „Amerika" und mit Hilfe positiver *Modalitäten* des „Seins", „Wissens" und „Könnens", die zur Verwirklichung eines von Obama entworfenen *Erzählprogramms* befähigen. Obamas Rhetorik entspricht dem feierlichen Anlass („Inaugural Address"): Sie ist von ausgesuchter Metaphorik geprägt und variiert die Satzlängen, um eine optimale Intonation und die sie begleitenden Pausen zu ermöglichen.

Hier ist eine Textprobe aus dem englischen Original: „Forty-four Americans have now taken the presidential oath. The words have been spoken during rising tides of prosperity and the still waters of peace. Yet, every so often the oath is taken amidst gathering clouds and raging storms."[7] Der letzte Satz mag sich auf die finanziellen Turbulenzen des Jahres 2008 beziehen, deren Nachwirkung noch Jahre später zu spüren war.

Von ihnen ist indirekt auch in den Sätzen die Rede, in denen sich der neue Präsident als Subjekt seines *Auftraggebers* „Amerika" zu erkennen gibt, dem er im Namen des *Kollektivsubjekts* „We" verspricht, den sich abzeichnenden Herausforderungen und Aufgaben gewachsen zu sein: „Today I say to you that the challenges we face are real. They are serious and they are many. They will not be met easily or in a short span of time. But know this, America – they will be met."[8]

An dieser Stelle macht sich die *teleologische Struktur* dieser politischen Rede bemerkbar. Denn es ist undenkbar, dass ein Politiker, der beabsichtigt, mit Hilfe einer Ideologie ein Massenpublikum zu motivieren und zu mobilisieren, nach einem Exkurs zu den zahlreichen und ernsten Herausforderungen jäh innehält und erklärt: „und wir sind ihnen nicht gewachsen", „and we cannot meet them". Selbst wenn dies seine realistische und ehrliche Einschätzung wäre: *Die teleologische Diskursstruktur einer feierlichen Antrittsrede lässt sie nicht zu, weil sie nur die Isotopie „Ernst" kennt und die Isotopie „Komik" mit allen ihren Sememen ausschließt*. Insofern ist das Diskurssubjekt bis zu einem gewissen Grade tatsächlich Gefangener seiner eigenen Rede. Es kann sich als ideologisches Subjekt weder Selbstzweifel noch Selbstkritik leisten: Es wird von der Ideologie zum Subjekt gemacht (vgl. Kap. I.4) und wird von ihr genötigt, dem *Auftraggeber* „Amerika" ein Versprechen zu geben: „They will be met."

Es handelt sich hier um ein vertragsähnliches Versprechen, durch das sich der Held verpflichtet, den *Auftrag des Auftraggebers* zu erfüllen und sich des *Objekt-Aktanten* (des Schatzes im Märchen, des Geheimnisses im Spionageroman oder des wirtschaftlichen Erfolgs) zu bemächtigen. Vor allem am Ende seiner Ansprache beruft sich Obama auf einen zweiten, *übergeordneten Auftraggeber*, den er indirekt um Hilfe bittet – auf Gott: „This is the source of our confidence – the knowledge that God

---

7 B. Obama, „Inaugural Address" am 20. Januar 2009, S. 1. (Die Seitenzahlen beziehen sich durchweg auf den Ausdruck.)

8 Ibid.

calls on us to shape an uncertain destiny."[9] Im letzten Absatz ist von „God's grace upon us"[10] die Rede, und der letzte Satz lautet: „God bless you and the United States of America."[11]

Der Strukturalen Semiotik ist es primär um die *Textfunktion im Diskurs* zu tun, nicht um die Frage, in welchem Verhältnis das Aussagesubjekt zu dieser Funktion *außerhalb* seines Diskurses steht. Tatsache ist, dass der Satz, der auf allen amerikanischen Dollar-Scheinen zu lesen ist: „in God we trust", auch in Obamas Diskurs variiert wird, so dass ein zweiter, übergeordneter Auftraggeber benannt werden kann, der jedenfalls eine rhetorische Funktion erfüllt.

Im zweiten Teil von Obamas Rede werden auch die *Antisubjekte* unmittelbar angesprochen. Im Rahmen des mit dem Auftraggeber vereinbarten Programms wird ihre Niederlage angekündigt: „We will not apologize for our way of life, nor will we waver in its defense, and for those who seek to advance their aims by inducing terror and slaughtering innocents, we say to you now that our spirit is stronger and cannot be broken; you cannot outlast us, and we will defeat you."[12] Hier wird ein *Objekt-Aktant* des Diskurses bezeichnet: der „Sieg über die Antisubjekte", vor allem die Terroristen.

Objekt-Aktanten im Bereich der Innenpolitik können schon im ersten Teil der Rede ausgemacht werden: „prosperity and freedom", „our common good" sowie „the work of remaking America".[13] Die letzten beiden Formulierungen lassen die enge *Bindung des Objekt-Aktanten an das Erzählprogramm* erkennen sowie die Tatsache, dass ein *Objekt-Aktant* als Ziel der Erzählung stets aus einem Handlungs- und Ereignisablauf hervorgeht („work of remaking"). Die Inaugural-Rede als ganze könnte als „erzählte Zukunft" charakterisiert werden. (Obama mag u. a. an seine geplante Umgestaltung des amerikanischen Gesundheitswesens gedacht haben.)

Vor diesem Hintergrund kann nun die Frage nach dem besonderen Charakter seiner Rede konkreter beantwortet werden.

---

9 Ibid., S. 5.
10 Ibid.
11 Ibid.
12 Ibid., S. 4.
13 Ibid., S. 2-3.

Ihre Besonderheit besteht in ihrer Ausrichtung auf die *Modalitäten* des „Seins", „Wissens", „Wollens" und „Könnens". In diesem Bereich geht es auch um die Stellung des individuellen („I") *und* kollektiven („We", „You") *Subjekt-Aktanten*, der zugleich Adressat des Diskurses ist, und um *seine Ermächtigung* angesichts der nationalen und internationalen Krisen, Herausforderungen (*challenges*) und Aufgaben, auf die der Redner immer wieder anspielt.

Greimas unterscheidet *drei Arten von Modalitäten*, die alle mit dem Machtfaktor in Verbindung stehen: *virtualisierende Modalitäten* („sollen" und „wollen"), *aktualisierende Modalitäten* („wissen" und „können") sowie *realisierende Modalitäten* („tun" und „sein").[14] Eine Flussüberquerung mag veranschaulichen, was gemeint ist. Ich soll oder will mit Gepäck einen breiten Fluss überqueren. Um meinen Willen durchsetzen zu können (er ist stets „Wille zur Macht"), muss ich mir ein bestimmtes Wissen aneignen (etwa im Hinblick auf die Tiefe des Flusses), um den Fluss durchwaten und am anderen Ufer „sein" zu können.

In Obamas Rede kommen nicht nur alle drei Arten von Modalitäten vor, sondern erfüllen dort eine entscheidende Funktion. Mit etwas Übertreibung ließe sich sagen, dass diese Rede ein *Modalitätendiskurs* ist. *In ihm dienen die Modalitäten der Ermächtigung des zugleich individuellen und kollektiven Subjekt-Aktanten.* Ohne sie wäre das Erzählprogramm nicht zu verwirklichen.

Wie erwartet, stehen die *virtualisierenden Modalitäten* des „Sollens" und des „Wollens" am Anfang der Ansprache im Vordergrund: „On this day, we gather because we have chosen hope over fear, unity of purpose over conflict and discord."[15] Die hier angesprochene Hoffnung wäre den *Modalitäten* „sollen" und „wollen" zuzuordnen; dies gilt auch für den Ausdruck „unity of purpose", der den Nexus von „Wollen" und Aktantenkonstitution erkennen lässt. Der *kollektive Subjekt-Aktant* „We"/„You" kommt nur durch die gemeinsame *Modalität* des „Wollens" („purpose") zustande. Konflikt und Zwietracht würden ihn zer-

---

14 A. J. Greimas, J. Courtés, *Sémiotique. Dictionnaire raisonné de la théorie du langage*, Paris, Hachette, 1979, S. 231.

15 B. Obama, „Inaugural Address", op. cit., S. 1.

stören und handlungsunfähig machen. Er wäre außerstande, das Erzählprogramm zu verwirklichen und sich des *Objekt-Aktanten* (etwa „prosperity and freedom") zu bemächtigen.

Von noch größerer Bedeutung als die *virtualisierenden* sind in Obamas Diskurs die *aktualisierenden Modalitäten*, deren Rekurrenz in den folgenden Sätzen ins Auge springt: „We remain the most prosperous, powerful nation on Earth. Our workers are no less productive than when this crisis began. Our minds are no less inventive, our goods and services no less needed than they were last week or last month or last year. Our capacity remains undiminished."[16] Dies bedeutet im Kontext der Strukturalen Semiotik, dass sowohl das „Wissen" als auch das „Können" zur Verfügung stehen und die Verwirklichung des narrativen Programms mit Hilfe der *realisierenden Modalitäten* ermöglichen.

Mit Hilfe dieser Modalitäten wird schließlich das Ziel benannt, das erreicht werden soll und auch erreicht wird: „(…) And with the eyes fixed on the horizon and God's grace upon us, we carried forth that great gift of freedom and delivered it safely to future generations."[17] Hier wird auf metaphorischer Ebene die Inbesitznahme des *Objekt-Aktanten* („freedom") angesprochen und einer der wichtigsten Aspekte der liberal-amerikanischen Ideologie evoziert.

Dennoch zeigt die Analyse, dass die *virtualisierenden* („sollen", „wollen") und *aktualisierenden Modalitäten* („wissen" „können") in Obamas Diskurs überwiegen und dass die *realisierenden Modalitäten* nur im Sinne einer Zielsetzung angesprochen werden. Im Zusammenhang mit „honesty and hard work, courage and fair play, tolerance and curiosity, loyalty and patriotism" stellt Obama fest: „They have been the quiet force of progress throughout our history. What is demanded then is a return to these truths."[18] Der Grund für diese Hervorhebung der virtualisierenden und aktualisierenden Modalitäten ist nicht schwer anzugeben: *In Obamas Diskurs geht es primär um die Ermächtigung des angesprochenen Subjekts und die Mobilisierung seines Potenzials, seiner Kräfte – nicht um die Verherrlichung des bisher Erreichten.*

16 Ibid., S. 2.
17 Ibid., S. 5.
18 Ibid.

In diesem Zusammenhang spielt auch Greimas' Begriff der *Prüfung* (*épreuve*) eine wichtige Rolle, weil er mit den *Modalitäten* eng zusammenhängt. Greimas unterscheidet *drei Arten der Prüfung*: die *qualifizierende* (*qualifiante*), die *entscheidende* (*décisive*) und die *glorifizierende* (*glorifiante*). Er bezieht sich – wie seinerzeit Vladimir Propp in seiner *Morphologie des Märchens* (1928) – auf die Prüfungen, die der Held bestehen muss, um den Auftrag seines Auftraggebers (des Königs, des Orakels, des Zauberers) zu erfüllen.

Auch in politischen Reden geht es im Hinblick auf die Modalitäten als Eigenschaften und Fähigkeiten um Prüfungen, die es zu bestehen gilt, in denen sich individuelle und kollektive Subjekte zu bewähren haben. Dass sie sich erst durch den Nachweis von Fähigkeiten qualifizieren können, betont Obama immer wieder. In der *entscheidenden Prüfung* (*épreuve décisive*, Greimas) geht es aber darum, die anstehenden Probleme zu lösen: „For everywhere we look, there is work to be done. The state of the economy calls for action, bold and swift, and we will act – not only to create jobs, but to lay a new foundation of growth."[19] Von einer „glorifizierenden Prüfung", die es dem Märchenheld ermöglicht, König zu werden oder die Prinzessin zu heiraten, ist bei Obama nicht die Rede; sie wird im letzten Absatz nur angedeutet: „(…) we carried forth the great gift of freedom and delivered it safely to future generations."[20] Dennoch erinnert das Ende seiner Rede an ein literarisches Happy End, das zuversichtlich stimmen soll, weil es eine glückliche Zukunft verheißt.

Diese Kurzanalyse sollte zeigen, wie sehr jeder politische Diskurs mit Machtausübung zusammenhängt, *wie er Subjekte mit Modalitäten ausstattet*, um sie für die Realisierung von sozialen Programmen und die Bewältigung von Problemen vorzubereiten. Die Frage „wer erzählt wen?", die in den beiden vorangegangenen Kapiteln im Vordergrund stand, ist in Obamas Diskurs zwar sekundär, aber keineswegs abwesend. Denn auch in ihm geht es bisweilen um die Korrektur „falscher" Diskurse, um deren „Umerzählung". Gegen sie wird das eigene Erzählprogramm ins Feld geführt: „Now, there are some who question the

---

19 Ibid., S. 2.
20 Ibid., S. 5.

scale of our ambitions – who suggest that our system cannot tolerate too many big plans. Their memories are short. For they have forgotten what this country has already done; what free men and women can achieve when imagination is joined to common purpose, and necessity to courage."[21] Vergangenheit und Zukunft werden hier neu erzählt, und die Erzählung wird durch Hinweise auf *Modalitäten* (*necessity* = müssen, *courage* = wollen) gegen skeptische Kritiker verteidigt. Dies geschieht auch, wenn Obama korrupte Diktatoren daran erinnert, dass sie auf der „falschen Seite der Geschichte" agieren („you are on the wrong side of history").[22]

Insgesamt sollte deutlich geworden sein, dass die Verbindungen zwischen Diskurs und Macht vielfältig sind und dass die Ermächtigung des sprechenden und handelnden Subjekts mit Versuchen einhergehen kann, konkurrierende Erzählungen und ihre Subjekte zu vereinnahmen, zu dominieren. Im Folgenden soll gezeigt werden, wie ein Präsident, der dabei ist, die Wahlen zu verlieren, *Helfer* mobilisiert, um seiner Erzählung vom „Wahlbetrug" zur Dominanz zu verhelfen und seine Macht zu erneuern

2. Helfer, Widersacher und ein polarisiertes Aktantenmodell: „Donald Trump's Speech ‚Save America'" (6. Januar, Rally Transcript)

Barack Obama geht noch von einem gesellschaftlichen Konsens aus und betrachtet die USA als *einheitlichen Aktanten*, in dessen Namen er sein politisches Programm verwirklicht. Für ihn sind die Republikaner auch im Auftrag der USA agierende Konkurrenten oder Rivalen, nicht aber Gegner oder gar Feinde. Davon zeugt seine Danksagung an seinen Vorgänger George W. Bush gleich zu Beginn seiner Rede: „I thank President Bush for his service to our nation, as well as the generosity and cooperation he has shown throughout this transition."[23]

21 Ibid., S. 2-3.
22 Ibid., S. 4.
23 Ibid., S. 1.

Von diesem Einvernehmen kann in Donald Trumps mobilisierendem Aufruf keine Rede mehr sein. Allerdings muss der Umstand berücksichtigt werden, dass es sich in Trumps Fall nicht um ein „Inaugural Address" handelt, sondern um eine *Brandrede* gegen das demokratisch-republikanische Establishment, das er in intertextuellen Andeutungen und Exkursen öffentlich des Wahlbetrugs beschuldigt. Im Gegensatz zu Obamas gepflegtem Stil ist Trumps Rhetorik von Ausrufen, rhetorischen Fragen, Wiederholungen und Improvisationen geprägt.[24] Trump kehrt sich nicht nur gegen die konkurrierenden Demokraten, sondern auch gegen Teile seiner eigenen Republikanischen Partei, die ihn desavouiert haben, gegen die Medien, den Kongress und das Oberste Gericht (Supreme Court).

Dieser Unterschied zu Obama und allen seinen Vorgängern sollte nicht einfach auf individuelle (psychische) Faktoren zurückgeführt, sondern auch im sozio-ökonomischen Kontext erklärt werden, der eingangs skizziert wurde. Er wird vom partiellen Niedergang der amerikanischen Mittelschicht gekennzeichnet, der auch für die Radikalisierung und die inneren Kämpfe innerhalb der Republikanischen Partei verantwortlich ist (etwa für das Auftreten der „Tea Party"-Gruppe). Für diese Radikalisierung stehen Trump und die von ihm angesprochenen und angefeuerten Massen, die in Chören ihre Zustimmung bezeugen und seine Rede durch Ausrufe wie „We love you!"[25] unterbrechen. *Sie* und nicht alle Amerikaner (wie bei Obama) sind mit dem „We" oder dem „You" gemeint, das in Trumps Rede so oft wiederkehrt.

Obwohl sich Trump, oberflächlich betrachtet, an den Soziolekt der politischen Klasse und das offizielle Aktantenmodell hält – „Amerika" oder „amerikanische Demokratie" als *Auftraggeber*, „Präsident" oder „We" als *Subjekt(e)* und „amerikanische

---

24 Dazu bemerkt Douglas Kellner in seinem Buch *American Nightmare. Donald Trump, Media Spectacle, and Authoritarian Populism*, Rotterdam-Boston-Taipei, Sense Publishers, 2016, S. 5: „Trump derives his language and behavior from a highly competitive and ruthless New York business culture combined with an appreciation of the importance of media and celebrity to succeed in a mediacentric hypercapitalism."

25 D. Trump, „Donald Trump's Speech ‚Save America'" (6. Januar, 2021, Rally Transcript), S. 15.

Größe“ als *Objekt-Aktant* –, kommt es unter der Oberfläche zu signifikanten Verschiebungen. Zu ihnen gehören: die Spaltung der Republikanischen Partei in Gute und Böse sowie analoge Spaltungen des Repräsentantenhauses und des Senats. Von Obamas „Inaugural Address“ unterscheidet sich Trumps Rede vor allem durch die *Dominanz der Helfer- und Widersacher-Ebene.* Während Obamas Diskurs als ein *Diskurs der Modalitäten* charakterisiert werden konnte, ist Trumps Diskurs auf die *Auseinandersetzung zwischen Helfern und Widersachern* (*adjuvants/opposants*, Greimas) ausgerichtet. Dieser Diskurs soll nun näher betrachtet werden.

Auf den ersten Blick scheint der Redner der konstitutionellen Tradition der USA Genüge zu tun. Der Ausruf „Save America!“ ist voller Semantik und Narrativik: Das sprechende Subjekt behauptet, Amerika retten zu wollen, im Auftrag Amerikas zu handeln und die Rettung des Landes als oberstes Ziel und *Objekt-Aktanten* seiner Erzählung zu betrachten. Dies bestätigt der folgende Satz: „Today, for the sake of our democracy, for the sake of our Constitution, and for the sake of our children, we lay out the case for the entire world to hear.“[26]

Trump tritt als *Subjekt-Aktant* und als Vertreter und Verteidiger des amerikanischen Volkes, der amerikanischen Demokratie auf: „It's all part of the comprehensive assault on our democracy and the American people to finally standing up and saying: ‚No‘.“[27] Der intertextuelle Ausdruck „it's all part“ ist weder eine nichtssagende noch eine unschuldige Redewendung, sondern suggeriert, dass es sich um einen verfassungswidrigen, antiamerikanischen Komplott handelt, den nur Trump als Held und Retter in der Not vereiteln kann. Dies wird gleich zu Beginn seiner Rede deutlich, in der (wie bei Obama) das rekurrierende „I“ vom „We“ abgelöst wird: „We're supposed to protect our country, support our country, support our constitution and protect our constitution.“[28] Trump deutet an, dass die USA seit langem von nicht näher definierten Feinden „belagert“ werden und dass er in seiner Amtszeit für mehr Ordnung und Sicherheit gesorgt hat: „Our country has been under siege for a long time, far

26 Ibid., S. 8.
27 Ibid., S. 11.
28 Ibid., S. 2.

longer than this four-year period. We set it on a much straighter course (…).“[29]

Wer sind die *Antisubjekte*? Hier stehen an erster Stelle die „Links-Demokraten“: die „radical left Democrats“[30], die gleich am Anfang der Rede genannt werden. Die *Isotopie* „links“ („left“) wird systematisch mit negativen Konnotationen befrachtet. Ihr Profil nimmt schärfere Konturen an, wenn Trump von den „schwachen Republikanern“ als *Helfern* der Demokraten bzw. seinen *Widersachern* sagt: „They've turned a blind eye even as Democrats enacted policies that chipped away our jobs, weakened our military, threw open our borders and put America last. Did you see the other day where Joe Biden said: ‚I want to get rid of the America first policy.‘ What's that all about, get rid of…? How do you say ‚I want to get rid of America first?‘“[31] Von Satz zu Satz wird der Ton radikaler, und schließlich wird suggeriert, dass Joe Biden als führendes *Antisubjekt* (als Metonymie für „die Demokraten“) sich „Amerika“ vom Hals schaffen möchte: „get rid of America first“. (Es gehört anscheinend zu Bidens Hauptanliegen, die Alleingänge der USA zu beenden und im Einvernehmen mit den Verbündeten und anderen Staaten zu handeln.)

Wir sind hier nicht sehr weit vom Diskurs des Prager Staatsanwalts entfernt, der im Auftrag der herrschenden KP Slánský und seine Schicksalsgefährten des Verrats am Sozialismus und an der tschechoslowakischen Republik beschuldigt. Der Vergleich ist deshalb hilfreich, weil er zeigt, dass Trump sich vorwiegend gegen „innere Feinde“ kehrt (wie das Prager Gericht) und nicht wie Obama gegen äußere Gefahren wie Terrorismus, Diktaturen und korrupte Herrscher.

Vor diesem Hintergrund ist der wichtigste Aspekt seiner Rede zu betrachten: die *Helfer-Widersacher-Ebene*, auf der deutlich wird, dass er den etablierten Großparteien und den Institutionen einen rhetorischen Bürgerkrieg erklärt, der Anfang Januar 2021 zu bürgerkriegsähnlichen Zuständen am Washingtoner Kapitol führte.

---

29 Ibid., S. 4.
30 Ibid., S. 1.
31 Ibid., S. 3.

Im Bereich der *Helfer* steht die angesprochene Menschenmenge als *Adressat* (*destinataire*, Greimas) an erster Stelle. *Sie ist Adressat und Helfer zugleich*: „With your help over the last four years, we built the greatest political movement in the history of our country and nobody even challenges that. I say that over and over, and I never get challenged by the fake news, and they challenge almost everything we say."[32]

Dieses ausführliche Zitat ist nicht nur deshalb aufschlussreich, weil es eine neuralgische Stelle in Trumps Diskurs bezeichnet, an der die *Massenbewegung als Helferin* auftritt, sondern auch deshalb, weil es einen kaum merkbaren Übergang vom „I" zum „We" enthält: „(…) And I never get challenged by the fake news, and they challenge almost everything we say." Dies bedeutet, dass der *Subjekt-Aktant* – wie bei Obama, nur in einem anderen Kontext und mit anderer Wirkung – einen *Doppelcharakter* hat: „Trump und seine Bewegung". Greimas spricht in solchen Fällen von einem *doppelten Subjekt-Aktanten* (*actant sujet duel*).[33] Vorstellbar wäre auch ein *triadischer Subjekt-Aktant*: etwa im Sinne des römischen Triumvirats.

Das Verhältnis zwischen Trump und seinen Anhängern, die immer wieder in Massen auftreten, hat einen stark *narzisstischen Einschlag*, wie aus der folgenden (Selbst-)Darstellung Trumps in seiner Rede zu ersehen ist: „Two months ago, we had a massive crowd come down to Washington. I said, ‚What are they there for.' ‚Sir, they're there for you.' We have nothing to do with it. These groups, they're forming all over the United States."[34] Es ist das schon bekannte soziale Massenphänomen, das vom französischen Boulangismus der 1880er Jahre über Mussolinis Faschismus der 1920er Jahre bis zum deutschen Nationalsozialismus der 30er Jahre aus der Krise einer radikalisierten, antiliberalen Mittelschicht hervorgeht und von einer narzisstischen und autoritär auftretenden Führergestalt mit Energie versorgt wird.

Die soziolinguistische Situation ist so beschaffen, dass die Führergestalt bejubelt wird („We love you, we love you!") und

32 Ibid., S. 16.

33 Vgl. A. J. Greimas, *Maupassant. La sémiotique du texte : exercices pratiques*, Paris, Seuil, 1976, S. 54.

34 D. Trump, „Donald Trump's Speech Save America", op. cit., S. 11.

ihrerseits den jubelnden Massen schmeichelt, so dass es zu einer *narzisstischen Symbiose* kommt: „Despite everything we've been through, looking out all over this country and seeing fantastic crowds, although this is I think our all time record. I think you have 250. 000 people, 250. 000."[35] (Syntax ist weniger wichtig als die affektive Wirkung.)

Zu dieser Art von narzisstischer Symbiose bemerkt Freud: *„Eine solche primäre Masse ist eine Anzahl von Individuen, die ein und dasselbe Objekt an die Stelle ihres Ichideals gesetzt und sich infolgedessen in ihrem Ich miteinander identifiziert haben."*[36] Im Hinblick auf Trump bestätigt Douglas Kellner diese Einschätzung, wenn er bemerkt, Trump sei „eine der vom Narzissmus am stärksten geprägten Gestalten der neueren amerikanischen Politik".[37] In diesem Kontext ist der Fanatismus zu erklären, der das Auftreten der von Trump gelenkten oder begeisterten Massen prägt.

Neben der Massenbewegung, zu der er enge Kontakte unterhält, erscheinen in Trumps Rede auch *überindividuelle Einheiten oder Individuen als Helfer*, bei denen er sich gelegentlich bedankt: „But I want to thank all those congressmen and women. I also want to thank our 13 most courageous members of the US senate."[38] Auf individueller Ebene wird Mike Pence als potenzieller Verbündeter und Helfer umworben: „We're going to have to fight much harder and Mike Pence is going to have to come through for us."[39] Trump weiß, dass der Kongress politisch gespalten ist und versucht, auch ihn für seine Zielsetzungen zu gewinnen: „Now it is up to Congress to confront this egregious assault on our democracy."[40] Es gilt abermals, die amerikanische Demokratie als *bedrohte Auftraggeberin* gegen ihre Feinde – namentlich die „linken Demokraten", die den behaupteten Wahlbetrug organisieren, – zu verteidigen.

---

35 Ibid., S. 17.

36 S. Freud, „Massenpsychologie und Ich-Analyse", in: *Studienausgabe*, Bd. IX (*Fragen der Gesellschaft. Ursprünge der Religion*), Frankfurt, Fischer (1974), 1982, S. 108.

37 D. Kellner, *American Nightmare*, op. cit., S. 31.

38 D. Trump, „Donald Trump's Speech ‚Save America'", op. cit., S. 6.

39 Ibid., S. 4.

40 Ibid.

Symmetrisch zu seinen *Helfern* zählt Trump immer wieder wirkliche und imaginäre *Widersacher* auf, die seiner Meinung nach auf Seiten des *Antisubjekts*, der „linken Demokraten", kämpfen. An erster Stelle werden die „Medien" attackiert. Ihnen wirft Trump vor, die freie Meinungsäußerung und indirekt die Demokratie zu gefährden: „Our media is not free. It's not fair. It suppresses thought. It suppresses speech, and it's become the enemy of the people."[41] Auch an dieser Stelle zeigt sich, wie sehr sich Trump mit dem amerikanischen Volk in seiner Gesamtheit identifiziert und vorgibt, in seinem Namen (im Namen des *Auftraggebers* „Amerika") zu sprechen und zu handeln. In Wirklichkeit spricht er im Namen der von ihm mobilisierten Bewegung (*kollektiver Subjekt-Aktant* im Diskurs).

Den „Medien" fällt auch deshalb die *Funktion des Widersachers* in Trumps Rede zu, weil sie mehrheitlich bestreiten oder bezweifeln, dass es den von Trump behaupteten Wahlbetrug tatsächlich gegeben hat. Es gilt, sie als verlogene *Helfer* der „Demokraten" (des *Antisubjekts*) zu stigmatisieren: „As you know the media constantly asserted the outrageous lie that there was no evidence of widespread fraud."[42] Zugleich sollen die Medien auf der *Ebene der Modalitäten* diskreditiert werden. Indem Trump sie als „korrupt" bezeichnet, zweifelt er ihre *Modalitäten* des „Seins" und des „Wollens" an: „The American people do not believe the corrupt fake news anymore. They have ruined their reputation."[43] Abermals beruft sich Trump auf das „amerikanische Volk" (auf „Amerika"), um die Medien als unglaubwürdig verurteilen zu können. Douglas Kellner spricht in diesem Zusammenhang von einem „rechtsgerichteten Misstrauen der offiziellen Presse gegenüber" („right-wing distrust of the establishment press").[44]

Dass dieses Sprechen im Namen des *Auftraggebers* „Amerika", auf den sich alle Beteiligten (Demokraten und Republikaner) beziehen, ein *Akt der Selbstermächtigung* ist, versteht sich fast von selbst. Ähnlicher diskursiver Verfahren bedienen sich Priester, wenn sie jemanden „im Namen Gottes" zurechtweisen

---

41 Ibid.
42 Ibid., S. 6-7.
43 Ibid., S. 7.
44 D. Kellner, *American Nightmare*, op. cit., S. 65.

oder verdammen. In beiden Fällen wird ein *unsichtbarer und stummer (konstruierter) Auftraggeber* für die eigenen Zielsetzungen eingespannt.

Ein weiterer bedeutender *Widersacher*, der in Trumps Diskurs mehrmals angegriffen wird, ist das Oberste Gericht der USA (the Supreme Court). Aus erzähltheoretischer Sicht ist es interessant zu beobachten, *wie Trump in seine Geschichte vom Wahlbetrug eine Sekundärerzählung einbaut*, die das Verhalten des „Supreme Court" zum Gegenstand hat: „But the story is that they're my puppet. That they're puppets. And now that the only way they can get out of that, because they hate that, it's not good on the social circuit. And the only way they get out is to rule against Trump. So let's rule against Trump."[45] So wird diese Anekdote, die einen der Hauptwidersacher in Trumps Rede betrifft, zum Bestandteil seines zugleich erzählenden und erklärenden Diskurses, der auch die Distribution der Erzählfunktionen im Diskurs erläutern soll – nach dem Motto: „Wie das Oberste Gericht zu meinem Widersacher wurde".

Anders als in Obamas Rede sind die externen Gegner bei Trump sekundär im Vergleich zu den *innenpolitischen Antisubjekten und Widersachern.* Nur einmal werden illegale Migranten erwähnt, von denen behauptet wird, sie würden nur auf einen Amtswechsel im Weißen Haus warten, um unter Präsident Biden einwandern zu können: „But now the caravans, they think Biden's getting in, the caravans are forming again. They want to come in again and rip off our country."[46] Eine äußere Bedrohung wird zwar beim Namen genannt, aber nur im Zusammenhang mit der wesentlich akuteren inneren Bedrohung durch Biden und die Demokraten, die eigentlichen *Antisubjekte.*

Sie macht Trump für das zentrale Ereignis seiner Erzählung verantwortlich: für die Fälschung der Wahlergebnisse, den Wahlbetrug. Ihn gilt es aufzudecken und rückgängig zu machen, um sich des *Objekt-Aktanten* des Diskurses bemächtigen zu können: des „Wahlsieges", der in greifbarer Nähe liegt.[47] Es gilt,

45 D. Trump, „Donald Trump's Speech ‚Save America'", op. cit., S. 8.

46 Ibid., S. 17.

47 In *American Nightmare*, op. cit, S. 63 zeigt Douglas Kellner, dass Trump im Wahlkampf des Jahres 2016 mit einem Massenprotest drohte für den Fall, dass man Hillary Clinton zur Siegerin erklären

den Diebstahl zu verhindern, und zwar mit Hilfe des anwesenden *Adressaten*, der jubelnden Menschenmenge: „To use a favorite term that all of you people really came up with, we will stop the steal.“[48] Wieder gleitet das sprechende „I“ unmerklich in das kollektive „We“ hinüber. Wer hinter dem Diebstahl steht, darüber besteht kein Zweifel; es ist das *demokratische Antisubjekt*: „But this year using the pretext of the China virus and the scam of mail-in ballots, Democrats attempted the most brazen and outrageous election theft.“[49]

Dieser Diebstahl wird anhand von Beispielen erläutert, die zeigen sollen, dass in einigen Staaten auch Stimmen von Toten oder Ausländern gezählt wurden: „In the State of Arizona, over 36. 000 ballots were illegally cast by non-citizens.“[50] An anderer Stelle wird behauptet, dass „Zehntausende Stimmen von Präsident Trump zum ehemaligen Vizepräsidenten Biden übertragen wurden.“[51] Der Sieg sei dennoch möglich, und der Diskurs aktiviert die *Modalität* des „Könnens“, wenn Trump die Taktik für die Inbesitznahme des *Objekt-Aktanten* erläutert: „With only three of the seven states in question, we win the presidency of the United States.“[52] Abermals verschmilzt das individuelle Subjekt Trump mit dem Kollektivsubjekt der Bewegung.

Wie in Obamas Rede tritt auch hier die *teleologische Diskursstruktur* zutage: Auch Trump kann es sich nicht leisten, mitten in seiner Rede zuzugeben, dass die Wahl verloren, der Sieg nicht mehr zu haben ist. Die Argumentation und ihr Wirklichkeitsbezug müssen so beschaffen sein, dass der Sieg in den Augen des Publikums in greifbare Nähe rückt und die Erzählung – so fantastisch sie auch sein mag – realistisch wirkt. (Am Ende des Zweiten Weltkriegs war die Erzählung vom Endsieg so ähnlich beschaffen. Sie hätte bei der Bevölkerungsmehrheit nur ein müdes Lächeln ausgelöst, wenn Kritik nicht lebensgefährlich gewesen wäre.)

---

würde: „would claim a stolen election if Clinton won, unleashing his rabid hell hounds to protest“.

48 D. Trump, „Donald Trump's Speech ‚Save America‘“, op. cit., S. 1.

49 Ibid., S. 4.

50 Ibid., S. 13.

51 Ibid., S. 15.

52 Ibid., S. 5.

Kurzum, in diesem Wahlkampf stehen sich zwei einander ausschließende Erzählungen gegenüber: die Erzählung der Demokraten und der gemäßigten Republikaner, die besagt, dass alles mit rechten Dingen zuging und dass Legalität gewahrt wurde, so dass Biden den Sieg davontrug, und Trumps Gegenerzählung vom Wahlbetrug. Der Kampf der Erzählungen findet somit auf der *Isotopie* „Legalität“ statt, die die Kontrahenten zugleich verbindet und entzweit. Trump hat alles in seiner Macht Stehende unternommen, um seiner Erzählung zum Sieg zu verhelfen. Er nahm sogar das Risiko eines Bürgerkrieges in Kauf.

Die Gründe für sein Scheitern sind bekannt: eine Gegenbewegung in der Republikanischen Partei, die Stärke der sich sammelnden Demokraten, das Demokratiebewusstsein der meisten Medien und die relative Stabilität und Unabhängigkeit der amerikanischen Justiz. Dennoch weckt die von ihm zumindest teilweise initiierte Erstürmung des Kapitols Erinnerungen an Mussolinis „Marsch auf Rom“ im Jahre 1922. Dem Einwand, Washington sei nicht Rom und 2021 nicht 1922, ist zwar zuzustimmen (Giovanni Giolittis Demokratie war labil geschichtet, die italienische Rechtsstaatlichkeit nicht sehr stark ausgeprägt), aber dennoch zeigte sich auch an der Schwelle zum 21. Jahrhundert, wie stark Demokratie von Demagogie (neuerdings „Populismus“ genannt) bedroht ist. Die Diskursanalyse sollte einige Taktiken des Demagogen bloßlegen.

3. Rekonstruktion des offiziellen Aktantenmodells: „Joe Biden’s Speech Condemning Capitol Protest” (6. Januar 2021, Transcript)

Das Anliegen des neugewählten amerikanischen Präsidenten Joe Biden kann in wenigen Worten zusammengefasst werden: In seiner kurzen Reaktion (anderthalb Seiten) rekonstruiert er das verfassungsmäßige Aktantenmodell, in dessen Rahmen der noch amtierende Präsident die bestehenden Institutionen (Repräsentantenhaus, Senat, Oberstes Gericht) zu schützen hat, statt sie in Übereinstimmung mit seinen partikularen Interessen in Frage zu stellen.

Indirekt knüpft Biden an Barack Obamas „Inaugural Address“ an, in dem der Vorgänger George W. Bush als *Helfer* oder verbündeter *Subjekt-Aktant* erscheint. Auch Trump, so Bidens Auffassung, sollte als Verbündeter des neuen Präsidenten, der judikativen und legislativen Gewalten auftreten und nicht als deren Widersacher, als *revoltierendes Antisubjekt*. Konkret fordert Biden in seiner Rede von Trump ein unverzügliches Einschreiten zugunsten der Verfassung und gegen die von ihm angestachelte Bewegung, die das Kapitol (Repräsentantenhaus und Senat) belagert.

In einem ersten Schritt definiert Biden die gesellschaftliche und sprachliche Situation im Zusammenhang mit einem „We“, zu dem er sich – wie vor ihm Obama und Trump – selbst zählt. Allerdings ist dieses „We“ *ein ganz anderer Subjekt-Aktant* als das „We“ Trumps. Es ist das offizielle „We“ der Verfassung und der Institutionen, nicht das „We“ der von Trump mobilisierten und gegen das Establishment revoltierenden Bewegung: „Let me be very clear. The scenes of chaos at the Capitol do not reflect a true America, do not represent who we are. What we're seeing are a small number of extremists dedicated to lawlessness. This is not the dissent. It's disorder. It's chaos. It borders on sedition, and it must end now.“[53]

Wir haben es hier mit einem *Gegenentwurf zu Trumps Erzählung* zu tun, in der behauptet wird, die etablierten Mächte (Medien, Kongress, Oberstes Gericht) seien korrupt, von den Demokraten gesteuert und dabei, dem legitimen Amtsinhaber seinen zweiten Wahlsieg zu stehlen. Bidens Diskurs ist eine Umerzählung dieser Geschichte.

Sie gipfelt in dem Appell an Trump, als wahrer Präsident (d. h. als *Subjekt-Aktant*, nicht als *Antisubjekt*) aufzutreten, dem von ihm geleisteten Eid zu folgen, die Verfassung zu verteidigen und der Belagerung ein Ende zu bereiten: „Therefore, I call on President Trump to go on national television now, to fulfill his oath and defend the constitution and demand an end to this siege.“[54]

53 J. Biden, „Joe Biden's Speech Condemning Capitol Protest“ (6. Januar 2021, Transcript), S. 1.

54 Ibid.

Unversöhnlich stehen die beiden Erzählungen einander gegenüber: In beiden wird das wahre Amerika beschworen und gegen das falsche, das usurpierte, unkenntlich gemachte in Stellung gebracht. Während Trump sich anschickt, den ihm gestohlenen Wahlsieg als *Objekt-Aktanten seines Diskurses* mit Hilfe seiner Bewegung in Besitz zu nehmen, fordert Biden ihn auf, als scheidender Präsident aufzutreten, das Wahlergebnis (den Sieg der Demokraten) anzuerkennen und seiner Bewegung den Rückzug anzuordnen. Angesprochen wird hier die pragmatische Funktion des Diskurses als „langage autorisé“ im Sinne von Bourdieu (vgl. Kap. II.4): Trump soll als noch amtierender Präsident ein *Machtwort* sprechen, um die Belagerung des Kapitols zu beenden.

Beiden Diskursen wohnt ein Machtanspruch inne, der letztlich den Wahlsieg und die Präsidentschaft zum Gegenstand (*Objekt-Aktanten*) hat. Dennoch sind sie politisch und rechtlich nicht gleichwertig. Davon zeugt das am 17. Dezember 2019 von einflussreichen Republikanern ins Leben gerufene „Lincoln Project“, das zum Ziel hatte, eine zweite Amtszeit von Donald Trump zu verhindern. Jenseits der Parteigrenzen nahmen diese Politiker die Unwägbarkeiten und Gefahren wahr, die Trumps radikale, unsystematische und bisweilen irrationale Politik barg.

Nicht zufällig zitiert Biden am Ende seiner Rede den Republikaner Abraham Lincoln, der sich im Amerikanischen Sezessionskrieg für die Einheit des Landes einsetzte, und beschwört die Einheit der amerikanischen Gesellschaft, vor allem die der Republikaner und Demokraten, die er zum Handeln aufruft: „This Godawful display today, is bringing it home to every Republican and Democrat and Independent in the nation, that we must step up.“[55]

Tatsächlich hat Max Webers Plädoyer für sozialwissenschaftliche Wertfreiheit oder Werturteilsfreiheit in diesem Fall einen nur bescheidenen Spielraum: Denn auch ein Politikwissenschaftler oder Soziologe kann angesichts der Willkür und des Irrationalismus, die Trumps Sprechen und Handeln prägen, die wissenschaftliche Neutralität, die im Prinzip eine gute Ratgeberin sein mag, nicht wahren. Nach Kenntnisnahme der Fakten wird er sich – auch als Republikaner oder Unabhängiger – den

55 Ibid., S. 2.

Trump-Kritikern anschließen müssen, so wie er sich in den 1920er Jahren (etwa gemeinsam mit dem liberal-konservativen Sozialwissenschaftler Gaetano Mosca)[56] den Mussolini-Kritikern anschließen musste.

Werturteilsfreiheit als politische oder moralische Neutralität wird dort zum Verhängnis, *wo sie der Indifferenz als Austauschbarkeit von Wertungen folgt und dadurch in Komplizenschaft umschlägt*. Sie schlägt in Komplizenschaft um, wenn im vorliegenden Fall Bidens und Trumps Diskurse als kontingente, aber im Prinzip gleichwertige Konstruktionen betrachtet werden. Diese Komplizenschaft besteht darin, dass letztlich der sich durchsetzende Diskurs (im Jahre 1922 der faschistische) kritiklos zur Kenntnis genommen wird, so dass Macht schließlich über Wahrheit entscheidet. (Im Italien der 1920er Jahre ist dies in manchen Kreisen geschehen.)

Werturteilsfreiheit als Distanz zu den eigenen politischen Wertungen (im Sinne von Norbert Elias)[57] ist stets sinnvoll; aber der Versuch, sich im Konflikt zwischen Biden und Trump der kritischen Wertung zu enthalten, wirkt sich fatal aus, weil er letztlich den Demagogen und die Auswirkungen seiner Demagogie stärkt. Denn an der vom republikanischen „Lincoln Project" bestätigten Tatsache, dass Biden – im Gegensatz zu Trump – für Rechtsstaatlichkeit und Demokratie steht, ist nicht zu zweifeln (was Kritik an Biden freilich nicht ausschließt).[58]

Dennoch ist Trump aus soziologischer Sicht ein wesentlich interessanterer und ergiebigerer Fall als Biden – oder Obama.

---

56 Vgl. E. A. Albertoni, *Gaetano Mosca. Storia di una dottrina politica. Formazione e interpretazione*, Mailand, A. Giuffrè Editore, 1978, S. 195-196.

57 Vgl. N. Elias, „Engagement und Distanzierung", in: ders., *Engagement und Distanzierung. Arbeiten zur Wissenssoziologie I* (Hrsg. M. Schröter), Frankfurt, Suhrkamp, 1983, S. 12. Dort heißt es zum Verhältnis von Engagement und Distanzierung: „Was die wissenschaftliche von vorwissenschaftlichen, also weniger distanzierten Einstellungen unterscheidet, ist das Mehr oder Weniger und die Art der Legierung von Tendenzen zu Distanzierung und Engagement."

58 In solchen Fällen muss auch die Wissenschaft dem kritischen Journalismus folgen und ihr Einverständnis mit der Zeitschrift *The Economist* (Oktober-November 2020) erklären, die für Joe Biden als Präsidenten plädiert: S. 22-24.

Denn Trump steht für innenpolitische und außenpolitische Entwicklungen, welche die Weltöffentlichkeit in den kommenden Jahrzehnten beschäftigen werden: für den Niedergang und die Radikalisierung der (vor allem weißen) amerikanischen Mittelschicht; für den zerfallenden Wertekonsens, der die konsensorientierte funktionalistische Soziologie von Talcott Parsons bis Robert K. Merton unglaubwürdig erscheinen lässt; für den einsetzenden wirtschaftlichen Niedergang der Vereinigten Staaten, die von der EU und der Volksrepublik China in die Defensive gedrängt werden und deren Regierungen meinen, protektionistischen Maßnahmen ergreifen zu müssen, um die eigene Wirtschaft zu schützen. (Trumps Außenhandelspolitik vor allem Deutschland und China gegenüber ist hier ein wichtiges Indiz.)

Aus der Sicht soziologischer Theoriebildung ist vor allem der zweite Punkt von Bedeutung, weil er die auf den Wertekonsens ausgerichtete Teleologie des Funktionalismus in Frage stellt. Schon in den 1960er Jahren, als der Vietnamkrieg tobte und Protestbewegungen von ungeahnten Ausmaßen auf den Plan rief, wurde dieser Konsens von kritischen Soziologen angezweifelt.

Zu ihnen gehört Alvin W. Gouldner, der in seinem zweibändigen Werk *Die westliche Soziologie in der Krise* (1970, dt. 1974) zu dem von Parsons herausgegebenen Band *American Sociology* (1968) schreibt: „Der Tenor dieses Bandes, veröffentlicht mitten im Vietnamkrieg, geschrieben in einer Zeit, als die Feindseligkeiten zwischen Schwarzen und Weißen in den amerikanischen Städten von Sommer zu Sommer Höhepunkte der Gewalt und des Aufruhrs erreichten, ist der einer Stimmung zufriedener Selbstbeweihräucherung.“[59]

Ein halbes Jahrhundert später kann der Zerfall des amerikanischen Wertekonsenses weder ideologisch noch theoretisch verbrämt werden. Die sozialen Konflikte treten immer klarer zutage: vor allem der Konflikt zwischen einer vom Niedergang bedrohten, radikalisierten Mittelschicht und einem Establishment, das von den immer globaler werdenden Großkonzernen favorisiert wird. Trump hat sich zum Sprachrohr dieser Mittelschicht gemacht, die sich von Arbeitslosigkeit, Migration und Globali-

59 A. W. Gouldner, *Die westliche Soziologie in der Krise*, Bd. I, Reinbek, Rowohlt, 1974, S. 221.

sierung bedroht fühlt. Die Analyse seines Diskurses ist daher weitaus mehr als Textlinguistik: Sie geht an entscheidenden Punkten in Textsoziologie über, weil sie im radikalen Diskurs ein *Phänomen der gesellschaftlichen Krise* erkennen lässt, deren Bewältigung in Bidens Rede zwar angekündigt wird, aber noch lange nicht vollzogen ist.

4. Wladimir Putins Antwort auf amerikanische Anschuldigungen im Fall „Nawalny": Umerzählung

(Что сказал Путин про Навалного и расследование его отравлене [Was Putin zu Nawalny und zur Untersuchung seiner Vergiftung sagte: Fragen von Irina Polubojarinova: 17. 12. 2020.])

Putin und Trump sind Meister der Umerzählung, wobei Putin eine weniger bombastische und viel subtilere Ausdrucksweise pflegt. Ihre Ziele (*Objekt-Aktanten*) sind jedoch vergleichbar: Es gilt, den Schurken in einen Helden zu verwandeln. Als Schurken bezeichnete Präsident Biden seinen russischen Kollegen, als er während eines Interviews die Frage, ob er Putin für einen „Killer" halte, nach kurzem Zögern bejahte.

Im offiziellen Russland, vor allem in Regierungskreisen, löste diese Reaktion Wellen der Empörung aus. Putin selbst trug es mit Fassung, wie der folgende Bericht von Anton Troianovski in der *New York Times* vom 18. März 2021 zeigt: „President Vladimir V. Putin dryly wished President Biden ‚good health' on Thursday after the American leader assented to a description of his Russian counterpart as a ‚killer'."

Dies ist eine elegante Art, sich aus der Affäre zu ziehen, zumal „Gesundheit" in diesem Fall auch Bidens psychische Gesundheit meinen kann. Putin lässt es jedoch nicht bei dieser schlichten Ironie bewenden, sondern geht mit einer eigenen Erzählung in Sachen Nawalny zum Gegenangriff über. Dabei bedient er sich altbewährter sowjetischer Argumentationsmuster, denen er allerdings eine unerwartete humane Wende gibt.

In einem ersten Schritt belastet er Nawalny, indem er ihn als *Widersacher* der Russischen Föderation auftreten lässt, der vom amerikanischen Nachrichtendienst unterstützt wird: „(…) Dies bedeutet, dass der Patient der Berliner Klinik [Nawalny] von der Unterstützung durch den Nachrichtendienst der USA Gebrauch macht. Und wenn dem so ist, dann… ist es aufschlussreich. In dem Fall sind die russischen Nachrichtendienste verpflichtet, auf ihn aufzupassen."[60]

Diese Argumentation ist seit der Prager Slánský-Prozesse bekannt. Artur London wurde beispielsweise vorgeworfen, sich mehrmals mit dem „amerikanischen Agenten" Field getroffen zu haben. Dies ist nach wie vor ein Grund, jemanden nicht aus den Augen zu verlieren, da er als *Helfer* und Beauftragter des *Gegenauftraggebers* USA gleichsam von selbst zum *Widersacher* der Russischen Föderation wird, die Putin als *Subjekt* vertritt.

Statt aber – wie der Prager Richter – über den entlarvten Widersacher die Todesstrafe zu verhängen, lässt Putin seinen Diskurs eine humanitäre Richtung einschlagen, indem er selbst nicht als „Killer", sondern als „Retter" Nawalnys auftritt. Die Tatsache, dass Nawalny als Widersacher überführt wurde, bedeutet keineswegs, dass man ihn vergiften muss: „Aber dies bedeutet nicht, dass er vergiftet werden muss. Wem nützt das? Wenn sie gewollt hätten, hätten sie die Sache zu Ende geführt. Als sich daher seine [Nawalnys] Frau an mich wandte, gab ich sofort den Befehl, ihn zur Behandlung nach Deutschland ausreisen zu lassen. In der selben Sekunde." („[…] я тут же дал команду выпустить его на лечение в Германию.")[61]

In dieser Diskurssequenz verwandelt sich der potenzielle „Killer" in einen „Retter in der Not". Aus dem „Schurken" wird – wie in einem Krimi oder einem psychologischen Roman – unversehens ein „Held". Bidens implizite Erzählung „Killer" wird einfallsreich umerzählt, und es kann der Eindruck entstehen, dass der viel geschmähte Putin „gar nicht so schlecht" sein kann, wie ihn die „westlichen" Medien darstellen. Kurzum, der Stalinismus bekommt ein menschliches Gesicht.

In diesem kurzen Epilog kann es nicht darum gehen, der Wahrheit nachzuforschen. Diese Aufgabe bleibt Nachrichtendiensten, Journalisten, Historikern und anderen Experten über-

---

60 V. Putin, I. Polubojarinova, „Что сказал Путин про Навалного и расследование его отравлене", Interview vom 17. 12. 2020, S. 1.

61 Ibid.

lassen. Hier sollte gezeigt werden, *dass sowohl in theoretischen als auch in ideologischen Diskursen die Wirklichkeit konstruiert wird und dass jeder Konstruktion ein Machtanspruch innewohnt*, weil die Machtfrage stets lautet: *Wer konstruiert die Welt?* Der Diskurs, der sich durchsetzt, weil er für wirklich gehalten wird, trägt den Sieg davon – zumindest eine Zeit lang, bis ihn ein konkurrierender Diskurs verdrängt. – Im letzte Kapitel soll erläutert werden, warum diese sprachliche Situation in den Kultur- und Sozialwissenschaften *nicht akzeptabel* ist.

VIII. Der Machtfaktor in sozialwissenschaftlichen Diskussionen. Wer erzählt wen?

Reisende wissen, wie vorteilhaft es ist, die Landessprache zu sprechen. Man wird verstanden und bekommt bisweilen sogar Komplimente zu hören, auch wenn man schlecht spricht. Willkommen ist der zwischen den Disziplinen Verkehrende, wenn sich herausstellt, dass er „unsere" Sprache spricht: die des Funktionalismus, des Kritischen Rationalismus oder der Systemtheorie. Hingegen wird jemand, der im systemtheoretischen Milieu von „technischem Erkenntnisinteresse" oder gar „Technokratie" spricht, auf Anhieb als Habermas-Anhänger entlarvt und als Sprecher einer nicht-autorisierten Sprache (Bourdieu) stirnrunzelnd verabschiedet.

Diese Sprachverhältnisse, die zugleich Machtverhältnisse sind, machen sich auch in wissenschaftlichen Diskussionen, im Laufe von Tagungen und Kongressen bemerkbar. Weit davon entfernt, frei von Rhetorik, Taktiken und Eitelkeiten zu sein, werden wissenschaftliche Diskurse – vor allem in den Kultur- und Sozialwissenschaften – von Machtansprüchen gesteuert, die eine Aufwertung des Eigenen und eine symmetrische Abwertung des Anderen oder Fremden anstreben. In Diskussionen – sowohl in mündlichen als auch in schriftlichen – läuft solches Streben auf eine Vereinnahmung des andersartigen Diskurses hinaus. Das trostlose Ergebnis ist: dass man die Diskussion zwar mit dem befriedigenden Gefühl verlässt, den Anderen widerlegt zu haben, dabei aber nichts gelernt hat.

Diese Einstellung zum Anderen veranschaulicht ein Kommentar von Ulrich Beck zur Systemtheorie Luhmanns: „Auch die Systemtheorie, die Gesellschaft subjektunabhängig denkt, ist gründlich widerlegt worden (auch wenn *deren* Dogmenverwalter und Organisationsfunktionäre noch nicht abgewickelt und aufs Altenteil geschickt werden)."[1] Unter Anhängern der Systemtheorie bewirkt diese Rhetorik wenig – bestenfalls ein ratlo-

1 U. Beck, *Die Erfindung des Politischen*, Frankfurt, Suhrkamp, 2017 (5. Aufl.), S. 158-159.

ses Achselzucken. Sie hat aber zur Folge, dass das Verb „widerlegen" zu einer Worthülse verkommt, die für ideologische Zwecke eingesetzt wird, um alle missliebigen Ansätze zu verabschieden. Zum Nachdenken lädt eher Luhmanns Bemerkung ein, die „Parsonssche Theorie [sei] selten angemessen begriffen und nie angemessen widerlegt worden".[2] Sie zeigt, dass Widerlegung nicht Sache wohlfeiler Rhetorik ist, sondern mit theoretischen Ansprüchen einhergeht (bzw. einhergehen soll).

Das Hauptanliegen dieses Kapitels kann in wenigen Worten zusammengefasst werden: *Es soll gezeigt werden, wie sich im wissenschaftlichen Bereich Machtansprüche in diskursiven Verfahren niederschlagen und den Erkenntniswert philosophischer und soziologischer Diskussionen mindern.* Im *letzten Abschnitt* ist die Frage zentral, wie der Machtfaktor im wissenschaftlichen Gespräch so weit zurückgedrängt werden könnte, *dass Theorien mit ihren Stärken und Schwächen besser verstanden werden und das Gespräch konkrete Ergebnisse zeitigt.* Es sollte möglich sein, die Erkenntnisse aus den vorangegangenen Kapiteln in praktische Vorschläge für die Wissenschaft überzuleiten.

Dass es sich hier um wissenschaftliche Praxis und nicht um theoretische Abstraktionen handelt, soll im *ersten Abschnitt* deutlich werden, in dem es um die soziolinguistische Situation bei Bewerbungen geht, in der sich im Rahmen eines Soziolekts „alle einig" sind und andersdenkende Bewerberinnen oder Bewerber als fremde Eindringlinge gemaßregelt und abgewiesen werden. Man wird in solchen Fällen an den kanadischen Kollegen aus Quebec erinnert, der ganz fassungslos von einem Vorfall berichtete, bei dem ein Anglo-Kanadier ihm auf eine in französischer Sprache gestellte Frage antwortete: „Speak white!" Nun geht es in wissenschaftlichen Diskussionen wesentlich zivilisierter zu als in einer kanadischen Snackbar, aber die (höflicher formulierte) Forderung, er oder sie möge doch meine oder unsere Sprache sprechen, ist nicht selten zu hören.

Dazu bemerkt Jürgen Habermas in einem seiner Beiträge zum „Positivismusstreit": „Diese Strategie, die den Gegner zwingen soll, die eigene Sprache anzunehmen, ist einige Jahrhunderte alt und seit den Tagen *Bacons* außerordentlich erfolg-

---

2 N. Luhmann, *Die Wissenschaft der Gesellschaft*, Frankfurt, Suhrkamp, 1997, S. 240.

reich.“[3] Wie erfolgreich sie ist, sollte in den Kapiteln V-VII gezeigt werden. Aus der Wissenschaft, in der es um Erkenntnis und nicht um Macht geht, sollte diese Strategie – so weit es möglich ist – verbannt werden.

Denn sinnvolle Diskussion und Kritik sind nur dort möglich, wo die andere Theorie *in ihrer Alterität* verstanden und nicht auf die eigene (vereinfachende) Vorstellung von ihr – d. h. auf eine Karikatur – reduziert wurde. Man denke an Pirandellos Roman *Einer, keiner, hunderttausend*, dessen Held Vitangelo Moscarda gegen die Karikatur ankämpft, die seine Frau Dida von ihm konstruiert: „Aber sie kannte ihren Gengè besser, als ich ihn kannte. Sie hatte ihn sich ja geschaffen!“[4] (Vgl. Kap. V.1.) Dies gilt mutatis mutandis auch für Theorien: Sie werden verzerrt, karikiert und anschließend „widerlegt“.

Im *zweiten Abschnitt* steht der „Positivismusstreit“ (1969) im Mittelpunkt, in dem tatsächlich alle Beteiligten versuchten, die ihnen fremde Sprache ihrem eigenen Diskurs, seiner Semantik und seinem Aktantenmodell zu unterwerfen. Das Ergebnis war enttäuschend. Davon zeugt u. a. Hans Alberts „Kleines verwundertes Nachwort zu einer großen Einleitung“.

Nicht viel ergiebiger verlief die Debatte zwischen Jürgen Habermas und Niklas Luhmann im Jahre 1971, die im *dritten Abschnitt* kommentiert wird. Auch in dieser Auseinandersetzung ging es auf beiden Seiten primär darum, die andere Theorie durch den eigenen Diskurs zu vereinnahmen. Es galt, sie im Lichte der eigenen Rede umzudeuten, statt sie rekonstruierend zu verstehen und sie kritisch und selbstkritisch auf den eigenen Standpunkt zu beziehen, um einen sinnvollen Dialog zu ermöglichen. In einem solchen Dialog könnten nicht nur die Stärken und Schwächen der beteiligten Theorien sichtbar werden; ihre Beschaffenheit und ihre Anliegen würden in den Augen der wissenschaftlichen Öffentlichkeit schärfere Konturen annehmen.

---

3 J. Habermas, „Gegen einen positivistisch halbierten Rationalismus“, in: Th. W. Adorno et al., *Der Positivismusstreit in der deutschen Soziologie*, Darmstadt-Neuwied, Luchterhand (1969), 1972, S. 265.

4 L. Pirandello, *Einer, keiner, hunderttausend*, in: ders., *Die Ausgestoßene. Einer, keiner, hunderttausend. Zwei Romane*, *Gesammelte Werke*, Bd. V (Hrsg. M. Rössner), Berlin, Propyläen, 1998, S. 312.

Dabei könnte auch verdeutlicht werden, inwiefern sie einander *ergänzen*.

Diese Frage wird im *letzten Abschnitt* „Dialogizität als Rekonstruktion von Alterität" erörtert. Dort soll im Zusammenhang mit dem „Positivismusstreit" und der Habermas-Luhmann-Debatte deutlich werden, dass Kritische Theorie und Kritischer Rationalismus, Habermas' Theorie des kommunikativen Handelns und Luhmanns Systemtheorie einander in mancher Hinsicht ergänzen. Ihr komplementärer Charakter wird jedoch unter der Bedingung sichtbar, dass Kritischer Rationalismus nicht auf „Positivismus", Systemtheorie nicht auf „Technokratie" reduziert wird und dass die Kritische Theorie nicht in die Nähe eines wirklichen oder imaginären „Totalitarismus" gerückt wird. Kurzum, es geht auch darum, alle beteiligten Theorien von ihrer Ideologisierung, der sie im Laufe der Diskussionen aus strategischen Gründen unterworfen wurden, zu befreien.

Dies bedeutet keineswegs, dass sie der Kritik, der sie im Laufe der Debatten ausgesetzt wurden, wieder entzogen werden oder dass die Kritik entschärft wird. Die Kritik ist zum Teil gerechtfertigt und wird in vielen Fällen auch bestätigt. Widerlegt wird die strategische Verzerrung, von der Habermas spricht und die darin besteht, den Diskurs des Anderen dem eigenen Diskurs zu unterwerfen und die wissenschaftliche Rede auf diese Art der psychiatrischen, juristischen oder politischen Rhetorik anzugleichen.

Die Kapitel V-VII haben gezeigt, dass diese Art von sprachlicher Unterwerfung sowohl in der Psychiatrie als auch in Gerichtsverfahren und in politischen Reden Erkenntnis verhindert. Gerade in der Wissenschaft und in wissenschaftlichen Diskussionen kommt es darauf an, Machtstrategien, die den Weg der Erkenntnis verlegen und den Zugang zum Faktenwissen erschweren, aufzudecken und zu beseitigen. Wissenschaftliche Debatten (Tagungen, Symposien, Kongresse) können nur dann Ergebnisse zeitigen, wenn *die Alterität der anderen Theorie* wahrgenommen, ihrem Selbstverständnis nach rekonstruiert und produktiv auf den eigenen Diskurs bezogen wird, ohne dass Eklektizismus und Inkohärenz akzeptiert werden. Nur so können alle Beteiligten – gemeinsam mit der wissenschaftlichen Öffentlichkeit – neue Erfahrungen machen.

1. Soziolekte in der Hochschulwissenschaft: „Sprich unsere Sprache!“

Leider ist die institutionalisierte Wissenschaft für neue Erfahrungen nicht immer offen, weil sich hermetische Wissenschaftlergruppen bilden, die von einem *Soziolekt* zusammengehalten werden, der sie in ihrem Glauben bestärkt, die Wahrheit zu besitzen. Dadurch entsteht aus soziologischer Sicht eine *Eigengruppe* (*in-group*), deren Angehörige von ihr „in ihren Wertorientierungen, Anspruchshaltungen, Einstellungen und Verhaltensweisen beeinflusst oder sogar geprägt werden“.[5]

Das Antonym von *Eigengruppe* ist *Fremdgruppe* (*outgroup*), die der kontrastiven Abgrenzung und der kollektiven Identitätsbildung dient: „Mit wachsendem Gefühl der Zusammengehörigkeit (Wir-Bewusstsein, Wir-Gefühl) grenzen sich Angehörige einer E[igengruppe] oftmals umso stärker von außenstehenden Personen und fremden Gruppen (Fremdgruppen) ab.“[6]

Der Beitrag der Textsoziologie zu dieser Gruppentheorie ist der *Soziolekt* als Gruppensprache, die wesentlich zur Gruppensolidarität beiträgt, weil sie für eine gemeinsame Terminologie, Semantik und Syntax sorgt. Dadurch leistet sie auch einen nicht zu unterschätzenden Beitrag zur Bildung *individueller Identitäten.* Diese kommen dadurch zustande, dass innerhalb eines Soziolekts zwar unendlich viele, aber stets lexikalisch, semantisch und syntaktisch *verwandte Diskurse* entstehen können. Indem der einzelne Diskurs als semantisch-narrative Struktur von den im Soziolekt vorgegebenen semantischen Gegensätzen und Unterschieden ausgeht, gibt er dem Denken und Argumentieren eine bestimmte Richtung vor und *konstituiert dadurch Subjektivität.*

Wer im Soziolekt der Systemtheorie sozialisiert wurde, geht von Gegensätzen wie *Differenzierung/Entdifferenzierung, System/Umwelt* oder *Beobachtung erster/Beobachtung zweiter Ordnung* usw. aus. Solange sich ein Gesprächspartner an diese Semantik hält und in ihrem Rahmen argumentiert, wird er als

5 K.-H. Hillmann, *Wörterbuch der Soziologie*, Stuttgart, Kröner, 2007 (5. Aufl.), S. 169.

6 Ibid.

Mitglied der Eigengruppe erkannt und entsprechend behandelt. Sobald er aber diesen Rahmen durchbricht und den semantischen Gegensatz *System/Lebenswelt* zur Sprache bringt, ohne Habermas zu erwähnen, um anzudeuten. dass er dessen Kritische Theorie zitiert oder kritisiert, regt sich Verdacht: Bringt er etwas durcheinander, weil er „unsere Sprache“ nicht beherrscht und sie mit einer anderen verwechselt – oder will er uns kritisch in Frage stellen oder gar provozieren?

In Frage gestellt wird in diesem Fall nicht nur der Soziolekt der Systemtheorie mitsamt seinen Grundgegensätzen (seiner Semantik), sondern auch die sich in ihr konstituierende *Subjektivität*. Denn wenn der Grundgegensatz *System/Umwelt*, der meinen Diskurs bisher gesteuert hat, nicht mehr gilt, ist auch meine (wissenschaftliche) Subjektivität in Gefahr. Möglicherweise habe ich, haben wir bisher falsch gedacht und argumentiert. Es ist nicht jedermanns Sache, sich das einzugestehen, zumal wenn die große Eigengruppe einem den Rücken stärkt.

Es folgt die bohrende Frage an den Gesprächspartner: Du meinst doch sicherlich *System/Umwelt*? Lautet die Antwort: Nein, ich meine *System/Lebenswelt*, folgt eine polemische Reaktion: Aber das ist doch Habermas, den haben wir längst widerlegt – schon Luhmann hat…(Innerhalb der Kritischen Theorie im Sinne von Habermas verläuft alles mit umgekehrten Vorzeichen, aber in gleicher Richtung: Aber das ist doch Luhmann, den haben wir längst widerlegt.)

Im folgenden Text, der von einem anonymen Bewerber stammt und in *Forschung und Lehre* unter dem Motto „Vignetten aus der Berufungspraxis“ veröffentlicht wurde, wird deutlich, dass fremde Diskurse im Soziolekt der Eigengruppe oft unerwünscht sind: Sie könnten den Zusammenhalt der *in-group* sprengen und die Identitäten, die sich innerhalb ihrer Sprache gebildet haben, erschüttern. So viel verunsichernde Reflexivität wird in der Gruppe freilich vermieden. Statt sich reflexiv und selbstkritisch dem Andersdenkenden zu öffnen, wird der Andere diskursiv vereinnahmt, verurteilt und verbannt.

Um den Kontext nicht durch eine Auswahl von Passagen oder Sätzen zu verzerren, wird hier der Beitrag, der unter dem Titel „Fall 9: ‚Wir sind uns doch alle einig‘“ veröffentlicht wurde, integral wiedergegeben:

„*Bewerber*: Als in einigen theoretischen Fragen vom ‚Mainstream' in meinem Fach abweichender Wissenschaftler habe ich in den vergangenen Jahren folgende Erfahrung gemacht: Andersdenken ist für viele kein wissenschaftliches Gütesiegel, sondern wird als Bedrohung empfunden. Diese Haltung wird für den Andersdenkenden dann zum Problem, wenn er sich in die strukturell unterlegene Position des Bewerbers in einem Berufungsverfahren begibt. Kommt es zur Einladung zu einem Probevortrag, so gleicht diese Zusammenkunft nicht selten einem Tribunal, in dem allein die Verteilung der bestehenden Machtverhältnisse dazu führt, dass der Bewerber entweder als gescholtener Schuljunge oder – im Fall des Zurwehrsetzens – als Querulant und insgesamt unangenehmer Zeitgenosse vom Platz geht. Zu gewinnen gibt es da nichts. Als Ausdruck meiner Unzulänglichkeit wurde mir regelmäßig entgegengehalten, dass mir die ‚Anpassungsfähigkeit' fehle (verstanden als Anpassungsfähigkeit an die von den hiesigen Kollegen vertretenen Auffassungen). Und: Wenn auch sonst die Studierenden und ihre Bedürfnisse in Berufungsverfahren zumeist eine allenfalls nachgeordnete Rolle spielen, dienen sie nun als Pfeilspitze der Kritik: Meine ‚kruden' Thesen dürfen erst gar nicht an die Ohren der Jugend herangetragen werden. Sie könnte am Ende verwirrt werden – da belassen wir doch lieber alles beim Alten, nicht wahr?"[7]

In diesem Text sind in dem hier entworfenen Zusammenhang folgende Aspekte von Bedeutung: 1. Andersheit als Abweichung vom „Mainstream"; 2. Bedrohung der Eigengruppe durch das Fremde; 3. Machtverhältnisse; 4. fehlende Anpassungsfähigkeit an den Soziolekt der Eigengruppe; 5. Studierende als potenzielle Adressaten, die Schaden nehmen könnten.

In narrativer oder argumentativer Form könnten diese fünf Punkte wie folgt aufeinander bezogen werden: Die Abweichung oder Andersheit wird nicht als Anregung oder Innovation aufgenommen, sondern als Bedrohung der Eigengruppe und ihres Soziolekts durch das Fremde (durch eine fremde Sprache) erfahren. Im Anschluss daran werden Machtmechanismen in Gang gesetzt (polemische Fragen, Kritiken, Widerlegungsversuche), die den Bewerber isolieren, ausgrenzen. Seine „fehlende Anpas-

7 *Forschung und Lehre* 1/21, S. 26.

sungsfähigkeit" schließt die Aufnahme in die Eigengruppe aus. Um die Verallgemeinerungsfähigkeit der in der Eigengruppe herrschenden Ansichten (Diskurse) nachzuweisen, werden die Studierenden als potenzielle Adressaten und Zeugen angerufen, die unter dem befremdenden Diskurs des Bewerbers leiden könnten.

So wird ein rudimentäres Aktantemodell konstruiert, mit dessen Hilfe die Eigengruppe als *Kollektivsubjekt* ein *Erzählprogramm* durchsetzt, in dem der fremde Bewerber als *Antisubjekt* daran gehindert werden muss, die Studierenden (*Adressaten* und *Helfer*) durch seine bedrohliche Andersheit als *negative Modalität* des „Wissens", „Könnens" und „Wollens" zu „verwirren".

Freilich muss berücksichtigt werden, dass hier der Diskurs der Berufungskommission als Eigengruppe von einem *kritischen Bewerber* wiedergegeben wird – und nicht etwa vom Vorsitzenden der Berufungskommission, der möglicherweise weder von „Bedrohung" noch von „Machtausübung", sondern schlicht von „unausgegorenen Ideen" sprechen würde. Die hier durchgeführte Analyse ging von der (unvermeidlichen) Annahme aus, dass der Bewerber die sprachliche Situation korrekt wiedergibt – wenn auch aus seiner Sicht. Im Prinzip gilt jedoch die Regel, dass sich jede Diskursanalyse an das Original des ursprünglichen Aussagesubjekts zu halten hat und nicht Berichte aus zweiter Hand verwenden soll. (Dies war hier nicht zu vermeiden.) Sie soll auch nicht Übersetzungen verwenden. Daher wurden im vorigen Kapitel die kommentierten Textpassagen aus den Reden Obamas, Trumps und Bidens im Original wiedergegeben.

Dennoch ist die vom „Bewerber" veröffentlichte Beschreibung lehrreich, weil sie zeigt, dass in vielen Situationen, in denen Machtgefälle herrschen, das Eigene dem Anderen oder Fremden vorgezogen wird. Dies gilt nicht nur für die sprachlichen Situationen in den Romanen Pirandellos und Camus', sondern auch für das Prager Gerichtsverfahren, in dem alles Fremde (z. B. die internationalen Brigaden) als bedrohlich dargestellt wurde, sowie für Trumps Brandrede, in der die Migranten an der mexikanischen Grenze als akute Bedrohung erschienen.

Im folgenden Abschnitt soll gezeigt werden, dass die Allergie gegen das Andersartige auch in wissenschaftlichen Diskussionen zu Verzerrungen, Missverständnissen und Ideologisierungen führt, die ein besseres Verstehen der Theorien verhindern. Immer wieder wird versucht, den „Gegner" zu zwingen, „die eigene Sprache anzunehmen" (Habermas: s. o.) – wenn auch nicht mit der vulgären Aufforderung: „Speak white!"

2. Der „Positivismusstreit" als Konflikt der Diskurse

Der Titel des 1969 erschienen, von Theodor W. Adorno herausgegebenen Sammelbandes *Der Positivismusstreit in der deutschen Soziologie* ist nicht dazu angetan, die Positionen der Kontrahenten *ihrem Selbstverständnis entsprechend* zu beschreiben. Im Laufe der Debatten erhebt Karl R. Popper zu Recht Einspruch gegen die Bezeichnung „Positivismus" oder „Neopositivismus" für die von ihm und Hans Albert vertretene Denkrichtung des Kritischen Rationalismus. Ein Hinweis auf seinen kurzen Artikel „Der logische Positivismus ist tot: Wer ist der Täter?" („Ich fürchte, daß ich mich als Täter bekennen muß": S. 121) ist explizit genug. Der einleitende Satz dieses Artikels lautet: „Die Geschichte der Entstehung meines Buchs *Logik der Forschung*, das Ende 1934 erschien, erklärt, warum es zum Teil als eine *Kritik des Positivismus* geschrieben wurde."[8]

Tatsächlich wendet sich Popper in diesem Buch gegen den Wiener Logischen Positivismus, indem er zu zeigen versucht, dass das von dieser Denkrichtung befürwortete Prinzip der Verifizierung von Theorien unbefriedigend ist. Es sollte durch das negative Prinzip der Falsifizierung – der kritischen Überprüfung als Widerlegungsversuch – ersetzt werden. Aus diesem Grunde bezeichnet er seinen eigenen Ansatz nicht als „positivistisch", sondern als „kritisch-rationalistisch" oder „kritizistisch". Auch Hans Albert, der sich Poppers Grundgedanken zu eigen macht, spricht vom „Kritischen Rationalismus" oder „Kritizismus".[9]

---

8 K. R. Popper, „Der logische Positivismus ist tot: Wer ist der Täter?", in: ders., *Ausgangspunkte. Meine intellektuelle Entwicklung*, Hamburg, Hoffman und Campe, 1979, S. 120.

9 Vgl. H. Albert, *Traktat über kritische Vernunft*, Tübingen, Mohr-Siebeck, 1980, S. 183: „Nachwort. Der Kritizismus und seine Kritiker".

So ist es zu erklären, dass er in einem seiner Beiträge zum *Positivismusstreit* bemerkt: „Es läßt sich nämlich nicht leugnen, daß der kritische Rationalismus Poppers, der ja gerade in Reaktion auf den logischen Positivismus der 30er Jahre entwickelt wurde, keine prinzipiellen Grenzen der rationalen Diskussion anerkennt und daher Probleme in Angriff nehmen kann, die ein enger verstandener Positivismus nicht zu diskutieren pflegt."[10]

Angesichts dieser Klärungen seitens der kritischen Rationalisten Popper und Albert ist die Bezeichnung „Positivismus" für ihre theoretische Position eine nicht akzeptable Verzerrung, die sie zu Recht beanstanden. Ihre Einsprüche erinnern an die Versuche Vitangelo Moscardas, die Etikettierungen „Wucherer" und „Verrückter" loszuwerden (vgl. Kap. V.1). Der Vergleich ist keineswegs abwegig, weil auch das Schlagwort „Positivist" im Laufe der internationalen Debatten mit negativen Konnotationen (Empirismus, Faktenhuberei, Fantasielosigkeit) befrachtet wurde und zu einem *Stigma* verkam.

Im fünften Kapitel hat sich gezeigt, wie sehr negative Konnotationen und Stigmatisierungen einen Akteur schwächen und ihm im Aktantenmodell eine negative Funktion zuweisen. Ausgehend vom Titel des Sammelbandes, kommen bei den Vertretern der Kritischen Theorie (Adorno, Habermas) Diskurse zustande, in denen der „Positivismus" als *Antisubjekt* im Auftrag des „Kapitalismus" (des *Gegenauftraggebers* der Kritischen Theorie) handelt, weil er der negativ konnotierten *Modalität* „instrumentelle Vernunft" (Horkheimer) oder „technisches Erkenntnisinteresse" (Habermas) folgt. Dadurch behindert er die von der „Demokratie" in Auftrag gegebene „Emanzipation" (*Objekt-Aktant* der Kritischen Theorie). (Die hier verwendete Terminologie bezieht sich auf die Zeit des *Positivismusstreits*, nicht auf Habermas' spätere Arbeiten.)

In seiner Kritik des Kritischen Rationalismus beanstandet Habermas zunächst die von Max Weber, Popper und Albert ge-

10 H. Albert, *Konstruktion und Kritik. Aufsätze zur Philosophie des kritischen Rationalismus*, Hamburg, Hoffmann und Campe, 1975 (2. Aufl.), S. 297.

forderte „Trennung von Erkennen und Werten“[11] (Webers Postulat der „Werturteilsfreiheit“ als Trennung von „Ist“- und „Soll-Urteilen“). Er gibt zu bedenken, dass diese Trennung auf eine Reduktion des wissenschaftlichen Denkens auf rein „technisches Erkenntnisinteresse“ hinausläuft, das als zweckrationales ausschließlich den Nexus von Mittel und Zweck in den Blick nimmt. Dabei blendet es die entscheidende Frage nach der Vernunft oder Unvernunft der Wert- und Zielsetzungen aus.

Diese Frage steht im Mittelpunkt von Habermas’ Buch *Erkenntnis und Interesse* (1968), das aus der Zeit des *Positivismusstreits* (1969) stammt. Das Kernargument dieses Buches fasst Habermas in *Technik und Wissenschaft als „Ideologie“* (1968) zusammen: „In den Ansatz der empirisch-analytischen Wissenschaften geht ein *technisches*, in den Ansatz der historisch-hermeneutischen Wissenschaften ein *praktisches* und in den Ansatz kritisch orientierter Wissenschaften jenes *emanzipatorische* Erkenntnisinteresse ein, das schon den traditionellen Theorien uneingestanden (...) zugrunde lag.“[12]

Indem Habermas den kritischen Rationalisten vorwirft, wissenschaftliche Theorie auf ein *technisches Erkenntnisinteresse* einzuengen, weist er ihnen im Aktantenmodell der Kritischen Theorie die Funktion von *Antisubjekten* zu. Sie agieren im Auftrag des „Kapitalismus“, weil sie im Rahmen ihrer Ideologiekritik alle Theorien, die nach zwischenmenschlicher Verständigung und nach Emanzipation (vom Kapitalismus) fragen, disqualifizieren: „Ideologiekritik in den Händen der Positivisten hat ja wohl diesen Zweck. Sie beschäftigt sich damit, das praktische Bewußtsein sozialer Gruppen von jenen Theorien zu reinigen, die sich nicht auf technisch verwertbares Wissen zurückführen lassen und gleichwohl einen theoretischen Anspruch behaupten.“[13]

---

11 J. Habermas, „Analytische Wissenschaftstheorie und Dialektik. Ein Nachtrag zur Kontroverse zwischen Popper und Adorno“, in: Th. W. Adorno et al., *Der Positivismusstreit*, op. cit., S. 171.

12 J. Habermas, *Technik und Wissenschaft als „Ideologie“*, Frankfurt, Suhrkamp, 1974 (7. Aufl.), S. 155.

13 J. Habermas, „Gegen einen positivistisch halbierten Rationalismus“, in: Th. W. Adorno et al., *Der Positivismusstreit*, op. cit., S. 262.

Diese Einschätzung ist nur teilweise richtig, weil Popper und Albert nicht nur Auguste Comtes szientistische Ausrichtung auf Tatsachen und die Naturwissenschaften[14] übernehmen, sondern sich in ihrem Plädoyer für kritische Überprüfung von Theorien auch für *Offenheit, Dialogizität* und die *Möglichkeit von Erfahrung* einsetzen, die sie mit Adorno verbindet (vgl. Abschn. 4). Indem Habermas den Kritischen Rationalismus Comtes Positivismus angleicht und sein kritisch-emanzipatorisches Potenzial ausklammert, kann er ihn in eine Erzählung einspannen, in der er vorwiegend als *Beauftragter* des „Kapitalismus" erscheint, so dass alle seine Argumente auf der negativ konnotierten *semantischen Isotopie* „Kapitalismus" gelesen werden. So unterwirft er ihn einem verzerrenden diskursiven Machtmechnismus. Im vierten Abschnitt soll hier versucht werden, das kritische Moment in Poppers und Alberts Denken hervortreten zu lassen, das dieses Denken mit der Kritischen Theorie verbindet.

Leider ist die Darstellung der Kritischen Theorie in den Diskursen des Kritischen Rationalismus auch nicht dazu angetan, eine rationale Verständigung zu fördern, die dem *Selbstverständnis des Anderen*, dem fremden Selbstverständnis, Rechnung trägt. In Hans Alberts Antworten auf Adorno und Habermas wird die Kritische Theorie im Rahmen der soziolinguistischen Situation der späten 1960er Jahre als „Marxismus" dem marxistisch-leninistischen Totalitarismus angenähert, und ihre Argumente werden auf die *Isotopie* „Totalitarismus" projiziert. Albert wirft der Kritischen Theorie vor, „Wissenschaft als Anklage statt als Analyse"[15] aufzufassen und rückt in seinem Beitrag zum *Positivismusstreit* „Der Mythos der totalen Vernunft" das dialektische Denken in die Nähe totalitärer Regime: „Zwischen der Tatsache, daß dialektische Deutungsversuche der Realität im Gegensatz zu dem von Habermas kritisierten ‚Positivismus' in totalitären Gesellschaften häufig nicht unbeliebt sind,

14 Zu Comtes Szientismus vgl. A. Kremer Marietti, *L'Anthropologie positiviste d'Auguste Comte. Entre le signe et l'histoire*, Paris, L'Harmattan, 1999, S. 18 sowie P. V. Zima, *Soziologische Theoriebildung. Ein Handbuch auf dialogischer Basis*, Tübingen, Narr-Francke-Attempto (UTB), 2020, S. 157-158.

15 H. Albert, *Konstruktion und Kritik*, op. cit., S. 376.

und der Eigenart des dialektischen Denkens scheint mir eine enge Beziehung zu bestehen.“[16]

Die Kritik, die in diesem Satz zum Ausdruck kommt, ist aus zweierlei Gründen problematisch: Eine Theorie sollte nicht aufgrund ihrer Rezeption in bestimmten Gesellschaften unter Verdacht gestellt werden: in diesem Fall, weil sie „in totalitären Gesellschaften häufig nicht unbeliebt“ sei. Auf diese Art könnte man versuchen, Karl R. Poppers Kritischen Rationalismus mit dem Hinweis auf seine starke Wirkung im „Westen“ und vor allem in Großbritannien zu diskreditieren, wo er als Sir Karl R. Popper geadelt wurde. Symmetrisch dazu könnten Marx und der Marxismus durch Hinweise auf ihre Bedeutung für den sowjetischen Marxismus-Leninismus in Frage gestellt werden. Eine Theorie kann nicht im Hinblick auf ihre (oft verzerrende) Rezeption widerlegt werden. Es kommt hinzu, dass Albert keinen einzigen Beleg für die „Beliebtheit“ der Kritischen Theorie (nicht: des Marxismus) in totalitären Staaten anführt. Es scheint umgekehrt so zu sein, dass die Kritische Theorie im früheren Ostblock eher auf Misstrauen und Ablehnung stieß als empirische Methoden der Sozialforschung, die sich als fungible Instrumente der Quantifizierung allerorten als nützlich erweisen können.[17]

Analog zu Habermas’ dualistischem Aktantenmodell, in dem der „Positivismus“ als vom Kapitalismus („Macht“ und „Geld“) beauftragtes *Antisubjekt* der „Emanzipation“ (*Objekt-Aktant*) als „demokratischer Verständigung“ im Wege steht, entwirft Albert ein Aktantenmodell, in dem ein „liberaler Individualismus“ im Namen der „Freiheit“ dem „Totalitarismus“ und seinen (theologischen) Ansprüchen auf „totale Vernunft“ opponiert.

Diese dualistische Struktur als Aktantenschema kristallisiert sich in der folgenden Textpassage heraus: „Vor allem das totalitäre Denken aller Schattierungen hat aus dieser Entwicklung seinen Nutzen gezogen. Liberales Denken dagegen und die Ideale

---

16 H. Albert, „Der Mythos der totalen Vernunft. Dialektische Ansprüche im Lichte undialektischer Kritik“, in: Th. W. Adorno et al., *Der Positivismusstreit*, op. cit., S. 223-224.

17 Vgl. J. Lieber, *Philosophie – Soziologie – Gesellschaft. Gesammelte Studien zum Ideologieproblem*, Berlin, de Gruyter, 1965, S. 210.

und Institutionen, die aus ihm hervorgegangen sind, liegen seit langem unter Beschuß, weil sie die quasi-theologischen Ansprüche und Zumutungen von dieser Seite her nicht honorieren können."[18]

Der als relevant zugrunde gelegte semantische Gegensatz *Liberalismus/Totalitarismus* und die ihm entsprechenden Isotopien strukturieren Alberts gesamten Diskurs, in dem die Kritische Theorie Adornos und Habermas' im Rahmen des Aktantenmodells mit „Totalitarismus" und mit „quasi-theologischen Ansprüchen" assoziiert wird. So kommt es auf der *Ebene der Konnotationen* zur *Stigmatisierung* einer Theorie, die vor allem bei Adorno nach Offenheit, der Ermöglichung von Erfahrung und der Anerkennung von Alterität strebt. Im Rahmen des von Albert konstruierten dualistischen Schemas wird dieser Aspekt der Kritischen Theorie unkenntlich gemacht.[19]

Auch Habermas, der sporadisch die Notwendigkeit betont, den Gesamtzusammenhang in den Blick zu nehmen, hat diese Eingliederung in ein dualistisches Aktantenschema nicht verdient. Denn sein Argument lautet, dass sich Theoriebildung nicht bei der Frage bescheiden darf, mit welchen Mitteln bestimmte Ziele oder Zwecke zu erreichen sind, sondern auch nach der Vernunft oder Unvernunft der *Zwecke* zu fragen hat.

Im Übrigen hätte die Diskussion auch zu der Frage führen sollen, inwiefern sich der von Hegel geerbte Totalitätsbegriff mit dem der Strukturalisten – von Saussure über Martinet bis Hjelmslev – überschneidet. Denn Saussure, der zu Recht die Meinung vertritt, man könne die Einzelelemente und Funktionen eines Sprachsystems nur im *Gesamtzusammenhang* verstehen, hat nichts mit Hegel, Marx oder einer Variante des politischen Totalitarismus zu tun.

Im Anschluss an Saussure könnten Sozialwissenschaftler versuchen, die Funktion einer politischen Partei im gesellschaftlich-politischen Gesamtkontext zu bestimmen, um beispielsweise zu zeigen, wie eine neu gegründete Partei den ideologisch

---

18 H. Albert, *Konstruktion und Kritik*, op. cit., S. 376.

19 Vgl. P. V. Zima, *Essay/Essayismus. Zum theoretischen Potenzial des Essays: Von Montaigne bis zur Postmoderne*, Würzburg, Königshausen und Neumann, 2012, Kap. VI: „Der Essay als Theorie und Utopie: Von Lukács zu Adorno".

benachbarten Parteien Stimmen wegnimmt, so wie ein Neologismus – etwa *Marketing* – an der semantischen Substanz benachbarter Wörter wie *Markt* und *Vermarktung* zehrt. Der Gedanke, dass ein Einzelphänomen – etwa eine bestimmte Universität – nur im Gesamtkontext von Geografie (Einzugsbereich), Wissenschaft, Erziehung und Politik konkret zu verstehen ist, ist den heterogenen Soziolekten des Strukturalismus und der Dialektik gemeinsam – und hat nichts mit „Totalitarismus" zu tun.

Indem Habermas und Albert versuchen, in ihren Diskursen die gegnerische Position mit Hilfe negativer Konnotationen auf „Kapitalismus" bzw. „Totalitarismus" festzulegen, blockieren sie den Dialog und verlegen den Weg zur Erkenntnis mit *dualistischen Ideologemen.* So ist es zu erklären, dass im „Positivismusstreit" zwei manichäisch strukturierte Diskurse aufeinandertreffen, die eine Verständigung ihrer Aussagesubjekte unmöglich machen, weil sie sich primär von Machtansprüchen und nicht vom Streben nach *Erkenntnis mit Hilfe des Anderen* leiten lassen.

Im letzten Abschnitt dieses Kapitels wird sich zeigen, dass Liberalismus und Individualismus Ausgangspunkte sowohl der Kritischen Theorie als auch des Kritischen Rationalismus sind und bewirken, dass sich diese beiden Theorien trotz ihrer unübersehbaren Differenzen in wesentlichen Punkten – individuelle Autonomie, Offenheit und Erfahrung – überschneiden.

3. Die Habermas-Luhmann-Debatte: Demokratisierung vs. Systemdifferenzierung

Habermas' Aktantenmodell, das seinem Diskurs zugrunde liegt, wurde im vorigen Abschnitt im Zusammenhang mit dem „Positivismusstreit" bereits skizziert. Im Rahmen des Gegensatzes von „Demokratie" (*Auftraggeberin*) und „Kapitalismus" (*Gegenauftraggeber*) tritt der „Positivismus" als vom *Gegenauftraggeber* „Kapitalismus" beauftragtes *Antisubjekt* auf, das mit der *Modalität* „technisches Erkenntnisinteresse" ausgestattet ist und sowohl die Kommunikation sich verständigender Subjekte als auch die aus ihr hervorgehende „Emanzipation" (*Objekt-Aktant*) behindert.

In dieser Erzählung, die seinem frühen Denken zugrunde liegt, rekonstruiert Habermas auch Luhmanns Diskurs der späten 60er Jahre in der Debatte mit Luhmann, die 1971 unter dem Titel *Theorie der Gesellschaft oder Sozialtechnologie – Was leistet die Systemforschung?* veröffentlicht wurde.

Diese Rekonstruktion zeichnet sich in der folgenden Passage aus Habermas' Beitrag zur Debatte ab. Wie der Kritische Rationalismus wird Luhmanns Systemtheorie auf „technisches Erkenntnisinteresse" festgelegt, das die Kernmodalität eines „technokratischen Bewusstseins" bildet: „Dafür bietet nun Luhmann eine Systemtheorie der Gesellschaft an; diese Theorie stellt sozusagen die Hochform eines technokratischen Bewußtseins dar, das heute praktische Fragen als technische von vornherein zu definieren und damit öffentlicher und ungezwungener Diskussion zu entziehen gestattet."[20] Wie den kritischen Rationalisten hält Habermas auch Luhmann vor, er wolle rationale, zwanglose Diskussion praktischer Fragen unter vernunftbegabten Individuen durch „sozialtechnologisch gerichtete Analyse"[21] auf Expertenebene ersetzen und dadurch „Demokratisierungstendenzen" (d. h. der „Emanzipation") im Kapitalismus einen Riegel vorschieben.

Habermas wirft Luhmann vor, dass er die schon von Marx aufgeworfenen Fragen der sozialen Ungleichheit, der Unterdrückung oder der Ausbeutung demokratischer Diskussion entzieht, indem er sie auf ökonomisch-technische Fragen der Besoldung und der systemischen (Re-)Organisation reduziert. Dadurch werden praktische Probleme, die nur mit Hilfe der praktischen und letztlich auf Emanzipation zielenden Erkenntnisinteressen zu lösen sind, der Verantwortung der Betroffenen (der Arbeiter, Angestellten) entzogen und den im Namen des Kapitalismus agierenden „Technokraten" als Antisubjekten überantwortet.

Anders ausgedrückt: Praktische und emanzipatorische Erkenntnisinteressen werden in technische verwandelt. Dadurch tritt eine den Kapitalismus stabilisierende und perpetuierende

---

20 J. Habermas, „Theorie der Gesellschaft oder Sozialtechnologie? Eine Auseinandersetzung mit Niklas Luhmann", in: J. Habermas, N. Luhmann, *Theorie der Gesellschaft oder Sozialtechnologie – Was leistet die Systemforschung?*, Frankfurt, Suhrkamp (1971), 1982, S. 145.

21 Ibid., S. 144.

Modalität (technisches „Sein“, „Wissen“ und „Können“) an die Stelle der praktischen, gesellschaftsverändernden Modalität, die im Auftrag der „Demokratie“ über das Bestehende hinausweist. Letztlich lautet Habermas’ Frage: Demokratisierung durch rationale Kommunikation oder technokratische Verwaltung des Kapitalismus?

Im Rahmen dieses semantischen Gegensatzes *Demokratisierung/Technokratie* bewegt sich Habermas’ Diskurs und gipfelt in der Rückführung von Luhmanns Systemtheorie auf „Herrschaft“ und „Technokratie“. Zum Programm der frühen Systemtheorie, Weltkomplexität zu reduzieren, bemerkt Habermas: „Hinter dem Versuch, Reduktion von Weltkomplexität als obersten Bezugspunkt des sozialwissenschaftlichen Funktionalismus zu rechtfertigen, verbirgt sich die uneingeschränkte Verpflichtung der Theorie auf herrschaftskonforme Fragestellungen, auf die Apologie des Bestehenden um seiner Bestandserhaltung willen.“ Im Zusammenhang mit der Funktion von Luhmanns Theorie fügt Habermas hinzu: „Damit wird sie für den technokratischen Gebrauch reserviert. Revolutionärer Mißbrauch wird ausgeschlossen.“[22]

Was ist auf diskursiver Ebene geschehen? Auf dieser Ebene wurde Luhmanns Systemtheorie in das von Habermas entworfene Erzählschema „vom technokratisch verwalteten Kapitalismus zur demokratischen Emanzipation“ eingeschlossen, in dem sie zur „Sozialtechnologie“ (vgl. Titel) zusammenschrumpft und ihr theoretisches Potenzial nicht entfalten kann. Im letzten Abschnitt soll gezeigt werden, dass sie durchaus ein kritisches Potenzial birgt, sofern man bereit ist, sie im Sinne von Luhmann als Theorie sozialer Differenzierung weiter zu denken und mit Luhmann zu fragen, was geschieht, wenn die sozialen Teilsysteme (Wirtschaft, Politik, Wissenschaft) immer autonomer, immer unabhängiger voneinander und von der Gesellschaft als ganzer werden.

Dass die Systemtheorie nicht restlos in dem von Habermas konzipierten Erzählschema aufgeht, ist schon Luhmann selbst während der Debatte aufgefallen. Ohne das Wort Macht zu erwähnen, geht er auf die Machtansprüche im theoretischen Bereich ein, wenn er die Frage, *wer wen umfasst*, aufwirft – die

22 Ibid., S. 170.

Machtfrage *par excellence*, die in diesem Fall die Darstellung der sozialen Evolution betrifft: „Es geht vielmehr um die Frage, wessen Evolutionskonzept das umfassendere ist. Habermas konzediert der systemtheoretischen Evolutionstheorie einen Platz in seinem von Marx abgeleiteten Konzept, das außerdem noch Raum für die akkumulative Entfaltung der Produktivkräfte und für eine emanzipatorische Veränderung der Institutionen zwischenmenschlicher Emanzipation biete. Für mich liegen diese Problembereiche, wenngleich nicht mit all den Konnotationen, die Habermas ihnen beilegt, innerhalb meiner Evolutionstheorie.“[23]

Mit diesen Sätzen geht Luhmann zum entscheidenden Gegenangriff über: Er lässt es nicht bei der Vereinnahmung seiner Theorie durch Habermas' Emanzipationserzählung bewenden, sondern behauptet eine Umzingelung des gegnerischen Ansatzes durch seine weiter ausholende Systematik. Es lohnt sich, seinen Text näher zu betrachten. Für Luhmann lautet die strategische Frage: Wer umfasst wen? Diese Frage entscheidet er für sich: Während Habermas meint, er habe die „systematische Evolutionstheorie“ (narrativ) eingeschlossen und ihr „einen Platz“ in seinem „Konzept konzediert“, weist Luhmann auf einen durch mangelhafte Aufklärung verursachten strategischen Irrtum hin, der darin besteht, dass Habermas gar nicht weiß, dass alle seine Theoreme („Problembereiche“) von Luhmanns „Evolutionstheorie“ längst eingeschlossen wurden.

Auch ohne strategischen Jargon sollten die Machtansprüche beider Theorien klar zutage treten: Sowohl Habermas als auch Luhmann erheben den Anspruch, die konkurrierende Theorie dem eigenen Diskurs einverleiben zu können. Dieser Diskurs soll alles erklären können, was der gegnerische Diskurs erklärt – und noch viel mehr.

Die Machtfrage „Wer umfasst wen?“ ist letztlich eine Frage der *Relevanzkriterien*, von denen ein Diskurs als Erzählung ausgeht. Geht er von dem für Marx relevanten Gegensatz *Arbeit/Kapital* aus, erzählt er die gesellschaftliche Entwicklungen ganz anders als etwa Ferdinand Tönnies, der vom Gegensatz *Ge-*

23 N. Luhmann, „Systemtheoretische Argumentationen. Eine Entgegnung auf Jürgen Habermas“, in: J. Habermas, N. Luhmann, *Theorie der Gesellschaft*, op. cit., S. 376.

meinschaft/Gesellschaft ausgeht, oder ein feministischer Diskurs, der den Gegensatz *männlich/weiblich* für relevant erklärt. Auch bei Luhmann mündet die Machtfrage schließlich in einen *Kampf um die Relevanz*: „Die Konzeptualisierung dieses Verhältnisses von System und Welt als Verhältnis von System und Umwelt schiebt sich daher, in meiner Sicht, an die Stelle der Praxis/Technik-Dichotomie, von der Habermas ausgeht.“[24]

„Schiebt sich daher, in meiner Sicht“: Auch diese Metaphorik zeugt vom Willen des Systemtheoretikers, den Diskurs des Anderen zu umfassen, den eigenen Relevanzkriterien und Isotopiesystemen zu unterwerfen. Praktische Vernunft und praktisches Erkenntnisinteresse als Interesse an rationaler, herrschaftsfreier Verständigung innerhalb der Lebenswelt werden der *Ausdifferenzierung sozialer Systeme* untergeordnet. Symptomatisch für diesen Unterordnungsversuch ist Luhmanns Gedanke, dass die Diskussion (der „Diskurs“ als klärendes Gespräch im Sinne von Habermas) selbst *ein System* ist. Luhmann spricht von der „Diskussion als soziales System“[25] und verwandelt dadurch abermals ein Kernelement von Habermas’ verständigungsorientierter Theorie in ein Element der Systemtheorie. Semiotisch ausgedrückt: Während Habermas alle Erscheinungen auf der *Isotopieebene* „Verständigung“ liest, liest Luhmann sie auf der semantischen Ebene „System“.

Ausgehend von dem für ihn relevanten Gegensatz *System/Umwelt*, konstruiert er eine Theorie, in der die Differenzierung zur treibenden Kraft moderner Gesellschaften wird. Sie erscheint im Diskurs (in Luhmanns Erzählung) als *Auftraggeberin* der sozialen Teilsysteme (*Subjekte*), deren Aufgabe es ist, sich mit Hilfe der *Modalität* „Autopoiesis“ (Selbsterzeugung aus eigenen Elementen) immer weiter zu differenzieren und das Ziel oder den *Objekt-Aktanten* „ausdifferenzierte Gesellschaft“ (später: „Weltgesellschaft“) anzusteuern. In diesem Diskurs erscheint – wie schon bei Parsons[26] – „Entdifferenzierung“ (als

24 Ibid., S. 297.

25 Ibid., S. 328.

26 Vgl. T. Parsons, *Das System moderner Gesellschaften*, Weinheim-München, Juventa, 1985, S. 49 sowie P. V. Zima, *Soziologische Theoriebildung*, op. cit., S. 505.

Heteronomie oder intersystemische Interferenz) als *Gegenauftraggeberin.*

Im letzten Abschnitt wird sich zeigen, dass diese Darstellung der sozialen Evolution keineswegs auf „technisches Erkenntnisinteresse“ oder gar auf das Schlagwort „Technokratie“ reduziert werden kann. Im Gegenteil: Sie enthält ein beachtliches kritisches Potenzial. Dennoch macht sie sich selbst durch die Monopolstellung des Systembegriffs blind für Erscheinungen wie Herrschaftsverhältnisse, Ungleichheiten, Klassenkämpfe, Subjektivierungen und Ausgrenzungen (Stigmatisierungen), die im Rahmen anderer Diskurse beobachtet und analysiert werden. Auch sie gehören zu den Triebfedern der sozialen Evolution.

Luhmann macht es sich zu leicht, wenn er nach der umfassenden Vereinnahmung von Habermas’ Diskurs dessen Terminologie kurzerhand zusammenstreicht, so dass von Habermas’ *Alternative zur Systemtheorie* nichts mehr übrig bleibt. Wieder dient ihm Systemtheorie als einzig möglicher Maßstab: „Die Systemtheorie hat sich von Vernunft und von Herrschaft emanzipiert. Für sie ist Vernunft kein Kriterium und Herrschaftsfreiheit eine schlichte Selbstverständlichkeit des Denkens, die weder postuliert noch idealisiert werden muß. Vernunft und Herrschaft sind für sie weder im Sinne der alteuropäischen Lehrtradition kongruent gesetzte, noch im Sinne der dagegen reagierenden Aufklärungstradition kontradiktorische Begriffe; sie sind überhaupt keine brauchbaren Begriffe mehr.“[27]

Das ist leichter behauptet als bewiesen: denn in diesen Zeilen werden nicht nur Habermas’ Arbeiten, in denen die Begriffe „Vernunft“ und „Herrschaft“ zentral sind, für nichtig erklärt. Auch Adornos und Horkheimers *Dialektik der Aufklärung*, auf der Habermas’ Denken teilweise gründet, wird gegenstandslos.

Indessen wir jedem luzide Lesenden klar, dass gerade Luhmanns Ausführungen zeigen, warum „Herrschaftsfreiheit“ noch lange keine „Selbstverständlichkeit“ ist: Indem Luhmann die Kernbegriffe einer konkurrierende Theorie für unbrauchbar erklärt, nachdem er sie von allen Seiten terminologisch umzingelt

27 N. Luhmann, „Systemtheoretische Argumentationen“, in: J. Habermas, N. Luhmann, *Theorie der Gesellschaft*, op. cit., S. 401.

hat, setzt er seine Systemtheorie als unumschränkte Herrscherin im Bereich soziologischer Theoriebildung ein.

Dass er dieses strategische Ziel von Anbeginn verfolgte, lässt bereits die Einleitung zu seinem Beitrag erkennen: „Ich verwende die Optik der Systemtheorie auch in diesem Versuch, bleibe also in dem von mir artikulierten Denkzusammenhang.“[28] Indessen käme es gerade darauf an, aus diesem „Denkzusammenhang“ herauszutreten, um versuchsweise die „Optik“ der anderen, der fremden Theorie zu testen und *sie in ihrem Selbstverständnis auf die eigene Theorie zu beziehen.*

Diese Vorgehensweise setzt freilich voraus, dass die Kernbegriffe der anderen Theorie – wenigstens *for argument's sake* – begriffen und anerkannt werden, damit die Wirklichkeit und die eigene Position im fremden Licht erscheinen („verfremdet werden“, würden die Formalisten sagen), so dass eine selbstkritische Reflexion ermöglicht wird. Dies ist das Thema des letzten Abschnitts.

4. Dialogizität als Rekonstruktion von Alterität: Die Sprache des Anderen lernen

In allen Abschnitten dieses Kapitels sollte klar geworden sein, dass Theoriebildung, Anwendung und Institutionalisierung von Theorien mit Machtansprüchen und Machtausübung einhergehen. Auf wissenschaftliche Diskussionen, in deren Verlauf Theorien verstanden, verglichen und bewertet werden sollen, wirkt sich diese Art von Machtausübung verheerend aus: Theorien werden nicht ihrem *Selbstverständnis* nach verstanden und können daher nicht als solche verglichen und bewertet werden.

Das Ergebnis ist, dass die Beteiligten voneinander wenig lernen und am Ende der Diskussion die von ihnen eingangs zur Verteidigung ihrer Positionen vorgebrachten Argumente – wenn auch in modifizierter Form – wiederholen. (Davon zeugt Hans Alberts „Kleines verwundertes Nachwort zu einer großen Einleitung“.) Auch die interessierte Öffentlichkeit hat sich mittlerweile daran gewöhnt, dass wissenschaftliche Meinungsverschiedenheiten in den Kultur- und Sozialwissenschaften in Form von

28 Ibid., S. 291.

Grabenkriegen ausgetragen werden, bei denen vorab feststeht, wie sie enden werden: nämlich mit der Konsolidierung der eigenen Position – was den Austausch diplomatischer Höflichkeiten wie „trotz einer nuancenreichen, höchst differenzierten Analyse"[29] freilich nicht ausschließt. Dann sind wieder die Strategen am Zug.

Wie sieht die Alternative aus? Sie wurde im Titel zusammengefasst: „Dialogizität als Rekonstruktion von Alterität: Die Sprache des Anderen lernen". Es wäre freilich nicht nur vermessen, sondern auch töricht, in dieser Schlussbetrachtung die Theorien von Popper, Albert, Habermas und Luhmann rekonstruieren zu wollen. Einige Hinweise und Vorschläge mögen als Wegweiser genügen.

Hätte Luhmann die für Habermas zentralen Begriffe „Vernunft" und „Herrschaft" nicht im Rahmen seiner Polemik gegen „alteuropäische" Terminologie getilgt, sondern versucht, ihre Funktion in Habermas' Diskurs zu verstehen und sie auf seine eigene Gesellschaftskonstruktion zu beziehen, wäre er möglicherweise zu der Einsicht gelangt, dass Systeme nicht *nur* durch Differenzierung, sondern *auch* durch *Herrschaft* zustande kommen.[30]

Denn nicht nur Mafien und andere kriminelle Organisationen, sondern auch Seilschaften, *old boy networks* und informelle Kontakte aller Art bilden Systeme im Sinne von Luhmann, die keineswegs im Zuge funktionaler Ausdifferenzierung zustande kommen, sondern diese eher behindern (vgl. Abschn. 1). Aus dieser Sicht, die im Optimalfall auch die Sicht Luhmanns sein könnte (eines Luhmann freilich, der die Alterität von Habermas' Theorie ernst genommen hätte), erscheint Macht nicht nur als Komplexität reduzierendes Kommunikationsmedium (wie bei Parsons und Luhmann), sondern auch als *Herrschaftsinstrument*, das wesentlich zur *Systembildung* beitragen kann: durchaus noch im Differenzierungsprozess, aber auch jenseits von ihm und im Widerspruch zu ihm.

Denn Korruption im politischen System und im Rechtssystem ist auf Systemfremde, heteronome Interferenzen – etwa wirtschaftlicher, finanzieller Art –, d. h. auf *Entdifferenzierung*

29 Ibid., S. 291-292.

30 Vgl. P. V. Zima, *Soziologische Theoriebildung*, op. cit., S. 587-588.

zurückzuführen. (Man denke an die illegale Parteienfinanzierung.) Kurzum, Luhmann hätte seine Differenzierungstheorie in einer genuinen Auseinandersetzung mit Habermas korrigieren und konkretisieren können.

Symmetrisch dazu hätte der spätere Habermas seinen Diskurs, in dem der als relevant bezeichnete Gegensatz *System(e)/ Lebenswelt* den Ausgangspunkt bildet, mit Hilfe von Luhmanns Systemtheorie relativieren können. Die Relativierung könnte darin bestehen, dass man die Systeme „Geld" und „Macht" nicht mit der „Lebenswelt" *konfrontiert*, sondern versucht, systemische von lebensweltlichen *Aspekten* der Gesellschaft zu unterscheiden. Dies scheint deshalb sinnvoll zu sein, weil „Macht" und „Geld" in alle Sphären der Lebenswelt hineinreichen: in Ehe, Schule, Sport. Dies veranschaulichen Ehescheidungen, in deren Verlauf die Aufteilung von Gütern nach den im Wirtschaftssystem und Rechtssystem geltenden Regeln verläuft. Auch in Schule und Sport gilt das in allen Systemen herrschende Leistungsprinzip, wie Habermas selbst feststellt.[31]

Umgekehrt könnte jedoch gezeigt werden, dass in allen Systemen außer Differenzierung, Quantifizierung und Leistung im Sinne von Luhmann auch eine verständigungsorientierte Kommunikation im lebensweltlichen Sinne von grundsätzlicher Bedeutung ist. Die Systeme „Macht" und „Geld" sind zwar in der kolonisierten Lebenswelt gegenwärtig, aber umgekehrt auch die Lebenswelt in den Systemen, ohne die sie nicht funktionsfähig wären. Dies bedeutet, dass der Gegensatz *System(e)/Lebenswelt* im Lichte der Systemtheorie umgedeutet werden müsste.

Habermas und Luhmann hätten einen Vorschlag von Paul Lorenzen aufgreifen und Theorien so aufeinander beziehen können, dass „die erstere [Theorie] gewisse Termini (also begriffliche Unterscheidungen) hat, die dem eigenen systematischen Nachdenken bisher entgangen waren. Dann kann man den Text nicht in seine eigene Sprache übersetzen, man kann aber seine eigene Sprache durch die neuen Unterscheidungen des Textes

---

31 Vgl. J. Habermas, *Theorie des kommunikativen Handelns*, Bd. II: *Zur Kritik der funktionalistischen Vernunft*, Frankfurt, Suhrkamp, 1981, S. 581.

erweitern".[32] Das setzt allerdings die Bereitschaft voraus, sich mit dem Selbstverständnis und der Sprache des fremden Textes (der fremden Theorie) auseinanderzusetzen, um seine Vorzüge oder Stärken wahrzunehmen.

In diesem Kontext könnte gezeigt werden, dass Luhmanns Theorie der systemischen Differenzierung eine kritische Komponente aufweist, die Habermas übersieht, wenn er im Laufe der Debatte Luhmanns Diskurs umstandslos auf „technisches Erkenntnisinteresse" und „zweckrationales Handeln" festlegt: „Die Systemtheorie läßt allein den Typus zweckrationalen Handelns zu (...)."[33]

Es mag sein, dass Luhmann, der nie den Entwurf einer Handlungstheorie ins Auge gefasst hat, Max Webers Unterscheidung der vier Handlungstypen – *traditional, affektuell, wertrational* und *zweckrational* – nicht systematisch reflektiert und verarbeitet hat; er hat aber sehr wohl über die negativen Konsequenzen der systemischen Differenzierung nachgedacht: „Ihre [der Systeme] Eigendynamik wird freigesetzt, und was sie in ihrer gesellschaftlichen Umwelt anrichten, wird nur noch insoweit berücksichtigt, als es auf dem jeweils eigenen Bildschirm zurückgemeldet wird (...)."[34]

Dieser Satz, der freilich nicht als Argument während der Debatte vorgebracht wurde, sondern aus dem postum veröffentlichten Buch *Die Politik der Gesellschaft* (2000) stammt, lässt kritische Komponenten erkennen, die in eine Darstellung der Systemtheorie als „technisches Erkenntnisinteresse" oder „Zweckrationalität" nicht eingehen. Die Kritik besteht darin, dass Luhmann soziale Differenzierung als ambivalenten Prozess erkennt, der einerseits mehr Effizienz verspricht, andererseits aber in eine Katastrophe münden könnte, weil die immer autonomer („eigengesetzlicher") werdenden Systeme den gesellschaftlichen Gesamtzusammenhang nicht mehr berücksichtigen und ins Ungewisse steuern.

---

32 P. Lorenzen, *Konstruktive Wissenschaftstheorie*, Frankfurt, Suhrkamp, 1974, S. 118.

33 J. Habermas, „Theorie der Gesellschaft oder Sozialtechnologie?", in: J. Habermas, N. Luhmann, *Theorie der Gesellschaft*, op. cit., S. 250.

34 N. Luhmann, *Die Politik der Gesellschaft* (Hrsg. A. Kieserling), Frankfurt, Suhrkamp (2000), 2002, S. 136.

Anschaulicher als Luhmann stellt diese gefährliche Situation der Romancier Hermann Broch in seiner Trilogie *Die Schlafwandler* (1931/32) dar: „Gleich Fremden stehen sie nebeneinander, das ökonomische Wertgebiet eines ‚Geschäftemachens an sich‘ neben einem künstlerischen des l'art pour l'art, ein militärisches Wertgebiet neben einem technischen oder einem sportlichen, jedes autonom, jedes ‚an sich‘, ein jedes in seiner Autonomie ‚entfesselt‘ (...).“[35]

Angesichts dieser gefährlichen „Entfesselung“ könnte Habermas vorschlagen, die Kontakte zwischen den Systemen mit Hilfe seiner Theorie des kommunikativen Handelns zu verbessern, die nicht wie Luhmanns Kommunikationsbegriff auf Differenzierung, sondern auf Verständigung ausgerichtet ist. Luhmann, der von Eklektizismus wenig hält, würde wahrscheinlich mit einem Gegenvorschlag aus dem Repertoire seiner Systemtheorie reagieren. Tatsache ist, dass das Problem fortschreitender Systemautonomie von beiden Denkern ähnlich kritisch wahrgenommen wird.

Luhmanns Verdienst besteht darin, die vom Schriftseller antizipierte Gefahr systemtheoretisch erfasst und im Rahmen einer Theorie der Differenzierung erklärt zu haben. Dieses kritische Potenzial seiner Theorie[36] wird übersehen, wenn sie den Kriterien einer fremden Theorie unterworfen wird, statt *ihrem Selbstverständnis nach* rekonstruiert zu werden.

Dies gilt, wie sich gezeigt hat, auch für die Reduktion des Kritischen Rationalismus auf „Positivismus“ im „Positivismusstreit“. Der Kritische Rationalismus Poppers und Hans Alberts hat zwar von Auguste Comte, der vom Aufstieg der Naturwissenschaften beeindruckt war, einen bestimmten Szientismus geerbt, ist aber weder auf Comtes Positivismus noch auf den Logischen Positivismus des Wiener Kreises reduzierbar.

Trotz seiner grundsätzlichen Unvereinbarkeit mit der Kritischen Theorie stimmt er in einigen seiner Anliegen mit dieser

---

35 Hermann Broch, *Die Schlafwandler. Eine Romantrilogie*, Frankfurt, Suhrkamp, 1978, S. 498.

36 Vgl. M. Amstutz, A. Fischer-Lescano (Hrsg.), *Kritische Systemtheorie. Zur Evolution einer normativen Theorie*, Bielefeld, Transcript, 2013, darin vor allem den Beitrag von T. Prien, „Kritische Systemtheorie und materialistische Gesellschaftstheorie“, S. 95.

überein. Unvereinbarkeit und Übereinstimmung sind auf den *Ursprung beider Theorien in Liberalismus und Individualismus* zurückzuführen. Während aber Adorno, Horkheimer und Marcuse den liberalen Individualismus radikal kritisieren und im liberalen Unternehmer einen Vorboten des „autoritären Charakters"[37] und der faschistischen Führergestalt erblicken[38], verteidigen kritische Rationalisten wie Popper und Albert den Liberalismus alten Stils gegen die diversen Varianten des sozialistischen Totalitarismus.

Anders als bei den Vertretern der Kritischen Theorie bleibt bei ihnen die Zerstörung dieses individualistischen Liberalismus durch den Monopolkapitalismus und die globale Konzernwirtschaft nahezu unreflektiert. Dennoch könnten sich beide theoretischen Richtungen in Robert Musils Sätzen wiedererkennen: „Der Individualismus geht zu Ende. Ulrich liegt nichts daran. Aber das Richtige wäre hinüberzuretten."[39]

Was ist nun das Richtige? Es wird in Adornos Essay über „Individuum und Organisation" zusammengefasst: „Das individuelle Bewußtsein, welches das Ganze erkennt, worin die Individuen eingespannt sind, ist auch heute noch nicht bloß individuell, sondern hält in der Konsequenz des Gedankens das Allgemeine fest. Gegenüber den kollektiven Mächten, die in der gegenwärtigen Welt den Weltgeist usurpieren, kann das Allgemeine und Vernünftige beim isolierten Einzelnen besser überwintern, als bei den stärkeren Bataillonen, welche die Allgemeinheit der Vernunft gehorsam preisgegeben haben."[40]

Obwohl die kritischen Rationalisten die Ausrichtung auf das Ganze als „Holismus" ablehnen würden, wären sie mit drei Gedanken, die in dieser Textpassage zum Ausdruck kommen, ein-

---

37 Vgl. Adorno et al., *Studien zum autoritären Charakter*, Frankfurt, Suhrkamp, 1973, S. 14-15.

38 Vgl. H. Marcuse, *Kultur und Gesellschaft I*, Frankfurt, Suhrkamp, 1970 (7. Aufl.), S. 32: „Der charismatisch-autoritäre Führergedanke ist schon präformiert in der liberalistischen Feier des genialen Wirtschaftsführers, des ‚geborenen' Chefs." – Dieser Gedanke fehlt im Kritischen Rationalismus.

39 R. Musil, *Der Mann ohne Eigenschaften*, Reinbek, Rowohlt, 1952, S. 1578.

40 Th. W. Adorno, *Kritik. Kleine Schriften zur Gesellschaft*, Frankfurt, Suhrkamp, 1971, S. 84-85.

verstanden: Absage an den Kollektivismus, der sich an Parteien, Klassen oder Bewegungen orientiert; Vernunft als individuelle Kategorie; das autonome Individuum als für Kritik (Gesellschaftskritik, Ideologiekritik) verantwortliche Instanz.

Ein vierter Gedanke, der für beide Denkrichtungen wesentlich ist, wäre dieser Triade hinzuzufügen: *Erfahrung*. Diese ist ebenfalls eine individuelle Kategorie, die bei Adorno in Essay, Essayismus und Dialektik eine zentrale Position einnimmt und bei Popper die Grundlage der kritischen Überprüfung von Theorien bildet. In Adornos „Der Essay als Form" ist von der „Beziehung [des Essays] auf Erfahrung"[41] und von seiner „Affinität zur offenen geistigen Erfahrung"[42] die Rede.

Auch in Poppers *Logik der Forschung* (1934) ist der Nexus von Offenheit und Erfahrung zentral. In seiner Abgrenzung des kritisch-rationalistischen „Fallibilismus", der auf Widerlegung (Falsifizierung) aus ist, gegen den auf Bestätigung oder Verifizierung ausgerichteten „Konventionalismus" (daher die Betonung auf „Wir") schreibt Popper: „*Wir* hoffen, mit Hilfe eines neu zu errichtenden wissenschaftlichen Systems neue Vorgänge zu entdecken; an dem falsifizierenden Experiment haben wir höchstes Interesse, wir buchen es als Erfolg, denn es eröffnet uns Aussichten in eine neue Welt von Erfahrungen (...)."[43]

Sowohl Adorno als auch Popper fassen – freilich in verschiedenen Soziolekten und Diskursen – Erkenntnis als offenen, auf individuellen Erfahrungen gründenden Prozess auf, in dem Bekanntes und Geglaubtes nicht bestätigt, sondern einer kritischen Prüfung mit ungewissem Ausgang ausgesetzt wird. Der Gedanke einer solchen kritischen Prüfung liegt auch der negativen Auffassung der Dialektik als eines „Gegen-sich-selbst-Denkens" zugrunde, die Adorno vertritt: „Denken braucht nicht an seiner eigenen Gesetzlichkeit sich genug sein zu lassen; es vermag gegen sich selbst zu denken, ohne sich preiszugeben; wäre

41 Th. Adorno, „Der Essay als Form", in: ders., *Noten zur Literatur I*, Frankfurt, Suhrkamp (1958), 1969, S. 24.

42 Ibid., S. 29.

43 K. R. Popper, *Logik der Forschung*, Tübingen, Mohr-Siebeck, 2002 (10., erw. Aufl.), S. 49.

eine Definition von Dialektik möglich, so wäre das als eine solche vorzuschlagen."[44]

Auch Popper plädiert in seiner Theorie der Falsifizierbarkeit oder Widerlegbarkeit für ein „Gegen-sich-selbst-Denken", das nicht länger versucht, Theorien, wo immer es geht, zu bestätigen oder zu verifizieren, sondern sie der möglicherweise *falsifizierenden Überprüfung* aussetzt. Auch bei ihm bürgen Negativität und Offenheit für neue Erfahrung. Radikaler ausgedrückt: Im Gegensatz zu den konventionellen Theorien, die – wie Ideologien – auf Bestätigung aus sind, bietet seine Negativität – wie die Adornos – Erfahrungsmöglichkeiten.

Im Anschluss an diese Überlegungen sollte auch die Affinität zwischen der kritisch-theoretischen und der kritisch-rationalistischen *Ideologiekritik* erwähnt werden. Denn beide Varianten der Ideologiekritik richten sich gegen den ideologischen Dualismus, der kritisches Fragen durch Dogmatisierungen verhindert, und gegen einen aus diesem Dualismus hervorgehenden Monolog, der sich mit der Wirklichkeit identisch wähnt und dadurch neue Erfahrung (im Experiment, Gedankenexperiment oder Dialog) blockiert.

Dualismus, Dogmatisierung und Immunisierung gegen Kritik hebt der kritische Rationalist Kurt Salamun als Merkmale ideologischer Reden hervor. Was er zu den Merkmalen „Dualismus" und „Immunisierung" vorbringt, ist durchaus im Sinne der Kritischen Theorie: „Wieweit lassen sich an Ideologien Tendenzen zu einer starren und dogmatischen bipolaren Deutung der sozialen Realität erkennen (…)?" Und: „Wieweit sind in Ideologien Tendenzen zur Immunisierung von ideologischen Kernannahmen gegenüber Kritik ausgeprägt und wie sind die Strategien beschaffen, mit denen die Immunisierung erfolgt?"[45] Gegen den diskursiven Dualismus wendet sich jede dialektische Theorie von Hegel bis Adorno, und die Immunisierung, die auch Popper zur Zielscheibe seiner Kritik macht, ist aus dem von Adorno kritisierten Identitätsdenken (als Immunisierungsverfahren) ableit-

---

44 Th. W. Adorno, *Negative Dialektik*, Frankfurt, Suhrkamp, 1966, S. 142.

45 K. Salamun, *Ideologie und Aufklärung. Weltanschauungstheorie und Politik*, Wien, Böhlau, 1988, S. 105.

bar, das monologisch verkündet, mit der Realität übereinzustimmen – und dadurch Kritik vorab ausschließt.

Es ging hier nicht um einen systematischen Vergleich von Positionen, sondern um den Versuch, den „Positivismusstreit" kritisch zu überdenken und in einem Kontext weiterzuführen, in dem diskursive Machtansprüche durch den Willen zur Erkenntnis und zur neuen „geistigen Erfahrung" ersetzt werden.[46]

Die hier skizzierte partielle Konvergenz zwischen Kritischer Theorie und Kritischem Rationalismus wird nur im Rahmen einer Dialogizität erkennbar, die Stärken und Schwächen beider Theorien in einer produktiven Konfrontation sichtbar macht. Diese Konfrontation ist produktiv, weil aus ihr eine Dialogische Theorie hervorgeht, die am Ende des vierten Kapitels umrissen wurde: „*Der theoretische Diskurs fasst sich selbst als kontingente Konstruktion auf, die in einem empirisch fundierten offenen Dialog mit andersartigen Diskursen überprüft werden kann.*" (Kurzfassung der Definition.)

Anders als im Kritischen Rationalismus ist diese Überprüfung jedoch nicht auf Widerlegung (Falsifikation, Popper), sondern auf *Erschütterung* von Theorien ausgerichtet, weil in den Kultur- und Sozialwissenschaften eine in der Wissenschaftlergemeinschaft anerkannte Widerlegung nur selten möglich ist. Andrew Sayer behauptet sogar, dass Falsifikation (in den Sozialwissenschaften) „nicht anwendbar" ist: „virtually impossible to put into practice"[47], und Jean-Claude Passeron erklärt in ei-

46 Vgl. J. Ritsert, „Der Positivismusstreit", in: G. Kneer, S. Moebius (Hrsg.), *Soziologische Kontroversen. Beiträge zu einer anderen Geschichte vom Sozialen*, Berlin, Suhrkamp, 2010, S, 127: „Insgesamt, so lässt sich zusammenfassen, ist eine ganz alte Frontstellung aufgebrochen, nämlich jene zwischen Analytik und Dialektik, die Differenzen artikuliert, die so alt sind wie die Vorstellung, die gesamte Geschichte der abendländischen Philosophie *auch* als eine Geschichte der Dialektik zu schreiben." Warum ist aber nur eine „alte Frontstellung aufgebrochen" und nichts Neues zutage getreten? Die strategische Metapher deutet an, was Ritsert nicht erwähnt: dass der diskursive Machtanspruch neue Erkenntnisse verhindert hat.

47 A. Sayer, *Method in Social Science. A Realist Approach*, London, Hutchinson, 1984, S. 205.

nem umfangreichen Werk, warum diese These für die Soziologie gilt.[48]

Der Begriff „Erschütterung“ stammt von Otto Neurath, der in seiner 1935 erschienenen Rezension von Poppers *Logik der Forschung* schreibt: „Wo Popper an die Stelle der ‚Verifikation‘ die ‚Bewährung‘ einer Theorie treten läßt, lassen wir an die Stelle der ‚Falsifizierung‘ die *‚Erschütterung‘* einer Theorie treten (...).“[49]

Die Erschütterung unterscheidet sich von der Falsifizierung nicht nur dadurch, dass sie weniger radikal ist, sondern auch dadurch, dass sie in den Sozialwissenschaften[50] aus zwei Gründen *produktiver* ist: Sie trägt zu einem besseren Verständnis der beteiligten Theorien bei, weil sie ihre Schwächen und Stärken erkennen lässt. Dadurch leistet sie einen Beitrag zu neuer Theoriebildung und zur Korrektur schon bestehender Theorien.

Dieser Aspekt des Dialogs wurde hier im Zusammenhang mit dem „Positivismusstreit“ und der Habermas-Luhmann-Debatte kommentiert. Der erste Aspekt ist die Dialogische Theorie[51], die aus der Auseinandersetzung zwischen Kritischer Theorie (im Sinne von Adorno) und Kritischem Rationalismus (im Sinne von Popper und Neurath) hervorgegangen ist und am Ende des vierten Kapitels erläutert wurde. Sie bildet den Kontext, in dem dieses Buch entstanden ist. Es analysiert die Herrschafts- und Machtansprüche in Diskursen und plädiert für eine herrschaftsfreie Konfrontation von Theorien, die – jenseits aller

---

48 Vgl. J.-Cl. Passeron, *Le Raisonnement sociologique. L'espace non-poppérien du raisonnement naturel*, Paris, Nathan, 1991, S. 388-389.

49 O. Neurath, „Pseudorationalismus der Falsifikation“ (1935), *Gesammelte philosophische und methodologische Schriften*, Bd. II (Hrsg. R. Haller, H. Rutte), Wien, Hölder-Pichler-Tempsky, 1991, S. 638.

50 In den Sozialwissenschaften sind Widerlegungen ganzer Theorien selten, zumal hier das Wort „Widerlegung“ für ideologische Zwecke eingesetzt wird: Wenn eine Theorie jemandem aus ideologischen Gründen nicht zusagt, gilt sie als „widerlegt“ oder „obsolet“. Die Anhänger dieser Theorie lassen sich von derlei Pauschalurteilen nur selten beeindrucken, weil sie wissen, wie sie zustande kommen.

51 Vgl. P. V. Zima, *Was ist Theorie? Theoriebegriff und Dialogische Theorie in den Kultur- und Sozialwissenschaften*, Tübingen, Francke (UTB), 2017 (2. Aufl.).

Diskursethiken – auf *Erkenntnis* und nicht auf Machtausdehnung zielt.

Ausblick: Macht – Diskurs – Angst

Seit Bertrand Russels *Power* (1938) und dem im Jahre 1947 erschienenen umfangreichen Werk über den Faktor „Macht in der Geschichte“ von Bertrand de Jouvenel (*Du Pouvoir*) wurden viele Arten der Machtausübung unterschieden (Russell)[1] und das Anwachsen der Staatsmacht im Laufe der Jahrhunderte (de Jouvenel)[2] nachgezeichnet. Die enge Verbindung und Wechselbeziehung von Macht und Angst blieb in beiden Studien unberücksichtigt: möglicherweise deshalb, weil sich das Denken vom Phänomen „Macht“ dermaßen faszinieren lässt, dass es dessen Nähe zu dem ihm scheinbar so fernen Phänomen „Angst“ nicht wahrnimmt. Und doch sind die beiden Phänomene verwandt, untrennbar miteinander verwoben. Denn wer Macht besitzt, muss stets befürchten, sie irgendwann zu verlieren.

Auch Michel Foucault hindert sein früher Determinismus daran, den Nexus von Macht und Angst in den Blick zu nehmen und die Schwächen der Macht zu untersuchen. In einer seiner Vorlesungen stellt er lapidar fest: „Mit anderen Worten, die Macht geht durch die Individuen hindurch, sie wird auf sie angewandt.“[3] Das ist sicherlich teilweise richtig, zumal es Foucault immer wieder gelingt, den Nachweis zu führen, dass Macht – von der Disziplinarmacht bis zur Bio-Macht (vgl. Kap. I.2,3) – individuelle Subjektivität hervorbringt, produziert. Dennoch ist es nicht die ganze Wahrheit, weil auch Günter Dux

1 Vgl. B. Russell, *Power*, London, Allen and Unwin (1938), 1965. Russell unterscheidet im Rahmen einer Typologie verschiedene Arten von Macht: „Priestly Power”, „Kingly Power“, „Naked Power“, „Revolutionary Power“, „Economic Power“ etc. (Vgl. Inhalt.)

2 Vgl. B. de Jouvenel, *Du Pouvoir. Histoire naturelle de sa croissance*, Genf, Constant Bourquin, 1947. De Jouvenel geht von der Annahme aus, dass staatliche Macht kontinuierlich wächst und setzt sich daher kaum mit dem Phänomen des Machtzerfalls auseinander. Hätte er die Angst der Mächtigen untersucht, wäre er gleichsam von selbst auf die Frage „wovor?“ gestoßen.

3 M. Foucault, *Analytik der Macht*, Frankfurt, Suhrkamp, 2017 (7. Aufl.), S. 114.

Recht hat, wenn er betont, „daß Macht ausgeübt wird, ist Grund genug, um auch Gegenmacht zu üben".[4]

Die Angst der Mächtigen, die anscheinend auch in der Macht-Forschung schwer vorstellbar ist, ist die Angst vor der Gegenmacht, die sich sowohl im Inneren einer Familie oder eines Staates als auch in zwischenstaatlichen Beziehungen regen kann. In der Familie reagieren Frauen auf männliche Machtausübung bisweilen mit Gegenmacht und Gegenstrategie, im Staat treten neben der Opposition Bewegungen auf den Plan, und das Geflecht internationaler Beziehungen macht in regelmäßigen Abständen Mutationen durch, weil Staaten auf alte und neue Bündnisse mit sich stets erneuernden Koalitionen reagieren.

Ihr Handeln wird nicht nur vom Streben nach Machterhaltung und Machtausdehnung angetrieben, sondern auch von der Angst, schließlich zu den wirtschaftlichen, politischen oder strategischen Verlierern zu gehören. Die in letzter Zeit oft diskutierte „Antwort Europas und der USA" auf das erstarkende China veranschaulicht jahrtausendealte politische Prozesse, in denen auch der im vorletzten Kapitel kommentierte „Umerzähler" Putin agiert, ja agieren muss, weil er (wie er selbst sporadisch feststellt) den Zerfall der Sowjetunion zu verwalten oder gar rückgängig zu machen hat. Sicherlich übt er Macht aus, aber nicht nur um seinen Machtbereich auszudehnen (etwa auf die Krim), sondern auch aus Angst vor Machtverlust: sowohl in der Innen- als auch in der Außenpolitik. Denn er kann nicht wollen, dass in der Russischen Föderation Konflikte ausbrechen wie in Weißrussland, dass sich eine starke Opposition bildet oder dass Russland international isoliert wird.

Dass sich Angst vor Machtverlust auf sprachlicher Ebene bemerkbar macht, sollte im vorletzten Kapitel deutlich geworden sein, wo Trumps Rede „Save America" im Aktantenmodell als ein Diskurs analysiert wurde, der vorwiegend auf der *Helfer*-Ebene (*plan des adjuvants*, Greimas) abläuft (im Gegensatz zu den Diskursen Obamas und Bidens). Er ist – trotz seiner scheinbaren Komplexität – ein *Hilferuf*, der sich an Helfer und potenzielle Helfer richtet. Durch die Darstellung des Wahlkampfes

---

4 G. Dux, *Die Spur der Macht im Verhältnis der Geschlechter. Über Ursprung der Ungleichheit zwischen Frau und Mann*, Frankfurt, Suhrkamp (1992), 1997, S. 439.

und der Wahlereignisse als Wahlbetrug soll er den Hilferuf und die Mobilisierung der mit Trump sympathisierenden Massen rechtfertigen oder zumindest plausibel machen. Zugleich lässt er die Möglichkeit erkennen, das Erzählen jederzeit als Machtinstrument einzusetzen, das der Machtausdehnung oder dem Machterhalt dient.

Wie sehr Diskurs, Machterhaltung und Angst zusammenhängen, hat sich auch im sechsten Kapitel gezeigt (Abschn. 3), das die Vereinnahmung der in den Slánský-Prozessen Angeklagten durch den stalinistischen Diskurs zum Gegenstand hatte. Dieser Diskurs sollte soziologisch oder politikwissenschaftlich nicht nur als Diskurs der Macht, sondern zugleich auch als Diskurs der Angst verstanden werden. Die Angst der damaligen Machthaber vor „westlichen" Einflüssen, Demokratisierungstendenzen und Alleingängen à la Tito war stets auch Angst vor einem drohenden Machtverlust.

Auf diskursiver, sprachlicher Ebene ging diese Angst so weit, dass man die Angeklagten zwang, die von den Referenten und ihren sowjetischen „Beratern" verfassten Anklagen auswendig zu lernen und während des Prozesses Wort für Wort zu wiederholen. Diese Vorgehensweise läuft auf eine Auslöschung des individuellen Subjekts hinaus, weil seine Sprache auf allen Ebenen negiert und durch eine ihm fremde Sprache ersetzt wird. Diese Auslöschung des Anderen und seiner Alterität kann eher mit der Angst vor dem Abweichenden, dem Anderssein als im Zusammenhang mit Machtansprüchen erklärt werden. Diese sind durchaus präsent, aber die Angst vor dem Machtverlust mag in der Tschechoslowakei der frühen 1950er Jahre noch ausgeprägter gewesen sein als die Macht selbst.

Der Versuch, Alterität zu diskreditieren, auszulöschen, kommt auch in Didas Lachen zum Ausdruck: Es soll – jenseits aller sprachlichen Einwände oder Argumente – ihren Mann Vitangelo Moscarda als Wahnsinnigen stigmatisieren. Sein Vorschlag, die väterliche Bank zu verkaufen, ist „nicht der Rede wert"; er kann nur mit einem ungläubigen oder verächtlichen Lachen quittiert werden: „Sie lachte hell auf, wälzte sich vor Lachen, eindeutig über das, was ich gesagt hatte (...).“[5] Dieses Lachen verletzt das Subjekt, das sich in seiner Subjektivität zu Recht negiert fühlt, weil sein Diskurs nicht ernst genommen wird, keinen Kommentar wert ist. In Wirklichkeit ist Didas Lachen ein hysterisches Lachen der Angst vor Moscardas Beschluss, die Bank zu verkaufen. Sie lacht aus Angst vor Macht- und Statusverlust.

Nicht zufällig wird etwas später sprachliche Kommunikation vom Erzähler als Machtkampf beschrieben: „Heute ist mir klar, daß derlei heftige Auseinandersetzungen, in denen ein Wort das andere gibt, einem regelrechten Boxkampf zwischen zwei gegnerischen Willen gleichkommen, die einander erschlagen möchten, mit Hieb, Parade und Gegenhieb, und jeder ist überzeugt, daß der Hieb, den er versetzt, den anderen zu Boden schmettern wird; das geht so lange, bis es beiden immer klarer wird, daß der Widerstand des anderen an Härte nicht nachläßt, daß es also sinnlos ist, weiter zu beharren, da der Gegner doch nicht weichen wird.“[6]

Dass solche Wortschlachten nicht nur mit Machtansprüchen, sondern auch mit Ängsten auf beiden Seiten einhergehen, ist leicht einzusehen, zumal es – wie der Erzähler weiß – keinem der Beteiligten gelingt, seinen Willen durchzusetzen. Jeder Satz, der einen Machtanspruch erhebt, wird von der Replik des Gegners niedergeschlagen und muss von einem schnell nachgeschobenen Satz abgelöst werden, der kaum erfolgreicher ist. „Sprache als Macht“ war das Thema dieses Buches; in diesem Epilog soll an das komplementäre Thema „Sprache als Angst“ erinnert werden, das einen etwas anderen, aber verwandten Objektbereich evoziert – und möglicherweise ein neues Buch, das nicht unbedingt der Autor dieser Zeilen ins Auge fassen muss.

Zum Abschluss soll, der Anordnung des Gesamttextes folgend, nach der Rolle der Angst in wissenschaftlichen Diskussionen gefragt werden. Es liegt auf der Hand, dass nicht nur die Ideologie (Althusser), sondern auch die Wissenschaft Individuen zu Subjekten macht, so dass jede Kritik, Widerlegung oder

---

5 L. Pirandello, *Einer, keiner, hunderttausend*, in: ders., *Die Ausgestoßene. Einer, keiner, hunderttausend. Zwei Romane*, Berlin, Propyläen, 1998, S. 400.

6 Ibid., S. 402.

Ablehnung auch die Subjektivität des Einzelnen in Frage stellt. Dass eine solche Infragestellung dessen wissenschaftliche und berufliche Existenz erschüttert, will durchaus einleuchten.

Dies ist wohl der Grund – oder zumindest einer der Gründe –, warum in wissenschaftlichen Diskussionen die meisten Beteiligten versuchen, sich keine Blößen zu geben, ihre Argumente gegen Kritik abzusichern und Gegenargumente (wie Gegenzüge im Schachspiel oder in der militärischen Strategie) zu antizipieren. In solchen Fällen sind Machtanspruch und Angst kaum zu trennen. Die banalste und wohl auch vulgärste Art der Verteidigung, die auch in Gasthäusern gang und gebe ist, ist der Angriff, der darin besteht, die Gegenseite verbal zu übertönen oder nicht ausreden zu lassen. Nicht viel subtiler sind Blicke oder Winke, die Verbündete oder potenzielle Verbündete gegen eine Vortragende oder einen Vortragenden mobilisieren sollen – und im Glücksfall von einem kaum merkbaren Nicken erwidert werden.

Von wissenschaftlichem Interesse sind die diskursiven Strategien, die hier im letzten Kapitel erläutert wurden. Eine (weniger eindrucksvolle) Strategie besteht darin, die eigene Terminologie dem Begriffsapparat der Gegenseite vorzuordnen und deren Begriffe für obsolet zu erklären. Dies tut Luhmann in seiner Kritik an Habermas (vgl. Kap. VIII.3). Für die Diskursforschung von größerer Bedeutung ist eine narrative Strategie, die darin besteht, die Erzählungen der Gegenseite (historische, soziologische, literaturgeschichtliche Diskurse) dem eigenen Diskurs einzuverleiben, um zu zeigen, dass der eigene Diskurs nicht nur die kommentierten Entwicklungen und Ereignisse, sondern auch die konkurrierenden Diskurse erklärt (erklärt, „warum sie protestieren", sagt Luhmann). Hegel war ein Meister dieses Verfahrens, und Luhmann hat es weiterentwickelt und mit Erfolg praktiziert.

Selbst wenn man seiner Theorie und Praxis einige Bewunderung zollt, wird man sich fragen, ob der mit der Systemtheorie einhergehenden Machtausübung nicht auch Angst innewohnt: die Angst vor der anderen, der fremden Stimme, die im System nicht aufgeht und es schließlich als unvollständigen, fragmentarischen Entwurf einstürzen lassen könnte. Denn in diesem Fall wäre auch die Subjektivität des Urhebers gefährdet.

Das letzte Kapitel dieses Buches sollte einen Perspektivenwechsel herbeiführen: Statt des Versuchs, die gesamte Wirklichkeit systematisch zu erfassen und die eigene Subjektivität auf diese Art gegen alle Einwände abzusichern, wurde dort der Vorschlag gemacht, im Rahmen eines dialogischen Ansatzes den eigenen Diskurs der Alterität konkurrierender Diskurse zu öffnen, um seine Theoreme und Argumente in einem empirisch fundierten Dialog zu testen. Ein solcher Dialog sollte jenseits aller Machtansprüche stattfinden und auch frei von Angst sein – denn Angst ist bekanntlich, wie auch der Machtanspruch, ein schlechter Ratgeber.

Bibliografie

Abercrombie, N., Hill, S., Turner, B. S., *The Dominant Ideology Thesis*, London, Allen and Unwin, 1980.

Adorno, Th. W., *Negative Dialektik*, Frankfurt, Suhrkamp, 1966.

Adorno, Th. W., „Der Essay als Form", in: ders., *Noten zur Literatur I*, Frankfurt, Suhrkamp (1958), 1969.

Adorno, Th. W., *Ästhetische Theorie*, in: *Gesammelte Schriften*, Bd. VII (Hrsg. G. Adorno, R. Tiedemann), Frankfurt, Suhrkamp, 1970.

Adorno, Th. W., *Kritik. Kleine Schriften zur Gesellschaft*, Frankfurt, Suhrkamp, 1971.

Adorno, Th. W., „Thesen über die Sprache des Philosophen", in: *Gesammelte Schriften*, Bd. I (Hrsg. R. Tiedemann), Frankfurt, Suhrkamp, 1973.

Adorno, Th. W. et al., *Studien zum autoritären Charakter*, Frankfurt, Suhrkamp, 1973.

Albert, H., „Der Mythos der totalen Vernunft. Dialektische Ansprüche im Lichte undialektischer Kritik", in: Th. W. Adorno et al., *Der Positivismusstreit in der deutschen Soziologie*, Darmstadt-Neuwied, Luchterhand (1969), 1972.

Albert, H., *Konstruktion und Kritik. Aufsätze zur Philosophie des kritischen Rationalismus*, Hamburg, Hoffmann und Campe, 1975 (2. Aufl.).

Albert, H., *Traktat über kritische Vernunft*, Tübingen, Mohr-Siebeck, 1980.

Albertoni, E. A., *Gaetano Mosca. Storia di una dottrina politica. Formazione e interpretazione*, Mailand, A. Giuffrè Editore, 1978.

Althusser, L., *Lénine et la philosophie suivi de Marx et Lénine devant Hegel*, Paris, Maspero, 1972.

Althusser, L., *Für Marx*, Frankfurt, Suhrkamp, 1974.

Althusser, L., *Positions*, Paris, Editions Sociales, 1976.

Althusser, L., *Ideologie und ideologische Staatsapparate. Aufsätze zur marxistischen Theorie*, Hamburg-Berlin, VSA, 1977.

Amstutz, M., Fischer-Lescano, A., (Hrsg.), *Kritische Systemtheorie. Zur Evolution einer normativen Theorie*, Bielefeld, Transcript, 2013.

Ashenden, S., Owen, D. (Hrsg.), *Foucault Contra Habermas. Recasting the Dialogue between Genealogy and Critical Theory*, London, Sage, 1999.

Bachelard, G., *La Philosophie du non*, Paris, PUF (1940), 1983.

Bachtin, M. M., „Problema avtora", in: *Voprosy filosofii* 30/7, 1977.

Balibar, E., „Sur la dialectique historique. Quelques remarques critiques à propos de *Lire le Capital*“, in: *La Pensée* 170, August 1973.

Balibar, R., *Les français fictifs*, Paris, Hachette, 1974.

Balzac, H. de, „Préface“, in: ders., *La Comédie humaine*, Bd. I, Paris, Seuil, 1965.

Barthes, R., „Théorie du texte et intertextualité“, in: S. Rabau (Hrsg.), *L'Intertextualité*, Paris, Flammarion, 2002.

Beck, U., *Die Erfindung des Politischen*, Frankfurt, Suhrkamp, 2017 (5. Aufl.).

Becker, J., *Umgebungen*, Frankfurt, Suhrkamp (1970), 1974.

Benveniste, E., *Problèmes de linguistique générale* (2 Bde.), Paris, Gallimard, 1966.

Bernstein, B., „Social Class, Language and Socialization“, in: P. P. Giglioli (Hrsg.), *Language and Social Context*, Harmondsworth, Penguin, 1972.

Bernstein, B., *Class, Codes and Control*, Bd. I: *Theoretical Studies towards a Sociology of Language*, St. Albans, Paladin, 1973.

Biden, J., „Joe Biden's Speech Condemning Capitol Protest“ (6. Januar 2021, Transcript).

Blomaert, J., *Discourse*, Cambridge, Univ. Press (2005), 2007.

Bloom, H., *A Map of Misreading*, Oxford-New York, Oxford Univ. Press, 1975.

Bohn, C., *Habitus und Kontext. Ein kritischer Beitrag zur Sozialtheorie Bourdieus*, Wiesbaden-Opladen, Westdeutscher Verlag, 1991.

Bosančić, S., Keller, R. (Hrsg.), *Diskursive Konstruktionen. Kritik, Materialität und Subjektivierung in der wissenssoziologischen Diskursforschung*, Wiesbaden, Springer VS, 2019.

Bourdieu, P., *Die feinen Unterschiede. Kritik der gesellschaftlichen Urteilskraft*, Frankfurt, Suhrkamp, 1982.

Bourdieu, P., *Was heißt sprechen? Die Ökonomie des sprachlichen Tausches*, Wien, Braumüller, 1990.

Bourdieu, P., *Rede und Antwort*, Frankfurt, Suhrkamp, 1992.

Bourdieu, P., *Propos sur le champ politique*, Lyon, Presses Univ. de Lyon, 2000.

Bourdieu, P., *Science de la science et réflexivité. Cours du Collège de France 2000-2001*, Paris, Raisons d'agir, 2001.

Bourdieu, P., *Das politische Feld. Zur Kritik der politischen Vernunft*, Konstanz, UVK, 2001.

Bourdieu, P., *Langage et pouvoir symbolique*, Paris, Seuil, 2001.

Bourdieu, P. et al., *Das Elend der Welt*, Konstanz, UVK, 2010 (2. Aufl.).

Bourdieu, P. *Soziologische Fragen*, Frankfurt, Suhrkamp, 2014.

Bourdieu, P., *Sozialer Sinn. Kritik der theoretischen Vernunft*, Frankfurt, Suhrkamp, 2014 (8. Aufl.).

Bourdieu, P., *Meditationen. Zur Kritik der scholastischen Vernunft*, Frankfurt, Suhrkamp, 2014 (8. Aufl.).

Bourdieu, P., *Sociologie générale*, Bd. I (Hrsg. P. Champagne et al.), *Cours au Collège de France 1981-1983*, Paris, Seuil (Raisons d'agir), 2015.

Bourdieu, P., „Fraktionen der herrschenden Klasse und Aneignungsweisen der Kunst", in: ders., *Kunst und Kultur. Kultur und kulturelle Praxis. Schriften zur Kultursoziologie IV*, Berlin, Suhrkamp, 2015.

Bourdieu, P., *Die Regeln der Kunst. Genese und Struktur des literarischen Feldes*, Frankfurt, Suhrkamp, 2016 (7. Aufl.).

Bourdieu, P., *Sociologie générale*, Bd. II (Hrsg. P. Champagne, J. Duval), *Cours au Collège de France 1983-1986*, Paris, Seuil (Raisons d'agir), 2016.

Bourdieu, P., *Ein soziologischer Selbstversuch*, Frankfurt, Suhrkamp, 2016 (5. Aufl.).

Bourdieu, P., *Über den Staat. Vorlesungen am Collège de France 1989–1992* (Hrsg. P. Champagne et al.), Frankfurt, Suhrkamp, 2017.

Bourdieu, P., Darbel, A., *L'Amour de l'art. Les musées d'art européens et leur public*, Paris, Minuit, 1969.

Bourdieu, P., Passeron, J-Cl., *Les Héritiers. Les étudiants et la culture*, Paris, Minuit (1964), 1966.

Bremond, C., *Logique du récit*, Paris, Seuil, 1973.

Breton, A., *Arcane 17*, Paris, U.G.E. (10/18), 1965.

Broch, H., *Die Schlafwandler. Eine Romantrilogie*, Frankfurt, Suhrkamp, 1978.

Bubner, R., „Wie wichtig ist Subjektivität?", in: W. Hogrebe (Hrsg.), *Subjektivität*, München, Fink, 1998.

Burns, T., *Erving Goffman*, London-New York, Routledge, 1992.

Butler, J., *Das Unbehagen der Geschlechter*, Frankfurt, Suhrkamp, 2014.

Camus, A., *Der Fremde*, Reinbek, Rowohlt (1961), 1981. (*L'Etranger*, in: A. Camus, *Théâtre, récits, nouvelles*, éd établie par R. Quilliot, Paris, Gallimard, Bibl. de la Pléiade, 1962.)

Camus, A., *Essais*, textes établis et annotés par R. Quilliot et L. Faucon, Paris, Gallimard, Bibl. de la Pléiade, 1965.

Canguilhem, G., *Idéologie et rationalité dans l'histoire des sciences de la vie*, Paris, Vrin, 1988 (2. Aufl.).

Chvatík, K., *Tschechoslowakischer Strukturalismus*, München, Fink, 1981.

Coquet, J.-Cl., „Problèmes de l'analyse structurale du récit: *L'Etranger* d'Albert Camus", in: ders., *Sémiotique littéraire*, Paris, Mâme, 1973.

Coquet, J.-Cl. (Hrsg.), *Sémiotique. L'Ecole de Paris*, Paris, Hachette, 1982.

Coseriu, E., „Thesen zum Thema Sprache und Dichtung", in: W.-D. Stempel (Hrsg.), *Beiträge zur Textlinguistik*, München, Fink, 1971.

Courtés, J., *Introduction à la sémiotique narrative et discursive*, Paris, Hachette, 1976.

Coward, R., Ellis, J., *Language and Materialism. Developments in Semiology and the Theory of the Subject*, London-Boston-Henley, Routledge and Kegan Paul, 1977.

Crozier, M., *Le Mal américain*, Paris, Fayard, 1980.

Descartes, R., *Discours de la méthode/Von der Methode des richtigen Vernunftgebrauchs* (Französisch/Deutsch), Hamburg, Meiner, 1997 (2. Aufl.).

Donzelot, J., *La Police des familles*, Paris, Minuit, 1977.

Dux, G., *Die Spur der Macht im Verhältnis der Geschlechter. Über Ursprung und Ungleichheit zwischen Frau und Mann*, Frankfurt, Suhrkamp (1992), 1997.

Eco, U. „Erzählstrukturen bei Ian Fleming", in: P. V. Zima (Hrsg.), *Textsemiotik als Ideologiekritik*, Frankfurt, Suhrkamp, 1977.

Eder, F. X., *Historische Diskursanalysen. Genealogie, Theorie, Anwendungen*, Wiesbaden, VS Verlag für Sozialwissenschaften, 2006.

Elias, N., *Engagement und Distanzierung. Arbeiten zur Wissenssoziologie I* (Hrsg. M. Schröter), Frankfurt, Suhrkamp, 1983.

Fairclough, N., *Critical Discourse Analysis. The Critical Study of Language*, London-New York, Longman, 1995.

Fairclough, N., *Discourse and Social Change*, Cambridge-Oxford, Polity-Blackwell (1992), 1996.

Fairclough, N., *Analysing Discourse. Textual Analysis for Social Research*, London-New York, Routledge, 2003.

Fairclough, I., Fairclough, N., *Political Discourse Analysis. A Method for Advanced Students*, London-New York, Routledge, 2012.

Fairclough, N., *Language and Power*, London-New York, Routledge, 2015 (3. Aufl.).

Fairclough, N., „CDA as Dialectical Reasoning": in: J. Flowerdew, J. E. Richardson (Hrsg.), *The Routledge Handbook of Critical Discourse Studies*, London-New York, Routledge, 2018.

Fink-Eitel, H., *Foucault. Eine Einführung*, Hamburg, Junius, 1992 (2. Aufl.).

Fontaine, J., *Le Cercle linguistique de Prague*, Paris, Mâme, 1974.

Foucault, M., „Die Intellektuellen und die Macht“ (Gespräch zwischen Michel Foucault und Gilles Deleuze) , in: W. Seitter (Hrsg.), *Von der Subversion des Wissens*, Frankfurt-Berlin-Wien, Ullstein, 1978.

Foucault, M. *Wahnsinn und Gesellschaft. Eine Geschichte des Wahns im Zeitalter der Vernunft*, Frankfurt, Suhrkamp, 1981 (4. Aufl.).

Foucault, M., *Die Archäologie des Wissens*, Frankfurt, Suhrkamp (1973), 1981.

Foucault, M., *Résumé des cours (1970-1982)*, Paris, Julliard, 1989.

Foucault, M., *Die Ordnung der Dinge. Eine Archäologie der Humanwissenschaften*, Frankfurt, Suhrkamp, 1993 (12. Aufl.). (*Les Mots et les choses, Une archéologie des sciences humaines*, Paris, Gallimard, 1966.)

Foucault, M., *Naissance de la clinique*, Paris, PUF, 1994 (4. Aufl.).

Foucault, M., „Qu'est-ce qu'un auteur?“, in: ders., *Dits et écrits*, Bd. I, Paris, Gallimard, 1994.

Foucault, M., *Überwachen und Strafen. Die Geburt des Gefängnisses*, Frankfurt, Suhrkamp (1976), 1994.

Foucault, M., *Der Wille zum Wissen. Sexualität und Wahrheit I*, Frankfurt, Suhrkamp (1983) 2017 (21. Aufl.); *Der Gebrauch der Lüste. Sexualität und Wahrheit 2*, Frankfurt, Suhrkamp (1986), 1995 (4. Aufl.); *Die Sorge um sich. Sexualität und Wahrheit 3*, Frankfurt, Suhrkamp (1986), 1995 (4. Aufl.).

Foucault, M., *In Verteidigung der Gesellschaft*, Frankfurt, Suhrkamp (1999), 2016 (5. Aufl.).

Foucault, M., *Kritik des Regierens. Schriften zur Politik*, Berlin, Suhrkamp, 2017 (3. Aufl.).

Foucault, M., *Analytik der Macht* (Hrsg. D. Defert, F. Ewald), Frankfurt, Suhrkamp (2005), 2017 (7. Aufl.).

Foucault, M., *Ästhetik der Existenz. Schriften zur Lebenskunst* (Hrsg. D. Defert, F. Ewald), Frankfurt, Suhrkamp, 2017 (6. Aufl.).

Foucault, M., *Die Regierung des Selbst und der anderen. Vorlesungen am Collège de France 1982/83*, Frankfurt, Suhrkamp (2009), 2019.

Fowler, R., Kress, G., „Critical Linguistics“, in: R. Fowler, R. Hodge, G. Kress, T. Trew, *Language and Control*, London-Boston-Henley, Routledge and Kegan Paul, 1979.

Freud, S., „Massenpsychologie und Ich-Analyse“, in: *Studienausgabe*, Bd. IX (*Fragen der Gesellschaft, Ursprünge der Religion*), Frankfurt, Fischer (1974), 1982.

Furedi, F., „Vulnerability – Analytical Concept or Rhetorical Idiom?“, in: J. Setterswaite et al., *Talking Truth, Confronting Power*, Stoke-on-Trent-Stirling, Trentham Books, 2008.

Gadinger, F. et al., *Politische Narrative. Konzepte – Analysen – Forschungspraxis*, Wiesbaden, Springer VS, 2014.
Giddens, A., Sutton, P. W., *Essential Concepts in Sociology*, Cambridge, Polity, 2017 (2. Aufl.).
Goffman, E., *Asyle. Über die soziale Situation psychiatrischer Patienten und anderer Insassen*, Frankfurt, Suhrkamp (1972), 1973.
Goffman, E., *Stigma. Über Techniken der Bewältigung beschädigter Identität*, Frankfurt, Suhrkamp (1967), 1975.
Gogol, N., *Der Mantel/Šinelj* (Deutsch/Russisch), Stuttgart, Reclam, 1973.
Goldmann, L. „L'Idéologie allemande et les ‚Thèses sur Feuerbach'", in: ders., *Marxisme et sciences humaines*, Paris, Gallimard, 1970.
Gouldner, A. W., *Die westliche Soziologie in der Krise*, Bd. I, Reinbek, Rowohlt, 1974.
Gramsci, A., *Philosophie der Praxis. Eine Auswahl*, Frankfurt, Fischer, 1967.
Gramsci, A., *Arte e folclore* (Hrsg. G. Prestipino), Rom, Newton Compton, 1976.
Greimas, A. J., *Sémantique structurale*, Paris, Larousse, 1966. (*Strukturale Semantik*, Braunschweig, Vieweg, 1971.)
Greimas, A. J., *Du Sens*, Paris, Seuil, 1970.
Greimas, A. J., *Maupassant. La Sémiotique du texte: exercices pratiques*, Paris, Seuil, 1976.
Greimas, A. J., *Du Sens II*, Paris, Seuil, 1983.
Greimas, A. J., Courtés, J., *Sémiotique. Dictionnaire raisonné de la théorie du langage*, Paris, Hachette, 1979.
Grisoni, D., Maggiori, R., *Lire Gramsci*, Paris, Editions Universitaires, 1973.
Habermas, J., „Analytische Wissenschaftstheorie und Dialektik. Ein Nachtrag zur Kontroverse zwischen Popper und Adorno", in: Th. W. Adorno et al., *Der Positivismusstreit in der deutschen Soziologie*, Darmstadt-Neuwied, Luchterhand (1969), 1972.
Habermas, J., „Gegen einen positivistisch halbierten Rationalismus", in: Th. W. Adorno et al., *Der Positivismusstreit in der deutschen Soziologie*, Darmstadt-Neuwied, Luchterhand (1969), 1972.
Habermas, J., *Technik und Wissenschaft als „Ideologie"*, Frankfurt, Suhrkamp, 1974 (7. Aufl.).
Habermas, J., *Zur Rekonstruktion des Historischen Materialismus*, Frankfurt, Suhrkamp, 1976.
Habermas, J., *Theorie des kommunikativen Handelns* (2 Bde.), Frankfurt, Suhrkamp, 1981.
Habermas, J., *Der philosophische Diskurs der Moderne. Zwölf Vorlesungen*, Frankfurt, Suhrkamp, 1985 (2. Aufl.).

Habermas, J., Luhmann, N., *Theorie der Gesellschaft oder Sozialtechnologie – Was leistet die Systemforschung?* Frankfurt, Suhrkamp (1971), 1982.

Halliday, M. A. K., *Explorations in the Functions of Language*, London, Edward Arnold, 1974.

Hampton, Ch., *The Ideology of the Text*, Milton Keynes-Philadelphia, The Open Univ. Press, 1990.

Harris, Z., „Discourse Analysis", in: *Language*, Bd. 28, 1952.

Hegel, G. W. F., *Vorlesungen über die Philosophie der Geschichte, Werke*, Bd. XII, Frankfurt, Suhrkamp (1986), 1995 (4. Aufl.).

Hempfer, K. W., *Gattungstheorie. Information und Synthese*, München, Fink, 1973.

Hendricks, W. O., „Circling the Square. On Greimas's Semiotics, in: *Semiotica* 75, 1-2, 1989.

Hillmann, K.-H., *Wörterbuch der Soziologie*, Stuttgart, Kröner, 2007 (5., erw. Aufl.).

Irigaray, L., *Das Geschlecht, das nicht eins ist*, Berlin, Merve, 1979.

Jourdain, A., Naulin, S., *La Théorie de Pierre Bourdieu et ses usages sociologiques*, Paris, Armand Colin, 2011.

Jouvenel, B. de, *Du Pouvoir. Histoire naturelle de sa croissance*, Genf, Constant Bourquin, 1947.

Juvan, M., *History and Poetics of Intertextuality*, West Lafayette, Purdue Univ. Press, 2008.

Kant, I., *Kritik der reinen Vernunft*, Hamburg, Meiner, 1998.

Keller, R. et al. (Hrsg.), *Die diskursive Konstruktion von Wirklichkeit*, Köln, H. von Halem Verlag, 2008.

Keller, R., *Diskursforschung. Eine Einführung für SozialwissenschaftlerInnen*, Wiesbaden, VS Verlag für Sozialwissenschaften, 2011 (4. Aufl.).

Kellner, D., *American Nightmare. Donald Trump, Media Spectacle and Authoritarian Populism*, Rotterdam-Boston-Taipei, Sense Publishers, 2016.

Kögler, H.-H., *Michel Foucault*, Stuttgart, Metzler, 2004 (2., erw. Aufl.).

Köhler, E., „‚Can vei la lauzeta mover'. Überlegungen zum Verhältnis von phonetischer Struktur und semantischer Struktur", in: ders., *Literatursoziologische Perspektiven. Gesammelte Aufsätze* (Hrsg. H. Krauss), Heidelberg, Winter, 1982.

Konersmann, R., „Der Philosoph mit der Maske. Michel Foucault", in: M. Foucault, *Die Ordnung des Diskurses*, Frankfurt, Fischer (1991), 1997.

Kremer Marietti, A., *L'Anthropologie positiviste d'Auguste Comte. Entre le signe et l'histoire*, Paris, L'Harmattan, 1999.

Kress, G., „Linguistic and ideological transformations in news reporting“, in: H. Davis, P. Walton (Hrsg.), *Language, Image, Media*, Oxford, Blackwell, 1983.

Kriseová, E., *Václav Havel. Životopis*, Brünn, Atlantis, 1991.

Landowski, E., „De quelques conditions sémiotiques de l'interaction“, in: *Actes sémiotiques* V, 50, 1983.

Landwehr, A. (Hrsg.), *Diskursiver Wandel*, Wiesbaden, VS Verlag für Sozialwissenschaften, 2010.

Langer, A. et al. (Hrsg.), *Diskursanalyse und Kritik*, Wiesbaden, Springer VS, 2019.

Lecourt, D., *Pour une critique de l'épistémologie*, Paris, Maspero, 1972.

Lecourt, D., *La Philosophie sans feinte*, Paris, J.-H. Hallier-Albin Michel, 1982.

Lefèbvre, H., *L'Idéologie structuraliste*, Paris, Anthropos, 1971.

Lévi-Strauss, C., *Das Rohe und das Gekochte*, Frankfurt, Suhrkamp, 1971.

Lieber, J., *Philosophie – Soziologie – Gesellschaft. Gesammelte Aufsätze zum Ideologieproblem*, Berlin, de Gruyter, 1965.

Link, J., *Versuch über den Normalismus. Wie Normalität produziert wird*, Opladen, Westdeutscher Verlag, 1997.

Link, J., *Normalismus und Antagonismus in der Postmoderne. Krise, New Normal, Populismus*, Göttingen, Vandenhoeck und Ruprecht, 2018.

Link, J., „Für welche Krise ist ‚Corona' der Name? ‚Neue Normalität' zwischen dem Traum vom hyperflexiblen Normalismus und massiv protonormalistischen Tendenzen“, in: *KultuRRevolution* 79, November 2020.

London, A., *Ich gestehe, Der Prozeß um Rudolf Slánský*, Hamburg, Hoffmann und Campe, 1970.

Lorenzen, P., *Konstruktive Wissenschaftstheorie*, Frankfurt, Suhrkamp, 1974.

Lottman, H. R., *Albert Camus*, Paris, Seuil, 1978.

Löwith, K., *Von Hegel zu Nietzsche. Der revolutionäre Bruch im Denken des neunzehnten Jahrhunderts*, Hamburg, Meiner, 1986.

Luhmann, N., *Soziale Systeme. Grundriß einer allgemeinen Theorie*, Frankfurt, Suhrkamp (1984), 1987.

Luhmann, N., *Die Gesellschaft der Gesellschaft* (2 Bde.), Frankfurt, Suhrkamp, 1997.

Luhmann, N., *Die Wissenschaft der Gesellschaft*, Frankfurt, Suhrkamp, 1997.

Luhmann, N., *Die Politik der Gesellschaft* (Hrsg. A. Kieserling), Frankfurt, Suhrkamp (2000), 2002.

Luhmann, N., *Die Moral der Gesellschaft* (Hrsg. D. Horster), Frankfurt, Suhrkamp, 2016 (4. Aufl.).

Lukács, G., „Es geht um den Realismus“, in: H.-J. Schmitt (Hrsg.), *Die Expressionismusdebatte. Materialien zur marxistischen Realismuskonzeption*, Frankfurt, Suhrkamp, 1973.

Lukács, G., *Geschichte und Klassenbewußtsein. Studien über marxistische Dialektik*, Darmstadt-Neuwied, Luchterhand (1968), 1975.

Lyons, J., *Semantics* (2 Bde.), Cambridge, Univ. Press, 1977.

Lyotard, J.-F., *Das postmoderne Wissen. Ein Bericht*, Graz-Wien, Böhlau-Passagen, 1986.

Maasen, S., Weingart, P., *Metaphors and the Dynamics of Knowledge*, London-New York, Routledge, 2000.

Maffesoli, M., *L'Ombre de Dionysos. Contribution à une sociologie de l'orgie*, Paris, Klinkcsieck, 1985.

Maffesoli, M., *La Part du diable. Précis de subversion postmoderne*, Paris, Flammarion, 2002.

Maffesoli, M., *Le Rythme de la vie. Variations sur les sensibilités postmodernes*, Paris, La Table Ronde, 2004.

Maffesoli, M., *L'Ordre des choses. Penser la postmodernité*, Paris, CNRS Ed., 2014.

Mallarmé, S., „Verskrise“, in: ders., *Kritische Schriften*, Französisch und Deutsch (Hrsg. G. Goebel, B. Rommel), Gerlingen, Lambert Schneider-Bleicher, 1998.

Marcuse, H., *Kultur und Gesellschaft I*, Frankfurt, Suhrkamp, 1970 (7. Aufl.).

Martin, J.-P. (Hrsg.), *Bourdieu et la littérature*, Nantes, Ed. Cécile Defaut, 2010.

Martuccelli, D., „Erving Goffman, la condition moderne ou le soupçon permanent“, in: ders., *Sociologies de la modernité*, Paris, Gallimard, 1999.

Marx, K., *Die Frühschriften. Von 1837 bis zum Manifest der kommunistischen Partei 1848* (Hrsg. S. Landshut), Stuttgart, Kröner, 1971.

Marx, K., *Das Kapital*, Bd. I: *Der Produktionsprozeß des Kapitals*, Frankfurt-Berlin-Wien, Ullstein (1969), 1981.

Merquior, J.-G., *Foucault ou le nihilisme de la chair*, Paris, PUF, 1986.

Merton, R. K., Kitt, A. S., „Reference Groups“, in: L. A. Coser, B. Rosenberg (Hrsg.), *Sociological Theory. A Book of Readings*, New York, Macmillan (1957), 1964.

Mészáros, I., *The Power of Ideology*, Hemel Hempsted, Harvester-Wheatsheaf, 1989.

Michels, R., *Soziologie des Parteiwesens. Untersuchungen über die oligarchischen Tendenzen des Gruppenlebens*, Stuttgart, Kröner, 1925.

Morris, Ch., *Writings on the Theory of Signs*, Den Haag, Mouton, 1971.

Mukařovský, J., „Das Individuum und die literarische Evolution", in: ders., *Kunst, Poetik, Semiotik*, Frankfurt, Suhrkamp, 1989.

Münch, R., „Die Dramaturgie der strategischen Kommunikation: Erving Goffman, in: ders., *Soziologische Theorie*, Bd. II: *Handlungstheorie*, Frankfurt-New York, Campus, 2007 (2. Aufl.).

Münch, R., *Soziologische Theorie*, Bd. III: *Gesellschaftstheorie*, Frankfurt-New York, Campus, 2004.

Musil, R., *Der Mann ohne Eigenschaften*, Reinbek, Rowohlt, 1952.

Musil, R., *Gesammelte Werke* (Hrsg. A. Frisé), Reinbek, Rwohlt, 1978.

Nassehi, A., *Der soziologische Diskurs der Moderne*, Frankfurt, Suhrkamp, 2006.

Neurath, O., „Pseudorationalismus der Falsifikation" (1935), in: *Gesammelte philosophische und methodologische Schriften*, Bd. II (Hrsg. R. Haller, H. Rutte), Wien, Hölder-Pichler-Tempsky, 1981.

Nietzsche, F., „Unzeitgemäße Betrachtungen", in: *Werke*, Bd. I (Hrsg. K. Schlechta), München, Hanser, 1980.

Nöth, W., *Handbuch der Semiotik*, Stuttgart, Metzler, 1985.

Obama, B., „Inaugural Address" am 20. Januar 2009.

Pareto, V., *Allgemeine Soziologie* (Hrsg. C. Brinkmann), München, Finanzbuch-Verlag, 2006.

Parsons, T., *Gesellschaften. Evolutionäre und komparative Perspektiven*, Frankfurt, Suhrkamp, 1975.

Parsons, T., *Das System moderner Gesellschaften*, Weinheim-München, Juventa, 1985.

Passeron. J.-Cl., *Le Raisonnement sociologique. L'espace non-poppérien du raisonnement naturel*, Paris, Nathan, 1991.

Pêcheux, M., *Les Vérités de La Palice*, Paris, Maspero, 1975.

Pêcheux, M., Gadet, F., *La Langue introuvable*, Paris, Maspero, 1981.

Piaget, J., *Le Structuralisme*, Paris, PUF (1968), 1974.

Pinto, L., *Pierre Bourdieu et la théorie du monde social*, Paris, Albin Michel (1998), 2002.

Pirandello, L., *Einer, keiner, hunderttausend*, in: *Die Auserwählte. Einer, keiner, hunderttausend. Zwei Romane, Gesammelte Werke in sechzehn Bänden* (Hrsg. M. Rössner), Berlin, Propyläen, 1998.

Pöggeler, O., *Hegels Kritik der Romantik*, München, Fink, 1999.

Popper, K. R., „Der logische Positivismus ist tot: Wer ist der Täter?", in: ders., *Ausgangspunkte. Meine intellektuelle Entwicklung*, Hamburg, Hoffmann und Campe, 1979.

Popper, K. R., *Logik der Forschung*, Tübingen, Mohr-Siebeck, 2002 (10., erw. Aufl.).

Raab, J., *Erving Goffman*, Konstanz-München, UVK, 2014.

Rehbein, B., *Die Soziologie Pierre Bourdieus*, Konstanz, UVK-UTB, 2016 (3. Aufl.).

Revel, J., „Le moment historiographique", in: L. Giard (Hrsg.), *Michel Foucault. Lire l'œuvre,* Grenoble, Jérôme Millon, 1992.

Ruprecht, H.-G., „Ouvertures métasémiotiques. Entretien avec Algirdas Julien Greimas, in: *Recherches sémiotiques/Semiotic Inquiry*, vol. 3, no. 4, 1983.

Russell, B., *Power*, London, Allen and Unwin (1938), 1965.

Sartre, J.-P., *L'Etre et le Néant. Essai d'ontologie phénoménologique*, Paris, Gallimard, 1943.

Sartre, J.-P., „La liberté cartésienne", in: ders., *Critiques littéraires (Situations I)*, Paris, Gallimard, 1947.

Sartre, J,-P., „L'universel singulier", in: *Kierkegaard vivant. Colloque organisé par l'UNESCO à Paris du 21 au 23 avril 1964*, Paris, Gallimard, 1966.

Sayer, A., *Method in Social Science. A Realist Approach*, London, Hutchinson, 1984.

Schaeffer, J.-M., *Qu'est-ce qu'un genre littéraire?*, Paris, Seuil, 1980.

Schischkoff, G., *Philosophisches Wörterbuch*, Stuttgart, Kröner, 1978.

Schluchter, W., *Grundlegungen der Soziologie*, Tübingen, Mohr-Siebeck, 2015 (2. Aufl.).

Schubbe, E. (Hrsg.), *Dokumente zur Kunst-, Literatur und Kulturpolitik der SED*, Stuttgart, Seewald Verlag, 1972.

Schütz, A., *Das Problem der Relevanz* (Hrsg. R. M. Zaner), Frankfurt, Suhrkamp (1971), 1982.

Seriot, P., *Analyse du discours politique soviétique*, Paris, Institut d'Etudes Slaves, 1985.

Šik, O., *Plan und Markt im Sozialismus*, Wien, Molden, 1967.

Simonin-Grumbach, J., „Pour une typologie des discours", in: J. Kristeva et al. (Hrsg.), *Langue, discours, société. Pour Emile Benveniste*, Paris, Seuil, 1975.

Simpson, P., Mayr, A., Statham, S., *Language and Power. A Resource Book for Students*, London-New York, Routledge, 2019.

Spitzmüller, J., Warnke, I. H., *Diskurslinguistik. Eine Einführung in Theorien und Methoden der transtextuellen Sprachanalyse*, Berlin-Boston, de Gruyter, 2011.

Stubbs, M., *Discourse Analysis. The Sociolinguistic Analysis of Natural Language*, Oxford, Blackwell (1983), 1994.

Svevo, I., *Zeno Cosini*, Hamburg, Rowohlt, 1959.

Tenbruck, F. H., *Die kulturellen Grundlagen der Gesellschaft. Der Fall der Moderne*, Opladen, Westdeutscher Verlag, 1990 (2. Aufl.).
Thatcher, M., *In Defence of Freedom. Speeches on Britain's Relations with the World (1976-1986)*, London, Aurum Press, 1986.
Todorov, T., „Poétique", in: O. Ducrot et al., *Qu'est-ce que le structuralisme?*, Paris, Seuil, 1968.
Todorov, T., „Bakhtine et l'altérité", in: *Poétique* 40, 1979.
Tocqueville, A. de, *De la démocratie en Amérique*, London, Macmillan, 1961.
Touraine, A., *Comment sortir du libéralisme ?*, Paris, Fayard, 1999.
Trew, T., „What the papers say: linguistic variation and ideological difference", in: R. Fowler et al., *Language and Control*, London-Boston-Henley, Routledge and Kegan Paul, 1979.
Trump, D., „Donald Trump's Speech ‚Save America'", 6. Januar, 2021, Rally Transcript.
Van Dijk, T. A., *Text and Context. Explorations in the Semiotics and Pragmatics of Discourse*, London-New York, Longman, 1977.
Van Dijk, T. A., *Discourse and Power*, Basingstoke-New York, Palgrave Macmillan, 2008.
Van Leeuwen, T., *Introducing Social Semiotics*, London-New York, Routledge, 2005.
Vattimo, G., *Das Ende der Moderne*, Stuttgart, Reclam, 1990.
Walther, L., *Antike Mythen und ihre Rezeption. Ein Lexikon*, Leipzig, Reclam, 2004 (2. Aufl.).
Weber, A., *Einführung in die Soziologie*, in: *Alfred-Weber-Gesamtausgabe*, Bd. IV (Hrsg. H. G. Nutzinger), Marburg, Metropolis Verlag, 1997.
Zima, P. V., *Ideologie und Theorie. Eine Diskurskritik*, Tübingen, Francke, 1989.
Zima, P. V., „Der Essay als Theorie und Utopie: Von Lukács zu Adorno", in: ders., *Essay/Essayismus. Zum theoretischen Potenzial des Essays: Von Montaigne bis zur Postmoderne*, Würzburg, Königshausen und Neumann, 2012.
Zima, P. V., *Theorie des Subjekts. Subjektivität und Identität zwischen Moderne und Postmoderne*, Tübingen, Francke (UTB), 2017 (4. Aufl.).
Zima, P. V., *Soziologische Theoriebildung. Ein Handbuch auf dialogischer Basis*, Tübingen, Narr-Francke-Attempto (UTB), 2020.
Zima, P. V., *Textsoziologie. Eine kritische Einführung in die Diskurssemiotik*, Stuttgart, Metzler, 2021 (2. Aufl.).

Personenregister

Eigene Notizen

utb.
Katja Günther
Selbstcoaching in der Wissenschaft
Wie das Schreiben gelingt